# Critique
# et littérature
# québécoise

Ce livre a bénéficié des subventions du ministère des Affaires culturelles du Québec et du Conseil des Arts du Canada, ainsi que d'une bourse Québec-Ontario.

Mise en page: Christian Vandendorpe
Maquette de la couverture: Raymond Martin
Distribution: Diffusion Prologue

Dépôt légal : B.N.Q. et B.N.C., 2$^e$ trimestre 1992

ISBN : 2-89031-142-2

# Critique et littérature québécoise

Critique de la littérature /
Littérature de la critique

Sous la direction de

Annette Hayward et Agnès Whitfield

Triptyque

# Remerciements

Ce volume réunit les communications du colloque «Critique de la littérature/Littérature de la critique», qui s'est tenu à l'Université Queen's (Kingston, Ontario) du 16 au 18 novembre 1990.

Nous remercions le Conseil de recherches en sciences humaines du Canada, la Commission permanente de coopération Ontario-Québec et sa cosecrétaire au ministère des Affaires intergouvernementales de l'Ontario, Sarah Garson, le Bureau du Québec à Toronto et sa conseillère culturelle Fabienne Bilodeau, ainsi que la *Faculty of Arts and Science*, la *Faculty of Graduate Studies and Research* et le Département d'Études françaises de l'Université Queen's pour leur soutien à l'organisation de ce colloque.

Nous sommes particulièrement reconnaissantes envers le Secrétariat aux Affaires intergouvernementales canadiennes du Québec et le Conseil de recherches en sciences humaines du Canada, dont l'aide généreuse a rendu possible la publication de ces actes.

Nos remerciements vont également à Maryann Mojsiuk, pour son aide précieuse dans la préparation du manuscrit et à Christian Vandendorpe, pour sa contribution inestimable à la mise en forme éditoriale. Enfin, ce volume n'aurait jamais vu le jour sans la participation enthousiaste de tous ceux et celles qui ont participé au colloque.

# Présentation

Annette Hayward et Agnès Whitfield

Intitulé «Critique de la littérature/Littérature de la critique», le colloque qui s'est tenu en novembre 1990 à l'Université Queen's (Kingston, Ontario), et dont nous présentons ici les actes, cherchait à porter un regard nouveau sur les rapports complexes qui relient, au Québec, la «Critique de la littérature» à ce que l'on pourrait appeler la «Littérature de la critique». Sous le ludisme apparent du titre du colloque se cachait un questionnement profond sur cette activité multiforme que l'on appelle la critique littéraire et sur le rôle qu'elle joue à l'intérieur de l'institution littéraire québécoise. Sans prétendre épuiser un sujet aussi vaste, ce colloque visait surtout à contribuer au débat en réunissant, dans le cadre d'une même rencontre, praticien(ne)s, historiens de la littérature et spécialistes de méthodes critiques.

En effet, depuis quelques années, plusieurs événements témoignent de l'amorce d'une réflexion générale sur les différentes dimensions de la critique littéraire au Québec. Pensons, entre autres, à la publication en 1985 de *l'Essai et la prose d'idées au Québec* (ouvrage collectif sous la direction de Paul Wyczynski, François Gallays et Sylvain Simard); au colloque tenu à l'Université du Québec à Montréal, en mars 1986, sur les revues savantes et dont quelques communications ont été publiées dans *Voix et images* (35: 266-313); à l'importance accordée à la critique dans l'introduction au dernier tome du *Dictionnaire des œuvres littéraires du Québec* paru en 1987; au numéro spécial d'*Études françaises* (23.1-2, 1987) consacré à «l'Enseignement de la littérature dans le monde»; au numéro spécial de la *Revue d'histoire littéraire du Québec et du Canada français* (14, 1987)

portant sur «la Critique littéraire»; à la publication en 1988 par
Louky Bersianik, Nicole Brossard, Louise Cotnoir, Louise Dupré,
Gail Scott et France Théoret de *la Théorie un dimanche*, recueil
de textes sur le féminisme et la théorie littéraire; au colloque des
associations d'écrivain(e)s sur le thème «Critique(s)/écrivains/
lecteurs», tenu à Mont-Rolland début novembre 1989; au colloque
de l'Université Laval, tenu le même mois, sur la littérarité et dont
les actes ont été réunis par Louise Milot et Fernand Roy dans
l'ouvrage du même titre; et enfin, tout récemment, au numéro
spécial de *Voix et images* (50) intitulé «L'Âge de la Critique
1920-1940».

Qu'elles aient eu lieu de vive voix ou par écrit, toutes ces
rencontres, auxquelles on pourrait sans doute en ajouter d'autres,
ont posé plus de questions qu'elles n'ont apporté de réponses.
Comment, par exemple, distinguer entre l'essai et la critique
littéraire? S'efforçant de rendre compte de la production, entre
1961 et 1980, de ce qu'il appelle «l'essai de critique littéraire»,
François Gallays avoue d'emblée l'incapacité dans laquelle il est
«de proposer une définition ou de procéder à une description en
bonne et due forme d'un discours aux contours encore très flous
et aux frontières mouvantes pour ne pas dire inexistantes» (109).
Dans quelle mesure le discours critique québécois reste-t-il
tributaire de courants internationaux? «Peut-on parler aujourd'hui,
demande Bernard Andrès, d'un *corpus québécois* (corpus de
textes littéraires, mais aussi de textes critiques de référence)?»
(*Voix et images*, 35: 266).

Quels rapports les recherches littéraires effectuées dans un
cadre universitaire entretiennent-elles ou devraient-elles entretenir
avec une critique journalistique plus normative? Examinant les
différents lieux de la critique littéraire au Québec, Gilles Dorion
et Kenneth Landry soulignent le cumul des charges qui tend à
caractériser ceux et celles qui pratiquent cette activité, et se
demandent: «Que peut-on espérer de cette symbiose du créateur,
du critique et du pédagogue?» (*Dictionnaire des œuvres littéraires
du Québec*, LXII). Préoccupés de théorie littéraire et de l'orientation future des recherches littéraires, Louise Milot et Fernand Roy
soulignent combien il importe de reposer «au terme d'une
vingtaine d'années de silence, la question non résolue et pourtant

incontournable de la littérarité» (VII). Les auteures de *la Théorie un dimanche* conjuguent cette dernière question à celle, également incontournable, de la conscience féministe, pour relier théorie, subjectivité et culture. À l'image de son titre, le colloque «Critique(s)/écrivains/lecteurs» posait justement cette même question, par un biais différent toutefois, en tentant de dégager les rapports entre la création, la critique, la culture et la lecture.

Présentées le plus souvent sous la forme d'une interrogation ouverte, ces questions montrent à la fois l'ampleur et la complexité de l'activité que constitue la critique littéraire ainsi que son importance pour ceux et celles qui sont appelé(e)s à intervenir de façon très concrète dans le domaine. Aussi ne faudrait-il pas s'étonner de voir ce même questionnement resurgir dans la tendance récente à établir des rétrospectives critiques. Citons, entre autres, *l'Écologie du réel* de Pierre Nepveu, *la Visée critique* d'André Brochu, *Littérature et circonstances* de Gilles Marcotte, *Écrire le Québec: de la contrainte à la contrariété* de Bernard Andrès, *le Père vaincu, la Méduse et les fils castrés* de André Vanasse, *la Main tranchante du symbole* de Louky Bersianik, *Traverses* de Jacques Allard, et *Parcours* de Robert Giroux. Évidemment, chacune de ces rétrospectives critiques cherche son unité à sa façon. Tantôt en approfondissant une problématique particulière: la modernité et le nationalisme dans le corpus québécois contemporain (Nepveu), la démarche critique en tant que telle (Brochu), les conditions de la pratique (Marcotte), la dynamique familiale chez quelques auteurs contemporains (Vanasse), la symbolique patriarcale (Bersianik); tantôt en faisant porter la rétrospective sur le corpus, comme Andrès et Allard, ou sur l'évolution des modes d'analyse, comme Giroux.

Toutes reflètent néanmoins la tension inhérente à la forme même de la rétrospective. Car, si celle-ci représente surtout une tentative de mise au point, un travail de consolidation, elle aboutit forcément à un questionnement sur l'avenir, c'est-à-dire à la recherche, par-delà les démarches antérieures, d'une trajectoire future. Aussi André Brochu parle-t-il d'une «visée critique», d'une trajectoire à construire: «de l'alpha, qui est la subjectivité critique, à l'oméga — l'œuvre, le texte, l'infini des mots — par le jeu des circonstances et des positions qui confortent le sujet et l'objet» (10). Pour sa part, Robert Giroux interroge le rôle de la critique littéraire à l'heure du réaménagement des frontières entre la grande culture et la culture populaire, et la place de la lecture dans une culture en mutation, dans un monde devenu «visuel et sonore, *en plus* d'être imprimé» (368). Jacques Allard s'inquiète des conséquences de ce qu'il perçoit comme étant une certaine dévalorisation du travail de l'écrivain par les appareils critiques universitaires qui «continue[nt] la dissolution positiviste du texte de l'écrivain, cette fois dans le social» (153). Se penchant également sur le rapport entre la critique, l'écriture et la culture, Pierre Nepveu évoque l'image d'une «écologie du réel» pour souligner l'intérêt de «repenser le mode d'être de la littérature ou de la culture québécoises, moins en tant que littérature ou culture "nationales" qu'en tant que contemporaines» (10). Dénonçant les injustices du patriarcat, Louky Bersianik insiste sur la nécessité de définir un «nouveau champ culturel» (265) auquel appartien-draient «totalement, non seulement physiquement, mais symboli-quement» (265), les femmes et les hommes.

Quelle que soit la forme qu'elle prend, cette recherche d'une trajectoire future s'accompagne d'un certain sens d'urgence. Urgence que Pierre Ouellet exprime très clairement dans un livre au titre déjà évocateur: *Chutes. La littérature et ses fins*, dans les termes suivants: «Ne faut-il pas, dès lors, que nos récits fassent interminablement barrage à toutes ces maladies du silence qui se répandent au-dehors, telle la rumeur de la fin: fin de l'Homme, fin de l'Histoire, fin du Livre...?» (10). Et aussi, pourrait-on ajouter, fin de la critique. Nous sommes loin, en effet, de l'optimisme qui caractérisait le néo-positivisme structuraliste des années 60 et qui contribua, au cours des deux décennies sui-vantes, à l'élaboration et à la mise au point de diverses approches du phénomène littéraire, sous l'influence des sciences humaines. Sans parler explicitement d'un essoufflement des discours théoriques qui ont dominé la pratique, du moins universitaire, de la critique littéraire au cours des années 70 et 80, plusieurs chercheur(e)s ont été néanmoins amené(e)s à remettre en question — avec beaucoup de sérieux, quoique à des degrés différents — à la fois les frontières de ces discours et, surtout, leur aptitude à rendre compte du phénomène littéraire dans sa totalité. Fruit normal d'une certaine maturation, cette démarche pose aussi la question des rapports possibles entre ces discours différents, sans que la nature et les modalités de ces nouvelles «alliances» ne soient encore très claires.

Sans doute cette reconnaissance croissante, quoique encore implicite, de la pluralité légitime des discours critiques explique-t-elle le ton à la fois animé et amical qui caractérisait les discussions qui ont eu lieu dans le cadre du colloque et que des contraintes matérielles nous empêchent, malheureusement, de reproduire ici. Nous osons espérer, toutefois, en laissant dialoguer entre eux, dans cet ouvrage, les textes des différentes communications du colloque, que ces discussions trouveront un prolongement stimulant et fructueux auprès de nos lecteurs et lectrices. Pour favoriser cette rencontre et pour faciliter la lecture et la consultation de cet ouvrage, nous avons légèrement modifié l'ordre de ces communications par rapport au programme du colloque, en les regroupant dans quatre sections.

Qu'est-ce que la critique littéraire? C'est à cette vaste question sous-jacente à tout le colloque que s'adressent avec beaucoup de pondération et de courage André Brochu, Gilles Marcotte, Louise Milot et Patricia Smart dans la première section de cet ouvrage, intitulée «Pratiques de la critique...». Or, à l'encontre de certaines tendances ou croyances contemporaines, qui pousseraient à faire des distinctions de plus en plus nettes entre différentes sortes d'instances de réception et de légitimation (critique journalistique *vs* critique universitaire ou savante, ou critique-jugement *vs* lecture-interprétation *vs* recherche), ces quatre spécialistes semblent s'entendre, en fin de compte, sur l'existence d'une seule «vraie critique littéraire», selon l'expression d'André Brochu. Travail obligatoirement solitaire, celle-ci impliquerait une disponibilité absolue devant l'œuvre, afin d'en arriver, chaque critique à sa façon, à rendre compte de la totalité de l'œuvre. Une telle critique s'accompagnerait inévitablement d'une part de création (donc de subjectivité) et ne saurait s'abstenir d'un jugement de valeur, que celui-ci soit explicite ou implicite (voir Marcotte et Milot). Les autres formes de critique, quoique souvent les mieux rémunérées de nos jours, ne seraient la plupart du temps que des simulacres de cette «vraie critique». En somme, cette dernière serait forcément une activité engagée, dans le sens le plus profond du terme, fort exigeante, et peut-être, à l'heure actuelle, de plus en plus menacée.

Intitulée «Vers une histoire de la critique...», la deuxième section de cet ouvrage regroupe huit articles qui cherchent, d'une façon ou d'une autre, à restituer la pratique critique dans son contexte. L'étude de Jacques Cotnam fait ressortir les contraintes incroyables auxquelles on s'efforçait de soumettre l'imprimé au XVIIIᵉ siècle et qui éliminaient à toutes fins pratiques le concept du littéraire en tant que tel. Si «critique» il y a, et la chose est discutable, elle est uniquement prescriptive. Cette tradition continuera avec *les Mélanges religieux* dans les années 1840. Maurice Lemire montre bien, d'ailleurs, l'impossibilité de parler de la critique de cette époque sans se référer aux discours ou aux systèmes de pensées qui avaient alors cours en France. Sur une note plus positive, Kenneth Landry nous fait découvrir la *Bibliotheca canadensis* publiée en 1867 par le Canadien anglais Henry James Morgan et que l'on pourrait considérer comme un lointain précurseur du *Dictionnaire des œuvres littéraires du Québec*. Se penchant sur la naissance du champ critique comme «genre littéraire» au Québec vers la même époque (1860-1880), Manon Brunet identifie les critères esthétiques sous-jacents à la critique biographique alors en vigueur et nous invite à réévaluer le discours critique d'Adolphe-Basile Routhier.

Plusieurs autres études examinent l'évolution du concept du littéraire et de la critique littéraire au cours du XXᵉ siècle. Partant d'une conception de la critique comme texte, voire comme texte de création, Annette Hayward analyse le rôle des pseudonymes, de la signature, dans la construction de cette *«persona»* que nous connaissons habituellement sous le nom de Marcel Dugas, et qui fut l'un des premiers défenseurs de la modernité au Québec. Robert de Roquebrune, partisan lui aussi d'une ouverture à la littérature d'autres pays, et qui n'hésitait nullement à porter des jugements de valeur, fait l'objet d'une étude par Jean-Guy Hudon qui pose de nouveau l'épineuse question: «Qu'est-ce que la critique littéraire?». Agnès Whitfield, à partir d'une analyse de la critique littéraire dans *Culture* et *la Revue de l'Université Laval*, revient, dans le cas des années charnières 1955-1965, sur la question toujours difficile de la périodisation. Enfin, Pierre Gobin retrace, à travers la réception des pièces de Michel Tremblay par le dramaturge Jean-Claude Germain, un moment exemplaire de l'évolution de la critique du théâtre québécois.

Si l'analyse du contexte historique d'une pratique critique se passe difficilement d'une étude de réception, les textes réunis ici sous le titre «Questions de réception...» se distinguent néanmoins de ceux de la section précédente, nous semble-t-il, par la priorité qu'ils accordent à l'accueil de certaines œuvres. Cette démarche fort utile permet tantôt de mieux préciser les enjeux de la critique de l'époque, tantôt de remettre en valeur des œuvres négligées ou sous-estimées. Aussi Chantal Théry nous offre-t-elle une relecture féministe de la correspondance des premières religieuses au Québec. Bernard Andrès soulève une dimension souvent occultée de la problématique de «l'autre» dans son étude de la réception des *Mémoires* de Pierre de Sales Laterrière. À travers les quatre étapes de la réception critique de *Charles Guérin,* David Hayne retrace non seulement l'évolution de la critique littéraire entre 1845 et 1900 mais aussi l'émergence du métier d'éditeur littéraire. Les différents enjeux de la critique et la façon dont celle-ci tend à être inféodée à l'esprit d'une époque ressortent aussi clairement de l'article de Robert Major sur le centenaire de Gérin-Lajoie en 1924.

La réception d'œuvres parues au XX$^e$ siècle offre un terrain d'analyse tout aussi fructueux. Fernand Roy entre ainsi de plain-pied dans les débats actuels de la critique littéraire en analysant, du point de vue du sémioticien, la réception critique de *Un homme et son péché*, œuvre qui aurait été victime d'une optique trop sociologisante ou trop anthropologisante. Par son ampleur et sa variété, la réception de l'œuvre d'Anne Hébert, présentée par Neil Bishop, constitue quasiment une anthologie des différentes approches critiques contemporaines. Il en va de même de la réception de l'œuvre d'Hubert Aquin, examinée ici par Anthony Purdy, qui conteste l'étude de la réception de l'œuvre aquinienne au Canada anglais proposée par Chantal de Grandpré en 1985. Partant du cas particulier de Jovette Marchessault, Claudine Potvin s'interroge sur la place faite aux écrivaines féministes radicales. Enfin, par une analyse de l'utilisation critique de ses propres quatrièmes de couverture, André Vanasse, écrivain-critique-éditeur, nous parle des souterrains souvent négligés de la pratique critique.

Conformément à son titre, la dernière section de cet ouvrage regroupe une série d'articles qui offrent des «bilans» de quelques-unes des principales approches contemporaines du phénomène littéraire. Le vaste survol de la critique sociologique effectué par Jacques Pelletier reflète la fortune indiscutable de cette tendance critique en littérature québécoise. Les programmes de recherche entrepris dans le cadre du CRELIQ, que nous présente Denis Saint-Jacques, et où s'est posée avec acuité la nécessité de définir le littéraire, en constituent d'ailleurs un autre exemple. En revanche, la mythocritique abordée par Antoine Sirois, peu exploitée au Québec, demeure un terrain fertile qui ne demande qu'à être exploré. Il en va de même de la psychanalyse textuelle. Francine Belle-Isle montre combien celle-ci a évolué au cours des vingt dernières années, qu'elle a trouvé plus d'adeptes, mais qu'elle n'a toujours pas donné un juste reflet de ses possibilités: «La psychanalyse textuelle doit être — comme toute avenue critique — une véritable *poétique*, faite de l'examen de cette oscillation métaphoro-métonymique dont participe toute énoncia-tion, ici entendue au seuil de l'imaginaire.» Quant au succès plus que certain de la narratologie et de la sémiotique, le bilan de leurs applications en littérature québécoise n'est pas sans soulever certaines interrogations, comme le montrent Pierre Hébert et Gilles Thérien. Selon ce dernier, d'ailleurs, tout critique littéraire actuel fait de la sémiotique: «C'est la sémiotique, bien modeste, qui se cantonne dans l'approche méthodologique, à l'attention portée à la structure des textes, aux mécanismes qui y sont en jeu, aux unités repérables, à la matérialité du texte, aux formations discursives identifiables, aux idéologies qui se sont cristallisées sous formes d'imaginaires, à la complexité du fait littéraire et à son essentielle singularité.» Et il achève en souhaitant le dévelop-pement d'une «sémiotique du littéraire» qui rendrait compte de la nature des faits littéraires et des procédures que nous utilisons pour les saisir et les expliquer.

Enfin, revenant sur cette question du littéraire par le biais de la pratique textuelle qui caractérise à la fois la critique et l'écriture, Louise Dupré s'interroge sur le parcours au Québec de ce qu'elle appelle la critique-femme, ce qui comprend la critique féministe et la critique au féminin.

Riches en réflexions et en questionnements, les articles réunis dans cet ouvrage constituent autant de coups de sonde aptes à interpeller ceux et celles qui s'intéressent à l'évolution et à la pratique de la critique littéraire au Québec. Comme le souligne Pierre Hébert, l'histoire de la critique littéraire au Québec reste à faire (*Voix et images* 50: 168). Il faudrait peut-être songer à relever l'invitation de Gilles Thérien qui proposait que l'on refasse le bilan «dans cinq ou dix ans, avec le même sujet, pour voir où nous en serons dans nos pratiques et dans nos réflexions.» Entre-temps, laissons aux trois points de suspension qui marquent le titre de chacune des sections de cet ouvrage le poids qui leur revient dans le prolongement actif d'une lecture dialogique, créatrice et, bien entendu, critique...

# Ouvrages cités

Allard, Jacques. *Traverses*. Montréal: Boréal, 1991.

Andrès, Bernard. *Écrire le Québec: de la contrainte à la contrariété*. Montréal: XYZ, 1990.

Bersianik, Louky. *La Main tranchante du symbole*. Montréal: Éditions du Remue-ménage, 1990.

Bersianik, Louky, Nicole Brossard, Louise Cotnoir, Louise Dupré, Gail Scott et France Théoret. *La Théorie un dimanche*. Montréal: Éditions du Remue-ménage, 1988.

Brochu, André. *La Visée critique*. Montréal: Boréal, 1988.

Giroux, Robert. *Parcours*. Montréal: Triptyque, 1991.

Marcotte, Gilles. *Littérature et circonstances*. Montréal: l'Hexagone, 1989.

Milot, Louise et Fernand Roy, dir. *La Littérarité*. Québec: Presses de l'Université Laval, 1991.

Ouellet, Pierre. *Chutes. La littérature et ses fins*. Montréal: l'Hexagone, 1989.

Nepveu, Pierre. *L'Écologie du réel*. Montréal: Boréal, 1988.

Vanasse, André. *Le Père vaincu, la Méduse et les fils castrés*. Montréal: XYZ, 1990.

Wyczynski, Paul, François Gallays et Sylvain Simard, dir. *Archives des lettres canadiennes VI. L'Essai et la prose d'idées au Québec*. Montréal: Fides, 1985.

# 1. Pratiques de la critique...

# Critique et écriture

André Brochu
Université de Montréal

Où en suis-je, dans ma démarche critique? Ma foi, je n'en sais trop rien, mais je vais tenter tout de même de répondre à la question. Il y a eu, certainement, une évolution de ma problématique, depuis vingt-cinq ans et plus que je travaille dans le champ de l'analyse textuelle.

Par exemple, quand j'ai commencé, il s'agissait pour moi de défendre une théorie de l'œuvre littéraire qui m'apparaissait nouvelle et féconde. Je voulais contribuer à une révolution des lettres, de la lecture aussi, de la façon de lire les textes du passé. Il me semblait que l'œuvre était toujours plus que ses significations immédiates, qu'elle recélait une sorte de secret essentiel qui avait un rapport avec nos façons de vivre, de penser, d'aimer. Faire apparaître ce ou ces sens second(s), telle était la tâche du critique, la seule qui eût quelque importance, et elle requérait, de la part du critique, une disponibilité qui était celle même de l'écrivain. Il fallait être écrivain pour être critique, pour ouvrir l'œuvre à elle-même, à son mystère, à son langage *extrême*, source de sa beauté.

En même temps, j'étais sollicité par une grande espérance sur le plan politique, celle d'habiter un pays qui serait le mien et que ma littérature dirait sans détour, comme une maison, une mère, ou la lumière. Passons.

D'emblée donc, la littérature avait pour moi des rapports essentiels avec le vécu, ce qui ne veut pas dire qu'elle ne fût que référence, loin de là. La forme, et en particulier la forme du contenu, plus difficile à déceler et à analyser que celle de l'expression, requérait toute mon attention. C'est ainsi que je comprenais la critique thématique: comme le parcours de cette logique intime, interne de l'œuvre, qui mettait en rapport les significations entre elles. Pour la faire apparaître, il fallait épouser l'œuvre dans toute sa diversité, s'imprégner d'elle au point de la *devenir*, d'en devenir l'auteur en second. De ce point de vue, je crois vraiment que le critique, du moins le thématicien, fait acte créateur. Comprendre un texte, c'est se l'approprier complètement, se rendre *capable* de lui.

Pourtant, à l'époque — et j'ai l'impression que je vais contredire un peu ce que je viens d'avancer —, j'accordais peu d'importance à la problématique de la création en rapport avec celle du critique. Il me semblait plutôt que le critique cherchait à connaître l'œuvre objectivement et que son travail différait essentiellement de celui du poète ou du romancier. Dans *Pourquoi la nouvelle critique?* Serge Doubrovsky sous-titrait «Critique et objectivité» son étude consacrée à un certain nombre d'auteurs proches des sciences humaines, sociologie, psychanalyse, linguistique, et annonçait un deuxième tome qui devait s'intituler «Critique et subjectivité», consacré, celui-là, à mes auteurs de prédilection, les thématiciens. Je n'étais pas d'accord. D'autre part, au cours d'un entretien qu'il m'avait accordé lors de son séjour à Montréal, à l'automne 1964, Georges Poulet m'avait quelque peu étonné en soutenant que le critique est un écrivain raté, ce qui était bien ma hantise mais que je rejetais comme un abominable cliché. Le maître me reprochait aussi de concevoir la critique comme un travail objectif, alors qu'elle est fondée sur l'identification des consciences de l'auteur et du critique. Enfin, pour compléter ce bref tour d'horizon, je ne partageais guère la thèse de Jean-Pierre Richard, dans son séminaire de Vincennes, pour qui le critique était fondamentalement un écrivain, au même titre que le créateur — sinon, disait-il, ne le rabaisse-t-on pas et ne ramène-t-on pas son travail à peu de chose?

Ce qui m'intéressait dans les textes, c'était certainement ce qu'on peut appeler leur dimension d'intériorité, c'est-à-dire cette qualité de conscience qui les imprègne, qui définit leur tonalité propre, qui les met en tous points en continuité avec eux-mêmes et avec un principe essentiel, raison de tous leurs développements. Mais l'intériorité, je ne la percevais pas comme une subjectivité,

et surtout pas comme celle de l'auteur. Les œuvres pour moi
existaient objectivement, malgré l'impossibilité d'en fixer le sens
une fois pour toutes, et il y avait moyen de produire sur elles des
perceptions à la fois nouvelles, plus approfondies que celles de la
tradition, et vérifiables, donc transmissibles au titre de savoir sûr,
certes exposé, comme tout savoir, à la contestation mais susceptible de faire progresser la connaissance.

À cette époque, il faut le dire, la critique, qui se donnait
pour tâche de lire ou d'interpréter les textes, pour mieux les
comprendre, occupait une position assez confortable, dans le
champ des études littéraires. Elle l'a passablement perdue, depuis
le développement de ce qu'on appelle la recherche qui est une
institutionnalisation de la réflexion sur la littérature (et, souvent,
sur les autres productions textuelles), laquelle se fait dans une
perspective délibérément scientifique et positive. En littérature
comme ailleurs, est recherche ce qui peut être subventionné, donc
ce qui répond à des critères d'inspiration scientifique. On imagine
mal Georges Poulet ou Jean-Pierre Richard dirigeant une équipe
de recherche se donnant pour tâche de renouveler la compréhension de telle œuvre (de tel auteur).

L'interprétation est la rencontre de deux consciences, celle
de l'auteur et celle du critique, et c'est la fusion de deux solitudes
essentielles.

Pour revenir à ma démarche du début, je reconnais qu'elle
combinait assez paradoxalement des traits de la critique thématique et des traits de cette critique structuraliste à prétention
scientifique qui s'annonçait déjà dans quelques travaux, notamment ceux de Barthes. Je croyais vraiment que ma lecture d'une
œuvre pouvait être à la fois personnelle et objective, l'objectivité
consistant dans le dévoilement réel de l'objet. Sartre, dans une
note de son *Saint Genet*, avait fort justement, me semble-t-il,
montré la complémentarité de ces perspectives (517-518). Cela
me gênait donc de qualifier de subjective la critique thématique,
la subjectivité connotant l'impossibilité de se dépasser vers
l'objet. D'autre part, je refusais déjà à cette époque le travail en
équipe, une interprétation digne de ce nom ne pouvant s'accommoder de la diversité des points de vue, ou plutôt des *positions*
face à l'œuvre. Ma démarche, certes, était totalitaire, il s'agissait
de rendre compte de *tout* dans l'œuvre, mais la tâche eût été

infinie, impossible, si les éléments de cette totalité devaient être
définis de plusieurs façons différentes. Chacun a sa façon de
découper la totalité et d'en analyser les rapports constituants. La
perception de l'œuvre est donc relative à chacun; mais cela ne
veut pas dire que cette vision personnelle soit pour autant dénuée
de valeur objective. L'objectivité, dans le domaine littéraire, n'a
rien à voir avec ce que Raymond Picard appelait les certitudes du
langage, lesquelles étaient affaire de pur dénoté. Il doit y avoir,
pensais-je, une façon objective de rendre compte du connoté, de
toute cette signifiance dont l'œuvre est porteuse.

Aujourd'hui, je pense que cette analyse objective du connoté
passe nécessairement par l'écriture et qu'elle a donc quelque
chose d'une création. Le critique recrée l'œuvre dont il parle,
sans pour autant ramener cette œuvre à soi, la traiter comme une
image-écran où il projetterait ses fantasmes. Si la création n'est
pas avant tout l'affirmation d'une subjectivité; si la création peut
concerner le domaine des idées, comme c'est le cas par exemple
en philosophie; si telle chose existe, en critique, que le *poème
d'idées*, c'est-à-dire une analyse de l'œuvre qui en affiche, à
nouveaux frais et de façon personnelle, mais non biaisée,
l'intelligibilité, je crois qu'on peut parler de la critique comme
d'une création et comme d'une écriture. La création est nécessaire
pour faire la synthèse des données de l'œuvre, dégager le projet
qui la sous-tend. Le savoir seul, l'érudition, ne suffit pas. Le
savoir doit être traversé par ce que j'appelle une visée, celle de
l'objet *œuvre* (ou texte *littéraire*), et cette visée est affaire
d'écriture. Écriture savante, mais écriture. Elle seule rend sensible
la magie du texte, sans laquelle il n'y a pas de texte.

Cette magie n'est d'ailleurs pas je ne sais quelle dimension
ineffable. Elle correspond à tout ce qui dans le texte fait sens, en
pointant vers un réel plus substantiel que celui de notre perception quotidienne. Cette surcharge de sens et de réel, le critique
peut la déduire globalement de l'examen des solidarités internes
du texte — c'est ce que d'aucuns qualifient, non sans mépris,
d'attitude immanentiste. Je suis immanentiste, parce que, si je
voulais sortir de la sphère du texte, il me faudrait prendre en
charge tout son équivalent à l'extérieur, c'est-à-dire l'ensemble du
discours social, comme le fait excellemment Marc Angenot dans
son *1889*. Mais voilà, il faut une compétence universelle pour

rendre compte des innombrables idéologies, théories scientifiques, pratiques culturelles d'une époque, dans une synchronie qui tout de même fait problème, et avec le risque de réduire la littérature à peu de chose quand, cette année-là, les grands écrivains ont négligé de publier...

Je pense que la critique, comme écriture, est fatalement immanentiste, tournée vers l'intelligibilité du dedans, ce qui ne l'empêche pas de faire librement, souplement appel à des perspectives sociologiques, psychanalytiques, linguistiques, etc., mais toujours aux fins d'éclairer la logique proprement littéraire du texte, c'est-à-dire son pouvoir de *résonance* et de propulsion vers une compréhension accrue — toujours plus profonde, toujours plus affinée — des choses.

Cela dit, je dois avouer que, au terme d'un long cheminement qui m'a amené à reconnaître de plus en plus nettement la part d'écriture dans la critique, je me vois fortement sollicité par l'écriture dite de fiction et tenté de déserter quelque peu la critique elle-même, laquelle exige un labeur soutenu et s'accommode mal des partages.

C'est un fait, aussi, que l'institution universitaire fait une place plus importante qu'avant, d'une part à la création littéraire, ce qui peut satisfaire les besoins d'un certain nombre d'étudiants, et d'autre part à la recherche. La vraie critique littéraire, entre ces deux niches envahissantes, trouve de plus en plus de mal à se caser, et risque d'apparaître comme une activité artificielle, ayant les prestiges de l'écriture mais le côté passager de tout écrit au second degré, parasite vivant d'une œuvre qui va vite susciter d'autres modes d'intellection. Bref, si la critique est écriture, elle n'a pas pour autant cette vie transhistorique de la grande œuvre littéraire. En tant qu'écriture, la critique souffre d'une essentielle infirmité, ce qui explique peut-être qu'on lui cherche aujourd'hui des remplacements du côté d'activités très institutionnelles, et donc dotées d'une relative solidité. La recherche se donne toute sorte de moyens, sauf celui de rendre compte de la littérature (tâche impossible quand on travaille à plusieurs); mais elle trouve parfois aussi le moyen, en la personne d'un horrible travailleur ou d'une affreuse travailleuse, d'intégrer la critique littéraire, et alors, elle peut de grandes choses. Je ne désespère donc pas tout à fait de la survie de la critique.

# Ouvrages cités

Angenot, Marc. *1889. Un état du discours social*. Saint-Lambert: Le Préambule, 1989.

Doubrovsky, Serge. *Pourquoi la nouvelle critique? Critique et objectivité*. Paris: Mercure de France, 1967.

Sartre, Jean-Paul. *Saint Genet, comédien et martyr*. Paris: Gallimard, 1952.

# Du jugement

Gilles Marcotte
Université de Montréal

Je suis entré en critique littéraire par hasard, et j'y suis resté par la force des choses. C'était au *Devoir*, au début des années cinquante. Je n'étais pas critique littéraire en titre; le poste appartenait à Jean-Pierre Houle, critique oublié depuis de nombreuses années, mais qui exerçait à l'époque un pontificat important, plutôt soupe-au-lait, servi par une culture substantielle et un usage élégant de la langue française. Il confiait à quelques jeunes collègues, dont j'étais, la recension d'ouvrages de deuxième ou troisième ordre. Je me souviens encore du premier livre qui atterrit ainsi sur mon pupitre: il s'agit de la très célèbre *Déesse brune* d'Albert Gervais, dont je suis peut-être le seul au monde, à part quelque collaborateur du *DOLQ*, à me souvenir. Il y a dans ce roman une scène extraordinaire. Le jour du trois centième anniversaire de fondation d'un monastère, on autorise les personnes du sexe à visiter l'institution jusque, pour ainsi dire, dans ses replis les plus intimes. Un jeune moine tout blond, tout rose, infiniment pieux, l'espoir de la relève, arrive avec un groupe de jeunes filles devant sa propre cellule. Je cite, au texte ou à peu près: «Se tournant, rougissant, vers le groupe de jouvencelles, il leur dit: «Voici le sanctuaire de ma virginité». Il y avait là de quoi s'amuser — d'autant que l'auteur était député au Parlement québécois, et qu'au *Devoir* on affectionnait ce genre de cible. Je m'amusai donc à taper sur la chose, l'espace de quelques colonnes, et l'affaire fit un petit rond dans la mare littéraire de l'époque. J'étais devenu critique.

Devenu professeur aujourd'hui, bénéficiant de fonds de recherche et m'étant frotté quelque peu aux diverses manœuvres

de la grande critique, de la critique sérieuse, de la critique
étudiante, je relirais sans doute *la Déesse brune* d'un autre œil.
Je refrénerais mes éclats de rire et mon bruyant scandale et
j'entreprendrais de cueillir, dans l'œuvre d'Albert Gervais, les
significations qu'elle offre à la seconde lecture. Je viens de faire
une telle opération sur trois romans du XIX<sup>e</sup> siècle qui ne sont
pas, me semble-t-il, très supérieurs à *la Déesse brune*: les trois
*Mystères de Montréal* de Henri Chevalier, d'Auguste Fortier et de
Hector Berthelot. J'y ai cherché des signes, des informations sur
le Montréal imaginaire de l'époque, et dieu sait que j'en ai
trouvé; l'analyse, pour peu qu'elle soit patiente, ne rentre jamais
bredouille. Je me suis beaucoup amusé, à la fois parce que je suis
un lecteur invétéré de mauvais romans, et qu'on a toujours plaisir
à dénicher dans des textes apparemment innocents, naïfs, des
choses un peu redoutables. Est-ce dire que j'avais laissé mon
jugement au vestiaire, et que je pratiquais là une forme de
critique sans commune mesure avec la diatribe qui était tombée
sur le dos du pauvre Albert Gervais? En première instance, la
distance entre les deux opérations paraît être, en effet, presque
infinie. C'est du bout des lèvres qu'on parlera de critique pour la
première, tandis que la deuxième devient cette chose prestigieuse
que nous partageons avec nos collègues scientifiques de l'université, la recherche. Une telle dissociation, cependant, ne résiste pas
longtemps à l'examen, ou mieux à l'expérience. Lisant Chevalier,
Fortier, Berthelot, je n'ai pas tout à fait oublié la visée critique
que j'appliquais à Albert Gervais. Je n'oublie pas de les comparer
à celui qui fut, du moins pour le titre, leur maître à tous trois,
l'Eugène Sue des *Mystères de Paris*. Je vais plus loin: si passionnant que me paraisse le roman de Sue, je veux garder à l'esprit
qu'il n'arrive pas à la cheville du *Père Goriot*. Si je l'oubliais, si
je cessais d'évaluer, de comparer — de juger —, je ne serais pas en
littérature, je ne ferais pas mon office de critique littéraire.

Je sais bien qu'en revendiquant ainsi le jugement, je fais
sécession par rapport aux objectifs de l'université, voire de la
grande critique. Je lis par exemple chez Jean Rousset, dans
*Forme et signification*: «Celui qui lit sérieusement renonce,
durant sa lecture, à juger; pour juger, il faudrait se tenir à
distance et au-dehors, réduire l'œuvre à l'état d'objet, d'orga-
nisme inerte» (XIV). Je lui opposerai cette phrase de Gaétan

Picon, auteur de *l'Usage de la lecture*: « [...] je crois, dit-il, que l'extériorité du jugement respecte l'œuvre, mieux que l'intériorité de la compréhension» (17). Sans doute cette réponse n'est-elle pas tout à fait satisfaisante, parce que par le mot de jugement Gaétan Picon entend un mode de contact avec l'œuvre, alors que moi je parle de jugement de valeur, de discrimination et même d'élimination. Je n'étonnerai personne ici en disant que la question du jugement se pose, en domaine québécois, d'une façon plus aiguë qu'en domaine français. Dans *l'Usage de la lecture*, Picon nous entretient de Balzac, Sade, Jouve, Sartre, Char, Baudelaire, Reverdy, Artaud. Nous, c'est Crémazie, l'abbé Casgrain, Nelligan, Claude-Henri Grignon, Jean-Aubert Loranger, Roger Lemelin: la différence est perceptible à l'œil nu, nous ne bénéficions pas des mêmes conditions d'éternité. Je ne dis pas cela pour être désagréable, pour entretenir en moi ou en nous un sentiment d'infériorité littéraire devant les réalisations indiscutables de la mère-patrie. Mais enfin, lorsque je parle de Crémazie par exemple — et il me paraît essentiel de parler de Crémazie —, il faut bien dire que je nage pour ainsi dire entre deux eaux: je sais que l'auteur de la *Promenade de trois morts* n'est pas un grand poète, qu'il ne peut nourrir mon besoin de poésie comme Hugo, Nerval ou Baudelaire; je sais aussi que je ne puis éviter de le traiter comme un grand poète, un grand écrivain, à cause de la place même que je lui fais dans mon texte. C'est parfois épuisant.

Quand je parle de jugement, on est prié de croire que je ne revendique pas pour le critique, ou pour l'historien de la littérature — qui est aussi, par la force des choses, critique — quelque forme d'infaillibilité que ce soit, ou même une illusoire objectivité. «La critique, disait Baudelaire, doit être partiale, passionnée, politique.» Non seulement elle doit l'être, mais elle ne peut éviter de l'être. Et il ne s'agit pas là d'un défaut, d'une servitude, puisque la critique se définit avant tout par l'acte de langage, par un rapport de langages. Je me déclare, pour reprendre le beau mot de Sartre, en situation. Dans le temps: c'est à partir de maintenant que j'interroge l'œuvre de Crémazie; et il n'est pas indifférent, sans doute, que je sois, en poésie, de la génération de l'Hexagone plutôt que de celle des *Herbes rouges* ou de *la Barre du jour*. Je suis en situation dans l'espace également, et il n'est pas étonnant, à cet égard, que j'aie lu Saint-Denys Garneau autrement que l'a fait Albert Béguin. (Permettez que je néglige la différence de qualité: j'ai une très grande admiration pour Albert Béguin.) Situé dans le temps et dans l'espace, je porte sur l'œuvre le jugement de ce temps et de cet espace; je reçois l'œuvre, je lui donne existence *hic et nunc*, au sein des circonstances culturelles où elle m'apparaît. D'autre part, je dis «je», mais je ne suis pas, dans l'opération critique, un simple, un pur individu, malgré l'évidence de ma signature. Je ne suis pas tout à fait le même, selon que j'écris dans *la Presse*, *l'Actualité* ou *Liberté*. J'écris (ou j'ai écrit) dans ces publications; on peut dire aussi qu'elles écrivent à travers moi. Je ne suis pas seul dans ma signature.

Mais au-delà d'une telle délégation par les organes de presse, les revues, l'édition, qui seule m'autorise à me dire critique et à proférer des jugements publics sur tout ce qui me passe entre les mains, il me plaît de croire que j'ai partie liée avec certaines valeurs. Je ne me vante pas; en fait, un critique littéraire qui fait ce métier durant un certain nombre d'années, si souple, si éclectique qu'il se veuille, n'a d'existence aux yeux de ses lecteurs que par un système de valeurs, de références esthétiques et morales, qui le distinguent du voisin. Je n'entreprendrai pas ici la description de mon propre système; je risquerais de m'y égarer. Mais je tiens à dire qu'il inclut, au premier chef, la valeur littéraire. Cela paraît tout naturel. Je ne suis pas sûr que ce le soit, aujourd'hui; et, à cet égard, il me semble qu'existe une étrange conspiration, involontaire sans doute, entre la critique universitaire et celle des médias. La première, désireuse d'augmenter et de valoriser son corpus, est presque fatalement portée à donner du prix à des textes, des œuvres qui ne valent pas grand chose; et la deuxième, pour des raisons analogues mais plus étroitement liées à l'actualité, se fait complice d'éditeurs affriolés par la quantité et ne sait plus — ou ne veut plus — faire la différence entre l'éjaculation précoce et le travail de l'écriture. Dans un cas comme dans l'autre, la valeur littéraire, quelque définition qu'on en donne, en prend pour son rhume. Ajoutons à cela la charmante notion, inventée par une sociologie gourmande, de «produit culturel», qui met sur le même pied, comme à *la Bande des six*, un roman de Réjean Ducharme et une chanson de Roch Voisine. À cela j'oppose, pour faire court: la nécessité non seulement de la distinction, mais de la hiérarchisation entre les genres, entre les

œuvres; un certain privilège accordé à la difficulté, à l'apprentis-
sage, contre la grâce de ce qui s'apprécie et se consomme du
premier coup; enfin — on m'a peut-être vu venir — un profond
respect pour les chefs-d'œuvre consacrés de la littérature, plus
nombreux en France qu'au Québec par la force des choses,
respect qui me fait considérer d'un œil torve les manifestations
d'inculture décidée qui hantent souvent la production (comme on
dit) actuelle.

Enfin, je ne puis m'empêcher de croire que les jugements
que je porte sur les œuvres échappent dans une certaine mesure
aux circonstances temporelles et locales de leur énonciation. Dans
un livre ayant pour titre, justement, *la Valeur littéraire*, un
disciple de Bourdieu, Claude Lafarge, s'est employé à démontrer
que cette valeur n'est pas une propriété interne de l'œuvre mais
tient exclusivement aux propos tenus sur elle, à sa réception. Rien
ne me répugne plus qu'une telle idée. Disons qu'en affirmant la
valeur d'une œuvre, je fais un pari — quasi pascalien —, un pari
d'existence et d'avenir. En ce sens, je risque, je donne, je paie de
ma personne: je rêve d'être un «*strong critic*» (un critique fort),
pour emprunter à Harold Bloom une expression dont le sens ne
m'est pas tout à fait clair, mais qui me suggère beaucoup de
choses importantes. La critique, dit Bloom, «*must be strong, with
the strength of usurpation, of persistence, of eloquence*» (la
critique doit être forte, de la force de l'usurpation, de la persistance, de l'éloquence) (25). Oui, certes, le critique «fort»
s'empare illégitimement de la force de l'œuvre — comme
d'ailleurs le poète selon Bloom «usurpe» le pouvoir des œuvres
antérieures. Mais une telle prétention suppose qu'il y a quelque
chose à usurper, une force, un pouvoir réels, et que le critique,
lorsqu'il y met du sien, ne fait pas que retrouver dans ce travail
sa propre énergie.

# Ouvrages cités

Balzac, Honoré de. *Le Père Goriot*. Paris: Pléiade/NRF, 1956.

Béguin, Albert. «Réduit au squelette», *Esprit*, Paris, novembre 1954.

Berthelot, Hector (pseud. Ladébauche). *Les Mystères de Montréal. Roman de mœurs*. Montréal: Imprimerie A.P. Pigeon, 1898.

Bloom, Harold. *The Breaking of the Vessels. The Wellek Library Lectures*. Chicago and London: The University of Chicago Press, 1982.

Chevalier, Henri. «Les Mystères de Montréal (roman)». *Le Moniteur canadien* 8.15-46 (4 janv.-20 sept. 1855).

Crémazie, Octave. *La Promenade de trois morts*. Québec: Brousseau, 1862. 32p. Voir aussi: *Œuvres I, «Poésies»*. Ottawa: Éditions de l'Université d'Ottawa, 1972. Texte établi, annoté et présenté par Odette Condemine.

Fortier, Auguste. *Les Mystères de Montréal. Roman canadien*. Montréal: Cie d'imprimerie Desaulniers, 1893.

Gervais, Albert. *La Déesse brune. Roman*. Ottawa: Éditions des Sept, 1948.

Lafarge, Claude. *La Valeur littéraire*. Paris: Gallimard, 1983.

Picon, Gaétan. *L'Usage de la lecture*. Paris: Mercure de France, 1960.

Rousset, Jean. *Forme et signification. Essais sur les structures littéraires de Corneille à Claudel*. Paris: J. Corti, 1962.

Sue, Eugène. *Les Mystères de Paris*. Paris: Robert Laffont («Bouquins»), 1989.

# Le sens critique de la critique
## Le cas des *Demi-civilisés* de J.-C. Harvey

### Louise Milot
Université Laval[1]

«Dire qu'un livre n'est qu'un livre relève d'un manque d'imagination que je trouve triste,» écrivait Jean Basile dans une livraison récente du *Devoir*. Et il poursuivait: «Je ne déteste pas les ragots, qui sont la petite histoire de la littérature. Et ça m'empêche de me prendre au sérieux.» Eh bien! je dois l'avouer d'entrée de jeu: dans ce sens, je manque totalement d'imagination, car ce n'est pas rien pour un critique, à mon avis, de parvenir à dire comment un texte est un texte; et par ailleurs, on a souvent intérêt à se prendre un peu au sérieux... Étant venue à la critique depuis l'université, sans doute étais-je handicapée au départ, ce qui expliquerait mon hésitation, pour ne pas dire mon refus d'avaliser une distinction de nature qui semble évidente à plusieurs entre *une critique journalistique* et *une certaine critique de revue*, autorisées au libre commentaire parce que le temps presse ou parce que le public-cible le justifie, et *une critique universitaire*, analytique par essence, pour ne pas dire ennuyeuse. Pour moi, il y a une activité critique ou il n'y en a pas: le nombre de lignes ou le nombre de pages n'ont rien à voir dans l'affaire. Sans doute en ai-je déjà assez dit pour être autorisée à aller au fond de ma pensée.

---

1. Ce travail a été fait avec la collaboration de Richard Duchaine.

En 1986, au moment où j'avais rédigé, pour la revue *Lettres québécoises*, le compte rendu d'*Une histoire américaine* de Jacques Godbout, la plupart des critiques de grands journaux étaient déjà parues. J'avais alors tenté, avant de commenter moi-même le roman, de caractériser les propos tenus jusque-là, et qui se ramenaient soit à y voir un message qu'on appelait «sociétal», soit une œuvre autobiographique. Mon hypothèse, à ce moment, prétendait qu'en rapportant *Une histoire américaine* tantôt à la société québécoise, tantôt à Jacques Godbout lui-même, les critiques avaient refusé au roman un statut proprement textuel, et en un sens n'avaient pas fait leur travail. Autrement dit, on n'avait pas lu le roman, ni même tenté de le lire, au niveau de ce qui constitue fondamentalement une œuvre fictive — c'est toujours mon hypothèse — préalablement à son inévitable rattachement à des idées ou à un auteur: je veux parler d'un roman comme construction d'écriture. C'est dans cet esprit que je souhaite soulever de nouveau la question du *sens critique* de la critique, et des lieux à partir desquels ce sens critique pourrait s'exercer.

Pour illustrer mon propos, je passerai par *les Demi-civilisés* de Jean-Charles Harvey, texte qui offre l'avantage d'être assez éloigné et d'avoir généré deux blocs critiques: en 1934, lors de la première édition — bien qu'à ce moment sa réception ait été considérablement raccourcie par la censure —, et en 1962 lors de la seconde édition.

Yvette Francoli a proposé la plus récente synthèse, à ma connaissance, de cette double réception, et selon deux paramètres: sa valeur littéraire — par quoi il faut entendre son «style» — et la valeur de ses idées. Le style aurait été loué en 1934, contrairement aux idées jugées trop audacieuses, la configuration s'inversant dans le discours critique de 1962 et depuis (Francoli 65). Il faudrait sans doute nuancer davantage, car même après 1960, Harvey passe encore pour un «excellent manieur de mots» (Charland). Et par ailleurs, une étude restée inédite de Jean-Charles Falardeau, que cite Francoli elle-même, fait bien voir que déjà en 1934, «la jeunesse intellectuelle [...] semble s'être identifiée corps et âme au héros harveyen dont elle admirait l'esprit de rébellion et la volonté de créer un monde à l'image de son idéal» (Francoli 47, note 13).

Ce qu'il importe évidemment de noter est que les modes et les valeurs qui ont en fait servi d'étalon, à trente ans de distance, ont changé. Ce qui, pour beaucoup de lecteurs des années 30, correspondait à un style «toujours bien français» (Hamel) et d'une «gracieuse clarté qui distingue la prose classique française» (Southron), se transformerait, dans les années 60, en un «roman parmi les plus indigestes de la littérature canadienne» (Tougas), ou encore «enflé, ridiculement précieux, devoir de bon rhétoricien» (Marcotte). Quant à la valeur des idées, parallèlement aux changements de la Révolution tranquille, les thèses de Jean-Charles Harvey concernant notamment les libertés individuelles seraient évidemment apparues opportunes à un plus grand nombre de lecteurs en 1962.

Le phénomène central pour la critique, et qui ressort de ce rapide tour d'horizon, a rapport au lieu d'exercice du sens critique. Retracer la courbe d'un style jugé impeccable en 1934, puis lourd et désuet en 1962; faire passer Harvey, en vingt-huit ans, du statut de victime à celui de héros/précurseur de la Révolution tranquille: voilà qui nous en apprend beaucoup sur les critères esthétiques et sur les idées socio-religieuses valorisées par les collectivités des deux époques. Mais on conviendra qu'en même temps tout cela en dit bien peu sur le roman. Or la critique ne s'exerce-t-elle pas le plus souvent — c'est ce que j'avais essayé de démontrer à propos de Jacques Godbout — sur des lieux comme ceux-là, à la remorque d'idées autres que celles relatives à la littérature elle-même; tel roman est alors utilisé comme un simple moyen, ou bien de renchérir sur certaines valeurs sociales, culturelles et politiques du moment — auquel cas l'ouvrage sera justement approuvé —, ou bien de déplorer l'absence de telles valeurs, auquel cas l'ouvrage sera ignoré, rejeté, disons non capté.

Pour ce qui est des *Demi-civilisés*, qui n'est qu'un cas d'espèce, il faut voir que la critique de 1962, plus éclairée en apparence, a néanmoins fonctionné en tous points comme la première. Si elle s'est étonnée de l'aveuglement des lecteurs et des censeurs de 1934, n'y voyons pas ouverture d'esprit, mais plus simplement accord des nouveaux *Demi-civilisés* avec le consensus social du Québec de Jean Lesage. Bref, dans un cas comme dans l'autre, je dirais que la critique n'a pas exercé son sens critique, l'enjeu n'étant toujours pas *les Demi-civilisés*, mais la conformité ou non du roman avec un faisceau d'idées ambiantes.

On me dira que l'évolution — disons, la transformation — des centres d'intérêt politiques, religieux, culturels d'une société est inévitable. Également que tout commentateur de l'actualité, et notamment de l'actualité littéraire, se retrouve plus ou moins, mais toujours, modelé par une telle transformation. Il n'en demeure pas moins que quelque chose est inchangé, dans le roman de Jean-Charles Harvey, depuis 1934 jusqu'à nos jours, je veux parler du texte même des *Demi-civilisés*, cette construction d'écriture dont la signification, contrairement à ce que semblent avoir pensé la plupart de ses commentateurs, n'est jamais donnée d'emblée, mais reste nécessairement et entièrement à reconstruire par une lecture, justement, critique.

Ce n'est pas le lieu ici de formuler des propositions élaborées concernant l'organisation de la signification dans *les Demi-civilisés*: mais on peut tout de même faire l'hypothèse que le clivage entre l'audace des positions socio-culturelles du narrateur et la forme romanesque et stylistique choisie (clivage qui sert de base à plupart des appréciations critiques du roman) gagnerait à être reçu et lu en lui-même, alors qu'il a surtout servi, dans un jeu de balanciers, à départager des ordres de valeurs.

En dépit de la brièveté de son commentaire des *Demi-civilisés* dans *le Romancier fictif*, André Belleau avait noté une telle contradiction, qu'il nomme «une incompatibilité entre l'interne originel, donné, reçu, et l'externe acquis, construit, transformant» (74). Cette façon de voir ne l'empêche pas de rattacher le texte, un peu rapidement et un peu à tort croyons-nous, au «roman du code», c'est-à-dire marquant «avec insistance la relation du littéraire au social.» C'est là occulter une contrainte narrative incontournable de ce roman, le fait qu'il s'achève — même si on peut juger excessive et même délirante la finale de la course dans la neige sur les Plaines d'Abraham — sur la résolution d'une aventure individuelle, l'histoire amoureuse du narrateur et de Dorothée, et sur un progrès cognitif qui lui aussi est du ressort de l'individuel. Ce qui dénoue en effet, et permet de conclure *les Demi-civilisés* est la révélation, par une confidence, donc une parole éminemment privée, de l'identité du meurtrier d'Abel Warren, énigme posée au point de départ du roman, dès l'enfance du narrateur.

On voit que de la possibilité d'un engagement social, ou d'une action sociale de l'écriture, qui est apparue à plusieurs critiques évidente dans le roman, amenant tantôt son malheur, tantôt sa célébrité, il risque de ne rester, après analyse, que bien peu de choses. Pour la simple raison que le roman a plutôt construit la possibilité d'une prise de parole personnelle, et précisément sur l'occultation même de la prise de parole publique que constituait la revue dirigée par Max Hubert. Il est assez fascinant, dans ce contexte, de voir Jean-Charles Harvey lui-même, suite à la deuxième édition de son roman, confier qu'il s'était trompé en choisissant la forme romanesque, et qu'il aurait mieux fait d'écrire un essai (Francoli 61). Au-delà de l'expression d'un regret qui peut paraître étonnant ou discutable, on conviendra que Jean-Charles Harvey indique l'essentiel: la pertinence et en même temps la difficulté des *Demi-civilisés* n'est pas d'abord sociale ou religieuse, ni personnelle: il faut y reconnaître une problématique d'écriture, que je lirais pour ma part dans le triomphe intime des lettres d'amour à Dorothée sur le potentiel public de la revue, support des idéaux collectifs. On peut dès lors douter que la forme de l'essai, théoriquement idéale, il est vrai, pour accueillir la revendication, eût pu s'accommoder, en pratique, de la signification et de la contrainte dialectiques du roman. Nul essai n'eût pu tenir lieu de la signification des *Demi-civilisés*. Aussi dirions-nous que *les Demi-civilisés* n'est pas une œuvre ratée, ni une œuvre réussie, mais un texte qui prend sens dans la façon dont il finit par équilibrer son déséquilibre, c'est-à-dire par une sorte de demi-parole. Par là s'éclairerait cette figure énigmatique des «demi-civilisés», dont Belleau fait fort justement remarquer qu'il ne faut surtout pas — j'ajouterais que ce serait trop facile et trop naïf — y lire une injure (Francoli 74).

À travers *les Demi-civilisés*, j'ai essayé de mettre en évidence que ce que la critique peut faire ressortir de plus pertinent dans un texte de fiction — et là où je propose que s'exerce son sens critique — ne concerne pas surtout la mise au jour de liens entre un texte et son milieu, littéraire ou social, ou entre un texte et son auteur, comme on s'applique souvent à le faire, mais la mise au jour des liens susceptibles de nous éclairer sur la position du texte en question face à l'activité d'écriture, celle-ci constituant il me semble le premier terrain d'observation que pourrait revendiquer une critique qui se dit littéraire.

On me rétorquera que cette façon de voir les choses, qui se place du point de vue de la théorie proprement «littéraire», correspond à un moment «datable», lui aussi, à un choix dans une évolution, tout autant que les deux époques culturelles auxquelles j'ai fait ci-dessus référence dans la réception des *Demi-civilisés*. C'est vrai, sauf à dire qu'il y a un certain sens, justement, à ce que l'évolution dont la critique est dépendante soit directement branchée sur le développement de la théorie littéraire elle-même. Oserais-je dire — et il y a ici un postulat qu'on peut évidemment refuser — que parlant de textes dits littéraires, il est normal de suivre pour le faire le mouvement que trace l'évolution des théories qui ont ces textes même pour objet d'étude, et non pas l'évolution de domaines — je n'en nommerai aucun — pour lesquels ces textes ne sont pas des objets d'étude mais, parmi d'autres, des documents.

Quand on écrit d'*Une histoire américaine* de Godbout qu'«avec ses antennes bien aiguisées, le romancier Jacques Godbout prend une longueur d'avance sur les idées reçues» (Royer), on fait certes un commentaire qui passe pour de la critique. Il n'en demeure pas moins qu'on répète mot pour mot ce qui a été dit de Jean-Charles Harvey à l'époque, mais surtout, je suis toujours ennuyée de ce que cette soi-disant critique n'affiche pas davantage des connaissances un peu objectives du fonctionnement des textes mêmes.

# Ouvrages cités

Basile, Jean. «Avec Sainte-Beuve, contre Proust.» *Le Devoir* (samedi 10 nov. 1990): DI.

Belleau, André. *Le Romancier fictif. Essai sur la représentation de l'écrivain dans le roman québécois.* Sillery: PUQ, 1980.

Charland, Roland M. «Études d'auteurs canadiens. M. Jean-Charles Harvey.» *Lectures* 12.1 (sept. 1965): 6.

Francoli, Yvette. «La double réception des *Demi-civilisés*, 1934 et 1962.» *Réception critique de textes littéraires québécois*, Richard Giguère, éd. Sherbrooke: Université de Sherbrooke («Cahiers d'études littéraires et culturelles» n° 7), 1982. 42-66.

Godbout, Jacques. *Une histoire américaine.* Paris: Seuil, 1986.

Hamel, Émile-Charles. «Notes sur notre roman canadien.» *Le Jour* (30 juillet 1938): 2.

Harvey, Jean-Charles. *Les Demi-civilisés.* Montréal: PUM («Bibliothèque du Nouveau Monde»), 1988. Édition critique par Guildo Rousseau.

Marcotte, Gilles. *Une littérature qui se fait.* Montréal: HMH, 1962. 22-5.

Milot, Louise. «Le second déclin de l'empire américain.» *Lettres québécoises* 44 (hiver 1986-87): 22-5.

Royer, Jean. «Jacques Godbout, Québec en Amérique.» *Le Devoir* (samedi 13 sept. 1986): CI.

Southron, Jane Spencer. «Sackcloth for banner.» *The New York Times Book Review*, Jan. 8, 1939 (traduit par Émile-Charles Hamel, *op. cit.*).

Tougas, Gérard. *Histoire de la littérature canadienne-française.* Paris: PUF, 1966. 138-140.

# Lire au féminin

## Patricia Smart
Université Carleton

«Lire au féminin.» C'est moi qui ai choisi ce titre pour mes remarques ce soir, et il n'y a aucun doute que mes pensées sur l'expérience de la lecture et de la critique ne sauraient se détacher du «féminin», ni du féminisme. Mais les étiquettes ont tendance à nous emprisonner si nous n'y faisons pas attention. Et tout comme pour moi le fait d'être femme et d'être féministe sont des façons de me situer en tant qu'être humain, et non des catégories réductrices, je voudrais parler ce soir non seulement de la critique féministe, mais de la critique en général, telle que je la vois en tant que femme, et féministe.

J'avoue dès le départ que pour moi il y a quelque chose d'un peu gênant dans l'idée de parler *de* la critique, plutôt que de *faire* de la critique en parlant d'œuvres littéraires. C'est dire que j'ai le sentiment de m'*exposer*, de me livrer à une activité presque impudique, quand j'enlève le masque sécurisant derrière lequel je me cache en écrivant sur les œuvres littéraires. Et du coup, je commence à me demander s'il y a peut-être quelque chose de *féminin* dans ce désir d'anonymat: je ne peux m'empêcher de penser par exemple à l'angoisse de Laure Conan devant l'intention de son préfacier l'Abbé Casgrain de faire des révélations sur sa vie personnelle: «De grâce [lui écrit-elle], ne m'imposez pas ce supplice. J'ai déjà une assez belle honte de me faire imprimer. Peut-être, monsieur, ne comprendrez-vous pas ce sentiment — les hommes sont faits pour la publicité» (lettre du 8 octobre 1883).

Ce désir de disparaître derrière l'œuvre, et plus précisément *dans* l'œuvre, me semble pourtant une des caractéristiques — peut-

peut-être la caractéristique fondamentale — de l'activité critique. Quand j'écris sur les œuvres littéraires, j'essaie de «laisser parler» les œuvres, et les écrivains et écrivaines qui les ont créées, à travers ce que j'écris. Je sais bien que je ne suis pas qu'une boîte de résonance, et que mes propres goûts et préconceptions et partis pris politiques orientent mes choix et mes lectures des œuvres. Mais la rencontre et la fusion qui font exister l'œuvre à travers le lecteur ou la lectrice, et à plus forte raison à travers le ou la critique qui traduit son expérience de la lecture en mots, dépendent de l'état de vide et de disponibilité dans lequel le critique-lecteur accepte d'entrer. En lisant et en écrivant, je mets ma propre identité entre parenthèses pour être le véhicule par lequel certaines œuvres littéraires acquerront plus de résonance — ou une nouvelle résonance — dans la culture. En ce sens, il est peut-être juste de dire que la critique est une activité «féminine» par excellence: car n'est-ce pas les femmes, de tout temps, qui ont dû apprendre à écouter et à être disponibles à la parole de l'autre?

En parlant de la critique en termes de disponibilité, de vide, et de fusion, je donne peut-être l'impression qu'il s'agit d'une activité passive. Mais vous êtes tous bien placés pour savoir qu'il n'en est rien: qu'on n'arrive à ce point de fusion avec l'œuvre qu'après un long travail de déchiffrement; si nous nous apparentons aux écrivains par notre capacité et notre volonté de nous laisser happer par les mots, nous avons aussi en nous quelque chose du détective, ou encore du mathématicien. Je sais que pour moi, la plus grande joie de l'activité critique est l'approche de ce point où l'œuvre prend forme et sens en révélant la cohérence de tous ses aspects — réseaux thématiques, images, style et structure — et que c'est une joie analogue à celle de résoudre une équation mathématique. En fait — si je peux me permettre un souvenir personnel qui me ramène à mon thème du féminin — si l'on ne m'avait pas dit, au moment où je m'apprêtais à faire des études universitaires dans les années 50, que les mathématiques n'étaient pas une carrière pour les femmes, c'est celle que j'aurais choisie. Ce n'est que bien des années plus tard, en lisant deux ouvrages critiques — *Forme et signification* de Jean Rousset, et *Le roman canadien-français du XX^e siècle* de Robidoux et Renaud — que j'ai compris que la critique littéraire pouvait offrir des plaisirs analogues à ceux des mathématiques. Mais des plaisirs plus complets, plus totalisants, je dirais maintenant, à cause de cette façon qu'ont les significations littéraires de déborder le texte pour rejoindre non seulement la vie — ma vie — mais aussi la culture et l'histoire dans un sens plus large.

Je suis de la génération de femmes devenues féministes dans la trentaine, ayant déjà écrit et travaillé dans nos domaines de spécialisation plusieurs années sans nous soucier outre mesure de la «question des femmes.» À vingt-cinq ans, nous nous voyions — et il n'y a rien d'étonnant à cela — comme «des êtres à part entière,» des égales de nos collègues masculins, avec qui nous partagions des explorations sociologiques, psychanalytiques ou formelles de la «chose littéraire.» Je sais que je ne suis pas la seule à avoir traversé une période plutôt pénible de «non-sens,» où les livres que je lisais et les approches critiques que je pratiquais ne semblaient plus «coller» à ce que je ressentais et que je reconnaissais de plus en plus clairement comme une expérience de *femme*. L'exemple qui me revient le plus clairement à la mémoire n'a rien de spécifiquement littéraire: c'est le souvenir de déjeuners habituels avec mes collègues masculins, où peu à peu j'en suis venue à comprendre que si je restais souvent silencieuse, ce n'était pas par tempérament mais parce qu'une bonne moitié du repas était consacré à parler de la partie de hockey de la veille, ou des plus récentes conquêtes amoureuses. C'est à ce moment-là que j'ai commencé à rechercher de façon plus consciente la compagnie d'autres femmes, et je me souviens encore des taquineries de nos collègues masculins qui, nous voyant ensemble, demandaient si nous n'étions pas en train de formuler des complots féministes! Et sans en être complètement conscientes, nous l'étions, je crois, car les paroles échangées entre des femmes qui osent enfin croire à la légitimité de leurs propres perceptions font bouger plus de choses que nous n'aurions pu soupçonner à l'époque.

Dans la critique littéraire, il y a sans doute autant de façons de «lire au féminin» qu'il y a de femmes et d'approches critiques. Mais ensemble, ces lectures et la théorie féministe qui les alimente apportent une secousse à l'édifice de la culture patriarcale et de ses procédés de représentation qui à mon avis est à proprement parler *révolutionnaire*. Car, si les voix des femmes côtoient et fusionnent avec d'autres voix marginales qui entrent enfin dans l'édifice culturel, c'est tout de même la FEMME qui a été l'Autre primordial de cette culture et de ses représentations, du nu féminin dans l'art de la Renaissance jusqu'aux personnages féminins tués et mutilés pour assurer l'identité masculine dans les romans québécois de la Révolution tranquille. Ce qui me passionne le plus en tant que critique, c'est de voir comment les procédés de la représentation et de la narrativité qu'on nous a toujours présentés comme «universels», et donc comme plus ou moins *inévitables*, reflètent la construction de l'identité masculine à travers les siècles, et le rapport ambivalent de ce sujet masculin avec le féminin-maternel — l'origine et (dans ses fantasmes) le terme de son trajet narratif.

Pour nous en tant que critiques littéraires, je crois que la critique de la représentation, du langage et de l'ordre symbolique entreprise par le féminisme ouvre de nombreuses voies à la réflexion et à la reformulation de nos approches. À titre d'exemple — et ici je profite de la présence de Gilles Marcotte à mes côtés pour lui poser une question que je lui posais implicitement dans mon livre *Écrire dans la maison du Père* — je me demande s'il n'y a pas lieu de réintroduire le questionnement des valeurs et du sens dans nos lectures des œuvres; si, en dehors de la vieille «maîtrise» que nous avons essayé de contourner en brisant avec les valeurs d'une critique naïvement «humaniste», nous n'avons pas le droit de poser de nouveau à la littérature la question du «Comment vivre?» et aussi du «Comment survivre?» que nous avons mise de côté avec l'arrivée de la modernité et du post-modernisme. À mon avis, c'est ce questionnement de la culture et de l'histoire à travers les œuvres littéraires qui est la responsa-bilité la plus passionnante de la critique. Les écrivains et les écrivaines le font à leur façon; notre fonction, me semble-t-il, est non seulement de leur *répondre*, en tant que représentants «officiels» de la culture, en quelque sorte, mais aussi d'essayer de dessiner, par nos lectures et nos analyses de leurs œuvres, une direction à suivre dans le cheminement problématique de la culture.

En conclusion — et ce n'est pas tellement une conclusion qu'une dernière question que je voudrais soulever — je souhaite-rais que nous nous interrogions un peu sur les rapports entre ce qu'il est convenu d'appeler «la théorie» et nos lectures des œuvres. J'ai lu avec plaisir les mots suivants, tirés d'un livre récent d'Anthony Purdy:

> *The line I wish to draw is not between theory and its rejection, but between its use and abuse, between theory as stimulant and theory as analgesic. The 'rush to the referent' which used to characterize too much of our criticism has been replaced in certain circles by a 'rush to theory'; we do not spend enough time in literary texts to get their measure; we do not, as Gaston Bachelard liked to say, live in them, but pass from one to another, gathering quotes much as a bee gathers pollen. The cross-fertilization can be exhilarating, but all too often such busyness leaves us little time for thinking about literature, and savouring it, for smelling the flowers so to speak. In too many instances theory has become the crutch we reach for when we are too tired to think, a mental grid which provides a semblance of order [...] a rhetoric which produces an illusion of thought. At its best, theory quickens our thinking and revitalizes debate; at its worst, it closes our minds and drains our words of meaning (xii).*

Quant à moi, j'avoue que j'ai résisté longtemps à la théorie, parce qu'il me semblait qu'elle m'éloignait des œuvres ou les écrasait; de toute façon, elle empêchait mon désir de faire entendre leurs voix. Mais je sais que la théorie féministe a transformé ma façon de voir et de lire, et je dirais même que la «théorie» occupe un domaine autonome, nous permettant en tant que critiques d'aller au-delà de la lecture des œuvres littéraires, et d'interroger la culture dans un sens plus large. Je termine donc par une question: quelle est notre fonction en tant que critiques, quelle est notre responsabilité, maintenant que nous avons fait le tour de la «théorie» et que nous vivons encore dans une société où le pouvoir écrase les plus faibles?

## Ouvrages cités

Conan, Laure (Félicité Angers). Correspondance avec l'abbé H.-R. Casgrain. *Fonds Casgrain*, vol. 10 (n° 97), Archives du Séminaire de Québec.

Purdy, Anthony. *A Certain Difficulty of Being: Essays on the Quebec Novel*. Montréal & Kingston: McGill-Queen's Press, 1990.

Robidoux, Réjean et Renaud, André. *Le Roman canadien-français du XX^e siècle*. Ottawa: Éditions de l'Université d'Ottawa, 1966.

Rousset, Jean. *Forme et signification. Essais sur les structures littéraires de Corneille à Claudel*. Paris: J. Corti, 1962.

# 2. Vers une histoire de la critique...

# L'émergence du concept de «bonne littérature» dans les journaux du Québec au XVIIIe siècle

Jacques Cotnam
Collège Glendon
Université York

Conscients qu'il était de leur intérêt, comme hommes d'affaires et citoyens britanniques, d'être bien perçus de leur clientèle, William Brown et Thomas Gilmore, les imprimeurs et propriétaires de *la Gazette de Québec*, s'empressèrent de présenter un visage rassurant aux autorités militaires et religieuses. Se donnant d'une part mission de promouvoir la bonne entente entre nouveaux et anciens sujets, ils s'engagèrent, d'autre part, en français, à n'accueillir dans leur journal aucun écrit qui leur paraîtrait outrepasser les limites d'une liberté «convenable». À ceux qui s'interrogeraient quant à la nature exacte de ces limites, un lecteur se chargera de répondre, le 10 octobre 1765, qu'on est libre de s'exprimer à sa guise dans la *Gazette*, comme partout ailleurs au pays, «pourvu qu'on n'y introduise rien contre la religion, l'État et le Gouvernement», ce qui lui paraît on ne peut plus raisonnable. Pendant plus d'un siècle, ce critère conservera quasiment valeur de dogme et sera repris à la façon d'un leitmotiv dans les prospectus de la plupart des journaux à paraître dans la province.

Convaincues de la nécessité de maintenir une imprimerie dans la colonie, les autorités politiques et ecclésiastiques ne tardèrent point à reconnaître d'aussi bonnes dispositions. Dès le

4 octobre 1764, le gouverneur James Murray confère par ordonnance à *la Gazette de Québec* le statut de journal officiel. Une autre ordonnance, le 18 février 1765, confirme ce caractère officiel en obligeant le curé de chaque paroisse à se faire désormais envoyer la dite Gazette toutes les semaines, afin de pouvoir y lire, le dimanche, après la messe, ordres et ordonnances à ses paroissiens. Faute de quoi, est-il précisé, les curés «répondront à leurs périls». L'Évêché, de son côté, confiera à Brown et Gilmore le soin d'imprimer un catéchisme et autres ouvrages de piété, leur marquant ainsi ouvertement sa confiance.

Tout à la fois reconnaissants et prudents, les imprimeurs de *la Gazette de Québec* s'évertuent habilement à ne donner aux autorités politiques et religieuses aucune occasion de se plaindre d'eux. Ils multiplient au contraire les témoignages de leur loyalisme, notamment lors de la Révolution américaine, alors qu'ils censurent l'information de manière à donner à la mère-patrie un visage bienveillant et à faire porter à ses fils rebelles tout l'odieux de leur conduite criminelle. Dès les premiers mois de la *Gazette*, ils s'empressent d'appuyer les efforts du gouverneur en vue d'encourager la pratique religieuse et de faire respecter le dimanche (20 décembre 1764: 2-3; 7 février 1765: 2; 10 novembre 1766: 1-2) et ils affichent clairement leur volonté de promouvoir en tout temps la cause de la vertu, le respect de l'ordre établi étant l'une des grandes qualités de la personne jugée vertueuse[1]. S'ils sollicitent avec insistance l'apport d'une production littéraire domestique, c'est en prenant bien soin de préciser que celle-ci doit avoir pour but le bien du public et tendre «à perfectionner le genre humain, ou à divertir ou à amuser l'un et l'autre sexe, sans blesser l'innocence» (29 mai 1766: 2).

Que ce soit en publiant la confession d'un séducteur pris de remords (21 mars 1765: 1) ou un texte visant à montrer que «la félicité est la conséquence assurée de la religion et de la vertu»

---

1. Ce qui ne les empêche pas d'annoncer un «spectacle nouvel et divertissement public», organisé par les Villageoises Canadiennes, Nouvelles Sujettes de sa Majesté Britannique d'un certain canton de la Province de Québec, où il sera fait en sorte que «Bacchus et Vénus s'accordent ensemble à fin que les plaisir [*sic*] ne soient pas troublés» (24 octobre 1765: 3).

(23 février 1767: 1), en profitant de la clôture d'un jubilé pour rappeler à leurs lecteurs qu'ils sont dans l'obligation d'entretenir un amour filial pour leur roi et de pratiquer «une prompte obéissance aux supérieurs, une restitution entière, le payement des dettes, un renoncement total à l'yvrognerie, à la débauche, à l'impudicité, et à toutes sortes de vices aussi abominables» (2 avril 1767: 3), ou tout simplement en dénonçant le jeu (12 décembre 1771: 1), les imprimeurs de la *Gazette de Québec* ne manquent point de réitérer la droiture de leurs intentions. Après la mort de Gilmore en 1773, Brown continuera à propager une littérature édifiante et moralisatrice, traduite en français, telles ces «Considérations sur le Bonheur attaché à la Vertu», parues le 25 janvier 1775.

Face à l'Église catholique de la colonie nouvellement conquise, les propriétaires protestants de la *Gazette de Québec* comprennent qu'il importe de faire preuve d'une grande retenue, car le gouvernement ne saurait se passer de son appui sans risque. Ils ne se privent pas pour autant de donner des nouvelles en provenance d'Europe concernant diverses intrigues politiques attribuées aux Jésuites, mais ils savent fort bien que le gouverneur ne tient pas ces derniers en haute estime, qu'il s'en méfie même (*Rapport du Général Murray* 51), et que la Compagnie de Jésus, récemment expulsée du Portugal et de la France, connaît alors d'énormes difficultés au sein même de l'Église, qui la juge sévèrement. S'il leur arrive aussi de citer un poème de Voltaire ou un texte prônant la tolérance, de faire état des conclusions du procès de réhabilitation de Jean Calas ou de l'affaire d'Abbeville, ils s'abstiennent de tout commentaire qui pourrait paraître désobligeant à l'endroit du clergé canadien. Du reste, la publication de ces textes est espacée et ne donne aucunement l'impression d'une campagne orchestrée contre l'Église catholique. Certains poèmes galants, certain hommage à Lesbos, seraient peut-être de nature à faire sourciller Mgr Briand, mais ces textes sont écrits en anglais et ne sont pas traduits en français. Voilà qui suffit, semble-t-il, à les mettre hors de la juridiction de l'évêque de Québec, langue et religion étant d'ores et déjà tacitement associées. De toute façon, le nombre des nouveaux sujets capables de lire l'anglais est assurément fort restreint, de même, au fait, que celui de ceux qui savent lire tout court.

Soucieux d'être agréables aux autorités, les propriétaires de
*la Gazette de Québec* ont aussi à cœur de plaire à leurs rares
abonnés, dont ils souhaitent augmenter le nombre le plus
rapidement possible. Les attentes des uns ne sont pas nécessairement celles des autres, cependant, ainsi que le suggère implicitement l'insistance avec laquelle les autorités travaillent à inculquer
la pratique de la vertu à leurs sujets et à leurs fidèles. Il est
d'autant plus difficile de satisfaire le public que celui-ci est
partagé par la langue et la religion. D'où pour Brown et Gilmore
la nécessité parfois de louvoyer de manière à donner l'impression
de vouloir répondre aux attentes de chacun. S'ils publient des
pages de Voltaire, par exemple, ce qui est certainement de nature
à plaire aux plus éclairés de leurs abonnés mais à déplaire aux
autres, ils s'évertuent à rassurer ces derniers en publiant aussi des
articles propres à illustrer les dangers auxquels s'exposent ceux
qui lisent cet auteur. Dans cette conjoncture, le récit détaillé du
supplice de Le Febvre de la Mare, jeté au feu avec le *Dictionnaire philosophique* (16 février 1767: 1), ou celui de l'intervention miraculeuse d'un ange qui réduisit en cendres l'*Essai sur
la crédulité* qu'un prince tenait en main (19 novembre 1767: 1-2),
peut changer radicalement de sens selon le lecteur. L'un peut en
effet y voir une sévère mise en garde contre Voltaire et l'esprit
libertin, tandis que l'autre y trouvera de nouvelles raisons de
décrier l'abus du pouvoir censorial de l'Église catholique et son
recours à la superstition.

Pareille prudence n'est assurément pas inutile, car Mgr
Briand est aux aguets, ainsi qu'en témoigne son «Mandement du
jubilé pour la ville de Québec», daté du 5 mars 1771, dans lequel
il met ses ouailles en garde contre:

> le nombre prodigieux de ces prétendus esprits forts, vrais apôtres
> du libertinage [...] [et] leurs livres impies que la jeunesse faible et
> téméraire, légère et curieuse, souvent peu instruite et sans principe,
> recherche avec empressement, lit avec avidité et admiration, et
> avec un goût criminel, qui lui devient d'autant plus pernicieux que
> la conduite perverse qu'ils contiennent est d'accord avec leurs
> passions, et ne flatte que trop les penchans corrompus de leur
> nature.

Il ne suffit pas d'interdire ni de faire cesser ces «lectures dangereuses», insiste-t-il, il faut en outre avoir le courage de brûler avec indignation «ces livres séducteurs et empoisonnés».

Mieux vaut prévenir que guérir, pense sans doute Mgr Briand, car le prétendu fléau des «mauvaises lectures» est loin d'avoir atteint, en cette année 1771, une proportion épidémique sur les rives du Saint-Laurent. Reste que ce mandement indique que l'Église est vigilante et qu'elle s'inquiète tout particulièrement de la conduite des jeunes gens. Il traduit aussi la volonté de l'Église, qui a depuis longtemps saisi que le savoir conduit au pouvoir, de s'assurer le contrôle exclusif des connaissances et du mouvement des idées en en censurant la diffusion, à défaut de pouvoir intervenir à d'autres niveaux pour l'instant. Une nouvelle occasion de manifester cette volonté, qui ne cesse de s'affirmer à mesure que nous avançons dans ce siècle et dans le suivant, allait bientôt lui être offerte et de façon beaucoup plus spectaculaire.

Il serait évidemment trop long de reprendre ici, ne serait-ce que dans ses grandes lignes, l'histoire de la *Gazette littéraire de Montréal*[2]. Ce qu'il importe surtout de souligner, c'est que ce n'est pas tant sa conception de la fonction de la littérature, ni l'usage qu'il fait de cette dernière — car lui aussi se propose de joindre l'utile à l'agréable en mettant la littérature au service d'une cause, la sienne — qui distinguent Fleury Mesplet de l'imprimeur de Québec que l'importance qu'il accorde à la littérature et la nature de la cause qu'il lui demande de défendre. C'est précisément cette cause qui sera prise à partie; elle sera à l'origine des ennuis que Mesplet et son adjoint Valentin Jautard auront tôt fait de connaître.

Les propriétaires de *la Gazette de Québec* étaient essentiellement des hommes d'affaires. Ayant pour objectif premier de rentabiliser leur entreprise, ils n'avaient pour ainsi dire d'autre souci que celui de plaire à leurs clients dont les autorités civiles, militaires et ecclésiastiques, jointes aux marchands et aux commerçants, constituaient la quasi-totalité. De par son statut de journal officiel, *la Gazette de Québec* se doit pratiquement d'être

---

2. Voir de Lagrave.

le porte-parole des autorités et d'en épouser les causes. Aussi
Brown n'hésite-t-il pas à intervenir, au besoin, pour censurer un
texte ou en refuser la publication (17 octobre 1776: 3; 19 février
1778: 4). Mesplet, de son côté, est fondamentalement un contestataire, dont les idées tant politiques que philosophiques s'opposent
radicalement à celles des autorités en place. À ses yeux, la presse
vise avant tout à influencer l'opinion publique. À cette fin,
comme c'était d'ailleurs souvent le cas en France, il mise sur la
fonction didactique de la littérature pour former des citoyens
libres et éclairés plutôt que des sujets soumis et obéissants.
Quoiqu'il prenne soin de préciser dans son adresse aux citoyens
de Montréal qu'il ne dédaigne pas le commerce (3 juin 1778: 1),
il est évident que c'est un journal d'idées bien plus qu'une
gazette commerciale au service des marchands, que Mesplet se
propose de publier. S'il se flatte volontiers de promouvoir à sa
façon la cause de la vertu, il est évident qu'il n'entend pas laisser
aux seules autorités ecclésiastiques le soin de définir celle-ci.

Transgressant les normes tacites d'une liberté dite «convenable», normes que l'imprimeur s'était implicitement engagé à
respecter en promettant au gouverneur Guy Carleton d'écarter de
son journal «tout ce qui pourrait porter le moindre ombrage au
gouvernement et à la religion» (McLachlan 236), et après s'être
efforcé de présenter aux autorités religieuses un visage rassurant
en imprimant plusieurs ouvrages de piété à la demande des
Sulpiciens, voire en présentant dans le tout premier numéro de
son journal des «Anecdotes morales & Amusantes», qui auraient
pu trouver place dans *la Gazette de Québec*, Mesplet s'emploie
en effet à transmettre un message non sanctionné à la jeunesse
canadienne, destinataire privilégié qu'il encourage ardemment et
de façon répétée à se mettre à l'heure des Lumières. Il se fait en
outre avocat de la liberté de la presse. Il n'en faut pas davantage,
on s'en doute bien, pour que le discours contestataire véhiculé par
la *Gazette littéraire* en vienne rapidement à alarmer les autorités
ecclésiastiques, celles du Collège de Montréal tout particulièrement, accusées à plusieurs reprises de combattre la propagation
des lumières pour mieux conserver leur emprise sur leurs élèves
et la population ignorante. D'où leur prompte intervention dans
le but d'entraver la transmission de ce discours concurrent, auquel

quelques jeunes gens semblent déjà disposés à prêter oreille attentive (Quesnel, «À M<sup>r</sup> Panet» 303-304).

«L'ignorance est la mère nourrice de la simplicité, on trouvera difficilement l'homme simple vicieux: combien n'auroient jamais fait le mal s'ils ne l'eussent connu» pensaient alors certains qui, à l'instar de celui qui signait sous le pseudonyme de *Moi, Un*, rendaient les Philosophes responsables des plus grands crimes:

> Parcourez les Villages & les lieux où règne l'ignorance, c'est le temple de la Vertu. Rentrez dans les Villes où résident le grand nombre de Sçavants, vous y trouverez des impies, des luxurieux, des avares, des fourbes, des scélérats, enfin un amas confus de vices & de crimes. — Ô jeunesse! vous oseriez travailler pour devenir sçavants. Je crois qu'il suffit pour vous détourner d'un pareil dessein, de vous mettre devant les yeux la félicité promise & même acquise aux ignorans. *Bienheureux les pauvres d'esprit car le Royaume des cieux leur appartient.* (1<sup>er</sup> juillet 1778: 19)

En vain, *Adieu*, répliquant à la lettre (parodique?) de *Moi, Un*, en dénonce-t-il les sophismes. Au passage, il se moque de l'auteur: «Il paroît par votre ecrit que vous êtes Sçavant, êtes-vous vicieux?» (8 juillet 1778: 24). *Moi, Un* n'en démord pas: «la science, insiste-t-il, est un obstacle presque insurmontable à la Vertu» (29 juillet 1778: 34).

À un certain moment, Mesplet croira se mettre à l'abri des attaques répétées de ses adversaires, en se plaçant sous la protection du gouverneur Haldimand (*Gazette littéraire*, 30 décembre 1778: 115). Il invitera alors celui-ci à patronner l'Académie qu'il ambitionne de fonder à Montréal. Un tel patronage suffirait à légitimer l'entreprise. M. Montgolfier, Supérieur des Sulpiciens, intervient aussitôt, toutefois, pour dénoncer ce projet et prier le Gouverneur d'y mettre fin au plus tôt en réduisant au silence ceux «qui depuis longtemps infectent [le] Papier périodique» et «n'ont point d'autre but que de corrompre l'esprit et le cœur des jeunes gens, en les retirant de la subordination et du respect qu'ils doivent à leurs maîtres» (cité par McLachlan, 239). S'assurer de la subordination de la jeunesse canadienne, tel est manifestement l'enjeu! Et M. Montgolfier de

faire habilement comprendre au Gouverneur que le pouvoir civil
a tout intérêt à ménager le pouvoir religieux, «si nécessaire,
même dans l'ordre purement politique, à la tranquillité des
peuples, et à la conservation des états» (cité par McLachlan 239).
Le Gouverneur, qui sait quel remous la révolution américaine a
causé dans la province, ne peut se mettre à dos un allié politique
aussi précieux. Aussi non seulement défend-il très expressément
à Mesplet «d'attaquer la Religion ou le Clergé», mais il invite en
outre le Supérieur des Sulpiciens «à veiller de près aux publications de cet Imprimeur et à [l'] avertir au plutôt [sic] s'il lui
arrive de s'écarter de la conduite qui lui a été prescrite» (cité par
McLachlan 242).

Il est devenu urgent, aux yeux de M. Montgolfier, de faire
taire Mesplet. Plutôt que d'entreprendre une procédure légale, il
préfère travailler en coulisses, que ce soit pour tenter de faire
comprendre à l'imprimeur d'abandonner sa *Gazette* pour son plus
grand bien ou pour demander au pouvoir civil de la mettre au ban
définitivement. La première solution est en principe préférable.
M. Montgolfier a beau déplorer, en effet, l'influence de la presse
et de l'imprimé sur l'opinion publique, il a été à même de
constater, toutefois, que cette influence est efficace. Aussi a-t-il
pu facilement imaginer, peut-on supposer, comme plus tard M$^{gr}$
Lartigue, quels avantages «les forces du bien» pourraient tirer de
l'imprimerie, à condition, bien entendu, qu'on confie celle-ci à
des mains sûres et qu'on la place sous la surveillance des
autorités ecclésiastiques. C'est, en tout cas, ce qu'un correspondant, qui signe «Le Sincère moderne», essaiera de faire comprendre à l'imprimeur de *la Gazette littéraire* en lui suggérant, de son
propre chef ou pour le compte d'autrui, qu'il est de son plus
grand intérêt d'abandonner celle-ci pour se mieux consacrer à son
métier d'imprimeur:

> [...] il est tant d'autres sujets qui peuvent vous occuper. Les
> Journées du Chrétien, les Heures de Vie, les Cantiques, les ABC,
> tant en Latin qu'en Français; les différentes Neuvaines, les
> Oraisons de S$^{te}$ Brigitte, les Catéchismes, les Rudimens; les Vies
> des Saints que vous vous étiez proposé de mettre sous la Presse
> l'année dernière. Tout cela, & plusieurs autres ouvrages édifians,
> suffiront pour entretenir vos Presses. Je crois bien que le peu de
> débit empêchera que vous ayez un grand profit; mais aussi si vous

mangez votre pain sec ce sera sans trouble. Si vous couchez sur la paille vous y dormirez sans inquiétude & vos Presses seront toujours à vous [...]. (5 mai 1779: 72).

Se méfiant non sans raison des intentions réelles de l'auteur de cette lettre, Mesplet répondit en conséquence. On sait quel sera finalement son sort et celui de sa *Gazette*.

Influencée peut-être par ce qui se passait à Montréal, où au grand malheur des autorités ecclésiastiques, un journal littéraire de filiation voltairienne avait apparemment reçu bon accueil de la part de la jeunesse étudiante, *la Gazette de Québec*, comme si elle désirait obliger de cette façon les autorités religieuses, publia, le 25 mars 1779, un article dénonçant «les mauvais effets de la lecture sans aplication» [*sic*], de même que la folie de ceux qui perdent leur temps à «parcourir des ouvrages modernes frivoles» et à rechercher la compagnie des Fielding, Sterne, Richardson et «de tous les écrivains dramatiques modernes», plutôt que celle de Platon, d'Aristote et d'Épictète. À l'instar de Patiens, cité en modèle, ces jeunes gens auraient intérêt à se consacrer à leurs études de droit. Contrairement à Velox, jeune homme d'une grande intelligence mais sans discipline aucune, qui s'adonne à la lecture des livres à la mode, Patiens s'est toujours appliqué à l'étude. Cette conduite exemplaire est récompensée, puisque Patiens «se fit une grande fortune, et vécut universellement respecté comme un homme d'honneur, de bon sens et d'une érudition profonde», tandis que Velox perdit rapidement «toute pensée de s'élever dans le monde, et se retira à un petit bien de campagne, où il vécut et mourut en honnête chasseur». L'article, comme c'est généralement le cas dans *la Gazette de Québec*, est tiré d'un journal anglais et est publié en anglais et en français. Bien qu'il ne fît mention d'aucun auteur français, il était cependant facile d'en tirer une leçon moralisatrice à l'usage des écoliers et des étudiants canadiens. William Brown agissait-il de sa propre initiative ou lui avait-on suggéré qu'il y aurait peut-être lieu d'exhorter les jeunes gens à mieux choisir leurs lectures? On n'en sait rien. Chose certaine, l'heure était bien choisie, car les autorités religieuses, M. Montgolfier tout particulièrement, s'inquiétaient du projet du

gouverneur Haldimand de fonder une bibliothèque à Québec, bien
que l'évêque de Québec eût finalement signifié son approbation
(*la Gazette de Québec*, 7 janvier 1779: 3). En vue d'atténuer cette
méfiance sans doute, les syndics de la nouvelle institution
jugèrent à propos de préciser dans *la Gazette de Québec* du 21
janvier 1779 que «Les Livres seront prêtés aux Souscripteurs
suivant les réglemens que font les Sindics; et le public peut être
assuré qu'on aura un soin particulier qu'il n'y ait aucun Livre
contraire à la Religion ni aux bonnes Mœurs» (3).

De telles mesures ne suffisent pas à M. Montgolfier. Tout
comme M$^{gr}$ Lartigue et M$^{gr}$ Bourget plus tard, il nourrit une
extrême méfiance à l'endroit de l'imprimé qui échappe au
contrôle absolu de l'Église, une méfiance que *la Gazette littéraire*
n'a pu qu'exacerber. À M$^{gr}$ Briand, il explique, le 25 avril 1779:

> Je suis intimement convaincu que dans tous ces établissements de
> l'imprimerie et de bibliothèque publique, quoiqu'ils aient en eux-
> mêmes quelque chose de bon, il y a toujours plus de mauvais que
> de bon, et qu'ils font toujours plus de mal que de bien, même dans
> les lieux où il y a une certaine police pour la conservation de la
> foy et des bonnes mœurs.

Les quelques articles que *la Gazette de Québec* consacrera
à la littérature, au cours des six années suivantes, auront tous
tendance à subordonner celle-ci à la morale. Le devoir de
«l'écrivain moral», enseigne-t-on, est de «lever le voil [*sic*] qui
couvre le lustre de la vertu, et d'indiquer ces erreurs et imperfec-
tions qui ternissent de dignes caractères, et qui les rendent
inutiles; même en quelques cas, nuisibles à la société, et cela afin
de les corriger» (22 mars 1781: 1). Il ne s'agissait point là d'une
prise de position correspondant à de fortes convictions personnelles de la part de Brown, car ce dernier annonce, en novembre
1781, que les œuvres de Fielding, Sterne et Richardson, romanciers condamnés plus tôt dans son journal, sont en vente à son
imprimerie. Mais en anglais seulement!

Il arriva à l'imprimeur de *la Gazette de Québec* d'oublier sa
prudence habituelle et de publier, le 8 décembre 1785, des vers
latins injurieux à l'endroit des Jésuites. Un correspondant
s'empressa aussitôt de le semoncer en le rappelant à l'ordre:

[...] Tes écrits, dans les âmes,
Doivent faire reigner la vertu que tu blâmes.
[...]
Mais, dis-tu, trop souvent je manque de matiere;
Où prendre pour remplir ma feuille toute entière?
Hé! prends chez les auteurs. Pille-les, j'y consens.
Choisis de bons morceaux. Mais surtout que le sens,
Soutenu par les traits d'une saine Morale,
N'offre point au lecteur un sujet de scandale.

Semblable conception de la fonction didactique de la littérature, selon laquelle la morale doit constamment primer, car elle seule importe vraiment, n'est évidemment pas partagée unanimement. Bien qu'il prétende avoir perdu l'élan de naguère, qui lui avait valu tant de déboires (*Gazete de Montréal*, 1er septembre 1785: 1), et qu'il se soit fait une obligation de promettre dans le prospectus du nouveau journal qu'il fonde en août 1785 «d'avoir toujours présente l'image auguste de la Vérité, et de ne pas tomber dans la licence», Mesplet ne tarde pas à indiquer qu'il continue à partager la conception que les Philosophes des Lumières se font de la Vérité et que c'est celle-ci qu'il entend propager, en s'attaquant au besoin à l'absolutisme du pouvoir de l'Église sur la pensée. C'est ainsi qu'il cite, le 5 janvier 1786, un texte de Louis-Sébastien Mercier louant les mérites de l'imprimerie et rendant hommage à l'écrivain philosophe qui témoigne de «la liberté naturelle de l'esprit humain qui se développe, malgré les dangers, & qui fait un présent à l'humanité, en dépit des oppresseurs. Voilà ce qui rend l'homme de Lettres si recommandable, & ce qui lui assure la reconnaissance des siècles futurs» (4). Le 23 février 1786, la *Gazete de Montréal* expose «Les avantages que la Presse procure au Public», ce qui lui fournit l'occasion d'insister sur la nécessité d'éclairer l'opinion publique et de combattre l'obscurantisme; elle revient sur le même sujet quelques semaines plus tard, le 17 mars 1786.

Par ailleurs, bien qu'il évite de prendre lui-même position, il est certain qu'en faisant état, le 23 février 1786, du débat opposant des citoyens d'Albany à des édiles de cette ville au sujet d'une représentation théâtrale, Mesplet se range du côté du citoyen qui plaide en faveur du théâtre et du respect de la liberté de conscience de chacun: «Que ceux qui croyent blesser leur conscience en y allant, restent chez eux; mais leur zèle est si outré, si ridicule, qu'ils voudraient priver les autres de ce plaisir innocent, parce qu'ils ne veulent pas en jouir eux-mêmes» (23 février 1786: 3). Voilà certes des propos qui n'étaient guère de nature à plaire à certains membres du clergé, ainsi qu'en témoignera, quelques années plus tard, la campagne contre les représentations théâtrales en français, à Montréal[3].

La proclamation royale «pour encourager la PIÉTÉ et la VERTU, et pour prévenir et punir le VICE, la PROFANATION, et IMMORALITÉ», publiée dans *la Gazette de Québec* du 25 octobre 1787, fut sans doute bien accueillie par les autorités religieuses. Non seulement, en effet, cette proclamation condamnait-elle le jeu et le spectacle le dimanche, mais elle ordonnait au représentant du Roi de «supprimer toutes estampes, livres ou brochures lascives et licencieuses, qui sèment le poison dans l'esprit des jeunes gens et des personnes peu éclairées, et d'en punir les auteurs et vendeurs». De plus, était-il précisé, «pour l'encouragement de la religion et des bonnes mœurs, nous distinguerons en toutes occasions, les gens de piété et de vertu par ces marques de notre faveur royale» (1). L'heure était donc de nouveau à la prudence, ce que Mesplet ne manqua pas de saisir aussi bien que Brown. Mesplet prit même la peine d'imprimer, le 20 mars 1788, à la façon d'une devise accompagnant le plaidoyer que le jeune Henri Mézière adressait «À la jeunesse. Sur l'utilité de la science»: «La Presse est le berceau de la Science, la nourrice du Génie, & le bouclier de la Religion» (3).

Les premières nouvelles de la Révolution française eurent vite fait de donner aux porte-parole des Lumières et de la libre-pensée un second souffle qui les amena rapidement à s'approprier la tribune des journaux pour prôner la tolérance et la liberté d'expression, pour promouvoir la cause de l'éducation et pour dénoncer le fanatisme et la superstition. Il n'est plus guère question de considérer la presse comme le «bouclier de la Religion»; au contraire, on y affiche soudain un sentiment anti-clérical franchement virulent et cela tant dans le *Quebec Herald & Miscellany* de William Brown, fondé le 24 novembre 1788,

---

3. Voir de Lagrave 296; Carmerlain; Laflamme et Tourangeau.

que dans la *Gazete de Montréal*. Forte sans doute de l'appui tacite des autorités politiques, *la Gazette de Québec* elle-même, dont Samuel Neilson prend la direction à la suite du décès de son oncle en 1789, présente la Révolution française sous un jour favorable et se fait la propagandiste des idées qui en sont à l'origine.

Pareille offensive inquiète le clergé, ainsi qu'en témoigne, dès novembre 1789, la lettre que M. Gabriel-Jean Brassier, successeur de M. Montgolfier, adresse à l'évêque de Québec. «Les gazettes d'Europe influent beaucoup sur l'esprit des citoyens de Montréal, s'y plaint-il. Elles prêchent partout la liberté et l'indépendance». L'Église, toutefois, ne pouvait plus compter sur l'appui inconditionnel du pouvoir colonial pour bâillonner ses adversaires, car elle venait de l'indisposer par ses prises de position en faveur du régime seigneurial et contre la constitution d'une Chambre d'assemblée, de même que par son refus d'appuyer le projet de fondation d'une université mixte, c'est-à-dire catholique et protestante.

Ce dernier refus marquait une fois de plus la volonté de l'Église de gérer la vie intellectuelle des Canadiens aussi bien que leur vie spirituelle. Sous le double prétexte que ces derniers «ayant beaucoup de terres à cultiver, et étant d'ailleurs fort dépourvus d'argent, ne pourraient jouir des avantages que cette institution leur offrirait» et que l'Église était de toute façon en mesure de s'occuper elle-même de leur éducation, c'est-à-dire en somme de «former les mœurs des enfants et [de] leur inspirer beaucoup d'amour et de respect pour la religion», et tout en se défendant contre l'assertion que «le Clergé de cette Province s'efforçait de tenir le peuple dans l'ignorance pour le dominer», Mgr Hubert avait dénoncé ce projet. L'évêque de Québec s'inquiétait surtout à la pensée que la future université serait dirigée par des «hommes sans préjugés»:

> Car qu'est-ce que l'on appelle des hommes sans préjugés? Suivant la force de l'expression, ce devraient être des hommes ni follement prévenus en faveur de leur nation, ni témérairement zélés pour inspirer les principes de leur communion aux jeunes gens qui n'en auraient pas été imbus. Mais aussi d'un côté, ce devraient être des hommes honnêtes et de bonnes mœurs, qui se dirigeassent sur les principes de l'Évangile et du Christianisme. Au lieu que, dans le

langage des écrivains modernes, un homme sans préjugés est un homme opposé à tout principe de religion, qui prétendant se conduire par la seule loi naturelle, devient bientôt sans mœurs, sans subordination aux lois, qu'il est néanmoins si nécessaire de faire respecter aux jeunes gens, si l'on veut les former au bien. Des hommes de ce caractère (et notre siècle en abonde pour le malheur et la révolution des États) ne conviendraient aucunement à l'établissement proposé. (Lettre de Monseigneur Hubert 385-386)

Ce «langage des écrivains modernes», Mᵍʳ Hubert allait souvent l'entendre au cours des années suivantes, dans la *Gazete de Montréal* tout particulièrement. C'est ainsi, par exemple, que le 4 mars 1790, après avoir rendu hommage au gouvernement «doux & paisible» (4) dont jouit la colonie, un gouvernement fondé «sur des principes de liberté», *Un Canadien* s'adresse à ses compatriotes pour leur dire qu'il n'y a plus lieu pour eux de gémir «sous le poids des abus de [leur] clergé» (4). «Livrez-vous, quant au spirituel, à vos curés, leur conseille-t-il; il n'est que juste, c'est votre devoir aussi bien que le leur. Mais pour le temporel, ne vous laissez pas aveuglément entraîner par leurs conseils. Encourageons l'étude des belles-lettres, et cette feinte sécurité du clergé va s'évanouir» (4).

Le 2 décembre 1790, c'est au tour d'*Un homme libre* de dénoncer ouvertement, dans le même journal, «la crainte puérile de déplaire aux Prêtres & aux Moines» (1), crainte qui aurait jusqu'alors gêné l'importation dans la province de livres propres à libérer les Canadiens de leur servitude:

[...] La superstition, le zèle outré, l'aversion entre sectaires, les préjugés de naissance, l'injustice, l'abus du pouvoir, la servitude & autres maladies & erreurs populaires, sont autant d'objets auxquels il faut opposer quelques bons traités sur la Religion naturelle, la tolérance, la bienveillance universelle, l'égalité primitive, l'usage de l'autorité, la liberté & autres semblables. (1)

Et ce même correspondant d'adresser à l'imprimeur, qui le publie le même jour, «un traité de l'Inquisition extrait de l'Encyclopédie», en soulignant que la colonie a déjà connu des «Inquisitions secrètes & cachées»:

Allons, Monsieur, courage & persévérance. Pensez que nous ne sommes plus en 1779, & que pour respirer il n'est plus nécessaire aujourd'hui comme alors de feindre l'ignorant, de flatter la Noblesse & d'encenser le Clergé; de se montrer hypocrite, adulateur & rampant. Non: l'homme qu'il faut en 1790, doit connoître les droits que lui donne la nature, savoir en jouir & les défendre. L'exil & la prison ne sont plus le partage des hommes libres & voués à la cause commune: le pouvoir des persones [*sic*] en place & et la malignité religieuse, ne peuvent plus rien contre eux. (1)

Le conseil était superflu. Mesplet promet néanmoins, le 30 décembre 1790, de redoubler d'efforts pour inspirer à la jeunesse canadienne «le goût de l'étude et des sciences, l'amour de la vraie vertu, et la connoissance de ses obligations envers la société» (3). Et comme pour préciser quelles sont selon lui les couleurs de la vraie vertu, il ajoute que sa presse demeurera «ouverte à la réfraction des abus, de l'intolérance et de la superstition» (3). Une semaine plus tard, le 6 janvier 1791, il fait clairement comprendre à un abonné offensé par la position anti-cléricale du journal qu'il n'entend céder devant aucune menace de désaffection:

En conformité à vos ordres, je vous ai rayé du nombre de mes souscripteurs, et comme j'étais occupé à cela, deux honnêtes citoyens vous ont remplacé. Si vous pensiez dévotement avec quelques autres m'ôter le pain de la bouche, vous voyez que vous ne réussirez pas. (1)

Quelques mois plus tard, le 21 avril 1791, Mesplet réitère sa position en faveur de la liberté de pensée et de la liberté d'expression, en publiant un texte parodique de Voltaire — ne portant cependant aucune signature — qui dénonce ironiquement «l'horrible danger de la lecture, ou de l'imprimerie», accusées l'une et l'autre de faciliter la communication des pensées et de chercher à dissiper l'ignorance, «qui est la gardienne et la sauve-garde des états bien policés» (3). Il convient surtout d'empêcher que «de misérables philosophes sous le prétexte spécieux mais punissable, d'éclairer les hommes & de les rendre meilleurs, [ne viennent] nous enseigner des vertus dangereuses, dont le peuple ne doit jamais avoir connoissance» (3). À cette fin, il est interdit par le «Muphti du St. Empire Ottoman» «de jamais lire aucun livre ni Gazette sous peine de damnation éternelle»:

Et de peur que la tentation diabolique ne leur prenne de s'instruire, nous défendons aux pères & aux mères d'enseigner à lire à leurs enfans. Et pour prévenir toute contravention à notre Ordonnance, nous leur défendons expresément de penser, sous les mêmes peines; enjoignons à tous les vrais citoyens de dénoncer à notre Officialité quiconque aurait prononcé quatre phrases liées ensemble, desquelles on pourrait inférer un sens clair & net. (4)

L'ordonnance était datée du «7 de la Lune de Muharem, l'an 1169 de l'Egire». Gageons que les lecteurs de la *Gazete de Montréal* ne s'y trompèrent pas et perçurent la pertinence et l'actualité des propos prêtés à Joussous Cherebi, qui n'étaient pas sans rappeler ceux de *Moi, Un,* une douzaine d'années plus tôt.

En mai 1793, suite aux événements de la Terreur et à la déclaration de la guerre entre l'Angleterre et la France, le vent change brusquement de direction. Maintenant dirigée par le pasteur Alexander Spark, tuteur de John Neilson, âgé de 17 ans, frère de Samuel, décédé le 12 janvier 1792, *la Gazette de Québec* qui, hier encore, louait la Révolution française se met soudain à dénoncer les horreurs commises en son nom et en celui de la Liberté. Soucieux de s'assurer l'appui de l'Église catholique à un moment où l'agitation sociale était à craindre, le gouvernement lui tend à nouveau la main. Le 7 février 1793, le lieutenant-gouverneur Alured Clarke signe une proclamation en vue de «supprimer le vice, l'impiété et le dérèglement». Mécontentes d'un texte publié dans la *Gazete de Montréal* du 27 juin 1793 sur les origines des gouvernements, les autorités politiques font pression sur Mesplet en refusant de livrer son journal par la poste (De Lagrave 414ss). De son côté, le juge en chef William Smith prononce une sévère mise en garde:

S'il y a quelque individu qui ignore la liaison intime entre l'observation des commandements de Dieu et la prospérité de ce pays, qu'il porte ses regards, afin de s'en convaincre, sur la France où un abandon de principe, sous le nom de la nouvelle Philosophie, après s'être raillée du christianisme, a poussé son impudence jusqu'à un athéisme avoué et, après avoir coupé les liens de toute contrainte religieuse, a renversé un royaume respectable par son antiquité et splendide par ses richesses, ses lumières et ses arts, et l'a transformé en un spectacle d'horreur. (*la Gazette de Québec* 7 novembre 1794: 3-4)

Le juge se fait ensuite un devoir de rappeler que «les lois criminelles d'Angleterre, ainsi qu'il a été observé depuis longtemps de la part de ce siège, défendent tout écrit, imprimé et même toute conversation dérogeant à la constitution civile du pays, avec une intention de l'anéantir.

Pareille intervention de la part de l'autorité civile réjouit évidemment l'évêque de Québec qui, en 1794, dans son «Mémoire sur le diocèse», constate:

> [que] La lecture des mauvais livres qui inondent le pays, et à l'introduction desquels on ne peut mettre obstacle, y a fait de grands ravages, même parmi les catholiques. Il semble, néanmoins, que le progrès en soit interrompu, depuis que le Gouvernement s'est trouvé intéressé à proscrire les nouveaux systèmes, si nuisibles à la prospérité des états. L'autorité publique a du moins fait cesser une partie des discours séditieux et impies.

Autorités politiques et autorités religieuses s'entendent dès lors, au nom de leurs intérêts respectifs, pour tenir le même discours; la pratique de la vertu s'impose et il leur importe plus que jamais de définir celle-ci en termes de soumission à l'ordre établi et au pouvoir hiérarchique. Ainsi favorisée par la conjoncture politique, de même que par l'arrivée de prêtres qui avaient fui la France révolutionnaire, l'Église s'évertuera à contrôler le mouvement des idées, au cours des années à venir, sans rencontrer d'opposition majeure. Le *Quebec Herald & Universal Miscellany* a cessé de paraître en 1792 et son propriétaire, qui a fait faillite, vit à New York. Fleury Mesplet, qui si souvent avait donné du fil à retordre à l'Église dans le passé, meurt le 26 janvier 1794.

Quant à *la Gazette de Québec*, elle s'est assagie sous la direction du pasteur Spark; elle se révèle à nouveau l'allié de l'Église et appuie ses efforts moralisateurs. C'est ainsi qu'elle publie, le 3 décembre 1795, en anglais et en français, un article du *Whitehall Evening Post* «sur le mauvais effet de la Lecture des Historiettes et Romans». La lecture de tels ouvrages est non seulement inutile, mais corruptrice, y déclare-t-on, parce qu'ils exposent «aux yeux des jeunes personnes des caractères et des exemples de débauche et de libertinage; qu'ils excitent et enflamment les passions et répandent dans les veines des désirs impurs» (2-3).

La victoire de Nelson sur les forces françaises à Aboukir fournira aux autorités religieuses, tant protestantes que catholiques, l'occasion de rappeler que «*Piety, morality, and public faith must go hand in hand*» (Spark 8) et de condamner unanimement le mouvement philosophique, ainsi que l'avaient fait plus tôt le juge Smith, de même que les adversaires de Mesplet, avant lui.

Devant la congrégation presbytérienne, Alexander Spark identifie nommément Voltaire, Bayle, Rousseau et Mandeville comme les grands responsables des crimes commis par la Révolution française «*in effacing from the minds of men that reverence due to things sacred, and in scattering the seeds of infidelity*» (13). L'évêque anglican, Jacob Montain, tient le même langage et dénonce «*the despicable and impious cant of the Philosophy of the day*» (20), «*that spurious, and pernicious Philosophy*» qui, «*under the specious names of Fraternity, Equality, and liberty, let loose all the plagues of tyranny and oppression, of assassination and plunder, of debauchery and atheism!*» (29-30). Le seul moyen, à ses yeux, d'éviter que les malheurs dont souffre la France se propagent au Canada, c'est de suivre la voie de la vertu et de la morale:

> *We are now prosperous and happy. —But from that has been said, you are, I hope, prepared to reflect, that the stability of public happiness, must depend on the integrity of public manners. — that virtue and piety are to every people the surest road to honour and security, while loose morals, and sinful practices, certainly, though imperceptibly, lead to infamy, and ruin.* (18)

L'évêque catholique ne fait pas preuve d'un moindre zèle, ni d'un moindre enthousiasme que ses confrères protestants pour rendre grâce à Dieu de la victoire anglaise. Au contraire, il se réjouit d'autant plus de celle-ci qu'elle a épargné à la colonie les pires malheurs. Que l'Angleterre succombe, explique-t-il à ses ouailles,

> [et] c'en est fait de votre repos et de vos gouvernemens. Le funeste arbre de la liberté sera planté au milieu de vos villes; les droits de l'homme y seront proclamés; des réquisitions d'argent épuiseront vos finances; vos loix deviendront le jouet et la fable

des arrogans ennemis du genre humain; vous aurez en partage tous les maux qui vous font plaindre le sort de la France; vous serez libres, mais d'une liberté oppressive, qui vous donnera pour maîtres la lie des Citoyens, et abymera dans la poussière les respectables chefs qui possèdent maintenant votre amour, et votre confiance. (15)

M$^{gr}$ Plessis n'en doute aucunement: l'amiral Nelson est «l'instrument dont le Très-haut s'est servi pour humilier une puissance injuste et superbe» (2), devenue impie pour avoir écouté «les artifices ténébreux d'une philosophie trompeuse» (4) et s'être laissé couvrir «d'une dangereuse ivraie, de productions impies, de livres incendiaires» (4):

> Cette ivraie a germé: l'impiété et la dissolution ont pris racine: les esprits et les cœurs se sont laissé entraîner aux attraits d'une religion sans dogmes, d'une morale sans préceptes. Les expressions enchanteresses de raison, de liberté, de philantropie, de fraternité, d'égalité, de tolérance, ont été saisies avec avidité et répétées par toutes les bouches. À leur faveur, l'indépendance et l'incrédulité ont établi leur fatal empire. [...]
> Ces barrières une fois rompues, que devient l'homme, mes frères? Abandonné à sa raison dépravée, est-il égarement dont il ne soit capable? Jugez-en par ceux de nos concitoyens qui ont eu le malheur de donner dans les principes monstrueux des Diderot, des Voltaire, des Mercier, des Rousseau, des Volney, des Raynal, des d'Alembert et autres déistes du siècle. En sont-ils devenus meilleurs époux, pères plus vigilans, fils plus obéissans, citoyens plus honnêtes, amis plus sincères, sujets plus fidèles? De tels arbres ne sauroient produire que de mauvais et détestables fruits. (4-6)

Que semblables esprits en viennent à s'imposer dans la Province, c'est aussitôt la fin du sort heureux qui est celui des Canadiens, menace l'évêque, qui peint alors un tableau aux couleurs extrêmement sombres:

> Pères et Mères catholiques, vous verriez sous vos yeux des enfans chéris sucer, malgré vous, le lait empoisonné de la barbarie, de l'impiété et du libertinage! tendres enfans, dont les cœurs innocens ne respirent encore que la vertu, votre piété deviendroit la proie de ces vautours, et une éducation féroce effaceroit bientôt les heureux

sentimens que l'humanité et la religion ont déjà gravés dans vos âmes! (23-24)

Comme si besoin était d'une preuve additionnelle de l'alliance du pouvoir politique et du pouvoir religieux, la *Gazete de Montréal* du 3 juin 1799 annonce l'organisation d'une souscription en faveur de la Mère Patrie, «qui fait à présent un si noble usage de sa puissance pour combattre les ennemis de la Religion, de la vraie liberté & de tout gouvernement équitable». Plus question dorénavant de semoncer dans les journaux les «Messieurs du Collège de Montréal» et ceux du Séminaire de St-Sulpice; au contraire, on rend publiquement hommage à leur vocation d'éducateurs dévoués et éclairés (Quesnel). On avait réimprimé, quelques mois plus tôt, une quinzième édition des *Institutions chrétiennes pour les jeunes gens*, ouvrage enrichi «d'une production qui a pour but de former les jeunes gens à la religion et à la vertu» et qui a reçu l'approbation «des personnes éclairées». Celles-ci assurent «qu'en aucune langue il n'a été fait un ouvrage aussi convenable à la jeunesse et aux habitants des campagnes» (*La Gazette de Québec*, 18 avril 1799: 4).

Au cours des années qui suivront, on s'emploiera dans *la Gazette de Québec* à mettre la population en garde contre la fausse conception de la liberté, héritage des «chimères des philosophes modernes» (24 décembre 1801: 1), pour lui prêcher plutôt la nécessité de l'obéissance, de la contrainte et de la soumission et lui rappeler que:

> La seule liberté dont la race humaine aye droit de jouir, est le pouvoir de faire impunément tout ce qu'un homme sage et vertueux pourrait désirer de faire; tout ce qui peut être fait sans préjudicier au bonheur de son semblable, ou troubler le bien-être de la société. («Essais politiques» 1)

Sont à rejeter également les idées de démocratie et d'égalité, chères à «toute la horde des philosophes et des mauvais sujets» qui voudraient réduire à «son niveau rampant» les différentes formes de constitution qui gouvernent le genre humain («Essais politiques» 2): «À la vérité quelle doctrine plus absurde que celle qui fait dépendre entièrement les droits du gouvernement de la volonté ou de l'opinion du peuple» (10 décembre 1801: 2). Le bonheur, proclame-t-on, consiste, tant pour l'individu que pour la

société, «à faire prévaloir la vertu sur le vice, et à faire
prédominer la sagesse sur la folie» (24 décembre 1801: 1).

À partir de 1803, les mises en garde contre les lectures
dangereuses, contre le roman en particulier, se feront de plus en
plus nombreuses. Les livres à lire, expliquera-t-on, sont ceux qui
enseignent la vertu et la vraie religion, car «le grand objet de
toutes nos lectures doit être de redresser nos fausses opinions,
d'étendre la sphère de nos connaissances et de nous fortifier dans
l'habitude et la pratique de la vertu.» Tel est le mérite du poème
de l'abbé Jacques Delille intitulé *le Malheur et la Pitié*, qui peint
«ces terribles châtiments qui punissent une nation toute entière,
pour avoir permis le meurtre du meilleur des Rois» (1ᵉʳ décembre
1803: 2). En revanche, la pensée des Philosophes du XVIIIᵉ siècle
et de ceux qui s'en inspirent est clouée au pilori. Pour ce faire, on
cède tout d'abord la parole à La Harpe, mais c'est surtout à
Clément (pseudonyme de Jean-Marie Bernard) que revient la
tâche, dans un virulent article de cinq pages, le plus long qu'on
ait jusqu'alors consacré à la littérature dans un journal de Québec,
de démolir l'œuvre de ceux qu'ils appellent les faux-monnayeurs.
Au passage, il en profite pour faire remarquer que «l'irréligion
publiquement tolérée est une déclaration de guerre à tout l'état
social» (8 mars 1804: 2).

Comment lutter contre une pareille calamité? Il faut, soutient
Clément, que les «gens de bien» et les défenseurs de la religion
aient *seuls* l'autorité de créer l'opinion publique selon leurs
principes moraux; car eux *seuls* sont aptes à accueillir la vertu et
à repousser le vice. *Seule* la bonne littérature comme *seul* le bon
théâtre, doivent être tolérés, car eux *seuls* ont pour fonction
d'élever l'âme, d'épurer le goût et de corriger les ridicules (1ᵉʳ
mars 1804: 1-2; 8 mars 1804: 1-3). D'où à nouveau l'importance
du choix des livres, car si le savoir offre des avantages, il
présente aussi bien des dangers, observait plus tôt un commentateur anonyme (22 décembre 1803: 1-2; 29 décembre 1803:
1).

Voilà qui préfigure le discours sur la bonne littérature que
reprendront fréquemment, au cours du siècle, le clergé québécois
et ses zélés thuriféraires. Ils s'entendront pour fonder leur notion
de bonne littérature sur des principes relevant davantage de
l'éthique que de l'esthétique, persuadés, ainsi que le prônait

Clément, qu'«un accord merveilleux entre l'honnêteté & le beau, a voulu que les amis de la vertu fussent les meilleurs juges du talent; qu'il y eut une sympathie glorieuse entre les grandes âmes & les grands génies» (*la Gazette de Québec*, 1ᵉʳ mars 1804: 1). En somme, selon eux, il n'y a aucun doute que le bien-écrire et le bien-vivre vont de pair et qu'ils doivent s'appuyer, l'un et l'autre, sur les directives de l'Église.

Sans cesse seront dénoncés devant les prochaines générations les prétendus abus du Siècle des lumières, irrévocablement condamné pour son irréligion, quand ce ne sera pas pour son athéisme. La France impie sera constamment stigmatisée. Dénoncés continueront d'être aussi le théâtre, trop enclin à exposer les faiblesses de l'âme humaine sous des couleurs attrayantes, de même que le roman, perçu comme un genre frivole et immoral, d'autant plus dangereux qu'il s'adresse à l'imagination plutôt qu'à la raison du lecteur.

Voilà en outre qui annonce la mise en fonction de l'appareil censorial et absolutiste que l'Église s'appliquera à élaborer au cours des décennies suivantes (Hébert). Il lui importera, en tout premier lieu, de s'assurer du contrôle des écoles, car elle sait combien la jeunesse est facilement malléable. C'est d'ailleurs pour cette raison précisément qu'elle craint que l'influence des avocats des Lumières ne la mette hors de sa portée. Depuis longtemps désireuse de s'approprier le rôle d'arbitre suprême de la «vraie vertu», elle se montrera de plus en plus récalcitrante, à mesure que la conjoncture politique paraîtra favoriser son emprise sur la population, à partager ce rôle avec l'autorité civile. Profitant de l'échec politique de la bourgeoisie libérale, l'Église se hâtera, dès le début des années 1840, à concrétiser sa volonté de prendre en charge la vie intellectuelle des Canadiens. La publication des *Mélanges religieux* (1840), de *l'Œuvre des bons livres* (1844), ainsi que la parution de *l'Écho de cabinet de lecture paroissial de Montréal* (1868), pour ne mentionner ici que quelques points de repère, sans faire cas de la querelle de l'Institut canadien, marqueront autant d'étapes de la campagne en faveur de la bonne littérature engagée par l'Église dès la fin du XVIIIᵉ siècle.

# Ouvrages cités

Anon. «Des avantages et des dangers du Sçavoir». *La Gazette de Québec*. 22 décembre 1803: 1-2; 29 décembre 1803: 1.

Anon. «Essais politiques sur des sujets populaires. Essai II. Sur la liberté». *The Quebec Gazette / La Gazette de Québec*, 10 décembre 1801: 1-2; 17 décembre 1801: 1-2; 24 décembre 1801: 1-2; 31 décembre 1801: 1-2.

Carmerlain, L. *Trois interventions du clergé dans l'histoire du théâtre à Montréal ( 1789-1790), 1859 et 1872-1874)*. Thèse de maîtrise, Université de Montréal, 1979.

Clément, «Tableau de la littérature Françoise, au commencement du Dix-neuvième Siècle.» *The Quebec Gazette / La Gazette de Québec*, 1 mars 1804: 1-2; 8 mars 1804: 1-3.

de Lagrave, J.-P. *Fleury Mesplet (1734-1794) imprimeur, éditeur, libraire, journaliste*. Montréal: Patenaude éditeur inc., 1985.

Hébert, P. «Le Clergé et la censure de l'imprimé au Québec: les années décisives (1820-1840).» *Voix et images* 15.2 (hiver 1990): 180-195.

Laflamme, J. et R. Tourangeau. *L'Église et le théâtre au Québec*. Montréal: Fides, 1979.

Lettre de Fleury Mesplet au Gouverneur Guy Carleton [juin 1778]. *Mandements, lettre pastorales et circulaires des évêques de Québec [1742-1805]*. M$^{gr}$ H. Têtu et l'abbé C.-O. Gagnon. Vol. 2. Québec: Imprimerie générale A. Côté et C$^{ie}$, 1988: 236.

Lettre de Monseigneur Hubert en réponse au président du Comité pour l'exécution d'une université mixte en Canada [18 novembre 1789], *Mandements, lettres pastorales et circulaires des évêques de Québec [1742-1805 ]*. M$^{gr}$ H. Têtu et l'abbé C.-O. Gagnon. Vol. 2. Québec: Imprimerie générale A. Côté et Cie, 1888: 385-396.

Lettre d'Étienne Montgolfier au Gouverneur Haldimand, 2 janvier 1779. R.W. McLachlan, «Fleury Mesplet, the first printer at Montreal.» *Mémoires et comptes rendus de la Société royale du Canada*. Seconde série, 12, séance de mai 1906: 239.

Montain, J. *A Sermon preached at Quebec, on Thursday, January 10th, 1799; Being the day appointed for a General Thanksgiving*. Québec: John Neilson, 1799: 20.

Plessis, J.-O. *Discours à l'occasion de la victoire remportée par les forces navales de sa Majesté Britannique dans la Méditerranée le 1 et 2 août 1798, sur la Flotte Françoise, prononcé dans l'église cathédrale de Québec le 10 janvier 1799*. Québec: Imprimé au profit des pauvres de la paroisse, Neilson, 1799: 15.

Quesnel, J. «Aux Messieurs du Collège de Montréal.» *Gazete de Montréal*, 16 août 1799: 4.

——. «Ode. À Messieurs du Séminaire de St. Sulpice.» *The British-American Register*, 96.

——. «À M^r Panet. Stances.» *les Textes poétiques du Canada français, 1606-1806*. Dir. Jeanne d'Arc. T. I. Montréal: Fides, 1987: 303-304.

«Rapport du Général Murray concernant le gouvernement de Québec au Canada daté du 5 juin 1762. *«Documents concernant l'histoire constitutionnelle du Canada (1759-1791)*, Choisis et édités avec notes par Arthur G. Doughty et Adam Shortt. 2^e éd. Ottawa: Imprimeur du Roi, 1921: 51.

Spark, A. *A Sermon, preached in the Presbyterian Chapel at Quebec, on Thursday, the 10th January 1799, being the day appointed for a General Thanksgiving*. Quebec: John Neilson, 1799: 8.

# Un nouvel horizon d'attente pour la critique littéraire dans *Les Mélanges religieux* 1840-1845

Maurice Lemire
Université Laval

Jusqu'au XVIII^e siècle, la religion a servi d'explication générale au monde, mais elle a été détrônée par la science qui infiltre les élites. Cette dernière, qui repose sur l'expérimentation, a bouleversé les critères de vérité et fractionné l'opinion. Pour faire autorité, il faut désormais prouver. Tout au cours du XVIII^e siècle, l'Église s'était appliquée à regagner le terrain perdu en fulminant des condamnations contre les libres penseurs et à raisonner avec les raisonneurs. Elle doit admettre à la fin que, comme les autres corps constitués, elle a à gagner l'opinion publique. À la Restauration, l'Église se présente donc comme la gardienne et la garante de l'ordre social et de la paix. Elle seule s'est révélée capable de maintenir le peuple dans le calme et le respect. Mais la Restauration n'est pas un simple retour à l'ordre ancien: des acquis de la Révolution demeurent après le rétablissement des Bourbons. Le peuple a obtenu un certain droit de cité. Il faut désormais en tenir compte. L'Église n'admet pas d'emblée ces rapports nouveaux avec une classe qu'elle avait naguère conduite au doigt et à l'œil. Même si elle aspire à rétablir l'ordre ancien des choses, elle se plie aux règles nouvelles du jeu. Comme les autres, elle se met en frais de conquérir l'opinion publique. C'est dans ce dessein qu'elle fonde des journaux car

elle se sent directement concernée par tous les supports de
l'opinion, qu'il s'agisse de périodiques, d'imprimés ou d'enseignement. Pour rester dans la partie, elle double plusieurs services
de l'État pour répandre le savoir: la presse, l'enseignement, les
bibliothèques. Un système parallèle s'impose non pour favoriser
la liberté d'expression, mais pour la contrôler. En fait, l'Église
cherche à combattre l'opinion publique par l'opinion publique.

Certes la situation au Canada n'est en rien comparable à
celle de la France, mais comme le clergé canadien n'a d'autres
références pour penser sa situation que celle des journaux
cléricaux français, il en arrive à assimiler ses problèmes à ceux
du clergé français. M$^{gr}$ Lartigue, un fervent lecteur de La
Mennais, demande à l'évêque de Québec de fonder un journal
ecclésiastique dès la fin des années 1820, mais M$^{gr}$ Panet ne se
montre guère intéressé. Bien qu'il revienne à la charge tous les
ans, l'évêque de Montréal ne verra jamais la réalisation de son
désir. C'est son successeur qui le réalisera. Les intentions de M$^{gr}$
Bourget étaient modestes à l'origine: «L'existence de ce journal
fut le résultat d'une détermination prise par le clergé à la suite de
la retraite ecclésiastique de 1840; et on ne désirait alors qu'une
compilation intelligente de journaux religieux» (8.94:741). Il ne
s'agissait que de collationner divers articles puisés dans les
journaux religieux français, anglais et américains.

Comme les autres sociétés occidentales, le Bas-Canada était
alors confronté à l'intégration du peuple au monde du savoir. On
s'interrogeait sur la pertinence de le faire accéder au monde des
connaissances. Même si les philosophes avaient cru pendant tout
le XVIII$^e$ siècle que la diffusion des lumières réglerait tous les
problèmes sociaux, ils répugnaient à livrer leurs «perles aux
pourceaux». Ce n'est vraiment qu'avec la Révolution que l'on
consent à faire une place au peuple dans la cité en mettant sur
pied un système d'enseignement primaire et en fondant des
journaux à sa portée. Les initiatives de la Révolution tardent
cependant à porter leurs fruits. La lecture ne devient populaire en
France que dans les années 1820 avec la fondation des cabinets
de lecture. L'apparition du feuilleton dans les journaux des
années 1830 modifie considérablement la configuration du
lectorat. Les élites de quelque tendance qu'elles soient ont pour
la première fois à se poser sérieusement la question de la gestion

du patrimoine idéologique: faut-il contrôler ou non la diffusion des idées?

La question s'était posée une première fois lors de l'invention de l'imprimerie. Les protestants avaient répondu dans un sens: puisque la Bible est désormais accessible à tous, que chacun la lise et l'interprète à sa façon. Cette orientation marquait le début de la conscience individuelle et de l'opinion. Les catholiques avaient continué de leur côté à maintenir le système qui prévalait depuis toujours: le magistère de l'Église était le dépositaire de la Révélation et lui seul pouvait l'interpréter correctement. Le fidèle n'avait aucune autorité dans la sphère herméneutique. Les conséquences de ces orientations divergentes ne tardèrent pas à se faire sentir: dans les pays protestants, on encouragea l'alphabétisation pour que chaque fidèle puisse lire la Bible, tandis que dans les pays catholiques, on confia au petit catéchisme le soin de résumer l'essentiel de l'éducation religieuse.

Mais les conséquences débordèrent rapidement la sphère purement religieuse. Dans les pays protestants, la multiplicité des opinions engendra la discussion qui déboucha sur le relativisme et la tolérance. Peu à peu se dessinèrent les droits de la personne. L'Église catholique au cours des XVIIᵉ et XVIIIᵉ siècles perdit les élites, mais maintint son attitude rigoriste à l'égard du peuple. Monarchie de droit divin, elle n'a de compte à rendre à personne, encore moins au peuple. L'important, c'est de le maintenir dans l'obéissance et la subordination. Partageant les préjugés des sociétés aristocratiques, elle croit le vilain foncièrement mauvais. Donnez-lui l'occasion de manifester ses instincts et d'assouvir ses passions, et aussitôt ce sera le désordre et l'anarchie.

Après la Révolution de juillet, cette attitude n'est cependant plus admissible. La réforme de l'enseignement, la multiplication des journaux, les cabinets de lecture, les bibliothèques publiques ouvrent le monde des idées au peuple. Quelle attitude l'Église de France va-t-elle adopter face à ces changements? Pour combattre à armes égales, elle utilise les mêmes tactiques que ses adversaires: elle ouvre des écoles populaires, fonde des journaux et met sur pied l'œuvre des bons livres. Mais elle ne renie pas pour autant sa politique séculaire: elle ne s'immisce dans ces domaines que pour mieux les contrôler. Au nom de la liberté de l'enseignement, elle conteste le monopole de l'État sur l'éducation; elle dénonce la commercialisation de la littérature à large diffusion et cherche à faire pièce aux cabinets de lecture avec ses bibliothèques paroissiales. Aucune de ces initiatives cependant ne marque une évolution de la position traditionnelle: l'Église tient à garder son monopole sur la diffusion des idées.

Le Canada en comparaison de la France offre une situation assez paradoxale. Pays catholique avec des institutions protestantes, il est appelé par le fait même à tenir une position originale. Sans reconnaissance officielle pendant nombre d'années, l'Église catholique n'ose contester la compétence de l'État de telle sorte qu'elle reconnaît implicitement les limites de sa juridiction. Jusqu'à l'Acte d'Union, la sphère politique se développe donc dans le seul cadre des institutions britanniques et, tout naturellement, c'est au nom du peuple que parlent les nouveaux députés. Pour que les électeurs puissent vraiment prendre part aux affaires de l'État, les élus réclament des écoles, des journaux et des bibliothèques publiques. L'Église, en position de faiblesse, n'ose s'y opposer. Mais avec l'échec de la Rébellion, les Patriotes ruinent leur prestige et permettent au clergé de prévaloir. Jouissant désormais d'une pleine reconnaissance des autorités britanniques, l'Église a les coudées franches pour organiser son action dans le sens du catholicisme traditionnel.

La fondation des *Mélanges religieux* en 1840, de même que la fondation de l'œuvre des bons livres et le combat pour un système d'éducation primaire confessionnel, marquent la volonté très ferme de l'Église canadienne de reprendre le contrôle de la diffusion des connaissances au Canada. Au cours des cinq premières années de son existence, le périodique clérical ne se signale guère par les critiques littéraires qu'il contient, car il se contente généralement d'accuser réception de certaines publications récentes. Son importance réside plutôt dans la redéfinition de l'horizon d'attente qu'il fixe pour les catholiques. Jusqu'alors, aucun journal n'avait particulièrement brillé par sa critique littéraire. Chacun y allait un peu selon l'inspiration du moment pour apprécier les rares parutions canadiennes, mais cette époque est bien révolue avec l'accaparement du discours critique par les ultramontains.

Le discours que l'on retrouve dans *les Mélanges religieux* a ceci de particulier qu'il est emprunté aux journaux français

d'extrême droite. Il est de ce fait sous-tendu par une problématique étrangère à la situation canadienne. Il soulève souvent des
questions plus hypothétiques que réelles. Rappelons pour
mémoire que la librairie française prend un essor sans pareil dans
les années 1820 et que l'imprimé sous diverses formes pénètre
partout, suite à la création d'un véritable marché populaire. Les
écrivains acquièrent de ce fait un nouveau pouvoir. Tel n'est
certainement pas le cas au Canada. Même si un embryon de
système scolaire est en place, l'analphabétisme règne encore
largement dans les campagnes et c'est bien plus l'indifférence à
l'égard de la lecture qui est en cause. Mais ne vaut-il pas mieux
prévenir? Dans les années 1840, le gouvernement met en place un
système d'enseignement primaire qui ne devrait pas tarder à
donner des résultats. Les communications avec la France deviennent plus rapides et plus fréquentes. Le désordre littéraire qui a
corrompu la mère patrie pourrait bientôt contaminer la colonie.
Dans la perspective d'une histoire répétitive, on a tendance à
croire que ce qui s'est déjà passé en France, arrivera certainement
ici, si l'on n'y prend garde. D'où la nécessité de faire campagne
en faveur des bonnes lectures.

Dans ce contexte, le discours ne peut pas être un discours
d'autorité seulement. Il faut faire valoir son point et emporter
l'adhésion. Dès les premiers numéros, on publie le *Cours de
littérature sacrée ou biblique* d'Emmanuel Lefranc dans le
dessein avoué que «la littérature biblique [fasse] partie des études
classiques»; que «la poésie sacrée [soit] au premier rang entre
toutes les autres compositions du même genre». La conclusion à
laquelle on vise est clairement énoncée: «Sous le rapport du
mérite littéraire, on peut dire qu'indépendamment de leur céleste
origine, les livres saints contiennent plus d'éloquence, plus de
vérités historiques, plus de morale, plus de richesses poétiques, en
un mot plus de beautés dans tous les genres qu'on n'en pourrait
recueillir dans tous les autres livres ensemble dans quelque langue
et dans quelque siècle qu'ils aient été composés (1.1: 3). En
d'autres mots, on vise à remplacer le paradigme classique par le
paradigme biblique en partant du principe qu'une littérature
inspirée directement par Dieu doit nécessairement l'emporter sur
celle des hommes. Cette littérature mérite surtout d'être le modèle
par excellence parce qu'elle confond la visée littéraire avec la

visée religieuse au contraire de la littérature profane affranchie de toute religion.

Un article tiré de *l'Univers* paru le 17 décembre 1841 conteste les nouveaux codes de la littérature contemporaine: «[...] la littérature française depuis quelques années a été livrée en proie à des trafiquants de la pensée qui [...] se sont efforcés de faire entrer violemment un libéralisme bâtard dans le champ de l'imagination [...] proclamant l'art justifiable seulement du caprice et de la fantaisie individuels» (2.22: 392). La *Préface de Cromwell* (1827) et surtout la préface de *Mlle de Maupin* de Gautier (1832) avaient proclamé l'affranchissement total de l'art, en particulier de la morale. Voilà pourquoi les cléricaux les récusent: «Non, il n'est pas vrai que le domaine de l'intelligence livré à toutes les incursions de la dépravation humaine n'admette ni principes ni règles. Le talent et le génie [...] n'ont pu assurément lui être donnés que pour une fin raisonnable et digne du créateur» (2.22: 394). Dans un champ structuré par la religion, l'art ne peut avoir d'autres fins que la religion elle-même: «Que l'on ne vienne donc plus nous dire que l'art ne reconnaît pas de lois. Ses lois intimes et profondes, ce sont les vérités morales et religieuses.» La conclusion à tirer est simple et précise: «Avant tout nous plaçons les vérités morales et religieuses comme base fondamentale de tout système littéraire» (2.22: 396). La position institutionnelle de la littérature dans un champ dominé par la religion est donc nettement subalterne: l'art quel qu'il soit n'existe que dans son rapport à la religion.

La position hégémonique de la religion est clairement démontrée dans une série d'articles intitulés «Du catholicisme dans ses rapports avec divers objets des connaissances humaines». Les rapports avec la littérature nous intéressent particulièrement. En fait, le point que s'attarde à prouver l'auteur anonyme de ces articles, c'est que la beauté ne peut être cultivée en faisant abstraction de la religion, comme le prétendent les tenants de l'art pour l'art:

> La notion du beau se trouve dans la connaissance des rapports qui existent entre le cœur de l'homme et le bien auquel il doit aspirer. Mais c'est la religion qui exprime et explique ces rapports. Elle doit donc donner le type du beau, et l'on peut dire que le beau est

révélé comme le vrai. Le goût a donc besoin pour se former des principes religieux et il ne peut être juste que dans une âme fidèle à la morale, en sorte que, comme l'a dit M. de Maistre, le beau, c'est ce qui plaît à la vertu éclairée. (3.4: 50)

La conclusion pourrait être aussi simpliste que celle-ci: seul l'art respectueux de la religion est beau, ce que contredisent évidemment nombre de chefs-d'œuvre profanes dans tous les domaines. Mais l'auteur ne s'embarrasse pas de pareils détails et il termine avec une image qui ne laisse aucune équivoque sur ses prétentions:

Chaque science a, pour ainsi dire, son activité distincte qui la porte à un but particulier. Mais le soleil de la religion est là qui exerce sa puissance d'attraction sur chaque sphère où s'exerce l'intelligence humaine et qui en lui faisant refléter quelques rayons de sa vive lumière la maintient dans un mouvement régulier où elle est toujours sous l'influence de l'immuable vérité. (3.4: 52)

Peut-on concevoir une image plus évocatrice de la notion de champ tel que conçu par Bourdieu? L'ordre qui régit le système provient d'un jeu de forces contraires contrôlé par l'attraction déterminante du soleil de la religion. Hors de la religion point d'art.

Le 18 mars 1842, *les Mélanges religieux* produisent cependant un article nettement favorable au romantisme, ce qui étonne après ce que l'on vient de dire. Mais à la lecture, on comprend pourquoi le journaliste l'a sélectionné. L'auteur reprend les idées de Sismondi, Schlegel et Mme de Staël sur la monstruosité du classicisme qui a imposé une littérature inspirée de la religion païenne à une population chrétienne. Le romantisme propose la religion chrétienne à l'inspiration des poètes et des artistes: «le romantisme est l'ère chrétienne des beaux-arts» dira Mme de Staël. Voilà des propos que les cléricaux ne peuvent refuser. De plus, le besoin d'intéresser les classes populaires ne leur répugne pas dans la mesure où la religion prédomine. Aussi le clergé souscrit-il à une phrase comme celle-ci: «Pour qu'une civilisation soit parfaite dans son ensemble, toutes les classes doivent y participer, mais avec prépondérance de celles qui sont dépositaires de la doctrine religieuse» (3.4: 170).

Le 15 novembre 1842, *les Mélanges religieux* publient un résumé de l'ouvrage de G. de Félice intitulé *Appel d'un chrétien aux gens de lettres*. L'auteur veut démontrer que la littérature contemporaine est en décadence parce que le souffle de la foi ne l'anime plus. Le monde des lettres a perdu sa cohésion faute de convictions communes en littérature, en morale et en religion. Comme nombre de critiques de l'époque, il refuse qu'un écrivain puisse vivre de sa plume. Aussi dénonce-t-il une littérature devenue industrielle: «nos gens de lettres gagnent plus à écrire beaucoup qu'à bien écrire» (5.10:73). Les journaux et les revues trafiquent de tout pour avoir plus de lecteurs, c'est-à-dire plus d'argent. S'inscrivant en faux contre Stendhal, il soutient que la littérature ne doit pas se contenter de réfléchir l'état de la société comme un miroir purement passif: «Quand les anciennes convictions sont tombées, elle (la littérature) doit se mettre à la tête de la société pour lui donner une impulsion nouvelle» (5.10:73). Si les écrivains acceptaient ce rôle, ils redonneraient à la littérature française sa place prépondérante dans le monde.

Après avoir résumé la thèse de M. de Félice, le journaliste des *Mélanges* se penche sur la situation des lettres au Canada, situation qui n'a rien de comparable avec celle de la France. Il déplore que de beaux talents se perdent parce qu'ils restent incultes. Voici comment il décrit le profil de carrière d'un jeune lettré canadien:

> Au sortir du collège, que font ordinairement les jeunes gens? Un jeune homme une fois soulagé de son Homère et de son Horace, s'il n'entre pas dans l'état ecclésiastique [...] ne voit devant lui que deux carrières: la médecine et le droit. Nous ne parlons pas du commerce qui recrute ses membres sans le besoin des conditions scientifiques dont nous parlons. Or ce jeune homme est obligé de suivre de nouveaux cours d'études qui ne le rapprochent guère de sa première éducation. Les compagnies où il se trouve nécessairement chaque jour, la nature de ses occupations, la liberté si grande dont il jouit après sept ou huit ans de réclusion ne l'accoutument-ils pas insensiblement à secouer le passé pour revêtir des mœurs et des idées nouvelles? (5.12:89).

Ainsi les talents se perdraient surtout à cause du climat de liberté qui prévaut pendant les études professionnelles. Et le commentateur d'expliciter sa pensée: «Qu'il est douloureux de voir nos jeunes hommes, dont les talents donnaient les plus légitimes espoirs, consumer leur temps dans de puériles et dangereuses distractions; à la lecture des journaux et des romans peu moraux qu'ils contiennent» (5.12:89). Ce discours repose sur l'implicite que si les jeunes lettrés restaient fidèles à l'idéal de leur formation classique, ils poursuivraient leur carrière littéraire, mais ils sont victimes de leurs mauvaises lectures. S'expliquant mal leur attrait, le journaliste les apostrophe ainsi: «Avez-vous trouvé mieux où reposer votre âme que ces œuvres immortelles des de Bonald, de Maistre, de Chateaubriand, de Montalembert, du Lamartine catholique, de Turquety?» (5.12:89).

On aurait pu croire par ce qui précède que le journaliste reprochait à la jeunesse de n'être pas restée fidèle à la tradition classique qui prévaut dans les collèges, mais on s'aperçoit par les auteurs cités en modèles que l'opposition ne se fait pas entre classiques et romantiques, mais bien entre ultramontains et libéraux. La question se limite à accepter ou à rejeter la religion catholique : «Grâce à Dieu! nous avons des écrivains de premier ordre qui comprennent [...] que la religion, la morale pure, les sœurs du bon goût, produisent des œuvres littéraires plus durables et plus vraies que les talents les plus brillants privés de leur secours générateurs» (5.12:90). Le journaliste termine en lançant un appel aux jeunes lettrés pour qu'ils envoient nombreux leurs essais au journal à la fois pour exercer leurs talents et pour promouvoir la bonne littérature.

Ces articles qui portent sur les fondements théoriques de la bonne littérature s'adressent avant tout aux lettrés dotés d'un sens critique développé. Mais il ne faut pas négliger pour autant le lectorat populaire qui aborde la lecture sans prévention. Ce sont des âmes vulnérables sensibles seulement à des arguments concrets.

Comme le fera plus tard la presse à sensation, le journaliste cite les cas de criminels qui sont devenus tels à cause de la lecture de romans: «Tous les journaux d'Amérique ont retenti du procès dramatique de Spencer [...]. Ce malheureux avoue aujourd'hui que c'est aux romans qu'il doit sa perversion et son châtiment» (5.35: 275). Quelques années plus tard, on recourt au même procédé: «Chevreuil, qui n'était qu'un simple artisan, était

dévoré de cette lèpre de la vanité littéraire dont on a reconnu
depuis quelques années la trace et les ravages dans plusieurs
grands criminels. On a trouvé dans sa chambre les drames et les
romans les plus violents, les plus monstrueux, l'élite de la
littérature française» (8.3: 15). Rien de tel pour frapper l'imagination populaire que de montrer la relation de cause à effet entre
le roman et le crime. Les membres du clergé savent bien que
pour la majorité des fidèles, la lecture est un acte anodin qu'il
faut criminaliser pour faire accepter leur tutelle. Aussi s'attaque-t-
on moins aux œuvres généralement décriées, comme *les Mystères
de Paris*, qu'aux œuvres en apparence indifférentes dont le lecteur
pourrait user à sa discrétion. Aussi questionne-t-on le lecteur sur
les motifs avouables qu'il peut avoir de lire: «vous ne lisez que
pour vous distraire, vous ne recherchez que le style et le talent de
l'écrivain» (8.3: 275). Alors pourquoi choisir des feuilletons aux
qualités douteuses quand il existe des œuvres ouvertement
catholiques qui offrent toutes ces qualités? En effet, le roman en
feuilleton n'est qu'une stratégie perverse pour attraper des
lecteurs naïfs:

> Autrefois le roman était un livre; aujourd'hui il est un article de
> journal. Quand le roman était un livre, on ne le lisait peu ou point;
> le roman s'en est aperçu et pour se populariser, il s'est fait
> feuilleton. Beaucoup de personnes honnêtes le redoutaient, ne
> l'auraient pas touché quand il avait forme de volume, maintenant
> qu'il s'est glissé dans les journaux entre les faits divers et les
> annonces, on ne le craint plus... (7.95: 725-726)

Quant aux œuvres indifférentes, elles n'existent tout simplement
pas: une œuvre est bonne ou mauvaise. Aussi faut-il réfuter le
discours qui soutient que toute lecture est enrichissante parce
qu'elle contient toujours quelques connaissances utiles, même si
la morale n'en est pas impeccable. C'est en évoquant la mort de
Britannicus que le journaliste réfute cette prétention: «Il y avait
aussi du bon, beaucoup de bon dans ce breuvage délicieux que
Néron présenta à Britannicus.» Puis il argumente en forme
syllogistique: «Une lecture dangereuse est un mal. Or peut-il être
permis de faire un mal certain sous prétexte que un bien peut en
résulter?» Il faut se méfier des livres en apparence anodins car il
s'agit d'une autre stratégie diabolique: «certains auteurs pour

assurer le succès de leurs erreurs y entremêlent artificieusement la vérité» (8.3:13). Pourquoi s'exposer au danger quand on peut trouver dans les bibliothèques paroissiales des livres parfaitement inoffensifs?

La fondation de l'œuvre des bons livres est l'expression concrète de la politique cléricale de la lecture. Une petite collection de livres soigneusement sélectionnés pour leurs qualités morales est seule offerte aux lecteurs. Voilà une façon habile de leur enlever toute responsabilité critique dans le choix de leurs lectures. Doté de l'autorité suprême pour le choix des livres, le curé supplée à la critique littéraire fondée sur des critères purement esthétiques.

La position théorique adoptée par les *Mélanges religieux* au sujet de la littérature s'inscrit dans la continuité de la tradition catholique de circulation restreinte des connaissances sous la supervision du Magistère. Elle prend cependant une allure nouvelle face au phénomène de la lecture populaire: au siècle de l'opinion il ne suffit plus d'imposer, il faut prouver. De là cette argumentation spécieuse qui prétend que seules les œuvres profondément religieuses sont artistiquement supérieures. Mais cette prétention concorde parfaitement avec la logique du champ. Dans un univers structuré par la religion, la valeur ne s'acquiert que dans la mesure où le rapport à la religion est plus ou moins étroit. Une telle prétention serait parfaitement admissible au XII$^e$ ou XIII$^e$ siècle, au temps où le sacré couvrait tout le champ institutionnel. Mais au milieu du XIX$^e$ siècle, à une époque où la société est en train de se laïciser, il surprend. On peut y voir, du moins en France, un dernier soubresaut du parti clérical qui s'arc-boute avant de rendre les armes. Mais au Canada les forces en présence ne sont pas du même poids: les libéraux en déroute depuis la défaite de la Rébellion n'opposent qu'une résistance molle à l'offensive des ultramontains qui l'emportent haut la main pour le grand dam de la littérature à naître. Pendant un siècle, la critique sera morale plutôt que littéraire.

# Ouvrage cité

*Les Mélanges religieux.* Journal scientifique, politique et littéraire, fondé à
    Montréal en 1840. Nous nous référons en particulier aux numéros du 22
    janvier 1841 (1.1), du 17 décembre 1841 (2.22), du 23 janvier 1842 (3.4),
    du 18 mars 1842 (3.11), du 15 novembre 1842 (5.10), du 17 février 1843
    (5.35), du 11 octobre 1844 (7.95), du 14 janvier 1845 (8.3), du 31 janvier
    1845 (8.8) et du 5 décembre 1845 (8.94).

# La compilation
## comme instance de légitimation
Le premier «Who's Who» de la littérature
canadienne:
*Bibliotheca canadensis*
de Henry James Morgan

Kenneth Landry
Université Laval

Sans la complicité de la critique, une littérature pourrait-elle exister longtemps? L'inverse-est-il vrai? Voilà, de toute évidence, deux questions piégées qui sous-tendent le sujet du recueil de Morgan: quel est le rapport fondamental de la critique à la littérature, non seulement dans la légitimation et la reconnaissance des pratiques littéraires au Canada et au Québec, mais également dans l'élaboration d'un discours cohérent sur ce qui constitue une littérature nationale? Ces questions complexes appellent des réponses nuancées, qui tiendraient compte des rôles du critique à différentes époques en tant que «bricoleur intellectuel», un artisan que se donne pour fonction de «faire du sens avec l'œuvre des autres, mais aussi de faire son œuvre avec ce sens», selon l'expression de Gérard Genette (145). Cet essai porte sur l'œuvre d'un de ces humbles bricoleurs au siècle dernier, Henry James Morgan, critique littéraire improvisé et compilateur du premier manuel de littérature canadienne: *Bibliotheca canadensis*.

La parution de cet ouvrage à l'automne de 1867 n'est certainement pas un pur hasard; la dédicace au premier ministre sir John A. Macdonald non plus, puisque l'auteur remercie son employeur et son commanditaire avant d'entreprendre un catalogue raisonné du corpus «canadien». Sur la page de titre figure une épigraphe, composée en petits caractères. Son message fait penser à la phrase fétiche de Charles Nodier que l'abbé Henri-Raymond Casgrain inscrivait en tête de chaque numéro des *Soirées canadiennes*: «Hâtons-nous de raconter les délicieuses histoires du peuple avant qu'il ne les ait oubliées», sauf que cette fois le mot d'ordre est de Thomas D'Arcy McGee, signataire de l'avant-propos, intitulé *«The Mental Outfit of the New Dominion.»*[1] McGee souhaite embrasser l'ensemble des connaissances et des forces vives de cette *«great Northern nation»*, sentiment auquel Morgan fera écho dans sa préface.

Ce répertoire est accueilli comme «une véritable encyclopédie des lettres» par la critique de l'époque et par Edmond Lareau, en 1874. Morgan vient de lancer l'idée, assez inusitée à l'époque, d'une bibliothèque nationale «imaginaire» — elle n'existe que sur papier — qui renfermerait une série d'auteurs, dont les œuvres auraient comme caractéristiques principales soit d'être écrites par des Canadiens ou de porter sur le Canada (Bas/Haut, Est/Ouest) ou sur les provinces maritimes, avant la Confédération.

Dans une certaine mesure, quoique à une échelle réduite, ce manuel est l'ancêtre lointain de l'*Oxford Companion to Canadian Literature*; il a aussi une certaine parenté d'esprit avec le *Macmillan Dictionary of Canadian Biography* et le *Dictionnaire biographique canadien*, la dimension rigoureuse et scientifique en moins, bien entendu. Pour la partie consacrée aux auteurs francophones, la compilation de Morgan contient déjà des notices qui seront reprises, d'une façon plus substantielle, dans le *Dictionnaire général de biographie, histoire, littérature* du père Louis-Marie LeJeune, paru en 1931. En forçant la note, on pourrait même y trouver des affinités avec le *Dictionnaire des auteurs de langue française en Amérique du Nord* de MM. Hamel, Hare et Wyczynski. Pour ce qui est du corpus des œuvres canadiennes dans cette bibliothèque, il préfigure déjà le *DOLQ*, tome 1, et l'inventaire des impressions québécoises en cours à la

---

1. Reproduit du *Montreal Gazette* (5 novembre 1867): 1.

Bibliothèque nationale du Québec depuis 1980[2], intitulé *Biblio-graphie du Québec, 1821-1967*.

Le premier «Who's Who» des lettres canadiennes a donc eu une descendance à la fois lourde et nombreuse, à commencer par l'ouvrage d'un contemporain de Morgan, Edmond Lareau. Ce dernier doit certainement une dette de reconnaissance envers celui qui lui a fourni les matériaux bruts de son *Histoire*. En parcourant ce dictionnaire encyclopédique, on est frappé par la quantité d'écrits retenus. Quant à la qualité des textes, c'est une autre question; James Douglas, président de la Quebec Literary and Historical Society, écrit, en faisant un tour d'horizon de l'état de la littérature et des progrès intellectuels de 1825 à 1875:

> *I would not be understood to imply that Canada has not produced some literary work. Mr. Morgan's carefully compiled Dictionary of Canadian Authors [sic] is a large volume, and shows what a host of writers in all departments of literature Canada has produced, and M. Edmond Lareau's* Histoire de la littérature cana-dienne, *corroborates the fact. But while we are thus surprised at the number of men who have resorted to the press in order to circulate their thoughts, we are the more surprised that so little of this vast mass of printed matter should have possessed sufficient value to survive.* (69)

Ce commentaire plutôt terre à terre de Douglas demeure significa-tif parce qu'il prend la peine de parcourir la production littéraire de son époque, arrivant à la conclusion que les Canadiens sont loin d'être un «*literature-producing people*» et que l'art d'écrire ne doit être pratiqué que lorsqu'il y a suffisamment de lecteurs pour l'encourager et le récompenser.[3] Pourtant, dans la décennie 1860, les deux littératures naissantes, avant de pouvoir se frayer leurs propres voies, ont besoin non seulement d'auteurs de textes, de champs de production dûment constitués et d'un public

---

2. Antérieurement, Narcisse-Eutrope Dionne (1905) et Marie Tremaine (1934) avaient aussi reconstitué le corpus canadien des imprimés, à partir respectivement des collections de la Bibliothèque de la Législature de Québec et de la bibliothèque municipale de Toronto.

3. «*[...] writing is an art only to be acquired by a long and painstaking apprentices-hip, and an art practiced therefore only when there are readers to appreciate and reward it*» (66).

lecteur, elles doivent aussi acquérir chacune une certaine légitimité en tant qu'activités intellectuelles autonomes. Agissant
comme un porte-parole pour les deux littératures canadiennes (au
dix-neuvième siècle, on désignait cette fonction de «publiciste»;
aujourd'hui, le titre de propagandiste la caractériserait mieux).
Morgan est en train de leur procurer une certaine légitimité.

Dans ses «*Introductory Remarks*», le compilateur fixe avec
soin les paramètres de son répertoire: il présentera une liste des
auteurs par ordre alphabétique, incluant livres, brochures et
articles parus dans la presse périodique, écrits par et sur des
Canadiens depuis la Conquête et portant sur leur histoire, leur vie
sociale et collective; le tout comprenant une notice biographique
plus ou moins longue, selon l'importance qui leur est accordée,
et suivi d'un «catalogue» de leurs productions et d'une description bibliographique sommaire de chaque document publié. À cet
ensemble il ajoute une dimension critique, en intégrant des
commentaires de son cru ou en reproduisant des opinions
d'autorités compétentes, la plupart du temps à partir de la
réception des œuvres dans les journaux de l'époque. Une
catégorie spéciale d'articles est réservée aux journalistes et à leur
contribution à la presse canadienne. Le projet de publier une telle
bibliographie commentée trouve sa justification dans les services
qui seront rendus à la population, en particulier aux futurs
écrivains:

> There were various reasons which at the present time impelled the
> writer to take up the subject of Canadian Bibliography: -- First,
> the not unworthy ambition to render some slight aid to the nascent
> Literature of our native country, by exhibiting to the rising youth
> of the New Dominion the extent of our intellectual development as
> evinced in the literary efforts which have from time to time been
> made in the country, and which would serve as examples and an
> incentive to those in the same field. (Morgan vii)

Il mentionne également les raisons profondes qui motivent une
telle entreprise: faire coïncider deux objectifs, l'un, littéraire,
l'autre, politique:

> There is just now, and has been for some years past, a perceptible
> movement on the part of the two great branches, French and
> English, which compose our New Nationality, and principally

*amongst the younger men, to aid the cause of Canadian Literature by their own personal contributions to that Literature. The present time is without doubt most opportune for such a movement. We are just entering upon the commencement of a new, and it is sincerely to be hoped, -- a bright and glorious epoch in our history -- an epoch which now sees us firmly implanted on the American Continent as a vigorous and highly promising State, Federally constituted, full of brillant hopes and fond yearnings for national greatness and renown [...] Now more than at any other time ought the literary life of the New Dominion develop itself unitedly [...]* (viii)

Et il ajoute, comme si cette péroraison avait besoin de précisions supplémentaires: «*It is an effort in the cause of National Literature*», situant ainsi son travail dans le cadre d'un discours plus large sur la valorisation du champ littéraire pendant les années 1860. Tant à Montréal qu'à Québec et à Toronto, des groupes de littérateurs se forment, créent des revues et encouragent les œuvres des jeunes auteurs. En 1864, un pasteur de l'Église méthodiste, Edward Hartley Dewart, se plaint, dans sa préface à la première anthologie de la poésie canadienne-anglaise, que la situation coloniale nuit à l'épanouissement d'une littérature indigène: sa phrase, bien connue des étudiants en littérature canadienne-anglaise, «*A national literature is an essential element in the formation of national character*» (ix) laisse entendre que la domination de modèles étrangers — anglais et américains — tire à sa fin. À Québec, à quelques nuances près, des préoccupations similaires sont mises en relief par l'abbé Henri-Raymond Casgrain et par Hector Fabre en 1866:

Le rôle de notre littérature, c'est de fixer et de rendre ce que nous avons de particulier, ce qui nous distingue à la fois de la race dont nous sortons et de celle du milieu dans lequel nous vivons, ce qui nous fait ressembler à un vieux peuple exilé dans un pays nouveau et rajeunissant peu à peu [...]. Notre société n'est ni Française, ni Anglaise, ni Américaine, elle est Canadienne. On retrouve dans ses mœurs, ses idées, ses habitudes, ses tendances, quelque chose de chacun des peuples sous la domination ou dans le voisinage desquels elle a vécu, la pétulance française corrigée par le bon sens anglais, le calme britannique déridé par la verve gauloise. (886)

Morgan essaie, tant bien que mal, de concilier ces objectifs en insistant sur la dimension «patriotique» d'une compilation comme la sienne. L'avènement de la confédération canadienne lui fournit un prétexte de faire de l'institution littéraire naissante un être à deux têtes, une pour chacune des littératures «nationales». D'ailleurs, ce bicéphalisme institutionnel crée déjà quelques ennuis, que le compilateur n'arrive pas à dissiper, même avec la meilleure volonté du monde. On peut se demander si le fait de jouer sur les cordes sensibles des Canadiens des deux langues en utilisant des sentiments patriotiques pour mieux «vendre» le produit littéraire n'était pas devenu un cliché en 1867. Ce stratagème visait à gagner l'appui de la population des deux groupes linguistiques, mais l'une des deux pouvait éprouver des réticences à partager le contrôle sur *son* champ de production.

La vie de Henry James Morgan dans la deuxième moitié du dix-neuvième siècle pourrait expliquer en partie son engagement «canadien». Puisque ce biographe professionnel demeure lui-même peu connu, quelques précisions au sujet de sa carrière s'imposent. Né à Québec le 14 novembre 1842, fils d'un vétéran des guerres contre Napoléon venu au Canada en 1838, il entre très tôt au service civil, à l'âge de onze ans seulement. Exception faite de ses études au Morrin College en 1861 puis à McGill, et de son admission au Barreau en 1873, il poursuit une carrière ininterrompue dans la fonction publique jusqu'en 1895, année de sa retraite en tant que greffier au ministère des Affaires étrangères (*chief clerk of the Department of State*). Dès 1860, malgré son jeune âge, il publie en volume le compte rendu d'un voyage du prince de Galles au Canada et aux États-Unis. Deux ans plus tard, se disant insatisfait des ouvrages biographiques de Maximilien Bibaud, le *Dictionnaire historique des hommes illustres du Canada et de l'Amérique* (1857) et *Le Panthéon canadien* (1858), il publie un volumineux répertoire, *Sketches of Celebrated Canadians and people connected with Canada from the earliest period in the history of the province down to the present time*. D'après lui, Bibaud avait accordé trop d'importance aux personnes de langue française. Dans son Introduction, il le dit à mots couverts:

*we found that many of our greatest men had been excluded from notice, and many obsolete characters flourished therein who hardly had any claim to be mentioned at all; and above all that it was devoted nearly altogether, or in a great measure, to one portion of the community.* (vii)[4]

Suit une déclaration d'allégeance patriotique qui figure, à des degrés différents, dans chacune de ses œuvres par la suite:

*A just pride, an intense love of our native country, and an ardent hope and desire for its future greatness, have alone enabled and prevailed on us to go through a task of great mental labor, yet to us one of love.* (vii)

Il reprend cette même idée en 1866, dans une conférence sur l'histoire canadienne, publiée par la suite et intitulée: *The Place British Americans have won in history.* Mais ses travaux biographiques ne s'arrêtent pas là. Il avait fondé, en 1862, la revue *Canadian Parliamentary Companion*; la même année, il entreprenait la compilation de *Bibliotheca canadensis.* Par la suite, il publie *The Dominion Annual Register and Review* (1878-1885) et *Canadian Legal Directory* (1878). Il trouve le temps d'éditer des discours prononcés par Isaac Buchanan (dont il est le secrétaire particulier) puis ceux de Thomas D'Arcy McGee, en faveur de l'union des États-Unis et de l'Angleterre (1865). Dès 1868, il est l'un des initiateurs du mouvement «*Canada First*» (ou «Canada d'abord», 1868-1875)[5] et il poursuit des recherches biographiques qui aboutiront à son *magnum opus, Canadian Men and Women of the Time* (1898,1912) et *Types of Canadian Women* (1901). Il meurt à Brockville, Ontario, le 27 décembre 1913, à l'âge de 71 ans.

Curieusement, l'auteur de *Bibliotheca canadensis* ne figure pas dans son propre répertoire, mais si Morgan avait rédigé sa notice, il l'aurait probablement fait d'une façon succincte, en adoptant un style télégraphique et quelques abréviations d'usage.

---

4. Dans un commentaire sur cet ouvrage, Philéas Gagnon lui reproche à son tour de ne pas avoir fait figurer un plus grand nombre de Canadiens français (337).

5. Ce mouvement expansionniste qui visait à faire passer la nation avant le parti, prit naissance à Toronto. Les âmes dirigeantes, outre Morgan, étaient William Foster, George Denison, Charles Mair et Robert Haliburton.

## Présentation de *Bibliotheca canadensis*

Ce premier inventaire des imprimés destinés à devenir, selon
la nomenclature courante, des *canadiana*, s'inspirerait d'abord de
*Bibliotheca Britannica* (en 4 volumes), de Robert Watt, et du
*Bibliographer's Manual of English Literature* de William Thomas
Lowndes (en 6 volumes), du moins dans sa présentation plutôt
sobre: deux colonnes, typographie serrée, citations en caractères
plus petits, de brèves notices biographiques, suivies d'une
bibliographie des œuvres et de commentaires critiques. En une
seule page liminaire, Morgan reproduit pêle-mêle une liste des
documents imprimés (livres, journaux et revues, tant canadiens
qu'étrangers) qu'il a consultés, ainsi que les noms d'une vingtaine
d'informateurs, qui figurent presque tous dans son ouvrage. Pour
les renseignements relatifs au Québec, il est redevable à Antoine
Gérin-Lajoie, Mgr Edmond Langevin et le sulpicien Jean-André
Cuoq[6]. Quant aux critères d'admissibilité qui déterminent
l'inclusion ou l'exclusion de littérateurs dans ce répertoire, la
coupe semble très large. De méchantes langues accuseraient le
compilateur de vouloir gonfler indûment son «panthéon littéraire»
en incluant un nombre démesuré d'auteurs dont les noms ont
manifestement été glanés dans des catalogues européens,
puisqu'ils n'ont jamais mis les pieds au Canada.

Sur près de 1 700 noms d'auteurs retenus, il y a plus de 400
étrangers (dont environ 300 Britanniques, 80 Américains, une
vingtaine de Français), 1 000 Canadiens anglophones et 225
francophones du Québec. Les anglophones sont probablement
sur-représentés et les Québécois de langue française sont probablement sous-représentés, compte tenu de leur poids démographi-
que, mais Lareau tentera de rectifier cette situation en incluant
plus d'auteurs francophones que d'anglophones dans son *Histoire*.
Si on compare le choix de Morgan avec celui de James Huston
dans son *Répertoire national*, les seuls littéraires «oubliés» sont
Joseph Mermet, Pierre Laviolette, J.-E Turcotte et James Phelan.
D'autres absences étonnent cependant. Pas un mot sur certains
«hommes de journaux», tels Fleury Mesplet, Valentin Jautard, le

---

6. Voir *Dictionnaire biographique canadien*, tome 12: 242.

premier critique littéraire au Canada, Ludger Duvernay, ou
Pierre-Dominique Debartzch et c'est le silence complet sur tous
les écrivains du régime français. En revanche, certains auteurs ont
droit à un traitement de faveur, c'est-à-dire, d'une page ou plus:
les Bibaud, J. Bouchette, H.-R. Casgrain, P.-J.-O. Chauveau,
Lefebvre de Bellefeuille, Gonzalve Doutre, Stanislas Drapeau,
G.-B. Faribault, J.-B.-A. Ferland, A. Gérin-Lajoie, Jacques
Grasset de Saint-Sauveur (inclusion discutable), James Lemoine,
Étienne Parent, A.-X. Rambau, J. Royal, Auguste Soulard, L.-T.
Suzor (militaire), J.-C. Taché.

La représentation par profession réserve quelques surprises.
Après les journalistes, qui occupent la plus grande part des
entrées, le clergé arrive en deuxième place, suivi des professions
scientifiques, des avocats et des militaires. Une comparaison des
listes d'auteurs de Morgan avec celles d'autres dictionnaires
biographiques publiés par la suite (W. S. Wallace, *The Macmillan
Dictionary of Canadian Biography*, par exemple) dénote qu'il y
a peu d'oublis majeurs dans ce tableau de la vie intellectuelle
mais que des inclusions parfois douteuses de non Canadiens
abondent. Près du tiers des notices se résument à de simples
mentions bibliographiques. Habituellement, le compilateur se
contente d'esquisser à grands traits le portrait plus ou moins
complet d'un auteur, à la manière impressionniste. Des contraintes d'espace se font sentir parfois, à l'occasion de biographies
qui ont déjà parus dans les *Sketches of Celebrated Canadians* en
1862 avant d'être reprises dans *Bibliotheca canadensis*. Les
notices sur Pierre Du Calvet, Joseph-Octave Plessis, Joseph
Quesnel ou Léon Gingras, par exemple, ont subi de radicales
cures d'amaigrissement.

Pour un bibliophile ou un bibliographe le moindrement
exigeant, ce genre d'outil de référence renferme assurément un
trop grand nombre d'imprécisions et d'erreurs de toutes sortes:
dates et prénoms erronés, citations impossibles à vérifier,
références incomplètes, quand il ne s'agit pas de rumeurs ou de
mensonges involontaires — par exemple, un roman de Faucher de
Saint-Maurice, «Pauvre Fleur folle», n'a jamais vu le jour.
Morgan a tendance à exagérer les mérites de quelques écrivains:
Étienne Parent est le *«Nestor of the French Canadian Press»*
(301); madame Rosanna Mullins Leprohon *«has done more*

*almost than any Can[adian] writer to foster and promote the growth of a national literature»* (224). Quand vient le moment de louanger ou de blâmer un auteur, il le fait souvent à partir d'une citation tirée de la presse périodique: par exemple, un commentaire acidulé de Hector Fabre à l'endroit de Joseph-Guillaume Barthe sert bien le propos de Morgan. Dans la même veine, il ne craint pas de dénoncer certains préjugés: sur les *Political Annals of Lower Canada* (1828) de John Fleming, il cite le seul commentaire de Pierre de Sales Laterrière: «*A work as full of information as it is of prejudice against the French Canadians*» (125). Les journalistes sont choyés: le littérateur Joseph Royal en fournit un bel exemple:

> *He is considered to be a perfect French scholar and we know that there are very few in this country so well acquainted with French Literature [...]. His style [...] is so clear that the dullest mind would find his writings intelligible.* (328)

Il serait facile de multiplier de tels exemples, ainsi que ceux où Morgan choisit délibérément ses citations en fonction d'un point de vue qui coïncide avec le sien, un peu comme le faisait G.-B. Faribault dans son *Catalogue d'ouvrages sur l'Amérique*, paru en 1837. Cette pratique, en plus de protéger le compilateur, permet aussi de reconstituer en partie la réception critique faite à certaines œuvres.

Si les historiens de la vie littéraire s'intéressent toujours au catalogue encyclopédique de Morgan après plus de cent ans, c'est peut-être parce que ce genre d'ouvrage, malgré tous ses défauts, s'inscrit dans un courant «encyclopédiste» quasi irrésistible au XIX$^e$ siècle. Ici, par le vocable «encyclopédisme», nous entendons la notion romantique, née d'abord en Allemagne chez Novalis et d'autres, de la réaction d'une culture à la menace de disparaître. D'où le besoin, chez certaines ethnies, de collectionner des matériaux culturels avant qu'ils ne se perdent. Dans cette optique, le livre de Morgan prend une toute autre signification. Le compilateur ne fait que suivre une tradition, relativement jeune chez les anglophones, mais qui, au Québec, remonte aux collectionneurs: Jacques Viger, avec ses deux «Saberdaches»; Faribault, avec sa collection de livres sur l'Amérique, James Huston, dans son *Répertoire national*; les Bibaud, père et fils, avec leurs travaux historiques. Tous, à leur façon, ont réuni des documents dispersés et contribué ainsi à enrichir la mémoire collective. Dans le cas de Henry James Morgan, même s'il ne fait que sanctionner, la plupart du temps, des jugements portés d'avance par l'opinion, il est le premier à le faire dans une veine «bonne-ententiste» avant la lettre, en minimisant l'antagonisme entre les deux communautés linguistiques et culturelles qui composent le Northern Dominion en 1867.

En bon bricoleur, il s'arrange «avec les moyens du bord», ce qui signifie, dans le langage de Claude Lévi-Strauss, qu'il tente d'investir dans une structure nouvelle des résidus désaffectés de structures anciennes. Son activité critique consiste non pas à analyser les œuvres au fur et à mesure de leur parution mais plutôt à les cataloguer, ainsi que les desiderata que d'autres auraient laissés pour compte. Cette façon d'apprêter les «restes» dans un nouvel ensemble et selon un esprit encyclopédique amène le compilateur à sélectionner, codifier et agencer divers éléments à partir d'ensembles déjà constitués, sans perdre de vue les visées didactiques qui orientent ce manuel.

Pour ce qui est du volet biographique de cette entreprise, le jugement porté sur le biographe américain Fennings Taylor pourrait tout aussi bien s'appliquer à Morgan:

> *Biography, under the most favorable circumstance, requires no ordinary tact and ability. But the difficulties are greatly enhanced when living contemporaries are the subjects; more especially, when the writer is one personally known to and in almost daily contact with most of the individuals whose characters he has to delineate. Over and above these lets and hindrances in the path of the author of contemporary biography is another, which the editor himself specially notices, the difficulty of treating fairly, or rather pronouncing judgment safely on, an incomplete career.* (Morgan 1867, 318)

Tous ces facteurs expliquent le caractère hétéroclite et inachevé de *Bibliotheca canadensis*: des auteurs de livres scolaires, de traités scientifiques ou d'ouvrages de jurisprudence côtoient nécessairement ceux d'œuvres de belles-lettres. Beaucoup de paille, assez peu de grain parmi ces pratiques d'écriture, diront les historiens de la littérature canadienne et québécoise, mais ce premier dictionnaire bio-bibliographique littéraire inspirera d'autres travaux plus scientifiques par la suite. Ce relevé minutieux d'un siècle de production intellectuelle par un critique plus fonctionnaire que littéraire aura réussi, au-delà des pièges inhérents à ce genre d'entreprise, au moins à établir des bases à partir desquelles d'autres pourront travailler à mettre au jour les rapports entre les textes et la vie littéraire.

# Ouvrages cités

*Bibliographie du Québec, 1821-1967.* Bibliothèque nationale du Québec.

Dewart, Edward Hartley. *Selections from Canadian Poets, with occasional critical and biographical notes and an introductory essay on Canadian Poetry.* Montréal: John Lovell, 1864.

*Dictionnaire biographique canadien.* Québec: PUL.

Douglas, James. «The Present State of Literature in Canada and the intellectual progress of its people during the last fifty years.» *Transactions of the Literary and Historical Society of Quebec* (1874-1875).

Fabre, Hector. «On Canadian Literature.» *Transactions of the Literary and Historical Society of Quebec* (1865-1866). Reproduit dans *Le Canadien* (31 mars et 2 avril 1866).

Faribault, G.-B. *Catalogue d'ouvrages sur l'histoire de l'Amérique* [...] Québec: W. Cowan, 1837.

Fleming, John. *Political Annals of Lower Canada.* Montreal: Montreal Herald, 1828.

Gagnon, Philéas. *Essai de bibliographie canadienne.* Québec: [chez l'auteur], 1895.

Genette, Gérard. «Structuralisme et critique littéraire.» *Figures. Essais.* Paris: Seuil, [1966].

Hamel, R., J. Hare et P. Wyczynski. *Dictionnaire des auteurs de langue française en Amérique du Nord.* Montréal: Fides, [1989].

Huston, James. *Répertoire naturel ou recueil de littérature canadienne.* Montréal: Valois, 1893.

LeJeune, Louis-Marie. *Dictionnaire général de biographie, histoire, littérature [...] du Canada.* Ottawa: Université d'Ottawa, [1931].

Lemire, Maurice et al. *Dictionnaire des œuvres littéraires du Québec I. Des origines à 1900.* Montréal: Fides, 1978.

Lareau, Edmond. *Histoire de la littérature canadienne.* Montréal: John Lovell, 1874.

Lévi-Strauss, Claude. *La Pensée sauvage.* Paris: Plon, 1962.

Lowndes, William Thomas. *The Bibliographer's Manual of English Literature, containing an account of rare, curious and useful books, published in, or relating to Great Britain and Ireland, from the invention of printing.* London: William Pickering, 1834. 4 vol. Nouvelle édition en 6 vol., London: Henry G. Bohn, 1857-1864.

Morgan, Henry James. *The tour of H.R.H. the Prince of Wales through British America and the United States. By a British Canadian.* Montreal: J. Lovell, 1860.

——. *Sketches of Celebrated Canadians* [...] Quebec, [s.é.], 1862.

——. *Speeches and Addresses chiefly on the subject of the British American Union.* London: Chapman and Hall, 1865.

——. *Two Speeches on the Union of the Provinces.* Quebec: Hunter and Rose, 1865.

——. *The Place British Americans have won in history.* Ottawa: Hunter, Rose & Co., 1866.

——. *Bibliotheca Canadensis or a Manual of Canadian Literature.* Ottawa: G.E. Desbarats, 1857. xiv-411p. Réimpression, Detroit: Gale Research Co., 1968.

——. *Canadian Legal Directory.* Toronto: s.é., 1878.

——. *The Dominion Annual Register and Review for the 12th-20th Year of the Canadian Union, 1878-1886.* Montréal: Dawson Brothers, 1879-1887.

——. *Canadian Men and Women of the Time: A Handbook of Canadian Biography.* Toronto: W. Briggs, 1898. Deuxième édition en 1912.

——. *Types of Canadian Women and of women who are or have been connected with Canada.* Toronto: W. Briggs, 1901.

Wallace, W.S. *The Macmillan Dictionary of Canadian Biography.* Toronto: Macmillan of Canada, [1978]. 4e éd., révisée et mise à jour.

Watt, Robert. *Bibliotheca Britannica, or a General Index of British and Foreign Literature.* Edinburgh: J. Constable and Company, 1824. 4 vol.

# «Silhouettes», «portraits» et «profils»
## La critique biographique de «nos hommes de lettres» au XIXe siècle

Manon Brunet
Université du Québec à Trois-Rivières

*Nuda veritas*: la vérité toute nue. Cette épigraphe sert de paraphe à Placide Lépine, l'auteur des fameuses «Silhouettes littéraires» qui parurent en février et mars 1872 dans *l'Opinion publique*. Comme le dit Casgrain dans ses *Souvenances canadiennes*, ces biographies littéraires «prenaient le public par surprise; il n'était pas du tout accoutumé à ce genre de littérature leste et dégagé que promettait sa devise *nuda veritas*» (78).

Casgrain et Joseph Marmette, sous ce pseudonyme commun et cette enseigne, silhouettèrent ainsi Joseph-Charles Taché, celui que «Quand on ne le lit pas de plaisir, on le lit de rage» (209);[1] Georges Boucher de Boucherville, «ce savant infatigable, [qui] étudie, cherche ou invente continuellement. Trouvera-t-il jamais quelque chose?» (218); Antoine Gérin-Lajoie, celui qui rêve

---

1. Pour le texte des «Silhouettes littéraires,» ainsi que pour celui des «Portraits et pastels littéraires» de Jean Piquefort (pseud. de Adolphe-Basile Routhier), nous nous référons à l'édition qu'en a donnée Augustin Laperrière, *les Guêpes canadiennes*, vol. 2, 203-401. Les «Silhouettes littéraires» furent d'abord publiées dans *l'Opinion publique* les 15, 22, 29 février et 7, 14, 21 et 28 mars 1872. Les «Portraits et pastels littéraires» furent d'abord publiés dans *le Courrier du Canada* les 8, 10-17, 20, 22, 24, 27, 29, 31 janvier, 5 février, 8 et 20 août, 5 et 8 septembre 1873.

d'être un «fondeur de cuillères» (233) pour s'infiltrer dans les
familles canadiennes dans le but de recueillir efficacement toutes
les légendes; Pierre-Joseph-Olivier Chauveau, «qu'on ne lit pas»
(239) et François-Alexandre-Hubert La Rue qui est «de ceux qui
croient que le temps des livres est passé» (247).

Cette pléiade d'écrivains en herbe, qui apparaissent plutôt,
on le voit, comme les originaux et détraqués de la littérature
québécoise du moment, est néanmoins réhabilitée grâce à la
présence de Casgrain, «un des pères de l'église littéraire» (226),
l'autre étant Joseph Marmette qui, «Si le ciel lui prête vie [...]
dans peu d'années, nous aurons notre Fenimore Cooper» (254).
Marmette est le dernier silhouetté. Car il faut dire que Casgrain
et Marmette, alias Placide Lépine, poussèrent l'audace critique,
quoique plus sympathique dans leurs cas, jusqu'à se silhouetter
eux-mêmes... Ce qui ne passa pas inaperçu.

Jean Piquefort réplique. Dans le *Courrier du Canada*, il
pousse le genre jusqu'au bout, de manière plus raffinée cepen-
dant, un an plus tard. Il a eu le temps d'aiguiser ses crayons.
Piquefort n'a rien de Placide. Casgrain est le premier attaqué.
Suivent ensuite La Rue, Marmette, les meilleurs amis de Casgrain, Fréchette, le pire ennemi de Routhier (souvenons-nous des
*Causeries du dimanche* de 1871-1872), Hector Fabre, Laurent-
Olivier David et Louis-Antoine Dessaulles. Adolphe-Basile
Routhier ne commit pas la même erreur que les «pères de l'église
littéraire»: il n'osa pas s'autosilhouetter. Il laissa ses ennemis le
faire en même temps qu'il dessinait leur portrait ou leur pastel,
car «qui veut un *portrait* n'est peut-être pas digne d'un simple
*pastel*. La vérité avant tout; *nuda veritas*, disait Lépine qui a tant
menti à son épigraphe, et que je ne veux pas imiter» (261).

Casgrain ne pouvait pas ne pas répliquer. Il prit alors un
vilain plaisir à silhouetter pour la première fois celui qui le
ridiculisait si habilement dans ses portraits. Toute sa vie y passait,
même celle de ses ancêtres. Le ridicule tue. Se mêlant encore de
ce genre de critique biographique qu'il avait instaurée un an
auparavant, il s'associe avec une nouvelle plume, déjà silhouettée
et dessinée, le Dr LaRue, et sous un nouveau pseudonyme
commun, Laurent, entreprend dans *l'Événement* de février 1873,
les «Profils et Grimaces», ce qu'il appelle dans ses *Souvenances*

*canadiennes* «une campagne audacieuse contre les assommeurs ameutés contre nous [...] qui [jeta] l'épouvante dans le camp ennemi.» La comédie tourne en tragédie:

> Une panique s'en suivit [dit-il finalement] et le silence se fit dans le Courrier du Canada. Nous restions maîtres du champ de bataille; mais la victoire était trop chèrement achetée. Les coups d'épingle avaient dégénéré en coups d'assommoir, genre faux qui ne pouvait produire que du mal. Tout le monde le comprit, se tut, et la réconciliation se fit avec le temps.

Jean Piquefort démasquera ceux qu'il appelle lui-même les «*silhouetteurs-silhouettés*» (260). Mais son principal objectif consistera à montrer, en redessinant les uns et dessinant les autres pour la première fois, que «Lépine [...] a [...] menti à son épigraphe.» *Nuda veritas.* Qu'attend-on alors de la critique littéraire? Quelle vérité doit-elle mettre au jour?

## La vérité critique

Pour Adolphe-Basile Routhier, les «Silhouettes littéraires» ne sont que la série noire de la «*critique à l'eau de rose*» que Casgrain lui-même dénonçait en 1866, dans son article programmatique sur «Le Mouvement littéraire au Canada.» L'expression «critique à l'eau de rose» est même empruntée à Casgrain. Celui-ci avait publié un article intitulé «Critique littéraire»[2] durant l'été 1872, soit entre les «Silhouettes» et les «Portraits», dans lequel il déblaie le terrain et trace la route de la critique: «Pourquoi ne pas dire tout haut ce que chacun dit tout bas? N'est-il pas temps de séparer l'ivraie du bon grain, de distinguer l'or du clinquant» (385)?

Selon Routhier, les «Silhouettes» ne font pas meilleure figure que le genre de critique qui les précède. L'apparat biographique ne sert pas bien le propos sur les œuvres. L'institution littéraire en formation est en droit de s'attendre à autre chose ou du moins à un autre genre de critique biographique. L'accent mis sur

---

2. Les textes avaient été rédigés en juin 1872. La série est suspendue en raison d'«Une sérieuse aggravation du mal d'yeux dont l'abbé souffre depuis plusieurs années . . .» (398).

l'homme plutôt que sur l'œuvre semble son principal défaut: les
traits physiques et moraux de l'écrivain, ses origines sociales, ses
aventures de jeunesse, ses déboires politiques ou professionnels
ne renseignent pas autant que Placide Lépine le prétend, sur
l'œuvre, sa qualité. Le critique est dur:

> Le tout cependant, n'est pas fait à l'eau de rose, et, les incongrui-
> tés macaroniques n'y font point défaut.
> Il y a d'abord l'inévitable chapitre des dents, où il est établi que,
> si les incisives de l'abbé Casgrain sont blanches, si les canines du
> Dr Larue sont brunes, les dents de M. Marmette sont noires «et en
> deuil de celles qui sont absentes;» remarque où l'on reconnaît toute
> la délicatesse de touche de M. Placide. (310)

Ce que dénonce en fait Routhier, c'est précisément le
caractère trop biographique de ce genre de critique. Le mot
«trop» est important. Car Routhier lui-même n'échappe pas à ce
courant critique qui marque l'activité littéraire des années 70. Ses
«Portraits et pastels littéraires» s'ajoutent aux «Silhouettes
littéraires» et s'inscrivent dans la série d'articles de critique
biographique où, à des degrés divers mais de façon évidente dans
tous les cas, l'explication de texte passe par l'exposition de la
physionomie et de la psychologie de l'auteur qui devient ainsi son
propre personnage.

Et c'est ainsi que, à coup sûr, tôt ou tard, les silhouetteurs
sont silhouettés. Casgrain, Marmette, Routhier, La Rue, Louis-
Michel Darveau («Nos hommes de lettres», sous le pseud. de
Louis Laplume, dans le National, février-juillet 1873), David
(série de 21 articles dans divers journaux ou en brochures, de
1870 à 1876, réunis en un volume en 1876 sous le titre de
Biographies et portraits), et d'autres s'adonnent à ce genre de
critique. La critique biographique avait envahi à ce point les
journaux qu'elle fit dire avec raison à Laurent-Olivier David,
biographe lui-même: «Évidemment nous sommes en pleine fièvre
de biographie, portraits, silhouettes, critiques, etc., etc., on n'écrit
que cela: le dix-neuvième siècle aura été le siècle des biographies» (81). Une partie du débat critique caractéristique de cette
période, où la littérature québécoise cherche à s'institutionnaliser,
a été consignée une dizaine d'années plus tard, en 1881, par
Augustin Laperrière. Les deux volumes des Guêpes canadiennes,

de plus de 350 pages chacun, témoignent de l'intérêt pour la forme, de l'importance du débat critique sur la critique.

*Nuda veritas.* Depuis les années soixante, l'absence de critique littéraire est expliquée. Voilà pourtant un indice de la présence de la critique. La véritable critique littéraire n'existe pas, car les critiques sont incapables de *dire la vérité.* Cette explication est un leitmotiv dans le discours critique pendant plus de vingt ans, de 1860 à 1880 environ. Période durant laquelle tant les écrivains, les éditeurs que les lecteurs cherchent à définir la forme et le contenu de la littérature nationale.

La multiplication des lieux et espaces privilégiés de production, de diffusion et de légitimation des œuvres littéraires (journaux, revues littéraires, maisons d'édition et, surtout, regroupements d'écrivains) favorise en même temps la diffusion de ce discours critique sur l'absence et celui de la critique elle-même. Ainsi, au fur et à mesure que la critique dessine le portrait du mouvement littéraire dans tous ses détails, y compris le sien, les hommes et les œuvres font de plus en plus l'objet d'une critique qui se cherche.

La vérité de la critique n'est pas différente de celle qu'on exige des œuvres. En ce sens, le discours critique, lui aussi, participe de la même esthétique, dont on tente de préciser l'originalité, les formes et fonctions sociales, esthétique qui sert à reconnaître et valoriser les œuvres dites nationales. Ce qui n'est ni contradictoire, ni surprenant. Le discours critique est un genre littéraire parmi d'autres.

Regardons justement ce que les critiques entendent par *vérité* de la critique. En 1866, Hector Fabre précise la tâche délicate réservée à la critique:

> [...] il faudrait pour en tenir le sceptre une main douce et ferme, un esprit qui se laissât toucher par les faiblesses du talent et qui sût cependant *dire la vérité,* au risque de l'entendre dire ensuite à lui-même. Il est temps que nous mettions de l'ordre dans nos admirations [...]. Il est donc sage de calmer par un peu de *critique indépendante* de la camaraderie et des coteries, l'effervescence à laquelle on se laisse facilement entraîner. (100. Nous soulignons).

L'indépendance de la critique littéraire assurerait donc qu'elle dise la vérité. La présence d'une distance critique vis-à-vis de l'objet (qui est alors l'homme à travers l'œuvre) et vis-à-vis des grands noms de la littérature française est souhaitée. La critique doit dire la vérité: la littérature nationale est encore un projet. Les œuvres, par conséquent, ne méritent ni les nombreux éloges dont on les couvre ni les «rapprochements inégaux» avec les modèles français (Lamartine, Chateaubriand) qui les infériorisent.

La littérature nationale a les défauts de ses qualités, qui sont dus à sa jeunesse. C'est cette vérité, bien modeste, que la critique doit exprimer. Fabre n'est pas le seul à voir ainsi les choses. Il ne fait que reprendre les idées déjà exprimées sur ce sujet, notamment par Casgrain, quelques mois auparavant en 1866 dans «Le Mouvement littéraire au Canada»: «Quel est maintenant le devoir de la critique en présence des louables efforts dont nous sommes témoins?» (1896, 361), se demande-t-il. Selon Casgrain, «La critique a un double écueil [...] à éviter. D'un côté, une fade flatterie [...] D'un autre côté, le persiflage [...]» (361).

Dire la vérité, c'est se placer en position de distance critique pour évaluer les œuvres à leur juste valeur. En 1872, après l'expérience des «Silhouettes littéraires» qui n'ont pas encore eu d'imitateurs, Casgrain précise sa position:

> Ce qu'il faut aujourd'hui [...] c'est une critique saine et vigoureuse, qui ne craigne pas de porter hardiment le scalpel dans les écrits de nos auteurs, de les analyser froidement et *librement* [nous soulignons], d'en montrer, sans crainte, les défauts à côté des beautés véritables. Le temps est passé des panégyriques littéraires: ces ménagements, ces *critiques à l'eau de rose*. (385)

Indépendance d'esprit, analyse libre, sont les conditions posées par et pour la nouvelle critique que désire se donner le réseau littéraire en quête d'autonomisation. La critique biographique des années 70 correspond à ce projet de critique renouvelée. Et pour comprendre ce que signifie le ton acerbe, incisif qu'elle adopte sous le couvert de simples silhouettes, portraits, pastels, profils ou grimaces littéraires, il est essentiel de se référer, comme nous venons de le faire, au projet dont elle origine. La critique élogieuse cède sa place à la critique sérieuse, «grave». Celle qui dit la vérité, celle qui ose juger les œuvres pour distinguer «l'ivraie du bon grain». L'institution littéraire en formation cherche ainsi à créer une tradition littéraire. Les critères esthétiques qui servent d'outils d'analyse à la critique sont bien définis: la moralité de l'œuvre, son utilité sociale, la qualité de la langue. En définitive, une idéologie et une esthétique vont servir de points de repère: d'une part, le nationalisme; d'autre part, le romantisme. Si trop de nationalisme peut être souhaitable, en revanche, trop de romantisme est préjudiciable. Tout est question de degrés de vérité. Plus une œuvre est vraiment sociale, c'est-à-dire patriotique, plus elle est vraie. De même, plus une œuvre est imbue de réalisme, moins elle est vraisemblable et, par conséquent, plus elle est fausse. La vérité est dans l'équilibre. De cette façon, la critique joue son rôle qui consiste à *dire la vérité*.

Revenons à nos silhouetteurs. Piquefort reproche à Lépine de ne pas faire de critique indépendante: le parti pris pour certains silhouettés laisse deviner aisément le mépris envers les autres. Mais comment pourrait-il en être autrement dans le cadre d'une critique *biographique*?

Piquefort lui-même, malgré ses récriminations, n'échappe pas, comme nous l'avons souligné plus haut, aux défauts qu'il reproche à ceux qui lui servent de modèle. Cependant, on observe un déplacement critique réel des «Silhouettes littéraires» aux «Portraits et pastels littéraires.» Malgré le titre, et malgré la tendance critique marquée, les «Portraits et pastels littéraires» ont un caractère moins biographique que les silhouettes casgrainiennes. Et c'est ce qui confère un autre statut à la critique exercée par Routhier, bien qu'elle soit en tous points de la critique biographique.

La critique de Piquefort deviendra, sous une forme légèrement différente, le modèle de la critique littéraire à la fin du XIX$^e$ siècle. Pensons, entre autres, à la querelle entre le lauréat Fréchette et le lauréat manqué Chapman qui s'exprime à travers un discours critique se référant, pour l'essentiel, au texte. Établir la preuve du plagiat en allant à la source textuelle devient alors plus convaincant que d'établir la preuve en allant à l'homme, celui qui aurait un esprit, une physionomie ou une prédisposition de plagiaire.

Nous terminerons cet exposé sur une analyse des critères qui sont retenus par la critique biographique, tels qu'ils sont utilisés dans les «Silhouettes littéraires», le prototype de cette critique. Voici l'ordre dans lequel ils apparaissent d'ordinaire: lieu géographique des activités de l'écrivain, traits physiques et moraux (résumés en un mot: la *physionomie*), les origines sociales (famille et éducation reçue), les activités professionnelles (politicien, médecin, prêtre, etc.), le genre littéraire général auquel l'écrivain s'adonne (poésie ou prose) et, en dernier lieu seulement, les œuvres qu'il a produites.

L'on voit donc aisément toute l'importance accordée aux éléments biographiques par rapport aux éléments esthétiques proprement dits dont les critères d'évaluation ont tantôt été précisés: moralité, utilité, qualité de la langue. Or, de tels critères ne peuvent être utilisés dans la critique sans faire référence à l'homme. La devise *Nuda veritas* prend sa source dans une autre: «Le style, c'est l'homme» (209), dira Placide Lépine après Buffon dans sa première silhouette. Et plus loin, «Le dessin [...] c'est la qualité du peintre portraitiste. Après cela, il attrape la couleur s'il peut. Mais il ne doit jamais oublier que la physionomie est, avant tout, dans les lignes» (235).

Dans cette perspective critique unidimensionnelle, car l'homme et l'œuvre forment un tout indivisible, les lignes de l'écriture sont celles de l'homme. Dès lors, il suffit de montrer l'homme et de deviner la forme et le sens de son écriture, sa valeur esthétique. L'œuvre n'a pas plus d'indépendance d'esprit, d'autonomie que la critique qui en parle.

Les «Silhouettes» nous apprennent des choses étonnantes, sur l'homme. Des choses intimes, vraies. *Nuda veritas*. La vérité de l'œuvre est à la hauteur du Beau, du Bon, du Bien et du Vrai qui se trouvent dans l'homme. L'ontologie rejoint la métaphysique sur laquelle repose l'esthétique.

Taché, celui qu'on lit de plaisir ou de rage, est l'homme «qu'on aime et qu'on fuit» (205). Boucherville, le savant qui ne trouvera probablement jamais quelque chose, est l'auteur du roman *Une de perdue, deux de trouvées*, lequel «se traîne péniblement jusqu'à la fin.»

Quelle raison donner de ce brusque changement dans le même ouvrage? [...] Ce défaut était incontrôlable, vu le caractère de l'auteur. N'avons-nous pas dit, en effet, qu'il est à la fois poète, inventeur et philosophe [...] . Après cela, comment voulez-vous que les œuvres de M. de Boucherville ne se ressentent pas des soubresauts d'un caractère aussi étrange. (215-216, 218)

Gérin-Lajoie, le «fondeur de cuillères», celui qui se voit aussi plus tard comme «Un petit vieillard, à cheveux grisonnants, [qui] parcourt ce domaine, s'occupe d'améliorations, consulte ses voisins, leur parle de la récolte, d'un nouveau système plus économique de drainage ou d'assolement» (234), n'est nul autre que son propre personnage de roman: *Jean Rivard, le défricheur* et *Jean Rivard, l'économiste.*

Pierre-Joseph-Olivier Chauveau, qu'on ne lit pas, pas même son roman *Charles Guérin*, n'était pas fait de toute façon pour la littérature. C'est un politicien né. Saviez-vous qu'«En mettant le pied hors du berceau, le petit Pierre était un petit prodige [...] . De là datent ses premiers triomphes d'éloquence: pour tribune, un tabouret, pour manteau d'orateur, une jaquette» (238)?

Quant au verbeux professeur de l'Université Laval, le Dr LaRue, on apprend que c'est un mâle: «Mâle caractère, mâle esprit, mâle figure, tel est l'original portrait de ce mâle portrait» (243). C'est ce qui explique que «Quoiqu'il ait considérablement écrit, le Dr Larue n'est pas, ne veut pas être un auteur. La plume est pour lui ce que la pioche est au cultivateur, la truelle au maçon: un instrument» (247). Mâle.

Finalement, nous sommes instruits sur le style et la valeur des œuvres des silhouetteurs eux-mêmes. La prose, vivement colorée de Casgrain, dans ses *Légendes*, s'explique ainsi: « [...] c'était celle du jeune homme qui, rempli d'une exubérance poétique longtemps contenue, ouvrait toutes grandes les écluses de son imagination, et donnait un libre cours au torrent» (223). Cette exubérance romantique se retrouve de toute façon dans l'exclamation favorite de Casgrain (que j'ai ainsi découverte): «Tonnerre! que c'est beau!» s'écriait-il souvent, paraît-il.

Et la passion romantique et romanesque de Marmette est quasi héréditaire. Car «Pendant les longues journées que le Dr Marmette [le père du romancier] passait hors de chez lui, sa femme charmait les ennuis de l'absence auprès de son fils, entre

une page de Cooper illustré, et un chapitre de Walter Scott»
(251). Morale de l'histoire: «Avis, en passant, aux mères» (250).

Ces rapprochements de cause à effet, du style de l'homme
au style de l'œuvre, sont faits sur un ton satirique. Néanmoins,
leur multiplicité et le ton grave réservé à la critique «sérieuse»
qui les accompagne souvent donnent tout lieu de croire qu'ils
illustrent bien le genre de critique biographique que l'on attendait.
Ce genre de critique fit fortune, comme on l'a vu. Routhier, en
parodiant le genre, ne propose qu'une variation sur le même
thème. La différence réside dans le fait que, bien que s'inspirant
des mêmes critères esthétiques et des mêmes éléments biographiques, il les présente dans un ordre différent qui donne plus de
valeur à l'œuvre qu'à l'homme. Nous n'en voulons comme
preuve que cet extrait des «Portraits et pastels littéraires» où
Piquefort parodie Placide Lépine:

> [...] savez-vous comment le docteur exprime tout son dédain?
> «Pour lui, le souverain signe du dédain est de s'allonger la
> mâchoire en avant et de se mordre les dents (sic).» Comment s'y
> prend-on pour se mordre les dents? Demandez-le à M. Placide, ou
> à l'abbé Casgrain, qui lui-même a de si belles dents, ou bien
> encore à son cousin le dentiste — et s'ils ne vous le disent pas, eh
> bien! tenez toujours pour certain, qu'un homme qui possède le
> terrible secret de s'allonger la mâchoire en avant, et de se mordre
> les dents; un homme qui, de plus, a les canines très-longues; un
> homme qui porte toujours un sourire moqueur accroché au coin de
> sa moustache; un homme dont les cils deviennent des dards
> lorsque ses prunelles s'allument, un tel homme, enfin, n'est pas
> bon à rencontrer à toute heure du jour ou de la nuit, et gardez-vous
> bien de croiser son chemin! Il va sans dire d'ailleurs, que M.
> Lépine croit tous ces détails physiologiques nécessaires pour faire
> bien juger le littérateur. (298)

*Nuda veritas.*

# Ouvrages cités

Casgrain, Henri-Raymond. *Souvenances canadiennes*, tome 4 (0446). *Fonds Casgrain*, Séminaire de Québec.

——. «Le Mouvement littéraire au Canada.» *Le Foyer canadien* (1866). Reproduit dans *Œuvres complètes, tome I*. Montréal: Beauchemin & Fils, 1896. 353-375.

——. «Critique littéraire.» *L'Opinion publique* 3.33 (15 août 1872): 385-86; 3.34 (22 août 1872): 397-98.

David, Laurent-Olivier. «Ça et là: Louis La Plume.» *L'Opinion publique* 4.7 (13 février 1873): 81.

——. «*Biographies et portraits*. Montréal: Beauchemin et Valois, 1876.

Fabre, Hector. «On Canadian Literature.» *Transactions of the Literary and Historical Society of Quebec, Session of 1865-6*. 1866. New Series, Part 4.

Laperrière, Augustin. *Les Guêpes canadiennes*. Ottawa: A. Bureau, 1881.
Laurent (pseud. de Henri-Raymond Casgrain et du Dr Hubert LaRue). «Profils et Grimaces.» *L'Événement* (4 et 7 février 1873): 1.

# Marcel Dugas critique-écrivain
## De l'art du pseudonyme
## comme instance du moi

Annette Hayward
Université Queen's

Marcel Dugas constitue à mon avis un cas fascinant à l'intérieur de l'histoire de la critique littéraire au Québec au début du siècle. On le redécouvre d'ailleurs depuis quelques années, d'abord en tant que poète en prose (Mailhot et Nepveu le présentent comme une des «révélations» de leur récente anthologie de poésie québécoise (14)), puis en tant qu'apôtre de la modernité à une époque où Camille Roy et le discours régionaliste se constituaient comme le pouvoir, l'autorité, en matière littéraire.

Au risque d'être un peu simpliste, on pourrait même dire que la réévaluation de la scène littéraire du début du XXᵉ siècle à laquelle on assiste depuis quelques années tendrait à remplacer les *Tableaux*, *Manuels* et *Histoires* de Mᵍʳ Camille Roy par ces «histoires alternatives» qu'étaient les volumes de Dugas (surtout *Apologies*, *Aperçus* et *Approches*) et qui donnaient toute la place à Paul Morin, Guy Delahaye, René Chopin, Albert Lozeau, Robert de Roquebrune, Jean-Aubert Loranger, François Hertel, Alain Grandbois, Saint-Denys Garneau...

À vrai dire, il serait sans doute possible de qualifier Marcel Dugas d'écrivain «postmoderne», car il est un de ceux qui ne voient pas de cloisons étanches entre les genres. Sa critique littéraire et même la plupart de ses textes qui touchent à l'actualité ou à la politique participent de «la littérature» au même titre, ou presque, que ses poèmes en prose. De plus, ses nombreuses publications au fil des ans constituent dans bien des cas des reprises d'œuvres antérieures avec variantes et ajouts. On se trouve ainsi devant plusieurs «couches» d'un même texte, sortes de «palimpsestes» progressifs qui nous permettent, entre autres, de suivre à la trace une certaine évolution dans les idées ou perspectives présentées.

Prenons par exemple les textes de cet auteur publiés entre 1907 et 1919 (date de la parution d'*Apologies*, son premier volume de critique consacré à la littérature canadienne). Ils nous révèlent l'évolution d'un personnage fascinant, d'une complexité idéologique ou philosophique propre à en surprendre plusieurs. Cette complexité n'est d'ailleurs pas sans liens avec l'époque, et pourrait s'avérer beaucoup plus exemplaire qu'on ne serait porté à le croire à première vue.

## La prise de parole

C'est dans les pages du *Nationaliste*, au début de 1907, que nous trouvons les premières traces d'une tentative de «prise de parole» chez ce jeune étudiant en droit à l'Université Laval de Montréal. À travers la chronique «Estudiantina» rédigée tout d'abord par Roger Lassalle/Lasalle, XXX ou Christian (et qui commence peut-être comme une entreprise collective),[1] nous percevons petit à petit le profil d'un groupe de jeunes étudiants: René Chopin (d'abord associé à la musique de son éponyme), Paul Morin (le «ciseleur» dont raffolent les «vestales»), «Guy de LaHaye» [sic] («nébuleux disciple» de Verlaine) et Dugas (décrit comme en retard, assis à l'écart, passionné de politique et défenseur acharné d'Olivar Asselin ainsi que de son journal, *le Nationaliste*), (27 janvier et 13 octobre 1907). On a bientôt droit aussi à une petite prose poétique, «Petit drame héroï-comique» (21 avril 1907), qui raconte le courroux effroyable dont est accablé un pauvre sténographe mâle qui ose résister à se faire supplanter par une femme. De ce conflit/confrontation le héros

---

1. Dans le deuxième «Estudiantina», d'un style encore plus poétique que le premier et signé cette fois-ci XXX, on évoque «Dugas, accusé d'être Roger Lassalle, [qui] prépare une défense formidable contre son ennemi Sasseville». (10 février 1907)

Essofled sortira vaincu et «maudit», fournissant ainsi l'écho d'un certain inconfort face au mouvement féministe du début du siècle.[2] «Roger Lasalle» publiera ensuite «Juin» (9 juin 1907), ébauche de «Mlle Italie», un des poèmes en prose les plus connus de Dugas et où l'on voit déjà prendre forme la présence féminine mystérieuse et mythique qui traversera tant de ses textes.[3]

C'est vers cette même époque que quelques poèmes de Paul Morin publiés dans le Nationaliste se feront attaquer sur deux fronts: d'abord par le critique «Zoïle», qui lui suggère de «voyager un peu» et de «lâcher» les poètes français, et ensuite au moyen d'une parodie en «canayen» signée «Pauline Morinette». Morin répondra avec politesse et ironie au premier; c'est d'ailleurs la seule réplique directe que je lui connaisse dans toute l'histoire de la querelle entre les régionalistes et les «exotiques» (2 juin 1907). René Chopin, qui se chargera de répliquer à la deuxième attaque, se fera ensuite apostropher à son tour par «Renée C.» (25 octobre, 1er et 8 novembre 1908). La résistance à l'esthétique plus moderne, à la recherche formaliste et à l'hermétisme de ces poètes est donc évidente. Mais c'est l'identité «féminine» de ces adversaires, aux implications axiologiques significatives, qui me laisse le plus rêveuse...

Après un silence d'un peu plus d'un an, Dugas reviendra au Nationaliste le 3 octobre 1909 comme chroniqueur théâtral, sous le pseudonyme de «Turc». Puis, quatre mois plus tard, il reprendra la chronique «Estudiantina», cette fois sous le pseudonyme de «Persan». Pendant quelques mois, donc, juste avant de partir étudier en France en juin 1910, il remplira à lui seul presque toute la troisième page du journal.

Dans l'«Estudiantina» de 1910, «Persan» donnera entre autres les nouvelles du «Soc», un «cercle d'études littéraires et économiques» (!) fondé par les étudiants, et dont Guillaume Lahaise (alias Guy Delahaye) deviendra président en 1909, avec

---

2. Serait-il trop osé de voir dans cette nouvelle la première pierre posée dans la construction de l'autobiographie de Dugas, être marginal par excellence?

3. Cette déesse ou figure féminine idéalisée qui revient constamment dans l'oeuvre de Dugas jouit évidemment de toute la richesse propre au symbole. Certains ont cru y voir l'évocation de Paris ou de la France. Pour ma part, j'y vois un symbole de l'absolu que représentera l'Art pour cet auteur (Hayward 201).

Dugas comme secrétaire. Le discours du secrétaire, publié in extenso dans *le Nationaliste* du 6 février 1910, constitue une véritable envolée oratoire en faveur de l'idéal et du nationalisme militant. En plus de faire l'éloge de l'art, du Beau et surtout du *symbolisme* («temple de l'art»), il nous révèle un jeune Dugas on ne peut plus catholique et nationaliste.

Après avoir rappelé les «ardentes équipées de 37 et de 38», le secrétaire du Soc décrit ses camarades et lui-même comme de «pauvres enfants destinés à servir une race qui n'est pas la nôtre», des «déracinés». Il rêve pourtant d'une domination catholique et française en Amérique («Nous devons tout au catholicisme») et se déclare résolument antipacifiste: «Ne nous laissons pas non plus prendre à ces fausses théories d'internationalisme et de pacifisme universel, elles détruisent l'idée vivificatrice de patrie.» Il cite même Maurice Barrès — autorité fréquemment évoquée par les régionalistes — à l'appui de ses arguments.

Un tel discours, de même que la réaction assez positive de «Persan» devant une conférence donnée au Soc par l'abbé Émile Chartier, porte-parole du programme régionaliste du *Parler français*,[4] montrent de façon éloquente que ce jeune étudiant désire servir la nation canadienne-française et ne voit pour l'instant aucune contradiction entre le nationalisme et ses aspirations littéraires.

La chronique de «Persan» permettra aussi de préparer le public à la parution des *Phases* de «Guy Delahaye», le premier livre à être publié par ce groupe d'amis. On trouvera d'abord une mention imagée de la «Gloire» qui attend le président du «Soc» (6 février 1910), puis l'annonce officielle de la publication accompagnée d'une entrevue fantaisiste avec l'auteur «dans sa retraite à Saint-Hilaire» (27 mars 1910).[5] «Persan» fera ensuite l'éloge de l'originalité des *Phases*, en insistant sur l'aspect *novateur* du volume. Delahaye serait selon lui «le représentant le

---

4. «Persan» parle d'une «conférence pleine de patriotisme qui rappelait quelques dures vérités» (1ᵉʳ mai 1910).

5. L'interview fantaisiste, hautement poétique et mythique, voire mythifiante, est un des procédés «critiques» préférés de Dugas à cette époque. Il s'en servira pour Delahaye, Morin et aussi Chopin.

plus autorisé de l'école décadente française» au Canada (17 avril 1910). Précisons, cependant, qu'une telle épithète était peu apte à faciliter l'accueil de cette œuvre dans un pays où les décadents étaient plutôt vus d'un mauvais œil. Il devait donc s'agir soit de naïveté soit de provocation de la part du jeune critique; j'opte personnellement pour la deuxième de ces hypothèses.

Les Phases sera sans l'ombre d'un doute mal reçu et mal compris. Certains collaborateurs du Nationaliste lui-même en feront des parodies inspirées surtout, semble-t-il, par le néologisme «Mon cœur vampirode». Puis Albert Lozeau, le poète montréalais le plus en vue à l'époque,[6] critiquera sévèrement le volume dans un article du Devoir intitulé «Les Phases ou le danger des mauvaises fréquentations». Il nie l'originalité du recueil, qu'il affirme d'ailleurs ne pas comprendre, parle de «névrose factice», et critique les modèles du poète. Cette intervention de Lozeau a dû créer une certaine consternation dans l'entourage de «Guy Delahaye», d'abord parce que Lozeau était un des rares poètes canadiens-français à avoir réussi à s'imposer en faisant de la poésie intime (genre peu accepté à l'époque) et aussi parce que sa condition d'homme paralysé et cloué au lit le rendait assez inattaquable.

Dugas choisira de publier sa réponse, «Les Phases et M. Albert Lozeau. Ou le danger des jugements hâtifs», dans le Devoir même, en signant cette fois-ci: «Henri Marcel Dugas». (J'ai longtemps cru que c'était ici qu'il avait publié pour la première fois sous son vrai nom.) Curieusement, il y ménage Lozeau, dont il loue l'œuvre (innovatrice à son heure), et postule que l'article contre Delahaye résulte en fait d'une conspiration des membres de l'École littéraire de Montréal, qui auraient composé cette critique par dépit. «J'accuse» l'École littéraire, écrit-il, d'avoir voulu étouffer cet auteur «et cela bien avant que le volume parût» (21 avril 1910).

Une réaction aussi bizarre est pourtant révélatrice. Elle s'explique en partie, comme on l'apprendra plus tard, par le fait que «Guy Delahaye» avait posé sa candidature à l'École littéraire de Montréal un an auparavant et que celle-ci avait été refusée. De

---

6. Nelligan appartient déjà au passé.

toute évidence, l'École littéraire constitue, aux yeux de ces jeunes, le lieu littéraire consacré qu'il faut conquérir, supplanter ou contester. Mais le texte de «Henri Marcel Dugas» et celui de «Persan» qui le suivra visent aussi la provocation, afin de faire réagir l'École littéraire de Montréal et en particulier son critique le plus connu, Germain Beaulieu.[7] (L'essentiel, dit-on, c'est de faire parler de soi...)

Et la ruse réussira. Beaulieu fera une critique pondérée mais dévastatrice du recueil, qu'il déclare incohérent et nébuleux. «Or, la clarté est le premier attribut de la vérité» (1er mai 1910). Il traite la doctrine poétique de Delahaye «d'enfantillage», conseille à Dugas de ne pas mêler l'amitié à ses critiques littéraires, et termine en beauté en se disant persuadé que l'auteur, qui a beaucoup de talent, regrettera un jour d'avoir publié cette «ébauche».

En guise de réponse, «Les frères Maugas» affirment que «Persan souffre de neurasthénie intense. Il songe à retourner en Perse et ne rêve que de roses persanes et des vers d'Ispahan» (8 mai 1910). Puis «Persan» lui-même ajoutera: «Quand le législateur du Parnasse canadien s'est prononcé, il ne reste plus qu'à se taire, même en prose...» (15 mai 1910). Et pourtant, dans ce même numéro du *Nationaliste*, il commence à préparer le public à la parution prochaine du *Paon d'émail* de Paul Morin au *Mercure de France*, d'où sa description fantaisiste d'une visite de «Persan» chez ce «jeune dieu de l'Olympe» fortement empreint d'exotisme.

Il faut dire que Dugas, alias «Persan», est alors à la veille de s'embarquer pour Paris, et a sans doute moins de temps à consacrer à toute cette histoire. Le recueil de Delahaye aura joui en tout cas d'un succès de scandale, en partie grâce aux efforts de son ami Dugas. Ainsi se termine la première polémique du jeune critique — mais ce ne sera certainement pas sa dernière!

C'est néanmoins dans sa chronique théâtrale que Dugas, alias «Turc», se laisse aller le plus. Jeune critique impressionniste et

---

7. Germain Beaulieu avait déclaré dans une lettre au *Nationaliste*, publiée le 12 juillet 1908, qu'il ne faisait plus de critique littéraire parce que les livres parus n'en valaient pas la peine. Dugas et Delahaye voulaient-ils relever le défi?

moralisateur, il prononce la *Tosca* de Sardou «immorale on ne peut plus, où se déploie une férocité païenne si intense que les autorités civiles seraient louables d'en interdire la représentation à l'avenir» (24 octobre 1909). Il aime beaucoup le romantisme de *Denise*, qui nous situe «loin des bas-fonds de la libre-pensée et du virus révolutionnaire» (3 octobre 1909). Il avoue tenir en horreur non seulement le drame bourgeois tant apprécié par «la plèbe» mais aussi la démocratie, système qui produit selon lui des brigands comme Arsène Lupin (17 octobre 1909, 6 mars et 1er mai 1910). Bref, il se révèle un monarchiste convaincu et déclare ouvertement que, s'il préférerait voir Jules Lemaître, plutôt qu'Émile Faguet, faire une étude psychologique de son adoré Cyrano de Bergerac, c'est à cause de leurs convictions politiques. Nous sommes donc loin du Dugas qui se plaindra si amèrement, dans *l'Action* ou *le Nigog,* du lien créé par certains critiques entre la politique et la littérature...

Ailleurs, au sujet de *la Retraite* de Beyerlein, «Turc» affirmera que «Les «sales» Allemands sont lourds jusque dans leurs pièces de théâtre» (17 avril 1910). *La Massière* lui permet d'avouer son désenchantement envers les dirigeants politiques du pays, tandis que les revues théâtrales d'Ernest Tremblay lui paraissent l'incarnation de «l'immoralité, du faux-goût et de la laideur littéraire» (30 janvier 1910). Cette dernière envolée lui mérite d'ailleurs des protestations du public canadien et une petite polémique qui lui procure un plaisir assez évident.

C'est néanmoins devant sa réaction à *Chantecler* d'Edmond Rostand, dont il avoue adorer l'ivresse verbale, que nous reconnaissons le mieux la parenté entre «Turc» et le futur Marcel Dugas.

Cette chronique théâtrale du *Nationaliste* sera publiée à Paris sous le titre *le Théâtre à Montréal* et portera comme signature «Marcel Henry». Et on ne sera peut-être pas trop étonné d'apprendre que la revue *Comœdia* trouva son sous-titre, «Propos d'un Huron canadien», assez approprié!

Quant aux premiers textes que Dugas envoie de Paris, signés maintenant, pour la plupart,[8] «Henri-Marcel Dugas», ils témoignent de nouveau d'un nationalisme extrême, anti-Anglais bien sûr, mais aussi (comme on l'a vu) anti-Allemand et antisémite. Après avoir souffert d'un sentiment de solitude, il découvre avec joie que Paris compte aussi des milieux royalistes, Jules Lemaître, Paul Déroulède, Charles Maurras, Léon Daudet et *l'Action française*: «Tout l'élément actif du royalisme se range sous les bannières de *l'Action française* contre la Juiverie et les forces occultes qui appuient la France» (5 février 1911). Signé «M.-H.», cette fois-là!

Lors d'une visite au tombeau de Chateaubriand, il jure sur la mémoire de sa sœur Corinne (à qui il prête un rôle comparable à celui joué par la Lucile de «son premier maître») qu'il restera fidèle à leurs rêves de jeunesse, à savoir: combattre les traîtres de la minorité canadienne-française et croire «à la poésie, à l'enthousiasme, à toutes les manifestations du dévouement et du martyre, à la grandeur morale de l'individu et des races» (21 août 1910).

## De «l'enfant assagi» à l'adversaire du régionalisme

C'est lors de sa collaboration en tant que «Marcel Henry», correspondant parisien à *l'Action* de Jules Fournier (6 janvier 1912 — 4 octobre 1913), qu'on verra le plus clairement les forces contradictoires en œuvre chez ce critique, sa recherche d'une certaine «vérité» et, peu à peu, sa transformation en la personne de l'essayiste et du critique qu'on a l'habitude de rencontrer sous la signature de Marcel Dugas. En empruntant des termes utilisés par Dominique Garand dans *la Griffe du polémique*, on pourrait décrire cette transformation comme le passage d'une «prise de posture» — qui cherche à s'imposer essentiellement par son «style», sa «pose» — à une «prise de position» idéologique.[9]

---

8. «Persan» reviendra pour signer un seul de ces articles parisiens, celui où il exprime sa solitude et son impression de ne voir autour de lui que des anarchistes.

9. Il y a peut-être lieu de rappeler ici que *l'Action* de Jules Fournier se voulait un journal de combat et avait adopté comme devise le «Tombé dessus! Écrasons tous!» de Cyrano.

Les premiers textes de Dugas dans *l'Action* sont d'ailleurs assez étonnants. Il s'agit de deux articles, signés (pour la première fois) «Marcel Dugas», qui analysent le *Paon d'émail* et la poésie de Lozeau — ce qui n'a rien de bizarre en soi. En effet, il paraît assez normal que Dugas fasse l'éloge du premier recueil de son ami Paul Morin. Quant au texte sur Lozeau, il semble répondre à un défi lancé deux semaines auparavant par Jean Lorys.[10] Mais les deux analyses se feront du point de vue d'un «enfant assagi», un peu désabusé, qui s'interroge sur le bien-fondé du rêve de renouvellement poétique que l'auteur avait partagé avec ses camarades d'autrefois. Dugas en conclut qu'il faut revenir au classicisme et, comme Boileau le conseillait à Racine, «faire «difficilement» des vers faciles» (6 janvier 1912).

Cette nouvelle attitude, qui doit résulter au moins en partie des études entreprises à Paris, entraîne Dugas à insister surtout sur le dernier poème du *Paon d'émail*, celui où Morin semble renier en quelque sorte l'exotisme des poèmes qui précèdent et affirme avec simplicité son intention de chanter dorénavant les bois et les lacs canadiens. Quant à Lozeau, Dugas lui donne maintenant raison de s'être opposé aux recherches formelles de Delahaye («Le moderne qui pense découvrir quelque dieu inconnu est un sot aveugle et stupide dont la vanité égale la sottise»), tout en regrettant l'intransigeance avec laquelle il l'a fait (18 mai 1912). Ce texte sur Lozeau (que Dugas transformera assez radicalement dans *Approches*) s'exprime pourtant assez bizarrement au sujet des poèmes d'amour du poète (vus comme l'expression d'un «désir mauvais») ainsi qu'à l'égard du «mensonge illuminé» (qualifié de «violation de la vérité de l'univers») né de sa réclusion. Dugas déplore aussi chez lui l'influence de Rodenbach et Maeterlinck (poètes «féminins», «états d'âme inférieurs»). En passant, il remarque qu'en France on a décidé de supprimer le mot «idéal», qui servait à exprimer «un état d'esprit en train de disparaître» (18 mai 1912). Il s'agit pourtant d'un des mots-clefs de l'œuvre de Dugas!

---

10. «On l'a dit, et je le crois: les poètes, quand ils se jugent les uns les autres, ne sont pas bons critiques. Demandez à Guy Delahaye et à Henry-Marcel Dugas ce qu'ils pensent des essais de ce genre de M. Albert Lozeau.» (*L'Action*, 4 mai 1912)

Malgré un tel revirement, notre critique assure Delahaye qu'il ne s'agit nullement d'une trahison de ses anciennes convictions (!):

> Je ne vous renie pas, je ne renie rien, cher Saint-Hilaire-Delahaye, vous qui avez fait le plus beau vers de toute la littérature canadienne-française: «Les arbres furieux de si belle indolence».
> Nous tâchons de trouver une vérité qui serait plus pleine et, satisfaisant les expériences acquises, permettrait à l'avenir d'édifier sur le sol canadien la divine Merveille. (6 janvier 1912)

Pour compléter le tableau, «Turc» refait surface pour attaquer férocement, à l'instar de *l'Action française* de Paris, Jean-Jacques Rousseau («anarchiste», «malade», «fou») et «l'immonde Zola». «Car, de toute éternité, je fus royaliste»... (20 juillet 1912).

À l'automne 1912, Dugas devient en quelque sorte le critique attitré de *l'Action* avec une série qu'il signe «Marcel Henry». On y constate une évolution très rapide d'idées et d'attitudes. Au début, il condamne en particulier les «imitations» ou «influences trop fortes», visant ainsi les œuvres de Lozeau et de Morin (28 septembre et 19 octobre 1912). Mais il y développe également l'idée d'un «art poétique» qui séparerait la poésie et la politique (c'est-à-dire «le mensonge dû à une œuvre poétique» par rapport à «la vérité»), et qui verrait la poésie comme un «badinage», une «acrobatie studieuse», un «dilettantisme», ce qui l'amène même à faire l'éloge de la «noblesse du mépris» (28 septembre 1912).

Un tel discours provoque évidemment des réactions chez les lecteurs du journal, comme ce sera encore plus le cas pour son attaque contre la théologie nationaliste et fautive, selon lui, épousée par Hector Bernier dans le roman *Au large de l'écueil*. Sans parler de sa défense (contre Verlaine!) de Pascal et de «ces Jansénistes [de Port-Royal] qui furent tous des hommes extraordinaires» (19 juillet 1913). De telles affirmations entraîneront des accusations d'irréligion et d'hérésie, au point que le directeur du journal, Jules Fournier, se sentira obligé d'intervenir en se demandant si des polémiques de ce genre ne pourraient pas empêcher Dugas de réaliser son rêve modeste de revenir un jour enseigner au Québec.

«Edmond Léo» (le RP Armand Chossegros) du *Devoir* est un de ceux qui avaient questionné l'orthodoxie de Dugas à cette époque. Celui-ci le choisit maintenant comme sa cible de prédilection, l'incarnation par excellence d'un esprit étroit et borné. Et lorsque Edmond Léo a le malheur d'accuser de panthéisme René Chopin, qui vient de publier *le Cœur en exil*, «Marcel Henry» donnera alors libre cours à sa frustration et publiera une riposte qui équivaut à un manifeste contre le régionalisme canadien et à un plaidoyer en faveur de la liberté, de l'universalisme. Si Dugas défendait déjà depuis assez longtemps ses amis Morin, Chopin et Delahaye, au point de créer l'image d'un cénacle ou d'une école établie sous l'égide de Verlaine,[11] il se fait maintenant le porte-parole de *tous* les jeunes poètes qui publient depuis quelque temps des «tentatives heureuses» et qui essaient de renouveler, de moderniser la poésie canadienne (30 août 1913). On retrouve ainsi plus ou moins le Dugas d'avant sa conversion au «classicisme», mais qui commence aussi à prendre ses distances par rapport à sa fougue nationaliste d'antan (qu'il avait évoquée avec nostalgie, et une certaine distanciation, le 25 juin 1913).

C'est cet article à la défense de René Chopin qui, lorsque publié sous une forme modifiée dans *le Nigog*, fera pour ainsi dire éclater au grand jour la querelle des régionalistes et des «exotiques». On le retrouvera, avec d'autres changements, dans *Approches*. Dugas y réclame essentiellement la liberté de servir «l'art» et s'oppose aux exigences d'un nationalisme étroit et passéiste.

«Edmond Léo» fera également les frais de toute la dernière chronique littéraire publiée par «Marcel Henry» dans *l'Action*. Dans son désir de défendre *le Cœur en exil*, cependant, le critique se livre à des excès de langage qui insultent non seulement «Edmond Léo», mais aussi Paul Morin et les Canadiens en général. Il y accuse également «ces messieurs» de *la Croix* et de *la Vérité* (qui l'ont attaqué au sujet de Pascal) d'être des ennemis

---

11. Il est curieux de noter que quand Jean Lesage du *Devoir* fait cette constatation, Dugas s'en défend. Il faut avouer, cependant, qu'il s'agissait plus, pour Lesage, d'une «accusation» que d'une «constatation».

de l'art et de vouloir que la religion tienne lieu de tout (4 octobre 1913).

Dugas-«Marcel Henry» a-t-il conscience d'être allé trop loin? Fournier intervient-il? Quoi qu'il en soit, il s'ensuivra un silence d'un an et demi. Lorsque Dugas reviendra à *l'Action*, en février 1915, ce sera non pas pour commenter la littérature canadienne mais pour publier, sous le pseudonyme «Le Rat», des proses poétiques intitulées «Douches».[12] «Le Rat» nous y parle aussi de l'actualité, de la guerre et, une fois, de Charles Péguy. Il défend le symbolisme, en traitant le classicisme et le romantisme de dépassés. En contraste direct avec l'ancien Dugas du *Nationaliste*, il se montre on ne peut plus pacifiste, et férocement opposé au chauvinisme et au nationalisme. Celui qui louait auparavant Barrès et Déroulède dira maintenant:

> Empêchez encore, sous prétexte de nationalisme, que nous tombions dans la maladie des frontières pour devenir comme M. Maurice Barrès, votre sublime cornac, si incomparable dans l'individualisme, un chauvin essoufflé ayant hérité des chausses de Paul Déroulède. (3 avril 1915)

Comme le montrent les textes du *Nigog*, «Le Rat» se fait ainsi le porte-parole de l'aversion qu'éprouvent les jeunes «retours d'Europe» devant tout nationalisme — sans doute associé dans leur esprit aux causes de la Première guerre mondiale — et en particulier devant le nationalisme étroit ou le protectionnisme qui serait inhérent, d'après eux, au mouvement régionaliste.

Je ne m'attarderai guère à l'aventure du *Nigog*, maintenant assez connue.[13] Précisons cependant qu'au tout début Dugas — plus conscient sans doute que d'autres jeunes comme Roquebrune, grâce à ses mésaventures à *l'Action*, de la force dangereuse contre laquelle on voulait s'ériger — refusera d'y participer. Par la suite, cependant, il s'y lancera lui aussi, et jouera ainsi un rôle décisif dans la prise de position de cette publication contre le régionalisme ambiant.

---

12. La plupart de ces textes seront repris dans *Psyché au cinéma* (1916).

13. On pourra consulter, par exemple, le 7e tome des *Archives des Lettres canadiennes*.

Lors des «jeudis du Nigog», Dugas offrira une série de conférences sur — vous l'avez deviné! — Paul Morin, Guy Delahaye, Albert Lozeau, René Chopin et (surprise?) Robert de Roquebrune. Il s'agit pour la plupart de textes déjà publiés dans *l'Action*, mais remaniés, et qui seront sans doute retouchés de nouveau avant d'être réunis dans *Apologies* (1919).

## Une tentative de trêve?

Tout en réunissant d'anciens textes parfois polémiques, *Apologies* cherche néanmoins — en particulier dans la préface — à atténuer et à expliquer le conflit qui oppose ces poètes aux régionalistes. «Marcel Dugas» y présente le «dilettantisme» de ses amis comme *une* tendance parmi d'autres et se dit assuré que le paysan auguste qui est leur père à tous doit comprendre leurs tentatives artistiques. Cela lui permet évidemment d'esquisser une analogie habile entre le pionnier et le novateur littéraire. Puis il précise:

> Et nous savons que ce sont les mots surtout qui divisent. Si éloignés, en apparence, que nous soyons les uns des autres, il y a des chemins où la rencontre s'opère. Personne, parmi nous, ne se croit absolument libre du passé et du présent. Laissez-nous la joie de blasphémer, mais sachez nous comprendre. (9)

Quant au texte sur Lozeau publié dans *Apologies*, on peut se faire une idée du remaniement subi par le fait que Dugas y affiche maintenant une confiance renouvelée en la nécessité de l'invention formelle en poésie. Il condamne Lozeau pour son attaque de Delahaye et n'a que des éloges pour Rodenbach et les poètes féminins. Puis il loue tellement la poésie amoureuse de son confrère qu'il en fait presque un poète érotique!

Dans la section sur Paul Morin, Dugas ajoute une description dramatique de la réception du *Paon d'émail* et insiste sur l'importance *historique* de cette option en faveur de l'art pour l'art. Mais c'est la conclusion de ce chapitre qui est surtout transformée car, au lieu de prévoir pour l'auteur un retour prochain au sujet canadien et au classicisme, il réaffirme le parti pris exotique et formaliste de Morin. Ceci sert évidemment maintenant d'opposition précieuse à la littérature utilitaire que certains semblent prôner, et on sent que Dugas, pour les besoins de la solidarité, fait taire son aversion naturelle devant cette poésie un peu trop formaliste.

L'apologie de l'œuvre de Guy Delahaye publiée dans le même volume est un texte essentiellement nouveau. Le critique insiste sur l'originalité et l'audace de cette poésie, mais un lecteur attentif devine à travers les lignes que la sensibilité cérébrale et intellectualisée qui la caractérise ne correspond pas vraiment à son propre idéal poétique.

L'analyse de «L'Invitation à la vie» de Roquebrune est également mitigée. Dugas en loue le lyrisme mais qualifie d'»inconscience» la joie sans bornes dont témoigne ce poème: «Les Dieux sont morts, et avec eux, toute la jeunesse qui dansait sur les rives de Cythère» (84).

C'est finalement le *Cœur en exil* de René Chopin qui semble se rapprocher le plus de l'idéal poétique de Dugas. La section qu'il y consacre, faite à partir de l'article de *l'Action* de 1913, avec les ajouts plus batailleurs encore du *Nigog,* constitue une *véritable* apologie pour l'œuvre de René Chopin *et* pour la poésie universelle. Dugas admire beaucoup ce poète personnel et angoissé qui se tient loin de la foule et qui exprime l'angoisse, la vraie nature de l'homme.

*Apologies* se termine par un petit passage ajouté à l'étude sur Chopin où l'auteur réaffirme que «L'avenir est dans la recherche, l'examen, les tentatives audacieuses, la négation d'hier» (110). Après avoir rappelé modestement l'effort de renouvellement entrepris par ses amis et lui, il prévoit avec joie l'arrivée d'une nouvelle génération qui se lancera elle aussi à la conquête du rêve et de l'idéal.

Ce premier volume sur la littérature canadienne-française publié en 1919 permet donc à Marcel Dugas de faire valoir l'œuvre d'innovation entreprise par ses amis et lui-même ainsi que de corriger les contradictions que contenaient certains de ses jugements antérieurs. Étant donné la polarisation de la scène littéraire à cette époque, Dugas en profite pour situer chaque écrivain par rapport à la querelle et pour lancer quelques flèches dans la direction des régionalistes, mais il n'essaie pas pour autant d'affirmer que ses amis et lui ont atteint la vérité absolue ou que leurs adversaires ont totalement tort. Au contraire, il exprime de nombreuses réserves au sujet d'un art universaliste trop désincarné, trop coupé de la réalité, trop formaliste, tout en soutenant que ces expériences si nouvelles en littérature canadienne étaient nécessaires et salutaires. Il s'agit de savoir en tirer profit et surtout de ne pas tourner le dos à toute tentative artistique qui ne correspond pas en toutes lettres à l'école régionaliste.

Si l'on accepte de voir en Dugas le porte-parle des «exotiques», il appert que ces derniers comprennent mieux maintenant la portée de leur choix esthétique et ne se contentent plus de leur rôle d'iconoclastes un peu inquiets. Par le biais du livre de Dugas, ils revendiquent leur place au sein de la communauté artistique canadienne au même titre que n'importe quel autre mouvement littéraire. Prise de posture qui a l'air fort simple et raisonnable, mais seulement si l'on ne tient pas compte de la prise de pouvoir qu'avaient effectuée les forces nationalistes et régionalistes au Québec depuis plusieurs années déjà... Voilà sans doute pourquoi Victor Barbeau, empruntant lui aussi le pseudonyme de «Turc», prendra la relève en 1919 et lancera une véritable offensive contre les régionalistes dans les pages de *la Presse*.

## La passion des pseudonymes

Lors d'une interview avec moi le 20 juin 1973, Victor Barbeau affirmait ignorer que Marcel Dugas s'était servi du pseudonyme de «Turc» avant lui. Que cela soit le cas ou non, il me semble qu'il y a lieu de s'interroger sur la signification qu'il faut prêter à tous ces pseudonymes dont est semée l'histoire de la critique québécoise.

Dans le cas de Marcel Dugas en particulier, il est très intéressant de regarder du côté de la *signature*, de ce qu'on pourrait appeler «Le théâtre de la persona de Marcel Dugas». Au tout début de la chronique «Estudiantina», par exemple, on trouve les pseudonymes de *Roger Lassalle* ou *Roger Lasalle, XXX, Christian* comme signature. Puis vient *Persan*, qui nous raconte l'aventure du Soc et sert à annoncer la prochaine parution des *Phases*, ainsi que celle du *Paon d'émail*. C'est *Turc*, par contre, qui se charge de la chronique théâtrale, avec son franc parler et sa posture royaliste, réactionnaire, voire raciste — chronique qui sera publiée cependant en volume avec la signature de *Marcel Henry* (identifié par ailleurs comme un Huron canadien). Puis viendra *Henri-Marcel Dugas*, qui signe la réponse à Lozeau dans *le Devoir* et continue la polémique autour des *Phases* en provoquant l'École littéraire de Montréal et Germain Beaulieu. Il signe également les premiers textes, à teneur royaliste, antisémite, etc., envoyés de Paris. *Persan* revient cependant une dernière fois pour raconter les activités des anarchistes à Paris et la solitude que peut y ressentir un Canadien français nouvellement arrivé. («Comment peut-on être Persan?») *Marcel Henry*, promu critique de théâtre officiel avec la publication du *Théâtre à Montréal*, fera le compte rendu de la représentation parisienne d'*Œdipe roi*, tandis qu'un texte assez outrancier sur la «Crise royaliste» sera signé simplement *M.-H.*

À *l'Action*, la signature de *Marcel Dugas* fera finalement surface pour la première fois avec les deux articles de «l'enfant assagi» sur *le Paon d'émail* et Lozeau. Puis *Turc* reviendra fort à propos pour parler «Contre Rousseau». Mais c'est *Marcel Henry* qui, en élargissant son domaine d'expertise, deviendra le critique littéraire attitré du journal. Il ne tardera pas à se trouver du mauvais côté de l'orthodoxie religieuse, cependant, ce qui le poussera à attaquer ses adversaires (surtout Edmond Léo) de façon encore plus virulente. C'est alors que Dugas, après une période de silence, choisira de signer ses nouvelles proses poétiques de son pseudonyme le plus bizarre: *Le Rat*.

Au *Nigog*, c'est finalement la signature de *Marcel Dugas* qui assumera l'attaque contre les régionalistes. Telle est également la signature qui paraîtra sur tous les volumes publiés vers cette époque (*Feux de Bengale à Verlaine glorieux*, *Psyché au cinéma*, *Versions* et *Apologies*). En revanche, *Confins*, publié à Paris en 1921, portera celle de *Tristan Choiseul*. Mais cela dépasse les limites de notre propos ici.

On pourrait dire que cette évolution de la signature correspond sans doute au passage déjà mentionné de la prise de posture (donc pose théâtrale) à la prise de position. Il est peut-être question aussi d'assumer un discours «exotique» devenu moins contradictoire et paradoxal. Avec *le Nigog*, Dugas s'inscrit en faveur de ce que Pierre Bourdieu appelle l'autonomisation de la littérature, voire du champ de production restreinte, contre l'aspiration à une littérature canadienne-française autonome et nationaliste.

Comme chacun sait, les pseudonymes étaient très fréquents au début du siècle au Québec. Ceux utilisés par Dugas à ses débuts visaient sans doute l'anonymat, le déguisement, ainsi que la multiplication des intervenants. Ils participent aussi de l'ordre spectaculaire (à la prise de posture). À cela il faut évidemment ajouter le fait que *Persan* véhicule une connotation de marginalité, d'altérité, de différence. Quant au choix du pseudonyme *Turc*, inspiré sans doute par la récente Révolution des Jeunes Turcs, il fait fort «exotique», voire «barbare», et convient bien au caractère fonceur des écrits en question. Se peut-il que ce soit un hasard si Victor Barbeau adopte aussi ce nom pour ses *Cahiers de Turc* en 1921, ainsi que pour sa chronique «Au fil de l'heure» en 1919, au moment où il reprendra la bataille en faveur des «exotiques»? Faut-il voir derrière le choix de ce pseudonyme le désir de devenir une sorte de «tête de Turc»?

Le fait d'ajouter au *Théâtre à Montréal* le sous-titre «Propos d'un Huron canadien» renchérit sur cette connotation de marginalité, de barbarisme — même si l'on sait que, lors de son premier retour d'Europe, Dugas semble avoir plutôt adopté le rôle de «dandy». Serait-il par hasard question de répondre à l'attente du public: Iroquois ou Huron pour les Français, «dandy» pour les Canadiens?

Et que penser des résonances anglaises qui s'attachent au «nom de famille», si j'ose dire, du pseudonyme *Marcel Henry*? Il existe évidemment quelques Français qui épellent ainsi le prénom Henri,[14] ce qui fait déjà un peu exotique. Mais il est difficile de croire qu'un Canadien français ait pu choisir un tel pseudonyme sans se rendre compte qu'il s'agit là de la graphie anglaise.

---

14.  Se peut-il qu'il y ait ici une intertextualité qui renvoie à Henry Bordeaux? Il s'agit d'un auteur très populaire à l'époque, dont Robert de Roquebrune se moquera impitoyablement dans *le Nigog*, et dont les oeuvres s'attachent à exalter l'ordre moral incarné dans l'esprit de famille et dans une foi traditionnelle.

Puis il y a *Le Rat*, pseudonyme dépréciateur par excellence qui renvoie à un rôle marginal, ingrat, dégoûtant voire dangereux.[15] C'est pourtant sous cette signature que Dugas reviendra à *l'Action* après ses démêlés avec les régionalistes et l'orthodoxie religieuse québécoise. Ce nom sert d'ailleurs à signer des poèmes en prose souvent reliés au thème de la guerre. C'est lui qui se déclare résolument pacifiste.

On retrouve évidemment dans ce déploiement de signatures le goût du jeu, du théâtral, de l'imaginaire. Tel semble avoir été le rôle des surnoms des Casoars de l'Arche, par exemple, petite tentative de bohème montréalais, où Dugas s'appelait ou *l'Hiérophante illuminé* ou *l'Hiérophante essentiel*. C'est là aussi qu'il aida à développer chez des artistes plus jeunes, au dire de Ringuet [Philippe Panneton], «une certaine attitude de l'esprit, le goût de la culture, de l'humanisme» (55).

Ce qui frappe aussi dans la plupart de ces signatures, cependant, c'est qu'elles désignent l'Autre, celui qu'on marginalise, qu'on rejette comme différent, qu'on persécute même parfois afin de mieux définir les paramètres du moi et du même. Le fait de se désigner soi-même comme l'autre, à cette époque-ci de sa carrière, n'est sans doute pas sans liens avec la vocation de polémiste dont fait preuve Dugas ainsi qu'avec le fait qu'il ait réussi à assumer et défendre, au moins pour un certain temps, l'épithète d'«exotique» dont on avait affublé Morin, Delahaye, Chopin, lui-même et d'autres.

Reste *Henri-Marcel Dugas*. J'ai longtemps cru que cette dernière signature renvoyait au véritable nom de l'auteur et que *Marcel Dugas* en était une simplification. Ses amis à l'université l'appelaient souvent Henri, d'ailleurs, et c'est sous ce nom qu'il était inscrit au Collège de l'Assomption. On nous dit même que sa mère «aimait son "Henri" d'un amour de prédilection» (Gauthier 8). Mais... je viens d'apprendre (Gauthier 16) que le nom inscrit sur le certificat de baptême de notre critique était: Joseph,

---

15. «Rat» peut, paraît-il, être utilisé comme terme d'affection, mais je doute que ce soit à cette connotation-là que pensait notre auteur.

Euclide, Marcel, Azarie, Alphonse, Wilfrid, Théophile.[16] (Serait-ce là son «vrai nom»?) Euclide étant le nom du père et Joseph un simple constat de catholicité, en quelque sorte, le premier prénom qui revient vraiment à l'auteur serait Marcel. «Henri», par contre, n'est nulle part. Mais Marcel Dugas était le septième enfant d'une famille de huit (deux filles et six garçons), et le garçon né juste avant lui est décédé, à l'âge de 15 mois, deux ans à peine avant sa propre naissance. Ce frère s'appelait «Henri»...

---

16. Voici une preuve que, s'il est bien de se restreindre surtout à l'étude du texte publié, il est parfois utile d'avoir également accès à quelques renseignements biographiques.

# Ouvrages cités

*L'Action* (Montréal), journal hebdomadaire du samedi paru du 15 avril 1911 au 29 avril 1916.

Dugas, Marcel. «*Les Phases* et M. Albert Lozeau. Ou le danger des jugements hâtifs.» *Le Devoir* 1.87 (21 avril 1910): 1.

——. *Feux de bengale à Verlaine glorieux.* Montréal: Marchand, 1915.

——. *Psyché au cinéma.* Montréal: Paradis-Vincent, 1916.

——. *Versions.* Montréal: Maison Francq, 1917.

——. *Apologies.* Montréal: Paradis-Vincent, 1919.

——. *Littérature canadienne. Aperçus.* Paris: Firmin-Didot, 1929.

——. *Approches.* Québec: Éditions du Chien d'Or, 1942.

En collaboration. *Archives des Lettres canadiennes, tome 7. Le Nigog.* Montréal: Fides, 1987.

Garand, Dominique. *La Griffe du polémique.* Montréal: L'Hexagone, 1989.

Gauthier, Louis-Guy. *«Que sont mes amis devenus...» Correspondance adressée à Marcel Dugas de 1912 à 1947: chronologie.* Joliette: Édition privée, 1987.

Hayward, Annette. «Marcel Dugas, défenseur du modernisme.» *Voix et images* 50 (hiver 1992): 184-202.

Lahaise, Guillaume [pseud. Guy Delahaye]. *Les Phases; tryptiques* [sic]. Montréal: Déom, 1910.

Lozeau, Albert. «*Les Phases* ou le danger des mauvaises fréquentations.» *Le Devoir* 1.85 (19 avril 1910): 1.

Mailhot, Laurent et Pierre Nepveu. *La Poésie québécoise des origines à nos jours. Anthologie.* Montréal: L'Hexagone, 1986. (1re édition: 1981)

Morin, Paul. *Paon d'émail.* Paris: Librairie Lemerre, 1911.

*Le Nationaliste* (Montréal), journal hebdomadaire du dimanche, paru du 6 mars 1904 au 24 septembre 1922.

Panneton, Philippe [pseud. Ringuet]. *Confidences.* Montréal: Fides, 1965.

# Roquebrune, critique littéraire
## Des années 10 aux années 30, deux tons, un même discours

Jean-Guy Hudon
Université du Québec à Chicoutimi

Dans le domaine de la vie culturelle québécoise en général, Robert de Roquebrune (1889-1978) est surtout connu — je ne dis pas nécessairement «reconnu» — comme historien. L'histoire plus précisément littéraire du Québec retient plutôt son nom à la fois comme romancier et comme mémorialiste. Mais Roquebrune fut aussi poète et nouvelliste, et se doubla, pendant de longues années, d'un critique: c'est ce dernier aspect de l'écrivain qui nous intéressera ici. Nous essaierons de montrer qu'en ce domaine le discours de Roquebrune a connu une évolution sensible, non pas quant à la matière, mais plutôt quant à la manière de ses écrits; et ce, en prenant comme bornes temporelles les années 1910 et les années 1930, soit depuis les débuts de sa «carrière de critique» jusqu'à son «apogée», au moment où il s'y adonna avec le plus d'intensité. Je m'appuierai pour ce faire sur quatre périodiques montréalais: *l'Action* et *le Nigog* d'abord, *l'Ordre* et *le Canada* ensuite, en citant ou en suggérant pour chacun d'eux des extraits qui me semblent représentatifs.

## Les années 1910

### L'Action

C'est à *l'Action* de Jules Fournier que Roquebrune publia ses premiers articles de critique. Sur les cinq années que dura l'hebdomadaire montréalais (1911-1916), l'écrivain fournit huit textes, échelonnés sur quelque 26 mois (du 3 janvier 1914 au 19 février 1916)[1]. Son tout premier article, consacré à Jules Renard, contient déjà plusieurs des caractéristiques de son discours critique. Pour mieux les identifier et donc pour les retrouver plus facilement plus tard, voyons-les brièvement une à une.

Il y a d'abord des généralités et de l'impressionnisme, dans le sens où Roquebrune s'en tient surtout à des impressions globales sur une œuvre plutôt qu'il ne procède à une analyse rigoureuse ou ne s'adonne à une démonstration ordonnée ou à des notations précises.

Nous lisons en effet, un peu pêle-mêle du reste, que Renard est un écrivain «admirable» — l'adjectif revient même deux fois dans l'article —, que l'art de ce «grand artiste» est «subtil», «rare», «cruel», «raffiné», «très simple» et fait d'«ironie [...] abstraite et austère», que son écriture est «dénuée et calme», qu'en somme son œuvre est «belle», pleine d'«harmonie», et que «la vie y palpite». À ces commentaires généraux non développés s'ajoute un remarquable flou impressionniste: «*on sent on ne sait quel goût amer nous entrer dans l'âme et dans le cœur. La vie y apparaît décevante et triste [...]. Elle y semble douloureuse et vaine*» (Je souligne).

Ce discours touche également à l'auteur lui-même: Renard est un homme «[flegmatique]», d'une «intelligence [...] fine»; il compte parmi les «aristocrates de l'intelligence» car il ne «[dérogea jamais] pour des gains», malgré ses «ennuis d'argent»; son «rire aigu [...] s'insinue entre [ses] dires»; il a cependant eu une «basse tournure d'esprit» et il a commis une «énorme faute de goût» en affichant son anticléricalisme. Enfant, il eut par ailleurs «une mère acariâtre et méchante» qui fut «dure et sans tendresse», «dévote» et «bigote».

Enfin, le contenu de l'œuvre y est abordé, sans beaucoup plus de précision, et très peu le contenant, sinon en termes généraux comme on l'a vu plus haut: «la vie des êtres ordinaires» est en effet «le thème» des écrits de Renard et l'«anticléricalisme» les «gâte».

---

1. Il y en eut en réalité neuf, mais l'un d'eux fut publié deux fois.

On remarque même que le critique n'est pas loin de la contradiction flagrante quand il énonce que l'art de l'écrivain est «trop subtil et trop rare pour s'adapter au goût du nombre» mais qu'il est en même temps «très simple».

Les articles suivants reprennent ce schéma quadripartite en affichant deux caractéristiques supplémentaires, qui sont dès lors devenues coutumières: je veux parler du comparatisme, que l'on peut associer à une sorte de critique génétique, et peut-être surtout du goût de la formule, une formule qui est souvent audacieuse, peu commune, propre à frapper l'imagination et à séduire le lecteur, mais ne possédant pas toujours l'exactitude, la pertinence et la justesse souhaitées, au risque même de tomber dans l'exagération ou la caricature. On peut en juger par l'entrée en matière du deuxième article à *l'Action*, consacré à Lawrence Sterne (31 janvier 1914).

On y trouve d'abord une triple comparaison, avec Wilde, Rabelais et Renard, à quoi du reste Roquebrune ajoute, en ce qui concerne le père de Pantagruel: «Lawrence Sterne était très nourri de Rabelais [...]. Il fut dans sa vie, plutôt qu'en son œuvre, disciple de Rabelais.» Quant à la formule, outre le proverbe «comparer, c'est diminuer», on note que «Sterne est le Rabelais anglais» et on lit, à nouveau en termes généraux et non discutés, qu'il se situe entre «la lourdeur» du curé de Meudon et «le pessimisme» de Renard; plus loin, on voit encore que Sterne est «le plus français des écrivains anglais».

Ces comparaisons et ces formules, qui rejoignent les traits déjà remarqués, auraient pu être l'amorce d'une démonstration quelconque, mais elles ne connaissent aucun développement: l'affirmation suffit.

Les principaux ingrédients de la «recette» critique de Roque-brune, si je puis me permettre cette... formule!, se retrouvent dans son troisième article à *l'Action* de Fournier, qui porte sur Philippe Aubert de Gaspé père (4 avril 1914). Nous y remarquons:

1) des généralités floues (v.g. les *Mémoires* sont «une relation point trop prolixe, point trop concise»; de Gaspé est «un écrivain de bonne moyenne littéraire»);

2) des allusions à la personne même de l'auteur («de Gaspé fut pauvre et notaire. Il subit la prison pour dettes. Il supporta cela dignement»);

3) des remarques sur le contenu (il avait le «goût des anecdotes»), au moins autant que sur le contenant (l'«originalité d'écrivain» de de Gaspé «est faite de simplicité et d'un choix»);

4) des comparaisons, avec Saint-Simon, Hamilton et Flaubert; et

5) des formules (*les Anciens Canadiens*, qui appartiennent à «l'archéologie psychologique», sont le «roman [...] du gentil-homme», comme *Madame Bovary* est «le roman de la bourgeoise», sans compter le suave «gentilhomme» qu'est Blanche d'Haberville!).

Seul manque ici un certain impressionnisme, que l'on voit réapparaître du reste dès l'article suivant.

Bien sûr, il y a des remarques judicieuses chez Roquebrune, ici comme ailleurs, et loin de moi l'idée de nier par exemple l'art de mémorialiste de de Gaspé, même si on l'a à mon avis surévalué, ou de réfuter son style «[simple]» et «[sélectif]», et en même temps «de bonne moyenne littéraire». Notons seulement pour notre propos que cette critique est de surface et que l'on n'a pas une idée très précise des *Mémoires* et des *Anciens Canadiens* après la lecture du texte de Roquebrune.

Jusqu'ici, le ton avait été pacifique. C'est à ses quatrième, cinquième et sixième articles à *l'Action* que l'homme de lettres adopta la manière ironique, satirique, tranchée, voire brutale et cassante, qui allait aussi caractériser à ses débuts sa critique littéraire. Ces trois articles ont en commun de s'attaquer de verte façon à Henry Bordeaux, qui demeura l'une des têtes de Turc préférées de Roquebrune et que celui-ci rangea tout de go et définitivement parmi les cancres littéraires; et ce, dans un langage sans détour, coloré, incisif et même sarcastique:

> Il est très goûté des jeunes femmes et des jeunes filles. C'est aux romans de cet auteur qu'elles aiment venir palpiter et frémir. Leurs petites âmes fragiles s'y complaisent et leurs consciences mièvres se rassurent de ce qu'il est fort bien pensant.
>
> On en permet volontiers la lecture aux pensionnaires en vacances. Quelques pages un peu hardies (on pardonne cela à l'art) sont pudiquement épinglées par les mamans et les institutrices prudentes. C'est toute une affaire pour les jeunes vierges que d'en retirer et d'en remettre adroitement les épingles... de sûreté. Et

quelle délicatesse pour ces enfants de déguster cette littérature
plate et fade de qui leur paraît de haut goût!
    [...] Il est digne de siéger aux côtés de M. Paul Bourget, de M.
Marcel Prévost et de M. Jean Aicard. Ses œuvres complètes et les
leurs forment une jolie bibliothèque pour vieux gâteux et jeunes
filles vicieuses. Mais il faut songer qu'il serait, là, voisin d'un
Henri de Régnier, d'un Maurice Barrès, d'un Anatole France. Et
cet éclectisme académique, cette salade du génie et de la platitude
littéraire fait vraiment pitié.
    [...] L'écriture de M. Henry Bordeaux est faite de mauvais
goût, de longueur, de platitude et de remplissage. C'est du mauvais
Bazin («du mauvais Bazin!»). Des livres tels que *la Peur de vivre*,
*la Robe de laine*, *les Roquevillard*, *la Maison*, etc., sont la honte
et les déchets de l'art. Rien n'égale la niaiserie des bonhommes
qui y sont campés que la banalité écœurante des idées qu'il leur
prête.
    La tradition et Dieu n'ont que faire de défenseurs tels. Quand
cette défense est assumée par des Maurice Barrès et des Charles
Maurras, par des Francis Jammes et des Paul Claudel, quelle
contribution peut y apporter l'œuvre d'insignifiance d'un Henry
Bordeaux? (25 avril 1914)

Outre la virulence du ton, qui tranche nettement sur la nature
des propos précédents, on aura noté que Roquebrune, fidèle à
lui-même, cite encore quantité de noms d'auteurs, qui lui servent
de point de comparaison et qui, en même temps, il faut le dire
aussi, témoigne de son degré de connaissance de l'actualité
littéraire.

Dans l'article suivant (16 mai 1914), le critique renchérit en
dénonçant avec hauteur — et un imparfait du subjonctif[2] — les
«choix imbéciles et choquants» de cette «plèbe lisante» composée
de «concierges», de «cuisinières», de «boulangères», de «cré-
mières» et de «boutiquières». «La majorité est la médiocrité»,
continue-t-il, citant Rachilde. Puisque «à notre époque de suffrage
universel, c'est [...] au vœu du nombre qu'il se faut incliner [...],
coulons un bronze à M. Henry Bordeaux», ironise-t-il finalement

---

2. «J'avais beau [dit Roquebrune] lui [un ami bibliothécaire du VIe arrondissement,
à Paris] démontrer combien il eût été surprenant que ces modestes personnes pratiquassent
(qu'on me pardonne ce subjonctif démodé) les oeuvres de Paul Verlaine dont nous avions
l'effigie grimaçante devant les yeux, il n'en voulait rien convenir.»

sur un ton provocateur, élitiste et même «machiste» avant la lettre.

*Le Nigog*

En 1918, Robert de Roquebrune fondait, avec ses amis l'architecte Fernand Préfontaine et le pianiste Léo-Pol Morin, la revue *le Nigog*. Est-il utile de rappeler ici l'importance de cette revue qui n'a duré qu'une toute petite année, mais qui fut le pivot du débat opposant les «exotiques» et les «régionalistes» sur les principes de l'universalisme en art et en littérature et de la liberté de l'artiste par rapport au sujet? Je crois que vous n'ignorez pas les détails de cette nouvelle «querelle d'anciens et de modernes».

Dans le septième tome des *Archives des Lettres canadiennes*, consacré au *Nigog*, en 1987, j'ai pour ma part tenté de décrire, entre autres choses, l'activité que Roquebrune y tint comme critique.[3] J'y prends notamment à témoin un article typique, «La jeune littérature française avant 1914» (août 1918). Plutôt que de reprendre ces pages importantes, auxquelles je me contente de vous renvoyer, je veux aujourd'hui mettre à profit ou, selon le cas, tirer un meilleur avantage d'autres textes de Roquebrune, extraits de ses neuf articles et de ses dix-huit articulets de la chronique «La mare aux grenouilles», où pullulent (!) les comparaisons ou évocations rapides d'écrivains, les habituelles généralités sur les œuvres et surtout sur leurs auteurs, de même qu'un impressionnisme pour ainsi dire «sentimental», le goût de la formule et aussi, bien sûr, le ton cinglant et provocateur par quoi la manière roquebrunienne des années 1910 se démarque de celle des années 1930. Par exemple:

> La psychologie n'est d'ailleurs plus monopolisée par les âmes confortables et rentées, depuis qu'Octave Mirbeau a écrit le roman du chien Dingo, depuis les histoires de bêtes de Colette Willy et de Louis Pergaud, depuis les histoires de gosses de Pergaud et d'Alfred Machard, depuis qu'Eugène Montfort a écrit *la Turque* et Francis Carco, le roman de l'inquiétant *Jésus-La-Caille*. Mais que

---

3. Voir plus particulièrement les pages 100-110. Sur l'œuvre de Roquebrune en général, on pourra aussi consulter ma thèse de doctorat, *Robert de Roquebrune: entre la fiction et l'autobiographie.*

Paul Bourget est démodé et que le Bordeaux des familles [encore lui!] est stupide et suintant d'ennui à côté de ces œuvres pleines de vie, de réalité et d'imagination. (avril 1918)

Ailleurs Roquebrune pourfend, dans ce «pays [...] littéraire-ment bien pauvre», les «ignorants écrivailleurs» et les «abrutis journaleux» qui «ont acclamé les pires limonades littéraires» et exige que «les élucubrations d'un tas de demoiselles esthètes et les pondaisons immangeables de quelques périmés nourrissons des muses soient engluées définitivement à un quelconque papier tue-mouches»: voilà un autre texte qu'il faudrait revoir au complet (mars 1918).[4]

Lisons plutôt cet extrait typique, qui met à mal le couple «Bourget-Bordeaux» [toujours lui]:

M. Bordeaux qui écrit comme une cuisinière est un romancier d'une pauvreté infinie; ses inventions suintent l'ennui, il n'a aucune imagination et sa psychologie est tellement rudimentaire qu'elle ne dépasse pas celle d'une petite fille. Enfin, ses idées générales sont tellement plates, il les exprime en de tels lieux-communs qu'il en ressemble prodigieusement à un tabellion de province, habitué à rédiger des contrats et des testaments. L'art de M. Bordeaux est administratif et familial; c'est de la littérature de notaire.

Paul Bourget est plus authentiquement romancier. [Mais, ô paradoxe!, voyons comment Roquebrune «s'explique»:] Il n'est pas un créateur de vie humaine, ni de vie sentimentale. Sa psychologie est ridicule et enfantine et ses personnages n'ont aucune réalité. Il a créé un monde puéril et stupide de femmes uniformément distinguées et charmantes, d'hommes continuellement supérieurs et bien élevés [...]. L'un de ses livres le plus ridicule est peut-être l'Émigré où il a prétendu portraiturer l'aristocratie française. Son bonhomme n'est pas en peau humaine; c'est une vessie gonflée, une outre vide [...]. Bourget [est] un raseur sans style. (août 1918)

Il y a encore son «Hommage à Nelligan» qu'il faudrait relire et que j'ai pour ma part également mis à contribution dans les *Archives* (105-107). Je reproduis un seul paragraphe, et partielle-ment encore, qui est haut en couleur et qui valut à Roquebrune,

---

4. Voir à ce sujet Jean-Guy Hudon 1987, 101-103.

quelque vingt ans plus tard, les plus violentes attaques de Valdombre, le «lion du Nord»:

> Nelligan n'a chanté ni Champlain, ni Montcalm, ni la feuille d'érable, ni «l'habitant canadien». Lui qui tenait à deux races, qui unissait à son sang français, du sang irlandais n'a jamais senti l'étrange besoin de magnifier avec son art, les anecdotes coloniales ou les sempiternelles bergeries des Deshoulières canadiennes. Il n'a pas tenu à cette sorte de littérature sentimentale tant en honneur au Canada et qui coule du plus mauvais Jean-Jacques et de la plus détestable Sand. Nelligan n'a jamais chanté la nature à la manière puérile de mademoiselle Blanche Lamontagne, ce qui consiste surtout à idéaliser les jupons mal odorants d'une paysanne et à trouver respectables et sacrées les faces sournoises des plus indécrottables villageois. (juillet 1918)[5]

Bien sûr, on ne doit pas oublier le contexte de la lutte des «exotiques» et des «régionalistes» dans lequel s'inscrivent ces propos acidulés, que Roquebrune multiplia au *Nigog*.

## Les années 1930

Dans les années trente, le contenu de la critique de Roquebrune ne varia guère. Seul, en général, le ton se fit plus pondéré et pour ainsi dire plus sage, la hauteur et la verdeur faisant place à un humour semblable à celui d'un homme du monde se plaisant en bonne, courtoise et mondaine compagnie.

### L'Ordre

Au quotidien nationaliste d'Olivar Asselin, *l'Ordre* (1934-1935), Roquebrune fournit 39 articles concernant les différents secteurs de l'activité humaine. Au plan proprement littéraire, on retrouve aisément ici le critique au fait de la production courante; moins qu'au *Canada*, cependant, mais plus qu'à *l'Action* et qu'au *Nigog*. À nouveau il exprime ses vues en termes généraux, impressionnistes, comparatistes, «aphoristiques», touchant au surplus à l'auteur plutôt qu'à l'aspect formel de l'œuvre.

---

5. Valdombre (104) qualifie de «saloperie» les propos de Roquebrune sur Blanche Lamontagne.

Le texte intitulé «Une nouvelle tendance de la littérature anglaise» (11 mai 1934) est fort comparable à cet égard au révélateur et typique article évoqué plus haut au *Nigog* sur «La jeune littérature française avant 1914». On y parle des romans «pleins d'une volupté étrangement suggestive» de Rosamond Lehmann, de «l'immense influence que le protestantisme a eue sur la littérature anglaise des XVIIIᵉ et XIXᵉ siècles», qui «a inspiré des chefs-d'œuvre» comme ceux de Walter Scott, George Eliot, Charlotte Brontë, Charles Dickens, etc. Il y est question aussi de l'«œuvre de haute portée littéraire» de D. H. Lawrence, dont le *Lady Chatterley's Lover* a «une singulière puissance descriptive, un sens psychologique aigu, un style solide et coloré.» Il y a eu de ce roman, ajoute Roquebrune, des éditions édulcorées, mais

> ce Lawrence pour pensionnaires n'eut aucun succès. On imagine mal un Rabelais pour jeunes filles ou un Zola de Bibliothèque Rose. Certes, on a bien le droit de trouver Rabelais brenneux, Zola dégueulasse et Lawrence dégoûtant. Mais il ne faut pas essayer de passer ces écrivains à la lessive ni de leur mettre des feuilles de vigne. On a le droit de ne pas les lire, mais on n'a pas celui de les châtrer.

Dans un article sur Victor Hugo, les affirmations générales, à l'emporte-pièce, dignes d'une conversation de salon où règne la mondanité culturelle, ne manquent pas non plus:

> Rostand, qui fit figure de roi-poète entre 1900 et 1910, [...] n'était qu'un ersatz de Victor Hugo, un trompe-l'œil. Ses *Cyrano* et ses *Aiglon* n'ont pas supporté quinze années de bouteille. Tout ce fatras romantique et panachard était déjà poussiéreux en 1914 et complètement mort en 1918 [...].
> Le pauvre vieux (c'est Victor Hugo que je veux dire et non pas M. Gregh[6]) est tiré à hue et à dia en ce moment [...].
> Pour moi, le meilleur Victor Hugo, c'est le romancier.
> J'accorde bien volontiers que son théâtre a définitivement sombré dans les trente-sixièmes dessous de la Comédie Française.

---

6. C'est-à-dire le professeur Fernand Gregh, par qui Hugo est «disséqué doctoralement dans un triste hémicycle sorbonnard.» Plus loin dans son article, Roquebrune dit que «les professeurs sont les corbeaux de la littérature. Ils se repaissent des morts.»

Rien n'égale le ridicule des pièces «historiques» de Victor Hugo. *Le Roi s'amuse* ou *Hernani* sont d'assommantes rengaines.

«Le Roi s'amuse, mais il est le seul» disait un spectateur, en sortant de ce désolant spectacle que la Comédie Française donne encore parfois. (17 octobre 1934)

Quand Pirandello reçut le prix Nobel de littérature, Roquebrune en fit l'objet d'un article. «Pirandello, commence-t-il, c'est un nom à sonnailles et à clochettes, c'est un nom gai comme les noms de la vieille comédie italienne.» Cet «obscur professeur de littérature», continue-t-il, «est un petit vieillard propret, au crâne rose, à la barbe soignée et pointue. Il a l'air d'une souris blanche» (18 décembre 1934).

Son dernier article à *l'Ordre* commence encore ainsi:

> On m'a dit qu'il existe quelque part dans la région du lac Saint-Jean une personne assez pleine de naïveté pour se proclamer Maria Chapdelaine. Avec autant d'autorité et moins de raison que Louis XIV déclarant: l'État, c'est moi, elle décrète que Maria Chapdelaine, c'est elle [...].
>
> La personne vivante qui serait réellement Maria Chapdelaine deviendrait un document littéraire. Elle serait même plus utile à consulter qu'un cahier de notes laissé par l'écrivain, plus curieuse à interroger qu'une page de son manuscrit. Elle appartiendrait à l'histoire littéraire, comme la cafetière de Balzac et la pipe d'Anatole France. Il faut l'enfermer dans un musée, la mettre sous une vitrine de bibliothèque. Que par testament elle lègue son cadavre, je veux dire son futur cadavre, à une institution savante. Ou, si elle veut assurer des rentes à ses héritiers, qu'elle le vende. Sa peau vaut de l'or. (16 mars 1935)

## Le Canada

Pendant qu'en poste aux Archives publiques du Canada à Paris il collaborait à *l'Ordre*, Roquebrune apporta aussi sa contribution à d'autres périodiques d'ici et d'outremer. Je retiendrai maintenant quelques-uns des 134 articles publiés entre 1931 et 1945 dans le quotidien libéral *le Canada* (1903-1954)[7].

---

7. Il y eut au total 140 articles de Roquebrune au *Canada*, mais 6 d'entre eux furent repris d'autres périodiques; si on les inclut, la collaboration de Roquebrune à ce journal (où il touche à l'histoire canadienne dans une proportion de 40%) remonte au 21/11/1923.

À noter que le corpus des 112 articles publiés en même temps par Roquebrune au quotidien montréalais *la Presse*, entre 1934 et 1939, aurait pu tout aussi bien faire ici «l'affaire», si l'on peut ainsi dire. Moins nombreux, mais d'ordinaire plus longs que ceux du *Canada*, les articles de *la Presse* touchent surtout à l'actualité sous toutes ses formes. Seule la qualité généralement supérieure des textes publiés au *Canada* m'a incliné à préférer ceux-ci à ceux-là.

Dans un texte traitant de la représentation d'*Indiana*, un roman de George Sand transposé au théâtre par Charles Méré, Roquebrune croit ainsi que

> la plus grande romancière française du dix-neuvième siècle fut redevable de son génie littéraire à un époux brutal [«son butor de baron Dudevant»] et à un ingénieux amant [«Jules Sandeau»].
> Si George Sand avait été mariée à un gentil garçon qui [...] l'eût aimée, la littérature française en eût été appauvrie. La conséquence inattendue d'un sot mariage fut une œuvre littéraire d'une étonnante diversité. (4 janvier 1936)

*Indiana* met par ailleurs en scène un personnage qui est «le type de la femme embêtante. Avec des femmes comme ça, on est sans cesse au bord du drame. Au théâtre, c'est assez émouvant, mais à la ville, c'est tout à fait encombrant.» Dans le roman,

> les deux cousins se jettent ensemble dans un torrent. C'est ce qu'ils avaient de mieux à faire à cause de la complication de leur histoire. Le torrent arrangeait beaucoup de choses, surtout pour George Sand qui voulait tout de même terminer son bouquin promis à un éditeur. (4 janvier 1936)

Dans l'article «Une traduction en anglais de *Trente arpents*», on peut encore lire ces propos préliminaires, qui ne vont pas sans rappeler étroitement des textes du *Nigog* et de *l'Ordre* qui ont été évoqués ou cités plus haut, relativement aux littératures française et anglaise:

> L'œuvre de Victor Hugo est pleine de souvenirs shakespeariens, celle de Balzac, celle de Barbey d'Aurevilly doivent beaucoup au romancier de l'Écosse [Walter Scott]. De même, Dickens traduit en français a déterminé en France un mouvement dont Alphonse Daudet est le plus célèbre exemple. Car il est

indéniable que Daudet doit beaucoup à Dickens. Balzac et
Maupassant sont peut-être les deux écrivains français le plus
souvent traduits en anglais. Leur influence sur la littérature
anglaise et américaine a été très considérable. De même, Anatole
France a eu une grande influence sur Aldous Huxley. Ainsi l'art
de la traduction est-il une importante portion du domaine littéraire.

Abordant ensuite le roman de Ringuet, dont Felix et
Dorothea Walter viennent de produire une «excellente» traduction, Roquebrune note qu'«il y a dans *Trente arpents* une étude
du paysan canadien, de l'*habitant*, c'est une chose entendue»,
mais là n'est pas, dit-il, l'originalité du livre puisque

> cette étude a été faite bien souvent depuis une trentaine d'années.
> Notre littérature est peuplée d'habitants. Et ces habitants-là sont
> presque tous gais comme des rasoirs. Par contre, ils sont sentimen-
> taux comme des saules pleureurs.

Et plus loin:

> Bien peu d'écrivains ont vu le paysan tel qu'il est, sauf Flaubert
> avec le fermier, père de Madame Bovary, admirable de réalisme,
> et Maupassant dans ses contes normands. Mais en général, on lui
> rajoute du purin comme Zola ou on le parfume comme dans la
> *Bibliothèque rose* ou la littérature canadienne. (31 janvier 1941)

On sent nettement ici la présence de l'ancien exotique de 1918,
mais d'un exotique tenant à la main un nigog beaucoup moins
acéré et moins mortel.

Mais il me faut arrêter la citation déjà trop longue de cet
article typique qui parle somme toute peu du sujet en titre, et
encore moins de la spécificité littéraire des œuvres convoquées.
Il déborde plutôt de rapprochements vite esquissés, d'affirmations
générales, dont certaines sont pour le moins douteuses, et arbore
une légèreté de ton qui ne manque par contre pas de charme à
l'occasion.

Qu'on me permette encore de faire état d'un article sur la
poésie québécoise, qui, comme le précédent, date de 1941. De ce
texte qui mériterait lui aussi d'être cité au complet, j'extrais
d'abord cette entrée en matière caractéristique:

> La littérature canadienne-française a eu dans le passé, au
> dernier siècle, une terrible poésie: la poésie patriotique. Et c'était

celle de Fréchette. Ce piètre imitateur de Victor Hugo a mis l'Histoire du Canada en vers. Et, la *Légende d'un peuple*, fille bâtarde de la *Légende des siècles*, a longtemps représenté la poésie sur les bords du Saint-Laurent. L'Académie française, qui a toujours aimé le poussiéreux et le manque d'originalité, avait même couronné Fréchette. Et le brave homme a porté sa couronne de lauriers académiques toute sa vie. (25 juillet 1941)

Plus loin, le critique évoque, sans développement et dans un flou à nouveau remarquable, les «poèmes tendrement voluptueux, d'un art très musical» de ce «charmant volume» de Simone Routier qu'est *l'Immortel adolescent*, de même que l'«accent tout particulier» de Medjé Vézina, qui a écrit là de «beaux vers émouvants et un peu mystérieux de femmes.» Il y a aussi les «œuvres singulièrement intéressantes» d'Alfred DesRochers et Saint-Denys Garneau. *À l'ombre de l'Orford*, du premier, est un «beau livre d'une poésie parfois un peu sombre, un peu doulou-reuse et très noble.» Le second a publié quant à lui «des vers subtils et nuancés». «Je suis sûr [poursuit Roquebrune] que les imbéciles doivent se moquer de l'art de ce dernier car il possède des qualités qui ne peuvent être comprises ni senties par ce que l'on appelait si justement autrefois: le vulgaire.» Suivent encore des propos généraux et lyriques sur la «musicienne attentive à l'harmonie de certains mots» qu'est Jeannine Bélanger, «grand poète [...] en puissance» et «fille de Madame de Noailles»: ses *Stances à l'éternel absent* «sont de beaux poèmes harmonieux et purs. Quelques-uns sont très émouvants» (25 juillet 1941).

Parlant de poésie québécoise, j'aurais aimé aussi faire état de l'article consacré à l'ami Marcel Dugas, alors auteur de *Salve alma parens* et dont Roquebrune dit qu'il est «à la fois notre Chateaubriand et notre Barrès» (6 septembre 1941). On voudra bien s'y reporter.

Je terminerai en citant quelques autres traits d'humour, qui apparaissent souvent dans des formules frappantes, mais pas nécessairement toujours justes, et qui sont ce par quoi Roque-brune manifeste surtout que le critique vitriolique des années 1910 a laissé la place à l'homme du monde des années 1930.

«Racine passera comme le café», disait Madame de Sévigné. Mais, de répliquer Roquebrune, «la bonne Sévigné se trompait et son jugement esthético-gastronomique n'a pas été ratifié par la postérité. Les gens boivent encore du café et les dames un peu mûres s'éprennent encore des jeunes gens» (10 novembre 1934).[8] Corneille et l'auteur de *Phèdre* sont du reste des «dramaturges à perruques» à qui «la Comédie française [...] sert de tombeau» (10 novembre 1934). Ailleurs, Roquebrune dit de Sacha Guitry, «ce vieux jeune premier» qui fait figure de «Molière moderne», qu'il «fait penser à ces vieux architectes du Moyen Âge qui continuaient à construire des églises romanes lorsque l'art nouveau était déjà le gothique» (15 décembre 1934).[9] Même remarque pour Anatole France et «ses manies archaïsantes» et dont les «meilleurs ouvrages [sont] du Louis XIV fabriqué entre 1880 et 1910» (9 février 1933). Claudel, dont la prose est «absconse et grandiose», a laissé entre autres textes *l'Otage*, «une œuvre où tout est grand, faux et magnifique» (9 février 1935). Dans le même article, Roquebrune commente le récent spectacle de ... Joséphine Baker, «qui danse frénétiquement, se contorsionne, fait des acrobaties, se jette en l'air et se rattrape en chantant, en roulant les hanches, les yeux et les doigts de pied». Elle accomplit là

> une chose qui tient du cirque, de la volière, de la cage à singes, de la foire africaine et du bal des ardents [sic].[10]
> Cette négresse Baker a un talent fou pour les grimaces, du génie dans les jambes et un enrouement très harmonieux dans la gorge. (9 février 1935)

Si Maeterlinck est «un poète» qui «s'est cru un dramaturge» (30 novembre 1935), Rostand, qui «est un homme de grande imagination mais de peu de psychologie», affiche pour sa part dans *l'Aiglon* une «poésie macaronique et superficielle» (15 janvier 1941).

Au Canada, par ailleurs,

---

8. Le titre de cet article, «Shakespeare, dramaturge parisien», témoigne aussi du don de la formule chez Roquebrune.

9. On notera la formule du titre de l'article en question, «Le Molière moderne: Sacha Guitry». Voir aussi «Le plus parisien des dramaturges anglais» (15 août 1935) et «Jacques Copeau le revenant» (23 septembre 1935).

10. Il s'agit sans doute d'une coquille pour «mal des ardents», qui désigne une sorte d'épilepsie ou une épidémie du Moyen Âge, selon les dictionnaires consultés.

nous avons déjà de faux écrivains dans la personne de quelques cacographes qui se sont saoulés de Léon Bloy ou enivrés de Paul Claudel. Bloy et Claudel, c'est très bien, mais leurs imitateurs canadiens sont pitoyables. Et ces ridicules pèlerins de l'absolu font à leur tour des petits, ils ont des admirateurs et des suiveurs, de sorte que nous sommes menacés de la pire littérature d'imitation. Cette ménagerie d'ours littéraires, le Canada français a tout de même mérité mieux. (17 avril 1941)

«La mare aux grenouilles de nos gens de lettres», comme dit aussi Roquebrune dans le même article, est encore certes ici agitée, mais on aura remarqué sans doute que la violence de ses remous a beaucoup diminué depuis son institution en chronique, au *Nigog*, 23 ans plus tôt.

## Conclusion

Pour caractériser encore mieux la manière critique de Roquebrune, il aurait fallu parler d'autres aspects qui, pour être moins percutants, n'en apparaissent pas moins en filigrane dans nombre de ses articles, quel que soit le sujet abordé. Le plus constant de ces traits secondaires concerne l'image positive que Roquebrune s'est sans cesse employé en France à laisser du Canada et de ses compatriotes, malgré la virulence de ses attaques parfois, comme nous en avons vu quelques exemples au passage. Le dépouillement de ses 46 articles au journal *Paris-Canada*, entre 1924 et 1929, est fort révélateur à cet égard.

De même, alors qu'à *l'Action* et au *Nigog* Roquebrune entre rapidement dans le vif du sujet, on constate qu'avec les années, et particulièrement à *la Presse*, l'homme de lettres prend l'habitude des longs détours, des excursus même, par lesquels il passe sans urgence avant d'aborder le sujet annoncé; et souvent avec cet air détaché d'un dandy devisant, dans une réunion de gens bien, une fine à la main, est-on tenté d'imaginer. Roquebrune attache aussi avec le temps beaucoup de soin aux *incipit* et aux *excipit* de ses articles, ou souvent aux deux à la fois: c'est à nouveau le brillant causeur qui se déploie ici, et non plus le pourfendeur emporté et pressé du *Nigog*.

Enfin, malgré certaines bizarreries phrastiques,[11] il faut faire état de l'élégance générale de la langue de Roquebrune. Que l'on soit d'accord ou non avec ses prises de position, force est de goûter régulièrement la saveur, l'harmonie et la distinction de sa plume. Ainsi, loin de vouloir enfermer Roquebrune dans quelques «formules» closes, l'énoncé des précédentes caractéristiques voulait tout simplement, à partir de la relecture de 208 de ses 502 articles dans les périodiques (soit une proportion de quelque 41%), tracer un portrait dégageant les principales lignes de force de sa manière comme critique, que l'on peut maintenant résumer ainsi.

On note d'abord une abondance de commentaires généraux et de notations rapides concernant le sujet choisi, marquée au coin d'un impressionnisme constant, d'où un certain flou et une certaine superficialité dans les propos. Ces derniers touchent en outre régulièrement plus à la matière même des œuvres convoquées, et à leurs auteurs, qu'à la manière dont elles sont construites. Ajoutons à cela une forte tendance au génétisme, si l'on peut dire, c'est-à-dire à la recherche des influences et des filiations littéraires, de façon plus ou moins précise cependant, on l'a vu, et se limitant habituellement à un comparatisme ne dépassant guère le stade des énoncés de principe. Ces énoncés sont du reste souvent réalisés au moyen de formules diverses,[12] que ce soit sous forme d'aphorismes, de maximes, de principes, de sentences ou de proverbes, dont il arrive que la justesse ne soit pas toujours aussi frappante que le donnent à penser la soudaineté et la surprise de leur énonciation; quelquefois même l'exagération guette le critique, quand celui-ci ne tombe pas carrément dans les généralisations hâtives, les raccourcis audacieux, voire l'erreur ou la contradiction.

La seule, ou plutôt la principale différence du discours critique roquebrunien survient dans la nature du ton adopté. Bien que la chose ne soit pas toujours nettement tranchée ni observable

---

11. Par exemple: «Mais le grand mérite de Bourget est un dramatiste habile et même passionnant» (voir Roquebrune août 1918, 275).

12. À cet égard, on pourrait appliquer à Roquebrune ces propos qu'il tenait en août 1934 au sujet de Maurice Barrès: il «avait le goût des formules frappantes et des mots historiques».

de façon absolue, on remarque assez aisément le passage d'une
critique volontiers incisive, cassante, satirique ou provocatrice,
dans les années 1910, soit au début de son activité de chroniqueur, à celle d'un causeur plus posé, dans les années 1930, d'un
dilettante plus attiré par la brillance d'une conversation mondaine
que par la fougue du militant: son élitisme ne se dément presque
jamais, au cours de sa vie, non plus que sa politesse, mais la
hauteur du verbe prend avec le temps une couleur moins
«criante».

Il ne s'agit aucunement par ailleurs de reprocher à l'autodidacte Roquebrune de n'avoir pas été l'analyste qu'on aurait
peut-être souhaité qu'il fût et qu'il aurait sans doute pu être, mais
de reconnaître qu'il se révéla en somme critique au sens où
Jakobson le définit. L'auteur des *Essais de linguistique générale*
instaure en effet entre les études littéraires et la critique la même
distinction qu'il établit entre la linguistique pure et la linguistique
appliquée:

> la confusion terminologique des «études littéraires» avec la
> «critique» pousse le spécialiste de la littérature à se poser en
> censeur, à remplacer par un verdict subjectif la description des
> beautés intrinsèques de l'œuvre littéraire. La dénomination de
> «critique littéraire», appliquée à un savant étudiant la littérature est
> aussi erronée que le serait celle de «critique grammatical (ou
> lexical)», appliquée à un linguiste. Les recherches syntaxiques et
> morphologiques ne peuvent être supplantées par une grammaire
> normative, et, de même, aucun manifeste, débitant les goûts et
> opinions propres à un critique sur la littérature créatrice, ne peut
> se substituer à une analyse scientifique objective de l'art du
> langage [...]. Pourquoi devrait-on faire une nette distinction entre
> la linguistique pure et la linguistique appliquée, entre la phonétique
> et l'orthophonie, et non entre les études littéraires et la critique?
> (211s.)

En ce sens, Roquebrune ne proposa jamais d'«études littéraires»
à ses lecteurs. Il fut plutôt le critique «subjectif», émettant ses
«goûts et opinions propres», en somme le «censeur» dont parle
Jakobson, tel du reste que la chose se pratiquait généralement à
l'époque et se pratique encore abondamment dans les périodiques
d'aujourd'hui, en Amérique autant qu'en Europe.

## Ouvrages cités

Hudon, Jean-Guy. «Robert de Roquebrune.» *Archives des Lettres canadiennes, tome VII: Le Nigog.* Montréal: Fides, 1987. 85-119.

——. *Robert de Roquebrune: entre la fiction et l'autobiographie.* Thèse de doctorat, Université Laval, 1981.

Jakobson, Roman. «Linguistique et poétique.» *Essai de linguistique générale.* Paris: Éditions de Minuit (Collection «Points»), 1963.

Roquebrune, Robert de [signé «La Roque de Roquebrune»]. «À propos de Jules Renard.» *L'Action* (samedi 3 janvier 1914): 1.

——. [signé «La Roque de Roquebrune»]. «Le Révérend Lawrence Sterne.» *L'Action* (samedi 31 janvier 1914): 4.

——. [signé «La Roque de Roquebrune»]. «Philippe Aubert de Gaspé.» *L'Action* (samedi 4 avril 1914): 4. Reproduit, sans changement, le samedi 18 décembre 1915, p.1.

——. [signé «La Roque de Roquebrune»]. «M. Henry Bordeaux, romancier.» *L'Action* (samedi 25 avril 1914): 1.

——. [signé «LaRoque de Roquebrune»]. «À propos de M. Henry Bordeaux.» *L'Action* (samedi 16 mai 1914): 1.

——. [signé «R. LaRoque de Roquebrune»]. «De l'opportunité d'un culte de la supériorité littéraire.» *Le Nigog* 3 (mars 1918): 79-83.

——. [signé «R.R.R.»]. «La Mare aux grenouilles: Les Revues.» *Le Nigog* 4 (avril 1918): 134s.

——. [signé «R. La Roque de Roquebrune»]. «Hommage à Nelligan.» *Le Nigog* 7 (juillet 1918): 218-224.

——. [signé «R. La Roque de Roquebrune»]. «La jeune littérature française avant 1914.» *Le Nigog* 8 (août 1918): 267-273.

——. [signé «R.R.R.»]. «La Mare aux grenouilles: Bourget-Bordeaux.» *Le Nigog* 8 (août 1918): 275s.

——. «Une nouvelle tendance de la littérature anglaise.» *L'Ordre* (vendredi 11 mai 1934): 4.

——. «Vive Victor Hugo!» *L'Ordre* (mercredi 17 octobre 1934): 4.

——. «Pirandello.» *L'Ordre* (mardi 18 décembre 1934): 4.

——. «Héroïnes de romans.» *L'Ordre* (samedi 16 mars 1935): 3.

——. «Purisme.» *Le Canada* (jeudi 9 février 1933): 2.

——. «Barrès et le miracle canadien.» *Le Canada* (lundi 20 août 1934): 2.

——. «Shakespeare, dramaturge parisien.» *Le Canada* (samedi 10 novembre 1934): 6.

——. «Le Molière moderne: Sacha Guitry.» *Le Canada* (samedi 15 décembre 1934): 6.

——. «La Négresse et l'ambassadeur ou la Noire et l'obscur.» *Le Canada* (samedi 9 février 1935): 6.

——. «Le plus parisien des dramaturges anglais.» *Le Canada* (jeudi 15 août 1935): 3.

——. «Jacques Copeau le revenant.» *Le Canada* (lundi 23 septembre 1935): 5.

——. «*La Princesse Isabelle* de Maeterlinck.» *Le Canada* (samedi 30 novembre 1935): 9.

——. «*Indiana* au théâtre.» *Le Canada* (samedi 4 janvier 1936): 3.

——. «Le Cadavre de *L'Aiglon*.» *Le Canada* (mercredi 15 janvier 1941): 2.

——. «Une traduction en anglais de *Trente arpents*.» *Le Canada* (vendredi 31 janvier 1941): 2.

——. «Avons-nous une littérature nationale?» *Le Canada* (jeudi 17 avril 1941): 2.

——. «Poésie canadienne.» *Le Canada* (vendredi 25 juillet 1941): 2.

——. «*Salve alma parens*/Vingt-trois pages de Marcel Dugas.» *Le Canada* (samedi 6 septembre 1941): 2.

Valdombre [pseudo. de Claude-Henri Grignon]. «Les *Trente arpents* d'un Canayen ou le triomphe du régionalisme.» *Les Pamphlets de Valdombre* 3 (février 1939): 93-145.

# Frontières critiques:
# 1955-1965

Agnès Whitfield
Collège Glendon
Université York

Cet article se veut une exploration encore tâtonnante de quelques-uns des enjeux et des lieux de pratique de la critique littéraire au Québec entre 1955 et 1965. Sans prétention d'exhaustivité, il cherche à mettre en relief quelques-unes des frontières auxquelles se heurte alors la critique dans le but de voir comment ces frontières annoncent ou éclairent les changements qui interviennent dans le champ critique québécois au cours des années 60. Car les changements qui opèrent alors sont importants et dictent encore, à bien des égards, la pratique actuelle de la critique. Pensons, entre autres, à la restructuration des programmes d'enseignement de la littérature québécoise, à la création de nouvelles revues littéraires spécialisées, dont *Études françaises* en 1965, *Voix et images du pays* en 1967, et *Études littéraires* en 1968, ainsi qu'à la mise au point de nouvelles méthodologies critiques sous l'influence des sciences humaines et notamment de la sociologie et de la linguistique.

En s'écartant de la périodisation usuelle, qui fait de 1960 l'année marquante, cet article cherche donc à souligner l'intérêt de revenir sur une période de transition, riche encore de conséquences, mais que l'attention accordée habituellement au tournant de 1960 aurait contribué, en quelque sorte, à occulter. À cette fin, il s'agit de faire un rapide tour d'horizon de quelques études générales sur l'évolution de la critique, avant d'interroger en plus grand détail deux lieux précis mais très différents de pratique critique à l'époque: *la Revue de l'Université Laval* et la revue *Culture.*

Or, sans aborder en tant que telle la période qui nous intéresse, plusieurs analyses récentes de la critique littéraire (dont les deux tomes pertinents du *Dictionnaire des œuvres littéraires du Québec*, le volume des *Archives des Lettres canadiennes* sur l'essai, l'étude de Lucie Robert sur *l'Institution du littéraire* ainsi que l'article de Robert Vigneault sur la critique littéraire dans *Un Québécois et sa littérature*) n'en soulignent pas moins sa complexité.

Les positions esthétiques et les méthodes d'analyse sont effectivement en transition. «Sollicitée par l'essor grandissant des sciences sociales, écrit Robert Vigneault, la critique va peu à peu descendre de la tour d'ivoire de l'impressionnisme esthétique pour se faire rigoureuse» (307). Au cours des années 50, cette tendance se reflète dans l'émergence de ce que Gilles Dorion et Kenneth Landry appellent une «critique rétrospective» (*Dictionnaire des œuvres littéraires du Québec* 3, XXXVIII) axée sur les manuels d'histoire littéraire, comme *Histoire littéraire de l'Amérique française* (1954)   d'Auguste Viatte et *Littérature canadienne-française* (1957) de Samuel Baillargeon. Au cours des années 60, cette tendance prendra la forme d'une «mise en question des fondements exégétiques des études littéraires» (Robert 215) qui accordera une plus grande priorité «au sens et au fonctionnement du texte» (Robert 215). Comme l'écrivit André Brochu déjà en 1963: «La critique aujourd'hui — je parle de la vraie — étudie l'œuvre et l'apprécie en fonction d'elle-même, et non d'a priori» (22). De même, dans *Présence de la critique*, anthologie de la critique parue en 1966, Gilles Marcotte retient comme unique critère de sélection: «Que les textes soient en commerce direct, immédiat, avec les œuvres» (13).

Toutefois, Vigneault constate également la «persistance [même en 1964] d'une certaine critique catholique répressive» (299) dans la foulée du «dirigisme critique» (300) d'un Camille Roy. Par ailleurs, un certain impressionnisme normatif persiste chez les critiques comme Jean Le Moyne, Jeanne Lapointe, Pierre de Grandpré et Gérard Bessette, qui incarneraient, selon Vigneault, ce mouvement vers une critique plus méthodique et plus objective. Le passage suivant de Pierre de Grandpré témoigne bien des diverses tensions qui parcourent alors la démarche critique:

> Il est clair en effet que dans la mesure où surgissent le style, l'originalité, le génie, ceux-ci innovent, arrachent plus ou moins l'œuvre aux contingences de l'histoire et aux déterminations du milieu. Quand cela se présente, la critique se doit de retrouver sur-le-champ sa fonction essentielle: esthétique d'abord, elle se fait avant tout «conscience de l'art». Mais en-deçà de ces sphères peu fréquentées, elle sera bien inspirée, à mon avis, d'obéir avec une raisonnable modestie à la dictée interne des œuvres. (7)

Avec son élégance habituelle, Gilles Marcotte avait déjà évoqué cette multiplicité des positions critiques dans la préface à *Présence de la critique*:

> ce volume représente fidèlement les directions principales de la critique littéraire au Canada français de 1945 à nos jours. Il le fait sous la forme d'un fourre-tout plutôt que d'une véritable anthologie. C'était la condition même de l'entreprise. (14)

Les lieux et les formes de pratique de la critique sont également en transition entre 1955 et 1965. En comparaison avec les années quarante, précisent Gilles Dorion et Kenneth Landry dans le *Dictionnaire des œuvres littéraires du Québec*, les années 50 et surtout la période de 1956 à 1959 marquent une baisse dans la production des essais littéraires, reflet sans doute de la répression mise en place par le régime Duplessis: la Loi concernant les publications et la morale publique est votée en 1950 et le *Face à l'imprimé obscène. Plaidoyer en faveur d'une littérature saine* de Gérard Tessier date de 1955 (3, XXXVI). La critique littéraire se réfugie ainsi dans des lieux disparates et plus diffus sans être forcément moins «publics», comme en témoigne la prolifération des chroniques littéraires dans les revues culturelles et surtout dans la presse quotidienne.

À cette dispersion correspond une incertitude quant à l'autorité et au statut de l'activité critique, répartie en quelque sorte entre trois fonctions: celle de «l'amateur», celle du «professionnel» (journaliste) et celle du «spécialiste» (universitaire). De nouveau, Gilles Marcotte résume bien la situation dans *Présence de la critique*:

> Si le feuilleton hebdomadaire atteint parfois des proportions et une qualité respectable et si, d'autre part, la critique universitaire consent d'aventure à se pencher sur autre chose que des faits et des dates, ni l'un ni l'autre n'occupe avec assez d'autorité, au Canada français, le champ très vaste de l'essai critique. Il n'est pas vide. [...] Mais il est encore sous-développé. (13)

Sans doute l'enjeu le plus important de la critique de cette période est son rôle dans la constitution et la consécration du corpus québécois. Portée sur la place publique, la question est débattue dans des journaux et périodiques. Citons encore Gilles Dorion et Kenneth Landry: «Le Supplément littéraire du *Devoir* sur «l'Âme collective qui émerge de nos lettres» (15 novembre 1955), la «Table ronde sur la rencontre de deux littératures» (*le Devoir*, 24 mars-12 mai 1959) ou le sondage de la revue *Liberté* (numéro de novembre-décembre 1959) sur «l'Intellectuel et la Société politique» marquent des étapes significatives dans l'affirmation d'une culture québécoise autonome» (*Dictionnaire des œuvres littéraires du Québec* 3, XLIII). Les tensions sous-jacentes à cette question se reflètent aussi dans l'espace accordé à la littérature québécoise dans des revues culturelles. Sur ce plan, comme le souligne Jacques Michon, les revues d'avant-garde (dont *Amérique française* et *Liberté*) jouent un rôle important en se portant «à la défense non seulement des nouvelles esthétiques, mais également de la littérature canadienne à qui elles consacrent plus du tiers de leur espace alors que les revues universitaires et religieuses ne privilégient pas la production autochtone» (119). Enfin, la question nationale joue dans l'orientation polyvalente des critiques de la période qui consacrent souvent «un premier ouvrage à un auteur français pour ensuite s'attacher presque exclusivement à l'étude d'auteurs québécois» (Gallays 125).

De ces observations sommaires se dégagent certains enjeux ou frontières qui marquent la pratique critique de la période 1955 à 1965. Si une de ces frontières me semble franchie définitivement (c'est le cas de la constitution du corpus québécois), d'autres (la critique «normative et/ou engagée», contre la critique «scientifique», la critique d'«amateur» contre la critique «professionnelle»), persistent. Ces frontières, qui s'imbriquent d'ailleurs les unes dans les autres, se voient aussi dans une certaine mouvance sémantique, notamment autour des divers adjectifs utilisés pour désigner le corpus national et l'évolution des sens accordés aux mots «recherche» ou «amateur».

Sur cette dernière question, les actes du colloque tenu à l'Université d'Ottawa en 1968 sur la recherche et la littérature canadienne-française apportent un témoignage éloquent. Ainsi Marcel-A. Gagnon définit-il la recherche en termes non pas de méthode, mais de quête et de découverte esthétique:

> Pour que le résultat d'une recherche littéraire soit valable, il ne suffit pas qu'elle soit une compilation fastidieuse de faits et de preuves, ou un éventail d'érudition. Il faut qu'elle remplisse deux conditions: d'abord elle doit aboutir à une découverte d'une ou de plusieurs «nouvelles» vérités; elle doit, secundo, être une œuvre d'art autant que possible. (*Recherche et littérature canadienne-française* 224)

Alors que Gagnon relie recherche et travail esthétique, Guy Sylvestre, en revanche, semble opposer la science à la sensibilité esthétique: «Nous avons certes eu jusqu'ici, en littérature canadienne-française, trop de travaux d'amateurs — mais dans *amateur* il y a *aimer*! Il faut espérer que trop de fausse science ne tuera pas chez trop de chercheurs toute sensibilité esthétique» (*Recherche et littérature canadienne-française* 62). Des tensions semblables caractérisent la pratique critique dans les deux revues universitaire et religieuse qu'il s'agit maintenant d'examiner.

## La revue *Culture*

Revue trimestrielle fondée par le père Edmond Gaudron en 1940, *Culture* était subventionné, jusqu'à sa disparition en 1971, par les Franciscains, dans le cadre de l'Association de recherches sur les sciences religieuses et profanes du Canada. Sa vocation était double. D'une part, comme le souligne Jacques Valois dans *la Presse québécoise*, elle «se présente comme une revue à caractère scientifique. Elle publie des essais philosophiques, littéraires et politiques» (179). D'autre part, «s'inspirant d'un "œcuménisme" politique et social», la revue «se voulait une

tribune ouverte en vue d'une meilleure connaissance mutuelle»
(Valois 177) des deux peuples fondateurs du Canada.

Le champ d'intérêt de la revue se situe donc nettement de ce
côté de l'Atlantique, ce qui se reflète dans sa structure interne.
Chaque numéro comporte six ou sept articles portant sur la réalité
québécoise et canadienne, de nombreux comptes rendus répartis
en deux sections, «Les Livres canadiens» et «Les Livres étrangers», où prédomine la production locale, ainsi qu'un «répertoire
bibliographique» des articles publiés sur toute une gamme de
sujets dans une centaine de revues allant du *Financial Post* à la
*Revue d'Oka*. Fait révélateur, les articles littéraires occupent
seulement la treizième catégorie du répertoire intitulée «la
Critique littéraire et la linguistique, canadienne et étrangère». À
partir de 1959, la revue publie des nouvelles littéraires (prix,
nouvelles revues, festivals) dans une section intitulée «Bulletins»,
réservée jusqu'alors aux renseignements sur l'Association.

Entre 1955 et 1965, on trouve peu de changements au niveau
du contenu des articles. La revue publie environ un article de
critique littéraire par année, à quelques exceptions près, notamment en 1958 (3 articles) et en 1963 (4 articles). Signés par, entre
autres, Romain Légaré (1955, 1963), Jean-Charles Bonenfant
(1956), Arsène Lauzière (1957-58), Louis-Philippe Cormier
(1958), Clément Lockquell (1963) et Gérard Bessette (1960), ces
articles gardent pour la plupart un ton analytique et portent sur
des auteurs et des sujets divers: Saint-Denys Garneau, les
primevères du roman canadien-francais, Paul Morin, les images
en poésie canadienne, Jean Simard, le prêtre dans le roman
canadien-français.

S'il y a une évolution au cours de la période, c'est plutôt
sous la rubrique des comptes rendus et du répertoire bibliographique. Parmi les livres canadiens recensés en 1955, seulement trois
(dont le premier volume des *Écrits du Canada français* évalué
favorablement par Pierre Vallières de Ville-Jacques-Cartier)
relèvent du corpus littéraire québécois. Les répertoires bibliographiques du même volume ne comptent chacun que deux ouvrages
littéraires québécois. Cependant, entre 1957 et 1960, ces chiffres
montent sensiblement, passant de cinq comptes rendus d'ouvrages
québécois en 1957 à dix-sept en 1960. On constate un progrès
semblable dans les répertoires bibliographiques où on cite environ

huit œuvres littéraires québécoises par numéro en 1957 et 1958 et plus d'une vingtaine à partir de 1959. Les principaux rédacteurs sont Romain Légaré, Florent Sylvestre, et Élie Goulet.

Quels genres d'ouvrages sont recensés? Les comptes rendus portent surtout sur des essais (dont *la Ligne du risque* de Vadeboncœur), sur des ouvrages de critique ou sur des numéros de revue. Presque tous les volumes des *Écrits du Canada français*, par exemple, sont recensés et le volume de 1960 comporte un compte rendu du numéro spécial de *Liberté* sur Grandbois. Pour ce qui est des œuvres, on parle surtout d'auteurs déjà consacrés: Roquebrune, Desrosiers, Guèvremont, Ringuet, Roy, avec quelques tâtonnements prudents du côté d'œuvres moins «sûres». Il faudrait souligner aussi l'importance accordée, tant dans les comptes rendus que dans les répertoires bibliographiques, à deux collections publiées chez Fides: la collection «La Grande Aventure» dont Florent Sylvestre écrit en 1958: «Ce retour aux sources allumera la fierté au cœur des jeunes lecteurs de mon pays» (453) et surtout la collection des «Classiques canadiens».

Comment pourrait-on qualifier l'approche critique des rédacteurs? Certes, le caractère religieux de la revue explique la présence, dans certains comptes rendus, de jugements d'ordre moral. La recension d'*Agaguk* en 1959 par Romain Légaré comporte ainsi un avertissement, pourtant assez atténué, aux lecteurs: «Quels qu'en soient les qualités littéraires et l'intérêt du thème, *Agaguk* doit être réservé, à cause de scènes réalistes de la vie sexuelle, à des gens avertis, bien formés» (230). Un an plus tard, le même rédacteur exprime une incompréhension exaspérée au sujet de *la Belle Bête* de Marie-Claire Blais: «À quoi rime cette histoire bête de pantins monstrueux?» (99). En général, toutefois, suivant la politique d'ouverture de la revue, les comptes rendus offrent surtout une information sur les œuvres et le ton reste relativement neutre. Ainsi Romain Légaré affirme-t-il en 1957 que *Marie Didace* «enrichi[t] l'autonomie de nos lettres d'une œuvre vivante et l'élèv[e] même au plan de l'humanisme universel» (18: 349). Son propre livre sur *l'Aventure poétique et spirituelle de Saint-Denys Garneau* est recensé la même année par Clément Lockquell qui en conclut que c'est «un "bon" livre

(j'ôte au mot «bon» tout ce qu'il pourrait évoquer d'exclusivement moralisant, de volontairement édifiant), un livre de compréhension cordiale, plus intuitif que critique, mais aussi moins
académique qu'humain» (18: 451).

## La Revue de l'Université Laval

Le profil de *la Revue de l'Université Laval* est beaucoup
plus complexe. Fondée en 1946 par l'abbé Émile Bégin, la revue
est publiée par l'Université Laval et la Société du parler français
au Canada jusqu'en 1966, à raison d'un numéro par mois, sauf
pour les deux mois de l'été (juillet/août). Chaque numéro
comporte six ou sept articles, où l'histoire et la réflexion religieuse ont une place de choix, des comptes rendus, des bulletins
et des documents relatifs à la Société du parler français. L'objectif explicite de la revue est de continuer le travail du périodique
qu'elle remplace, *le Canada français*, «en le perfectionnant, en
lui donnant une tenue de plus en plus universitaire» (*la Revue de
l'Université Laval*, 1.1: 5). Les observations de l'abbé Bégin dans
la préface au premier numéro de la revue donnent une bonne idée
de l'orientation générale de celle-ci: «Il ne faut pas laisser la
vérité sous le boisseau quand on peut la publier: il n'est pas
permis de donner à l'erreur et à l'impudence le loisir de s'étaler
impunément» (*la Revue de l'Université Laval*, 1.1: 5). De même,
la place accordée à la littérature québécoise reflète sa position au
sein de l'université. À l'abbé Bégin de préciser:

> *La Revue de l'Université Laval* fait appel à la collaboration des
> professeurs de l'université. Elle est le prolongement normal de leur
> enseignement, qu'il s'agisse de théologie, d'Écriture sainte, de
> philosophie, de droit, de médecine, de sciences, de sciences
> sociales, de géographie, de lettres et d'arts, de sciences forestières
> et agricoles. (*La Revue de l'Université Laval*, 1.1: 5)

En comparaison avec *Culture*, les articles de critique
littéraire de *la Revue de l'Université Laval* sont environ trois fois
plus nombreux, mais l'orientation est nettement européenne.
Citons, parmi les auteurs privilégiés, Green, Bernanos, Claudel,
Troyat, Duhamel, Proust et Corneille. Si on ne tient compte que
des articles sur la littérature québécoise, on retrouve à peu près

les mêmes chiffres que pour *Culture*, du moins pour la période 1955 à 1959, c'est-à-dire un article par année. Les sujets ne sont pas très aventureux. Auguste Viatte présente son *Histoire littéraire de l'Amérique française* (9.5: 417-420, 1955). Jean Ménard contribue à plusieurs articles, notamment sur «l'image du Canada chez Maurice Genevoix» (9.8: 707-716), le *Journal* de Saint-Denys Garneau (11.5: 398-405), et l'œuvre de Léo-Paul Desrosiers (13.1:52-60) où il attaque l'analyse publiée par Jeanne Lapointe dans *Cité Libre*. Gérard Bachart examine «le sentiment religieux dans le roman canadien-français» (9.10: 868-886).

Cependant, les années 1960 et 1961 se caractérisent par une certaine ouverture. Ces deux volumes comportent à eux seuls une vingtaine d'articles sur la littérature québécoise, grâce surtout à une série d'articles de David Hayne sur «Les lettres canadiennes en France» (15.3: 222-230; 15.4: 328-334; 15.5: 420-426; 15.6: 507-514; 15.8: 716-725; 16.2: 140-148) et aux diverses tranches de la «Bibliographie raisonnée du Parler français au Canada» de Gaston Dulong (15.5: 461-468; 15.6: 548-555; 15.8: 752-757; 16.1: 75-82; 16.2: 172-180; 16.4: 364-370; 16.5: 462-469; 16.7: 671-672). Mais on y trouve également un article signé par Jean-Guy Pilon, un des fondateurs de la revue *Liberté*, sur «la situation de l'écrivain de langue française» (16.1: 55-64). À partir de 1962, pourtant, à l'exception de deux articles de Jacques Blais sur Saint-Denys Garneau (18.3: 210-235; 18.5: 424-438), c'est le vide.

Cette évolution inégale se reflète aussi dans la place accordée au corpus québécois dans les comptes rendus. C'est le directeur de la revue, sous le pseudonyme de François Soumande, qui détient la chronique principale, intitulée «Si vous avez le temps de lire» et consacrée presque exclusivement, entre 1955 et 1959, aux œuvres religieuses et à la littérature française. Une «Chronique de littérature canadienne», signée par Michel Dassonville, fait une apparition éclair en décembre 1955. Cette tentative est reprise sporadiquement par Jean-Guy Pilon entre 1959 et 1961, sous un titre plus métaphorique, «Pour que le miroir soit espace», où on lit des commentaires sur des livres d'histoire littéraire et des titres parus dans la collection «Classiques canadiens» de Fides.

À peu près à la même époque, l'abbé Bégin, sous les pseudonymes de François Soumande ou de Bertrand Lombard, accorde, lui aussi, une plus grande place au corpus canadien, en passant en revue quelques ouvrages de Gabrielle Roy et d'Adrien Thério. Il semble avoir particulièrement apprécié les ouvrages de ce dernier, comme l'indique le commentaire suivant, fort révélateur, d'ailleurs, du ton, comme des a priori, de ses analyses:

> Évidemment qu'une pareille littérature ne fait pas l'affaire des dames sophistiquées et des petits messieurs en mal de trianguler ou d'athéiser la province de Québec; mais elle est un baume pour ceux qui ont vu des vaches quadrupèdes dans leurs jeunes années, de vrais cochons sans malice, pas frottés de sociologie sacro-démocratique et larmoyante. (16.5: 454)

Ce même ton caractérise sa critique de *Florence* de Marcel Dubé: «S'il fallait que notre théâtre se confine bêtement au péché, il vaudrait mieux qu'il meure» (16.1: 74).

En 1962 il publie une critique acerbe de *Convergences* de Jean Le Moyne, qu'il qualifie de «talent mêlé d'indiscipline et de contradictions, de menaces tonitruantes et d'affleurements comiques, de complexes qui relèvent du psychiatre si leur exposé n'est pas de la pure littérature» (16.8: 758). Cette recension, que l'abbé signe, exceptionnellement, de son vrai nom, semble marquer un tournant. De 1962 à 1965, les comptes rendus proprement dits d'ouvrages québécois sont moins nombreux; le contenu québécois est en quelque sorte refilé aux «Notes bibliographiques» où il prend néanmoins de l'expansion. Des rééditions de romans classiques, des publications de l'Académie canadienne-française, quelques numéros de *Livres et auteurs canadiens*, et les romans de Thério y sont présentés, de façon sommaire, par plusieurs collaborateurs dont, toujours, Bertrand Lombard.

## Conclusion

On ne peut guère généraliser à partir de l'inventaire rapide de deux revues. Avançons néanmoins quelques commentaires, d'abord sur la question nationale. À divers degrés, *Culture* et *la Revue de l'Université Laval* témoignent toutes deux de l'importance des chroniques littéraires dans le processus de constitution du corpus québécois, en l'absence des conditions nécessaires pour la rédaction et la publication d'articles plus approfondis. D'ailleurs, ces chroniques continuent à prendre de l'ampleur (du moins dans les notes bibliographiques de *la Revue de l'Université Laval*) entre 1960 et 1965 alors que s'ouvrent d'autres lieux de pratique critique. Si les deux revues exercent de toute évidence une politique de sélection qui permet d'escamoter les œuvres contestataires, certaines collections dont les «Classiques canadiens» de Fides, offrent un terrain fructueux de compromis.

La question de la spécialisation suscite plusieurs observations. Soulignons d'abord la variété de phénomènes qui se regroupent encore sous l'intitulé d'une revue universitaire ou scientifique (*Culture*). Sous ce rapport, pour peu qu'elle soit universitaire, *la Revue de l'Université Laval* paraît moins scientifique que la revue explicitement religieuse qu'est *Culture*. Dans les deux cas, pourtant, la littérature se trouve à la remorque d'autres préoccupations.

Deuxièmement, si les deux revues connaissent une certaine ouverture à partir de 1959, ce qui pourrait faciliter la publication d'articles de critique littéraire plus approfondis, il est évident que leurs politiques éditoriales ne sauraient s'accommoder des différents genres d'analyse nationale, sociologique ou structuraliste qui verront le jour à partir de 1966-67 dans des revues universitaires comme *Voix et images*, *Études françaises* et *Études littéraires*. D'où un certain essoufflement des articles dans les deux revues à partir de 1962 (*la Revue de l'Université Laval*) ou de 1963 (*Culture*) qu'accompagne, dans le cas de l'abbé Bégin, une polémique explicite. Les deux revues vivent d'ailleurs leurs dernières années.

Enfin, tout comme ces deux revues ont de la difficulté à affirmer leur spécificité, question qui d'ailleurs ne se pose même pas lors de leur fondation, on remarque un certain flottement au niveau des collaborateurs. Le cas de l'abbé Bégin est particulièrement intéressant à cet égard. On pourrait se demander, par exemple, pourquoi le successeur de Camille Roy à l'université Laval en matière d'enseignement du corpus québécois intervient si peu dans la recension de la production locale dans sa propre revue, alors que, selon Romain Légaré écrivant alors dans

*Culture*, il fait «depuis de nombreuses années [...] de la véritable critique littéraire dans *l'Enseignement secondaire au Canada* [...] et *l'Action catholique* (*Culture* 19, 215). Le cas de Maurice Lebel est parallèle, en ce sens qu'il choisit de publier plutôt sur la littérature française ou grecque dans *la Revue de l'Université Laval* alors que ses essais sur la littérature québécoise, réunis en volume sous le titre *D'Octave Crémazie à Alain Grandbois*, sont parus d'abord dans *l'Instruction publique*. Il s'agit là d'autant de chassés-croisés d'intervention critique qui mériteraient d'être poursuivis. Comme le souligne Pierre de Grandpré en 1966 au sujet de cette époque de transition: «C'est un champ d'observation suffisamment complexe et captivant, et les limites en semblent, pour l'instant, assez reculées pour combler d'aise et de travaux l'exploration critique» (9).

# Ouvrages cités

Brochu, André. *L'Instance critique*. Montréal: Leméac, 1974.

Grandpré, Pierre de. *Dix ans de vie littéraire au Canada français*. Montréal: Beauchemin, 1966.

Lemire, Maurice, dir. *Dictionnaire des œuvres littéraires du Québec 1940-1959*. Tome 3. Montréal: Fides, 1982.

——. *Dictionnaire des œuvres littéraires du Québec 1960-1969*. Tome 4. Montréal: Fides, 1984.

Marcotte, Gilles. *Présence de la critique*, Montréal: HMH, 1966.

Michon, Jacques. «Les Revues d'avant-garde au Québec de 1940 à 1979.» *Trajectoires, littérature et institution au Québec et en Belgique francophone*. Gauvin, Lise et J.-M. Klinkenberg, dir. Bruxelles: Labor, 1985: 117-127.

Robert, Lucie. *L'Institution du littéraire*. Québec: Presses de l'Université Laval, 1989.

Valois, Jacques. «Culture.» *La Presse québécoise*. Beaulieu, A. *et al.*, dir. Tome 7. Québec: Presses de l'Université Laval, 1985. 176-179.

Vigneault, Robert. «La Critique littéraire.» *Un Québécois et sa littérature*. R. Dionne, dir. Sherbrooke: Éditions Naaman et A.C.C.T., 1984: 296-314.

Wyczynski, Paul, François Gallays et Sylvain Simard, dir. *Archives des Lettres canadiennes*. T. 6. *L'Essai et la prose d'idées au Québec*. Montréal: Fides, 1985.

Wyczynski, Paul, Jean Ménard et John Hare, dir. *Recherche et littérature canadienne-française*. Ottawa: Presses de l'Université d'Ottawa, 1969.

# De *l'Illettré* à la littérature théâtrale
## Germain lecteur de Tremblay

Pierre Gobin
Université Queen's

Je ne vais pas reprendre ici le petit jeu qui consiste, en faisant varier les critères, à proposer une nouvelle date pour l'émergence d'un théâtre francophone en Amérique du Nord. Ainsi, entre la définition large de Jean Béraud, qui justifie son titre triomphaliste *350 ans de théâtre au Canada français* en invoquant le *Théâtre de Neptune* de Marc Lescarbot (14 novembre 1606,) et la définition étroite de Michel Bélair, récusant toutes les entreprises qui ne sont pas spécifiques au pays, dans leur texte et leur mise en scène, leur structure, leur problématique et leur langage pour faire naître le *Nouveau Théâtre québécois* avec la représentation des *Belles-Sœurs* de Michel Tremblay, le 14 août 1968, l'éventail est large, et permet toutes sortes d'options. Par exemple Jean Hamelin propose 1940 comme «date-repère... approximative» (7) pour le *Renouveau du théâtre au Canada français*, puisque c'est vers cette date que les Compagnons de Saint Laurent vont voler de leurs propres ailes, le Père Legault ne pouvant plus faire appel à leurs émules français. Jean-Cléo Godin, faisant le point en 1970 sur la question de la périodisation dans le *Théâtre Québécois*, s'interroge: «350 ou 25 ans de théâtre?»; le même chercheur a pu mettre en évidence l'originalité de certaines manifestations mal étudiées avant lui (le Théâtre National par exemple au début du XX<sup>e</sup> siècle). J'ai moi-même tenté d'évaluer l'impact paradoxal de la grande crise économique, de 1929 au début de la seconde guerre mondiale, sur le développement d'une infrastructure montréalaise; des équipes analysant l'activité théâtrale d'autres régions (Trois-Rivières et Québec notamment) ont pu déceler l'apparition de traits originaux, parfois applicables à un contexte différent. L'extension de la notion de théâtre à des activités «non canoniques» (les *pageants*, le burlesque, les monologues «de société», le répertoire radiophonique, pour n'en citer que quelques-unes ayant fait l'objet de travaux importants), la recherche de la théâtralité dans des textes «non mimétiques», du moins en première analyse, ont permis d'étoffer les corpus, d'établir des continuités, de repérer des innovations, bref de redécouvrir d'immenses domaines occultés et d'y constituer tout un réseau de périodisations justifiables.

Plutôt que d'étudier la naissance de types de théâtre nouveaux, ou la mise en place de nouvelles instances de production, que j'appellerai «premières», s'agissant des textes, et «secondes» pour ce qui est des spectacles, j'envisage ici de suivre l'élaboration de discours critiques originaux en corrélation avec ces «créations». Dans ces conditions, le terminus *a quo* a moins d'importance que le terminus *ad quem*. L'établissement de ce dernier peut sembler aisé: la publication du premier ouvrage universitaire considérant le théâtre québécois comme un domaine d'étude autonome et l'abordant dans une perspective critique rigoureuse fait date. Même si, sous son apparence de monographie *le Théâtre québécois* publié en 1970 chez HMH est le fruit d'une collaboration où les voix des deux auteurs, J.-C. Godin et Laurent Mailhot, demeurent distinctes, puisque chacun est responsable de tel ou tel chapitre (l'introduction seule étant conjointe). Même si les textes sont la reprise de cours radiodiffusés — ce qui explique le caractère plus ou moins synthétique des chapitres sensiblement de longueur égale, certains traitant de dramaturges prolifiques comme Dubé, alors que d'autres s'appuient sur un corpus étroit (de Grandpré, Ducharme) ou encore peu étoffé (Tremblay), ce livre constitue une étape décisive dans le développement de la critique traitant de la littérature dramatique au Canada. On peut dire que 1970 marque le début du *professionnalisme* critique dans ce domaine, sinon de «l'institutionnalisation» de son discours.

Pourtant, et c'est là un paradoxe (lié sans doute à la concomitance/correspondance entre l'avènement du «*théâtre québécois*» et les événements de mai 68 qui voient — notamment dans l'univers culturel français — la mise en question de l'institution) alors même que la dramaturgie trouve son *illustration* avec les *Belles-Sœurs*, puis sa *défense* dans le livre de Godin et Mailhot, elle se déconstruit et se marginalise dans son *illustration* même, à travers *l'éthos* (populiste) et la *lexis* (joual) des productions du *nouveau* théâtre québécois. La distance qui en résulte entre le discours critique littéraire et l'œuvre qui accède à la littérature par une mise en question du littéraire est à certains égards favorable, puisqu'elle ouvre un large champ à l'exploration d'une problématique originale. Mais elle introduit aussi un type particulier de soupçon chez les créateurs (leur originalité/-hétérogénéité serait-elle toujours déjà récupérée par la culture?) et chez les critiques (leur compréhension du changement radical résulterait-elle d'une réduction insidieuse?): le champ à explorer serait-il alors voué à n'être qu'un champ clos, lieu d'un affrontement inévitable, ou à rester un champ miné, un *no-man's land* excluant un échange véritable?

Fort heureusement, dans le créneau entre création et critique, la fin des années 1960 voyait déjà s'introduire des types de discours qui amorçaient l'échange, soit en mettant en scène la critique — ainsi actualisée — soit en distançant le théâtre — ainsi rationalisé et explicité. Par exemple Jacques Ferron avait dès 1948 illustré le premier type avec *la Mort de Monsieur Borduas* (et en 1968 la revue *les Herbes Rouges* publiait ce texte). En 1965, dans le premier numéro de *la Barre du jour*, il abordait le second avec *le Permis de dramaturge*. Jacques Languirand d'une part, Michel Vaïs de l'autre, s'étaient eux aussi engagés sur ce terrain piégé. Mais toutes leurs recherches avaient été mal comprises. Il fallait, pour ne pas être victime d'un rituel de la *schizo-culture*, si l'on se livrait pleinement, tout en suscitant des échos de part et d'autre, avoir à la fois assumé l'utopie soixante-huitarde qui mettait à nu les fondements intellectuels de la critique tout en la sommant d'intervenir *à chaud*, et vécu la tension entre la «grande culture» et les formes d'expression populaire, entre l'affirmation d'une littérature *visible d'ailleurs* et les contingences quotidiennes de l'ici. Il fallait aussi être rompu aux tours des gens du spectacle, médiateurs privilégiés entre littérature et société, sans pour autant être prisonnier du *métier* de comédien avec ses traditions et ses prétentions. Jean-Claude Germain était alors dans ce cas, puisqu'il avait l'expérience de l'écriture dramatique (sans être précisément un *auteur*, «homme de cabinet», son travail étant lié à des créations collectives), de la production théâtrale (à différentes étapes, de la lecture — au Centre d'Essais — à la représentation, *Diguidi*, jouée fin 69, fut publiée dans *l'Illettré* en février 1970), et que même s'il n'était pas bachelier, il avait reçu une formation classique sérieuse, et suivi des cours universitaires. On notera chez lui la conjonction d'une triple expérience, mais aussi la constance du «presque». Presque auteur en 1968, presque comédien, presque universitaire, mais toujours «introduit» et présent en tant que journaliste, toujours créateur d'intérêt au contact entre l'art et la société, toujours observateur critique derrière un masque de bouffon-morosophe «illettré».

C'est donc son discours critique entre 1968 et 1970 que je me propose d'examiner de plus près. Plus spécifiquement je concentrerai mon attention sur les textes qu'il a consacrés à Michel Tremblay entre le 10 mars 1968 (lors de la présentation en lecture des *Belles-Sœurs*) et la fin de 1970 en y ajoutant l'espèce de *coda* que constitue sa réaction à la petite monographie de Michel Bélair, *Michel Tremblay*, publiée en 1972. Ces textes de Germain vont de l'écho rapide, en prise sur l'actualité, à la réflexion rétrospective. Les «vecteurs» qui les ont présentés au public offrent une grande variété, du journal quotidien au périodique et au livre. Mais, nous le verrons, la distinction traditionnelle entre la critique journalistique et celle qui, «en différé», permet un certain détachement n'est pas toujours pertinente: ainsi c'est dans le quotidien *le Devoir* que le critique présentera en 72 la révision d'un jugement «trop hâtif» publié dans la *préface* d'un volume en 70. Par ailleurs la création, au cours de la période qui nous concerne, d'un mensuel dont Germain est l'un des directeurs — et où l'on entretient même un instant la fiction qu'il est «l'unique directeur», puisqu'il prend la parole dans le premier cahier de la première livraison, avant de la céder à ses compères, Michel Beaulieu, Pierre Turgeon, et Victor-Lévy Beaulieu, chacun successivement promu au commandement de ce curieux périodique, — offre à la fois l'occasion de lancer un manifeste — et donc dans une certaine mesure de *créer* l'événement «objectivement» — et de prendre la parole de la façon la plus subjective.

Enfin Germain *affiche* la marginalité (les titres des périodiques où il fait paraître ses textes sont programmatiques: s'il n'a pas choisi ceux du *Petit Journal* et de *Digeste-éclair*, il a bel et bien lancé *l'Illettré*) mais son style de critique est plus «châtié» et moins «déboutonné» que celui des personnages de ses pièces, lesquels ont pourtant une *persona* hautement symbolique, et donc distanciée. Nous avons donc un discours tout à fait particulier qui joue sur une variété de registres, se situe à des distances «réglables» de l'objet qui le suscite (un peu comme un *zoom* photographique), et tire parti de diverses identifications (avec l'auteur ou le public «réel», avec les spectateurs potentiels ou les personnages projetés) et de distanciations multiples (notamment avec les autres critiques). Par ces divers mouvements de navette, Germain tisse en quelque sorte une relation entre les trois secteurs d'activité dont l'émergence définit l'accès du théâtre québécois à la maturité (mise en place d'un réseau complet de productions «secondes» ou spectaculaires, allant des salles subventionnées aux entreprises d'amateurs et incluant un secteur d'exploitation «quasi-libéral», et permettant la représentation de «classiques» comme les expériences d'avant-garde; affirmation d'un répertoire québécois indépendant et original; expression critique responsable, à la fois ouverte et fondée scientifiquement). Mais la rapidité de ses mouvements, de même que son goût du paradoxe et du déguisement font qu'il n'est jamais tout à fait là où l'on croit le saisir. Le tissu culturel qu'il contribue à constituer et où il se glisse se révèle alors chatoyant et moiré déjà, à moins qu'il ne soit rapaillé et arlequinesque, constituant son luxe par la déchirure, la misère et la violence comme André Brassard («20 ans, 20 mises en scène») le notait lors de la lecture des *Belles-Sœurs*: «Le théâtre c'est soit un party, soit une claque sur la gueule». (*le Petit Journal*, 10 mars 1968, p.46)

Même si les réponses *spécifiques* de Tremblay ne nous sont pas connues, et si les termes *privés* de l'échange entre les deux écrivains ne peuvent être qu'inférés, le volet public que constituent les textes et les spectacles de l'enfant de la rue Fabre, et les réactions critiques du «p'tit enfant d'la liberté» nous aide à pénétrer dans cet univers exemplaire.

Le premier texte publié par Germain sur Tremblay donne le ton. À vrai dire il s'agit d'un *ensemble* de textes, puisque les trois colonnes de la page 46, du *Petit Journal* du 10 mars 1968 consacrées à la lecture des *Belles-Sœurs* au Centre d'Essai des Jeunes Auteurs présentent un savant dosage de propos attribués à André Brassard, dont la photo occupe le tiers supérieur de l'ensemble, et que Jean-Claude Germain rapporte en les assumant — puisqu'il signe l'interview — et de commentaires du journaliste, surimposés (ou pris en abyme, au sens héraldique) en caractères gras dans un encadré et suivis des seules initiales «J.-C.G.». Nous savons certes que Brassard n'a pas besoin qu'on lui mette telle ou telle formule dans la bouche. Mais on peut se demander si la citation de l'entrevue qui sert de titre à l'encadré («*Les Belles-Sœurs*: un événement capital») ne lui a pas été «servie» comme une balle, ou comme la «remarque spontanée» d'un compère. Tout un système d'échanges et de complicités entre le metteur en scène et le journaliste se trouve dès lors mis en place: mais il sert à *faire-valoir* l'absent ostensible qu'est Tremblay, créateur «initial»; dans l'autre sens, le critique a le privilège du dernier mot et cela doublement, en tant que *rapporteur*/reporter qui choisit et monte des propos qu'il a peut-être suscités, et derechef, en tant qu'*éditeur*/rédacteur qui cite les paroles de Brassard, et, par la mise en page, «fait le trou»[1]. Et la formule qui clôt

---

1. En fait Germain, en alternant les citations (à la première personne) et les commentaires (à la troisième) dans l'entrevue établit une triple spécificité: celle de Brassard («à vingt ans c'est sans doute la seule authentique «bête de théâtre» que possède le jeune théâtre québécois»), attestée par Germain; celle de Tremblay, dont Brassard s'est fait le prophète depuis deux ans, est «le seul nouveau dramaturge important...») et celle de Germain implicitement révélée par son dépistage de l'originalité du metteur en scène et du dramaturge. La troisième personne, *persona* «critique» est dans chaque cas la caution

l'encadré, tout en rendant hommage aux «précurseurs», «Gurik et d'autres», et en rappelant les «pas importants» que furent «dans leur temps» *Tit-Coq* de Gélinas et *Zone* de Dubé, établit l'événement en avènement décisif. Le choix des temps, passé défini (historique) pour parler des prédécesseurs, passé composé (existentiel et présentifié) pour présenter Tremblay ne laisse aucun doute: cruel sans complaisance et drôle à mourir, le ton du nouveau théâtre *est trouvé*.

On ne saurait toutefois oublier que ce nouveau théâtre (ce texte, cette création littéraire) s'incarne grâce à une authentique «bête de théâtre» (qui lui donne une réalité spectaculaire) et se manifeste dans sa vérité grâce à un critique qui en perçoit, en assume, et en répercute l'impact: ce dernier point, Germain n'a pas besoin de l'énoncer, mais le rend évident dans son énonciation.

Lorsque le 25 août 68, toujours dans *le Petit Journal* (63), Germain publie une entrevue de Tremblay lui-même, il semble prêt à s'effacer, à ne prendre la parole que pour ostensiblement relancer les explications du dramaturge: «Et le million de timbres-primes, c'est du vécu?»; ou, plus loin: «Et le joual, ça vient de source?». Mais ces deux questions lui offrent la possibilité d'un montage-titre: «Plus c'est absurde, plus c'est joual», qui rappelle les liens inextricables entre nouvelles problématiques et langage dramatique autre, et éveille des dissonances qui se répercutent. Par ailleurs, sous la photo de Tremblay (à laquelle une seule colonne est ici consacrée), Germain cite le dramaturge de telle façon que le familier et l'insolite définissent son originalité:

> Pour moi, le théâtre c'est un miroir et une fenêtre. Il y a des gens qui vont se reconnaître dans les *Belles-Sœurs*, et d'autres pour qui ça va être une révélation.

L'habileté du critique-journaliste semble toutefois prise en défaut quand il s'agit de trouver un titre à son compte-rendu de la représentation de la pièce: «*Les Belles-Sœurs*: une condamnation sans appel» (*le Petit Journal*, 6 septembre 1968 (75)) pourrait faire attendre un éreintement. Mais c'est le texte même

---

de la première, avec un jeu sur les instances de manifestation d'un univers imaginaire.

de Tremblay, présenté à la scène, qui porte cette condamnation sur toute une société: «*Les Belles-Sœurs*, c'est un monde aliéné qui est condamné sans appel», et sur un appareil médiatique qui n'a jamais osé exprimer cette aliénation: «son seul mérite c'est d'avoir osé dire ce que les journaux, la télé ou la radio taisent consciemment: l'état d'aliénation absolue qui est à l'origine du joual». Si la contribution de Tremblay semble «minime» («Son seul mérite c'est [...]», elle n'en est pas moins décisive: «*Les Belles-Sœurs*, c'est l'acte de naissance du théâtre québécois», et plus loin, «Dans l'état actuel des choses il n'y a que le théâtre qui puisse encore [oser dire cette aliénation], et Tremblay est le premier auteur à se servir aussi efficacement du théâtre en ce sens là» (75). On perçoit alors le fonctionnement du paradoxe qui joue sur l'expression de l'impuissance à s'exprimer, à travers une sorte d'innocence rageuse, le cri du nouveau-né. Tremblay n'est pas celui qui établit un «acte de naissance» (il serait alors un greffier, ou un critique, comme ce roublard de Germain), mais il suscite l'acte irréparable de naître, il fait naître le théâtre québécois en lui donnant voix, il lui prête un «*barbaric yawp*» qui est un acte de parole incohérent[2]. Par ailleurs cet «acte de naissance» à l'énonciation est aussi «condamnation sans appel» *dans* l'énoncé et *dans* l'énonciation: il voue à un «jugement» irréversible tout en portant un jugement irrémissible. La liberté qui se manifeste est comme entachée d'une tare fondamentale quasi-théologique (troisième paradoxe pour des écrivains qui s'inscrivent en faux contre le jansénisme) de même que la liberté de parole donnée aux femmes ne leur permet d'abord que de protester contre le «maudit cul», ainsi que le suggère Germain à propos du texte même de la pièce.

Le compte-rendu critique se constitue donc comme en contrepoint avec le dialogue dramatique. Nous entrons dans un échange, même si la voix de Tremblay ne nous est connue qu'«en amont» et à travers des médiations.

Le quatrième texte consacré par Germain aux *Belles-Sœurs* en 1968 n'est autre que la présentation de l'édition originale,

---

2. Comme la voix «populiste» selon Whitman, comme la voix inhibée des collégiens du *Cercle des poètes disparus*.

publiée par Holt, Rinehart et Winston. Il est antérieur au compte-rendu de la représentation (et même à l'entrevue avec Tremblay du 25 août)[3]. Si je ne le considère que maintenant, c'est à la fois à cause de son «statut» de production plus durable que la presse quotidienne, de son ampleur relative (2000 mots environ soit trois fois plus que le compte-rendu), de son association étroite avec le *texte* de la pièce (qu'il privilégie sans avoir à commenter le *spectacle*), et surtout la pluralité de ses «sites» et de ses «modes» critiques, allant de la confession («J'ai eu le coup de foudre», qui constitue le titre) à la réflexion historique («Le phénomène du jeune auteur dramatique a fait son apparition bien avant la venue de Michel Tremblay» (3), de l'implication («Rire de soi-même, rire de son impuissance, c'est reprendre possession de soi. C'est déjà posséder» (5) à la distanciation. C'est même cette dernière perspective qui domine, et qui permet à Germain de saluer «un nouveau réalisme»(3);(5).[4] Le recul du critique, qui pourtant a reçu tout l'impact de la pièce est dès lors attribué aussi à l'auteur.

Tout se passe comme si la dialectique entre personne et persona dont Tremblay a découvert le «rythme» dans les *Belles-Sœurs* était susceptible de se perpétuer dans les rapports entre dramaturge et critique. En effet, si, comme l'écrit Germain, «l'auteur des *Belles-Sœurs*, Michel Tremblay est totalement absent de la pièce. Après l'avoir lue — ou entendu lire — on ne sait rien sur lui, mais on sait tout, enfin tout ce qu'il faut savoir, sur la grosse Germaine, sa fille, ses sœurs et ses amies», le dramaturge n'en est pas moins totalement présent dans sa création, non par identification *sensible* avec ses créatures («Tremblay ne s'apitoie pas, il nous dit brutalement: "Regardez bien! C'est comme ça! C'est aussi pire que ça"»(4) mais par compréhension lucide. Il est présent en Germaine comme le Dieu des Jansénistes dans le «monde visible», comme Flaubert en son

---

3. Germain évoque la lecture au Centre d'Essai et l'émotion qu'il y a éprouvée («j'ai quitté la salle des Apprentis sorciers sans participer à la discussion [...] les *Belles-Soeurs* c'était «ça». Tellement «ça» que je n'avais rien à dire [...]» (3) mais ne mentionne ni son interview de Tremblay, ni la représentation des *Belles-Soeurs*.

4. Il rejoindrait ici non seulement Brecht, mais aussi Goldmann (je pense surtout à son analyse du *Balcon* de Genet, «pièce réaliste», publiée dans les Cahiers Renaud-Barrault).

héroïne romanesque («Madame Bovary, c'est moi»), alors qu'il est, *par nature*, fondamentalement caché.

Mais cette relation du dramaturge à ses personnages (qui constitue une espèce de mystère «théologique» de la création littéraire en général et dramatique en particulier) se répercute à tous les niveaux. Elle affecte l'*éthos* de la pièce, et établit du même coup les conditions de la réception «éclairée»:

> *Les Belles-Sœurs*, ce n'est ni une pièce comique ni une pièce dramatique [je dirais pour ma part pathétique, jouant sur la pitié, ou tragique, suscitant une catharsis à travers la pitié *et* la terreur]: c'est une pièce qui grince entre les deux. Pour Germaine, c'est peut-être un drame de perdre ses timbres-primes; mais pour nous, le drame c'est d'en être réduit à la condition de Germaine.(5)

Nous spectateurs/lecteurs, subsumés par le critique, retrouvons alors le monde qui englobe l'univers étriqué des personnages, mais qui reprend en l'amplifiant le monde aliéné qui serait le référent dérisoire de cet univers. Le «gouffre qui donne le vertige», quand nous le voyons s'ouvrir sous les pieds de Germaine et qui pour le critique n'est autre que «le néant québécois», se prolonge en deux infinis pascaliens: et l'écrasement du personnage qui amorce le mouvement dans un sens a pour contrepartie une espèce de déperdition du spectateur. Dans un cas comme dans l'autre l'existentiel vacille.

Au centre du dispositif, toutefois, ceux qui ont lancé le mouvement, le dramaturge et le critique, ont pour tâche de «faire le point». «Avec *les Belles-Sœurs*, écrit Germain au début du texte, Michel Tremblay ouvre la voie de la réalité» (5). Il nous révèle pourtant que cette «réalité» est «vide». Avec sa préface, pourrions-nous dire alors, Jean-Claude Germain ouvre la voie à une démystification du regard que l'on portera sur le rapport de la création artistique au monde.

Malgré la représentation de *En pièces détachées* et de *la Duchesse de Langeais* en 1969, il faut attendre 1970 pour retrouver des textes de Germain consacrés à Tremblay. Ils sont de deux sortes. D'une part la présentation des deux pièces pour l'édition Leméac, intitulée «Michel Tremblay un an après *les Belles-Sœurs*» est *spécifique*. Elle fait le point sur *l'évolution* du dramaturge, en rappelant les étapes de la production, et les conditions de la gestation des œuvres. Le critique est sans complaisance pour les facilités («anecdotique par moments...») mais salue le métier («*En pièces détachées* comprend néanmoins des scènes dont la puissance et l'intensité dramatique dépasse de loin celle des *Belles-Sœurs*») et même le *génie* de celui dont il est devenu le confrère[5]:

> En écrivant la *Duchesse* Michel Tremblay a eu le génie de comprendre que cette sexualité linguistique dépravée se résumait, s'incarnait dans le personnage de la «tapette» québécoise. (9)

Cependant, tout en admirant le créateur, Germain est sans tendresse pour la créature en qui il reconnaît pourtant un semblable:

> La *Duchesse de Langeais* incarne à son degré extrême l'aliénation de l'homme québécois. Cruel et sans complaisance, Michel Tremblay nous tend encore une fois un miroir: NOUS SOMMES TOUS DES DUCHESSES DE LANGEAIS. (ibid)

Il fera plus tard son *mea culpa* sur cette péroraison célèbre, à la fois réductrice et masochiste dans sa description d'un *Heautontimoroumenos* «réaliste».

Pour l'instant, sa relation globale à l'*œuvre* de Tremblay demeure ce qu'elle était lors de la lecture des *Belles-Sœurs*. Mais le dramaturge lui-même a maintenant un statut différent. D'une part, comme pour la majorité des critiques, Tremblay est devenu une espèce de «classique» pour Germain. Seulement, l'exemple qu'il constitue est exceptionnel: on ne saurait en conclure que la dramaturgie québécoise est *avenue*. Une hirondelle ne fait pas le printemps: tout au plus peut-elle le laisser espérer.

Aussi Germain invoque-t-il paradoxalement l'auteur des *Belles-Sœurs* pour lancer un cri d'alarme dans le premier numéro de *l'Illettré* (janvier 1970): «C'est pas Mozart, c'est le Shakespeare québécois qu'on assassine»: et les paradoxes de ce texte sont étonnamment complexes. Je me bornerai à les relever sans les analyser.

---

5. *Les Enfants de Chénier dans un autre grand spectacle d'adieu*, demeurée inédite, fut représentée en septembre 1969.

D'abord le titre, renvoyant à un célèbre texte humaniste de Saint-Exupéry, est fondé sur une dénégation (dont le texte rendra compte) et qui pourrait se lire comme un *Refus Global* de «l'establishment théâtral», et de la «Mission Civilisatrice Éducatrice et Moralisatrice» qu'il a cru devoir assumer.

Mais la correction («c'est le Shakespeare québécois») renvoie à un autre «establishment», plus puissant encore, et peut-être plus dangereux puisqu'il postule la nécessité du chef-d'œuvre (alors que Germain sait pertinemment, comme Artaud, qu'une des conditions de la création c'est d'«en finir avec les chefs-d'œuvre»)[6], et est associé au pouvoir «colonisateur».

De toute façon, ce n'est pas un «Barde» qui apporterait une réaction salutaire, comme le confirment les dernières lignes du texte: ce qui est terriblement décevant avec les auteurs québécois, c'est qu'ils sont nous-mêmes. Rien de plus et rien de moins.

«Comme la Bolduc.
Comme Ti-Blanc Richard.
Comme Willie Lamothe.
Comme Robert Charlebois».

La réalité québécoise, c'est à travers une culture populaire et (4) *populiste* qu'elle se manifesterait.

Les autres paradoxes, délibérément tissés dans le texte sont liés à l'institution littéraire au Québec: propos d'un «illettré» érudit et familier avec les traditions critiques comme avec les instances de «production seconde», ils dénoncent la condescendance des «lettrés» et des «artistes du spectacle»:

> Créer des pièces québécoises est un pensum dont on se débarrasse le plus vite possible pour retourner aux choses sérieuses (2).

Mais au fond le «directeur» de *l'Illettré* a un faible pour «tous ceux qui savent lire et qui, *par vice* (c'est moi qui souligne), s'intéressent à [la] (sic) littérature dramatique». Au reste, fait mis en évidence à plusieurs reprises par Jean-Cléo Godin, il

---

6. Il s'agit des propos du dramaturge soumis à «la question» de «l'homme en noir» (confesseur/psychiatre) dans *les Jeunes, s'toute des fous* (Ms inédit d'un script de 1971, aimablement communiqué par J.-C. Germain lors de la rédaction du *Fou et ses doubles*, cité: 261, 89, 90).

utilise un style étonnamment châtié qui contraste avec le démotique calculé que sera le joual de ses personnages de théâtre.

C'est là qu'intervient le troisième paradoxe, qui concerne spécifiquement Tremblay: ce phénomène extraordinaire (donc considéré objectivement), qui a créé une œuvre où se manifeste un détachement lucide (et qui juge sévèrement la société) est aussi un séducteur qui a trouvé d'abord un défenseur inconditionnel (Germain parle de la «foi inébranlable» de Brassard pour son œuvre) puis des spectateurs enthousiastes. Pourquoi? Parce qu'il leur offre une image d'eux-mêmes, à la fois «terriblement décevante» et qui les touche, qui a trouvé le moyen d'être «pris au sérieux» sans ennuyer: «Les *Belles-Sœurs* n'ont pas connu le succès qu'elles ont connues (sic) uniquement parce que la pièce était une bonne pièce».

En somme il aurait réussi le miracle (qui est celui du dramaturge, le paradoxe du dramaturge, pourrait-on dire, qui porte à un degré supérieur le paradoxe du comédien mis en évidence par Diderot) de provoquer la passion (le «coup de foudre» éprouvé par Germain, récepteur privilégié) à travers une *méta*-théâtralisation de l'impassivité. Seulement, du même coup, il risque de réduire au désespoir tous ses émules possibles (et cela sans prétendre être Shakespeare).

Il se trouve pourtant qu'un beau désespoir est secourable, le vieux Corneille l'avait déjà dit par le truchement d'un de ses personnages les plus intransigeants. Et dans l'autre texte de *l'Illettré* où Tremblay est présent (sans se manifester ni même être nommé) il sert d'intercesseur fraternel à Germain trahi, non dans son propre pays, mais par l'intelligentsia «anglosaxophone». Dans *Pour ou contre l'American Bad Dream*» (octobre 70), il plane aux côtés de l'auteur de *Diguidi* pour l'aider à s'affirmer face aux «Américains de la dernière heure» et à leur «désespérance», si «folle, belle et insensée» qu'elle soit, pour justifier le *nous* du jeune théâtre québécois: «Nous, nous sommes des barbares. En retard et en avance».

On le voit, dès octobre 70, le combat changea d'âme; et la conversion de Germain à «un espoir, fou, insensé et absolument possible» va se traduire, au-delà de la crise d'octobre, au-delà de la dérision grinçante qui se manifeste dans les spectacles du Théâtre d'Aujourd'hui et prend pour cibles les «mythologies» québécoises[7], au-delà des ruptures et des deuils (la mort de Sauvageau en 1970, qui suscite un article dans *l'Illettré* de décembre), va se traduire par une révision du jugement porté d'abord sur la *Duchesse de Langeais*. C'est sur ce texte publié sur une pleine page dans le *Devoir* du 11 mars 1972 p.15 où l'ex-critique Germain «critique le critique du *Devoir*» que je voudrais m'arrêter pour finir, mais non conclure, puisque c'est aux deux dramaturges que peuvent s'appliquer ces propos:

> Créateur(s) et par surcroît vivant(s) [ils] possède[nt] à ce titre tous les droits [...] et surtout [...] le droit inaliénable de ne pas se laisser enfermer vivants dans la camisole de force définitive et ex-cathedra de [leur] propre œuvre [...]

Quatre ans après la lecture des *Belles-Sœurs*, chercher une explication réelle «au phénomène Tremblay, à la révélation qu'il avait été», apparaît à Germain comme une chose «possible, urgente, nécessaire et indispensable». Pourquoi cette intensité, ce sentiment de crise, ce besoin d'assumer une tâche (sinon une «mission») de la part de celui qui récusait les Missions et qui se désigne comme retiré de la critique active? C'est que le vétéran, l'«émérite», le réserviste, doit reprendre du service pour mettre en garde un successeur outrecuidant, le critique devenu littérateur, puisque Michel Bélair vient de consacrer un *livre* à Tremblay. Et l'œuvre de celui qui se présente «comme un classique déjà» [...] y est considérée de façon réductrice, à travers une «grille d'interprétation [...] sommaire» [...].

Le dramaturge qui a brisé tant de tabous est traité «dans la grande tradition hagiographique» (ce qui ne peut qu'irriter l'auteur qui a dénoncé le fidéisme dans *Entre le parvis et le boxon*). Bélair fait de Tremblay «l'as des as», «le héros isolé qui incarne en lui et dans son œuvre toutes les qualités et aspirations du Québec moderne».

Mais, le coupant de son contexte, il le condamne à la «dubéification»; surtout, le journaliste du *Devoir* réduit l'auteur

---

7. Ceci se manifeste pratiquement dans tout le répertoire de Germain à cette époque, de *Si Aurore m'était contée* (deux fois) à *Un pays dont la devise est je m'oublie* tout comme d'ailleurs dans le *Manuel de la petite littérature du Québec* de Victor-Lévy Beaulieu avec lequel j'ai déjà proposé un rapprochement (*Le Fou et ses doubles*, 235).

des *Belles-Sœurs* à «l'auteur de *À toi pour toujours ta Marie-Lou*» et, dans cette pièce, concentre toute l'attention sur Carmen, devenue «une sorte de Messie» qui marquerait un Nouveau Testament, fondé sur l'espoir et la libération.

Je ne m'attarderai pas sur le caractère illusoire de cette libération (que Germain pressent avant que Raymond Joly ne l'étudie)[8]. Ce qui me semble pertinent ici, c'est que, de cette analyse, le directeur du *Théâtre d'Aujourd'hui* en vienne à une dénonciation de l'illusion référentielle comme support d'un néo-fidéisme.

> À mon avis, la proposition bélairienne résulte d'un malentendu qui s'est installé très tôt entre Tremblay et ses critiques [...] [et] qui repose sur une confusion constante entre le réalisme théâtral et la réalité sociale.

Il invite à corriger l'optique, tant en relativisant le réalisme (ce qui l'amènera à son *mea culpa* célèbre) qu'en articulant ses rapports avec la réalité (à travers une réflexion sur les structures idéologiques et les modalités de leur manifestation, ainsi que sur la distanciation théâtrale).

Dès lors, le découpage de Bélair, entre un «Ancien et un Nouveau Testament» tremblayien, ne tient plus, et l'évolution de l'œuvre du dramaturge passe par toutes les médiations qui s'inscrivent entre une (hypothétique) *personne* qui serait restituée (ou reflétée, ou reconstituée en réplique du réel par la *mimésis* et des *personae* qui se manifestent sur la scène. Et en ce sens, la création la plus remarquable de Tremblay est le personnage qui joue le mieux avec ses masques et ses travestissements, à savoir la *Duchesse de Langeais*. Si le vieil homosexuel avachi par l'alcool, qui serait le référent (ou l'impossible signifié) du protagoniste, peut être confondu avec une *personne*, un être «impuissant et marginal» qui «*incarne* à son degré extrême l'aliénation de l'homme québécois» comme l'écrivait Germain dans la préface de 1970, la femme du grand monde qu'il a rêvée, la cocotte prestigieuse qu'il a créée par la comédie ne sont ni

---

8. Jane Short Koustas a bien étudié cette question dans sa thèse de doctorat intitulée *Jean-Claude Germain et la sotie québécoise*.

impuissantes, ni marginales. En 1972, «l'ex-critique» reconstruit
le personnage pour le substituer comme modèle à celui de
l'hagiographe Bélair. Mais il reprend, impénitent, sa propre
conclusion de 1970: «Au "Nous devrions tous être des Carmen"
j'oppose: nous sommes tous des Duchesses de Langeais».

Seulement, ce qu'il ne dit pas, c'est que le sens et la portée
*esthétiques* de la phrase ont changé. Il affirmait naguère que
Tremblay «nous tend [...] un miroir». Il sait aujourd'hui, de par
son expérience du jeu des rôles (dont son propre répertoire est
nourri), et de par sa position «métacritique» par rapport à Bélair,
que l'image que nous voyons dans ce miroir est un effet de l'art.

# Ouvrages cités

Bélair, Michel. *Michel Tremblay.* Montréal: PUQ, 1972.

——. *Le Nouveau Théâtre québécois.* Montréal: Leméac, 1977.

Béraud, Jean. *350 ans de théâtre au Canada français.* Montréal: Le Cercle du Livre de France, 1958.

Ferron, Jacques. «Le Permis de dramaturge.» *La Barre du Jour* 1 (juillet-décembre 1965): 65-70.

——. «La mort de Monsieur Borduas.» *Les Herbes rouges* (octobre-novembre 1968): 3-8.

Germain, Jean-Claude. «*Les Belles-Sœurs*: un événement capital.» *Le Petit Journal* (10 mars 1968): 46.

——. «20 ans, 20 mises en scène» *Le Petit Journal* (10 mars 1968): 46. (Entrevue avec André Brassard)

——. «Plus c'est absurde, plus c'est joual.» *Le Petit Journal* (25 août 1968): 63. (Entrevue avec Michel Tremblay)

——. «*Les Belles-Sœurs*: une condamnation sans appel.» *Le Petit journal* (8 septembre 1968): 75.

——. «J'ai eu le coup de foudre.» Préface pour *Les Belles-Sœurs* de Michel Tremblay. Toronto et Montréal: Holt, Rinehart et Winston («Théâtre vivant»), 1968.

——. «C'est pas Mozart, c'est le Shakespeare québécois qu'on assassine.» *L'Illettré* 1 (janvier 1970): 2-4.

——. «*Diguidi, Diguidi, Ha! Ha! Ha!*» *L'Illettré* 2 (février 1970): 1-6.

——. «Pour ou contre l'*American Bad Dream*.» *L'Illettré* 5 octobre 1970.

——. «Michel Tremblay un an après *Les Belles-Sœurs*.» Préface pour *En pièces détachées*, suivi de *La Duchesse de Langeais* de Michel Tremblay. Montréal: Leméac («Répertoire québécois»), 1970.

——. «"Libérer Tremblay de ses préfaciers!" Quand un ex-critique critique le critique du *Devoir*...» *Le Devoir* (11 mars 1972): 15.

——. *Les Jeunes s'toute des fous.* Manuscrit inédit.

Gobin, Pierre. *Le Fou et ses doubles.* Montréal: PUM, 1978.

Godin, Jean-Cléo et Laurent Mailhot. *Le Théâtre québécois.* Montréal: HMH, 1970.

Hamelin, Jean. *Le Renouveau du théâtre au Canada français.* Montréal: Éditions du Jour, 1961.

Koustas, Jane Short. *Jean-Claude Germain et la sotie québécoise.* Thèse de Ph.D., Université Queen's, 1986.

# 3. Questions de réception...

# Entre humilité et héroïsation
## Des femmes de plume et de tête en Nouvelle-France[1]

Chantal Théry
Université Laval

Lorsque Jean Éthier-Blais affirme dans son article, «Le temps est le critique le plus impitoyable», que «l'écrivain est toujours en instance de disparition dans la grande trappe de l'oubli. Le temps s'en va, Madame, dit le poète», je traduis, «Les dames s'en vont toujours plus vite que les messieurs, dit le temps des critiques.» Et ce, même si elles sont bien souvent, comme cette religieuse qui relie et soigne les vieux livres de Jean Éthier-Blais, des raccommodeuses de temps devant l'éternel, servantes du bon Dieu: «Le livre, poursuit-il, est un objet fabriqué, souvent amoureusement, par des hommes», «objet sacré dans le subconscient littéraire». Lorsqu'il se réjouit de sa collaboration au *Devoir*: «Dans une vie intellectuelle, cette place est énorme. J'y vois une marque d'affection qui vient ajouter l'ampleur de la reconnaissance au plaisir d'écrire», je pense à toutes les écrivaines et les femmes critiques[2] qui ont manqué d'affection et de soutien et qui ont dû s'en inventer. C'est l'envers de la littérature et de la

---

1. Ces recherches ont pu être menées grâce à l'obtention de deux subventions accordées de 1985 à 1987 et de 1988 à 1990 par le Conseil de recherche en sciences humaines du Canada (CRSH). Cet article a bénéficié du travail de recherche et des discussions de mes assistant-e-s, Christine Paquet et Louis Bilodeau.

2. Lire à ce sujet l'article de Lise Gauvin dans ce même numéro du *Devoir*: «Se mettre en jeu et en joue».

critique, cette invention, ces ruses de femmes venues à l'écriture, qui me retiennent aujourd'hui, de vieilles histoires, de vieux désirs, aux accents parfois bien contemporains...

Les laïques nous ayant laissé fort peu de textes, j'ai tout particulièrement été amenée à lire les correspondances, annales et autres écrits des religieuses hospitalières et ursulines de la Nouvelle-France.[3] Ces textes sont le plus souvent étudiés et annotés pour leur valeur historique, documentaire et hagiographique. On sait à quel point ces formes dites libres (au même titre que les relations de voyage, journaux intimes, autobiographies ou chansons), longtemps boudées par l'institution littéraire, sont importantes pour l'histoire, la mémoire et l'histoire littéraire des femmes. Faute de pouvoir s'approprier les genres littéraires canoniques, roman, théâtre, poésie, bien des femmes de plume ont investi ces formes libres afin de pouvoir — sous couvert de faire œuvre utile — exercer leurs dons d'écrivaines.

J'ai d'abord dû me départir de mes préjugés sur les Religieuses et, derrière les discours très conservateurs et trop respectueux à l'égard de la hiérarchie, les aspects hagiographiques, mystiques, d'oblation de soi et de mortification irritants, j'ai trouvé des visions originales, des ambivalences et des contradictions révélatrices, des discours manifestement résistants, critiques et dissidents, d'astucieuses constructions narratives et discursives qui jonglent avec l'imaginaire, le pouvoir, l'humour, les mots.

Convaincue de la densité féministe de l'histoire, Adrienne Rich nous exhorte à juste titre (15) à ne plus repartir à zéro et nous invite, avec Annette Kolodny ou Nathalie Zemon Davies, à relire ces textes anciens avec des yeux neufs, une nouvelle direction critique, moins pour ajouter un chapitre à l'histoire culturelle que pour mieux cerner, d'hier à aujourd'hui, nos conditions et nos possibilités d'existence et d'expression.

Hélène Pelletier-Baillargeon a bien montré l'écart qui s'est creusé entre les femmes de la Nouvelle-France et celles chez qui le clergé a tenté d'implanter une spiritualité féminine d'efface-

---

3. Il s'agit des textes suivants: *Correspondance de Marie de l'Incarnation (1599-1672)*; *les Annales de l'Hôtel-Dieu de Québec, 1636-1716*, de Jeanne-Françoise Juchereau de Saint-Ignace et Marie-Andrée Regnard Duplessis de Sainte-Hélène; *Histoire simple et véritable* de Sœur Marie Morin; et *Lettres au cher fils (1748-1753)* d'Élisabeth Bégon.

ment, de mépris pour la curiosité intellectuelle et de méfiance à l'égard de la pensée. Elle cite la lettre du 5 avril 1843 du Père Pierre-Adrien Talmon, oblat de Marie-Immaculée à M$^{gr}$ Charles Eugène de Mazenod qui souligne bien cette tradition culturelle féminine que le clergé tente, fin XIX$^e$ siècle, d'éradiquer:

> Les sœurs de Marseille qui doivent venir s'établir au Canada auront à soutenir avec avantage le parallèle qu'on fera d'elles avec les Sœurs du pays. Veuillez donc les bien choisir. Prenez les meilleures, les plus instruites, celles qui réuniront le plus de connaissances et qui connaîtraient s'il se peut, la musique et le dessin. (85)

Le parallèle, les liens entre deux vocations inusitées, deux choix extraordinaires de la part de femmes, l'entreprise missionnaire au XVII$^e$ siècle et l'entreprise d'écrire, me semblent évidents. J'ai tout particulièrement été sensible à leurs motivations et à leurs stratégies argumentatives, au contraste entre affirmation et effacement de soi, fierté et humilité. L'alternance entre ces deux pôles est moins à mon avis le signe d'une contradiction que d'une élaboration dialectique, un jeu de balançoire rhétorique; l'excès d'humilité était le levier autorisé de l'affirmation de soi: on se rabaissait pour mieux oser et se propulser; en lisant féministement entre les lignes, ces stratégies et le rôle singulier que Marie de l'Incarnation et d'autres femmes ont fait jouer à Dieu apparaissent mieux.

Marie Guyart, née à Tours en 1599, est arrivée en 1639 à Québec sous le nom de Marie de l'Incarnation. On peut se demander comment cette femme manifestement déterminée et ambitieuse, femme de désir et de passion, pleine de potentiel et de talent, mais socialement et professionnellement limitée, a réussi à s'illimiter, à vaincre les résistances. Marie est la femme d'une idée fixe incroyable: elle veut aller au Canada! «Lorsque je fis mes exercices spirituels, je me trouvois toute honteuse quand il me falloit rendre compte de mes sentiments, qui ne convenoient point à mon sexe ny à ma condition» (26). Pleine «de la confusion d'oser aspirer», elle «demande pardon de [sa] témérité» mais ne veut pas «perdre un désir qui me suis par tout» (27). Cette idée fixe est soutenue par un rêve. Au cours du XVII$^e$ siècle, plusieurs milliers de biographies de religieuses furent écrites, imprimées, publiées. Des rêves y apparaissent qui légitiment une vocation et justifient l'écriture d'une «Vie» de femme. Les théologiens se contentent de dénoncer ces «superstitions», ces «enthousiasmes» féminins, mais dans «Rêver en France au XVIIᵉ siècle», Jacques Lebrun en tient judicieusement compte: «Un départ («Mon cher père», «Mon cher fils»), la perte où s'inscrit le désir, créent la condition d'une écriture, d'une «explication» impossible de vive voix» (37). Le rêve réactualise un songe inaugural perçu comme promesse et appel, garantit un destin et balise un trajet qu'il faut suivre coûte que coûte. À la Noël 1633, pour la troisième fois (Marie de l'Incarnation avait fait un rêve semblable à sept ans et à vingt-cinq ans), la Vierge lui apparaît en rêve avec son fils enfant dans un paysage (que Marie identifiera comme le Cap Diamant de Québec), la «met dans l'occasion», l'incite à venir travailler pour eux au Canada. L'offre ravit Marie: «J'y vois tant de charmes, qu'ils me ravissent le cœur, et il me semble que si j'avois mille vies, je les donnerois toutes à la fois pour la possession d'un si grand bien» (27). Dieu la légitime, garantit ses projets:

> Puisque Dieu le veut j'obéiray en aveugle: je ne sçay pas ses desseins; mais puisque je suis obligée au vœu de plus grande perfection, qui comprend de rechercher en toutes choses ce que je connoîtray luy devoir apporter ou procurer le plus de gloire, je n'ay point de répartie ni de réflexion à faire sur ce qui m'est indiqué [...] (516)

À Dom Raymond de S. Bernard, son confesseur réticent, Marie de l'Incarnation va s'adresser en des termes très conatifs; lui refuser, c'est refuser à Dieu:

> Je fus dès lors si vivement pénétrée que je donné mon consentement à notre Seigneur, et lui promis de lui obéir s'il lui plaisoit de m'en donner les moyens. Le commandement de notre Seigneur, et la promesse que j'ay faite de lui obéir, me sont tellement imprimées dans l'esprit outre les instincts que je vous ay témoignez, que quand j'aurois un million de vies, je n'ay nulle crainte de les exposer. Et en effet les lumières et la vive foy que je ressens me condamneront au jour du jugement, si je n'agis conformément à ce que la divine Majesté demande de moy. Raisonnez un peu là dessus, je vous en supplie. (43)

Les Religieuses se raccrocheront d'autant plus à Dieu, leur sublime mandateur, que les hommes contrecarreront leurs projets. Marie Morin, annaliste de l'Hôtel-Dieu de Montréal, rapporte par exemple[4] ce micro-récit hautement dramatisé:

> [Sœur Pilon, alors Supérieure à Baugé] resantit des tranchees mortelles de douleur de ne point aller en Canada, elle qui depuis plusieurs années le demandèt avec instance à Monseigneur d'Angers et à Monsieur de La Dauversiere [...]. Ma sœur Macé m'a dit que l'anbrasant pour luy dire aDieu, elle luy avoit dit «Ouy, ma sœur, ouy j'yré en Canada et bien tost. Les hommes me refuse cette grace, mais Dieu me l'acordera.» Huit jours apres cet aDieu, mes sœurs de Bresoles et Macé estant seules dans un lieu segret, on frappa 2 ou 3 coups a la porte et n'i trouverent rien. [...] elles aprirent que la dite sœur Pilon estoit decedee au jour et heure qu'elles avois ouy fraper [...] ce qui a fait croire [...] que c'etoit l'ame de la dite sœur Pilon qui [...] ce lessant transporter et enporter par le zelle d'aller en Canada, ce resolut de suivre ces compagnes apsolument. (88)

Dieu est un mandateur de choc, la caution magique des religieuses. Au tiercé divin, elles gagnent à tout coup. La volonté de Dieu fait échec aux oppositions humaines: Dieu le veut/Dieu me veut. Marie s'abandonne au désir du Père Tout-puissant en s'absentant à elle-même. Ce chèque en blanc, cette page blanche, mérite plus ample examen. En prétendant qu'elle n'est «rien», Marie tente d'écarter tout soupçon de narcissisme, d'orgueil: Je ne suis Rien et Dieu est Tout mais si je me voue à Dieu, le Tout m'investit, car Dieu «ne refuse rien à ceux qui s'abandonnent à sa conduite» (345). Le rien investi par le Tout s'illimite: au service de Dieu, amour illimité et compétences illimitées assurent le dépassement de soi:[5]

> Enfin mon Ame étoit insatiable ne voulant que la plénitude de l'amour. [...] ne me pouvant souffrir avec un amour limité. (10; lettre 6, à son directeur de conscience, le Feuillant Dom Raymond de Saint Bernard, 1627)

---

4. Voir aussi l'épisode de la Soeur du Ronceray (Morin 142-146).

5. «Écrire, c'est infinir», écrivait Yves Navarre dans son «Carnet 1», du *Devoir*.

Une Religieuse qui fait par tout son devoir est bien par tout, puisque l'objet de ses affections est en tout lieu. (86; lettre 39, en mer, à la Mère Françoise de S. Bernard, Supérieure des Ursulines de Tours, 20 mai 1639)

Pour moy, je vous le dis franchement, je n'ay peur de rien, et quoy que je sois la plus misérable du monde, je suis prête et me sens dans la disposition d'aller aux extrémitez de la terre, quelques barbares qu'elles soient, si l'on m'y veut envoyer. (356)

Comme je crains que mes désirs ne soient des impétuositez naturelles, ou bien que mon amour propre ne se veuille contenter en cela, j'envisage [...] tout ce qu'il y a d'affreux dans l'exécution de ce dessein. (27)

Nous avons toutes les raisons de croire que la force de caractère et la combativité, l'audace et la témérité habitaient Marie avant les missions de la Contre-Réforme catholique et que la vocation en est l'espace autorisé. Dieu et son «instinct», «l'instinct si violent qui me pousse» (26), dit-elle, lui donnent force et assurance:

Quand je fais réflexion que je désire une chose qui semble être contre la raison humaine, j'ay de la confusion: Mais en même-temps je ressens dans l'âme un instinct qui me dit qu'il est raisonnable d'aquiescer aux mouvemens que Dieu donne dans l'intérieur; sur tout quand il n'y a point de recherche de nous-mêmes, mais plutôt qu'on y remarque un dépouillement entier de tout propre intérêt. [...] Voilà mon sentiment qui trouve fort à son goût les peines que cet instinct intérieur luy fait connoître: de telle sorte qu'il n'y a homme du monde qui me put persuader le contraire. (51-52)

Dans ce pacte, qui contraint l'autre? est l'instrument de l'autre? Il semble que les désirs se superposent, qu'il y ait obligation réciproque:

Vous pouvez penser ce qui se passe en ce commerce d'amour; [...] il semble que nonobstant ma bassesse, je le veuille contraindre de m'accepter: et dans la même poursuitte je veux tellement consentir à son dessein, que je le conjure de m'exaucer jamais par mes seules persuasions, parce que le plus grand bien que je veux, c'est ce qu'il veut. (31)
[...] mon cher Amour, vous êtes tout-puissant pour me donner ce

que vous me faites désirer. [...] Tout cela me fait poursuivre mes importunitez auprès de mon bien aimé, et je tâche de luy gagner le cœur (27-28).

C'est vous même qui êtes la cause de ce que je suis si hardie avec vous. (3)

Mais elle ajoute: «[...] je le carresseray tant qu'il ne me pourra refuser» (36). À la Mère Françoise de S. Bernard, elle écrit:

Vous direz, je m'assure, que je ne suis pas sage, d'avoir à l'âge de cinquante trois ans les sentimens que je vous déclare. Mais pensez ce qu'il vous plaira; si l'on me disoit, il faut maintenant partir pour aller aux Indes, ou à la Chine, ou aux Hiroquois, afin d'en apprendre la langue et de travailler à leur conversion, me voilà prête, mon intime Mère. (507)

Le sentiment d'appartenance au pays et la naissance d'une identité canadienne-française me semblent particulièrement forts chez les écrivaines de la Nouvelle-France. «[...] il n'y a rien ce me semble sous le ciel, qui soit capable de m'ébranler ny de me faire sortir de mon centre, c'est ainsi que j'appelle le Canada» (569), dira plus tard Marie de l'Incarnation. Il n'en reste pas moins qu'elle devra, sa vie durant, se défendre et justifier le bien-fondé de sa présence et de son travail en Nouvelle-France:

si l'on dit que nous sommes icy inutiles, parce que la relation ne parle point de nous, il faut dire que Monseigneur notre Prélat est inutile, que son Séminaire est inutile, que le Séminaire des Révérends Pères est inutile [...], parce que les relations ne disent rien de tout cela. Et cependant c'est ce qui fait le soutien, la force, et l'honneur même de tout le païs. [...] lorsqu'on en envoye les exemplaires  d'ici, l'on en retranche en France beaucoup de choses. [...] notre clôture couvre tout, et il est difficile de parler de ce qu'on ne voit pas [...]. Mais enfin elles [les Hospitalières] et nous attendons la récompense de nos services de celui qui pénètre dans les lieux les plus cachez, et qui voit aussi clair dans les ténèbres que dans les lumières, cela nous suffit. (803)

Non contente de trouver son centre et de prendre pays, Marie de l'Incarnation prend aussi la plume. Ses lettres (évaluées à près de 13 000), qui voyagent entre l'ancienne et la Nouvelle-France, revêtent non seulement une dimension publique, de promotion du

pays et de son couvent (survie financière), de documentation
(témoin des événements, de la société) et d'héroïsation hagiographique, mais aussi une dimension poétique et une dimension
personnelle. Elle achève sa lettre du 9 septembre 1644 par ces
mots: «Pour moy, ce m'est une singulière joye de me pouvoir
dire» (239). Prendre plume ou prendre pays? La question n'est
pas dénuée de sens.[6]

Marie de l'Incarnation, outre ses lettres et ses écrits spirituels, s'intéresse aux langues indiennes:

> Il faut que je vous avoue qu'en France je ne me fusse jamais
> donné la peine de lire une histoire; et maintenant il faut que je lise
> et médite toute sorte de choses en sauvage. Nous faisons nos
> études en cette langue barbare comme font ces jeunes enfans qui
> vont au Collège pour apprendre le Latin. (108)

et laisse plusieurs dictionnaires:

> [...] je me suis résolue avant ma mort de laisser le plus d'écrits
> qu'il me sera possible. Depuis le commencement du Carême
> dernier jusqu'à l'Ascension j'ay écrit un gros livre Algonquin de
> l'histoire sacrée [...] un Dictionaire et un Catéchisme Hiroquois,
> qui est un trésor. L'année dernière j'écrivis un gros Dictionnaire
> Algonquin à l'alphabet François; j'en ai un autre à l'alphabet Sau-
> vage.(801)[7]

Quels sont les prétextes, les fonctions de l'écriture? Élue de
et investie par Dieu, Marie de l'Incarnation a le devoir d'écrire;
elle se conçoit comme un relais, une messagère, un témoin, une
traductrice de prédilection:

> Vous m'avez quelquefois témoigné qu'il n'y a rien d'où vous tiriez
> tant de profit pour vostre avancement dans la vie spirituelle que de
> ce peu de lumière que Dieu me donne et qu'il me fait coucher sur
> le papier, lorsque je suis obligée de vous écrire chaque année: cette
> pensée ne me fût jamais tombée dans l'esprit, mais si cela est,

---

6. Voir aussi, à ce sujet, mon article «Les écrivaines de la Nouvelle-France: entre le
mal du pays et prendre pays.»

7. Ces dictionnaires, «donnés au siècle dernier à des religieux Oblats de Marie
Immaculée en partance pour les missions du Grand Nord» (*Correspondance*, note de Dom
Guy Oury, 804), ont été perdus.

qu'il soit éternellement béni d'un succez si heureux. (526)

Et cela, même si elle se dénigre:

> Il y a vingt ans que je l'aurais fait plus avantageusement et avec plus de facilité, et il y auroit des matières qui donneroient de grands sujets d'admirer la grande et prodigue libéralité de Dieu à l'endroit d'un ver de terre tel que je suis: car j'ay laissé quelques papiers [...] que l'obéissance m'obligea d'écrire. (516-517)

L'une des métaphores les plus frappantes et les plus révélatrices de son oscillation entre l'héroïsation et la dépréciation de soi est celle du vaisseau:

> (Lorsque vous lirez ce que sa divine Majesté a fait à mon âme, tremblez pour moy, parce qu'il a mis ses trésors dans un vaisseau de terre le plus fragile qui soit au monde, que ce vaisseau peut tomber, et en tombant se briser, et perdre toutes les richesses qu'il contient), (et enfin qu'il n'y a rien d'assuré en cette vie, où quelque apparence que nous ayons de sainteté, nous ne pouvons dire si nous sommes dignes d'amour ou de haine. Je suis seulement assurée d'une chose, que Dieu ne me manquera jamais de sa part, mais que de mon côté je puis me perdre en mille manières par mes fautes et par mes infidelitez. C'est pourquoy je vous prie, mon très-cher fils, d'avoir un grand soin de mon salut [...]. (528)

Elle sait qu'elle fait partie des «âmes choisies» de ce monde, ayant «receu plus de grâces et de miséricordes qu'il n'y a de grains de sable dans la mer» (826) et que, par ricochet, pour l'amour de Dieu, de bonnes âmes protégeront son vaisseau de terre et ses écrits. Son vœu de sincérité et de transparence lui permet de se confier aussi d'abondance:

> Non, mon affection ne vous peut rien céler, et je croirois offenser la sincérité de la vôtre, si j'usois de réserve quand je communique avec vous, quoique je sois la créature du monde la plus indigne de la bienveillance dont il vous plaît de m'honorer.

Dès 1633, le révérend Père Jésuite de la Haye lui commande un récit de vie et c'est son fils, Claude Martin, resté en France et qui deviendra supérieur des Bénédictins, qui colligera soigneusement les lettres de sa mère et lui demandera d'écrire deux autobiographies. Les rapports entre mère et fils, la justification de «l'abandon» de son enfant par cette professionnelle en mission

méritent d'ailleurs d'être plus amplement investigués. Si la foi
prime:

> Et après tout, ce n'est point à nous d'entrer dans les ressors de sa
> providence, ny de pénétrer les secrets profonds de sa conduite sur
> nous, mais seulement de conclure qu'il l'a ainsi voulu, sans avoir
> égard à sa créature, et que si ses miséricordes ont été si magnifi-
> ques en nostre endroit en tant de manières, c'est un effet de sa
> pure libéralité. (527)

L'affection maternelle reste intense:

> Et lorsque je m'embarqué pour le Canada, et que je voyois
> l'abandon actuel que je faisois de ma vie pour son amour, j'avois
> deux veues dans mon esprit, l'une sur vous, l'autre sur moy. A
> votre sujet, il me sembloit que mes os se déboitoient et qu'ils
> quittoient leur lieu, pour la peine que le sentiment naturel avoit de
> cet abandonnement: Mais à mon égard mon cœur fondoit de joye
> dans la fidélité que je voulois rendre à Dieu et à son Fils, luy
> donnant vie pour vie, amour pour amour, tout pour tout [...]. (725)

Le service de Dieu a rendu à Marie son autonomie, lui a
donné des ailes et un sauf-conduit pour traverser l'Atlantique et
bien des talents à exercer. Elle a pu aussi prendre plume et
prendre langue, non seulement traduire d'une langue, d'une
culture à une autre, mais se traduire autre, exprimer ses pensées,
«dilater [s]on cœur selon [s]on souhait» (240). Ce qui frappe dans
les textes de nos écrivaines, c'est le désir, la pulsion, l'urgence
d'écrire et la dramatisation de l'écriture. Marie, à peine arrivée,
dresse la liste de tout ce qui lui manque en NouvelleFrance, à
commencer par le papier à écrire. La dramatisation de l'écriture
traduit son ambivalence à écrire, bien écrire, s'exprimer, entre
culpabilité et fierté, transparence et réserve, contrainte et plaisir:

> [...] voillà qu'on va lever l'ancre. Je ne puis pas vous dilater mon
> cœur selon mon souhait. Je suis extrêmement fatiguée de la
> quantité de lettres que j'ay escrittes. Je croy qu'il y en a la valleur
> de plus de deux cens: il faut faire tout cela dans le temps que les
> vaisseaux sont icy. (240)

> Je vous écris la nuit pour la presse des lettres et des vaisseaux qui
> vont partir. J'ay la main si lasse qu'à peine la puis-je conduire,
> c'est ce qui me fait finir en vous priant d'excuser si je ne relis pas

ma lettre. (202)

> Je vous écris par toutes les voyes, mais comme mes lettres peuvent périr, je vous répéterai icy ce que je vous ai dit ailleurs [...]. (801)

> Je ne serois pas satisfaite si voiant un vent Nord-est qui arrête le navire à notre port, je ne prenois un moment de loisir pour vous dire un mot.

En dépit des difficultés matérielles, on sent sa compulsion d'écrire:

> Ce n'est pas que je m'arrête à écrire mes dispositions, s'il y a de la nécessité: mais en cette occasion une sentence de l'Escriture sainte, m'attira si fort l'esprit, que ma foiblesse ne pouvant supporter cet excez, je fus contrainte de me soulager par ma plume en écrivant ce peu de mots, qui vous feront connoître la voye par où cette lumière me porte. (316)

Et, comme bien des intellectuel(le)s, elle avoue:

> Je soupire après la retraite et la solitude, mais il n'est pas en ma disposition de choisir cet état. [...] Monsieur de Genève dit qu'il y a des oyseaux qui en volant prennent leur refection. J'en suis de même en matière de la vie de l'esprit. (641)

Mais autocritique et autocensure sont le lot de toutes nos écrivaines, qui se méfient de la critique. Ces mots de Marie Morin, annaliste de l'Hôtel-Dieu de Montréal, sont révélateurs:

> si je ne savais pas vous faire plaisir en écrivant ceci, je ne l'aurais jamais commencé, ne voulant pas m'exposer à la censure des sages qui possible se moqueraient de mon entreprise. (8)

Marie Morin rapporte aussi qu'elle a tant de travail qu'elle doit souvent interrompre le récit de ses annales qui ressemblent un peu, dira-t-elle plus loin, à un *patchwork*: «cela me distrait de mon sujet et me fait faire des répétitions mal à propos et coupé trop court un discours commencé» (8). Élisabeth Bégon s'obstine à nier son propre talent, à dévaloriser ses écrits. Elle s'accuse d'écrire «comme une chatte», une «écrivante», de laisser des «rien», des «pauvretez», «fagos», «gâchie», «sornettes», «folies», «galimatias», «grifons»! Elle recommande à son gendre de tout brûler, ce qu'il ne fera heureusement pas, tout comme le fils de Marie de l'Incarnation, ses proches, ou le Père Poncet auquel elle écrit après avoir fait «un petit craion» de ses états d'âme: «je vous le dis, parce que vous le voulez: mais le secret, s'il vous plaîst, et brûlez ce papier je vous en supplie» (888).

Devoir d'écrire, urgence d'écrire, plaisir d'écrire aussi: «Je divise la réponse en deux, afin de multiplier le plaisir que j'ay à vous entretenir», écrit Marie de l'Incarnation à son fils (493). Et Élisabeth Bégon: «j'imagine te voir, cher fils, en décachetant mes écrits et dire: «Ma foi! Il faut que ma mère me croit bien désœuvré pour lire tout ce griffonnage.» «Compte donc que c'est pourtant tout mon plaisir», ajoute-t-elle (169).

Si aucune de nos épistolières et de nos annalistes ne revendique le statut et le talent d'écrivaine, la volonté, l'urgence et le plaisir d'écrire dissimulent bien un savoir, un art d'écrire, l'envie de faire, à part entière, œuvre de création littéraire et de déjouer la critique. À la suite du naufrage des Anglais à l'Île aux Œufs en 1711, les annalistes de l'Hôtel-Dieu de Québec notent:

> [...] les poètes épuisèrent leur veine pour rimer de toutes les façons sur ce naufrage. [...] En fin le parnasse devint accessible a tout le monde; les Dames même prirent la liberté d'y monter, et ce fut quelqu'unes d'entr'elles qui commencèrent et qui mirent les Messieurs en train d'exercer leur esprit et leur plume sur ce sujet [...] à la louange de la Reine victorieuse. (369)

Les indices de recherche formelle, le souci d'organisation et de dramatisation du récit, l'expression d'une vision et de senti-ments très personnels, l'art de la chronique, du récit épique, le comique de certaines anecdotes, les visions imagées, la richesse d'expression, de sentiment et d'émotion peu commune témoignent indéniablement d'un savoir-faire. Marie de l'Incarnation maîtrise, comme on l'a vu, l'art et la manière de persuader, de gagner ses correspondants à sa cause. Son rêve clef de 1633 fera l'objet de plusieurs versions aux variantes fort révélatrices (sans pouvoir tenir compte du «travail de récriture» de son fils). Elle n'hésite pas non plus à réclamer une écriture plus libre, spontanée:

> Je vous ay simplement exposé mes sentiments sans ordre ni politesse, mais dans la seule expression de mon esprit et de mon cœur. Si j'avois voulu faire des comparaisons et des discours pour me faire entendre, cela auroit tiré à longueur, et j'aurois étouffé la pureté de l'esprit des choses que j'ay écrites qui ne peuvent

souffrir de mélange. (532)

en dépit des difficultés que pose une telle démarche:

> Lorsque je présenté mon Index à mon Supérieur, et qu'il en eut
> fait la lecture, il me dit: allez sur le champ m'écrire [...]. J'obéis
> sur l'heure et y mis ce qu'il me fut possible, mais le plus intime
> n'était pas en ma puissance. C'est en partie ce qui me donne de la
> répugnance d'écrire de ces matières, quoique ce soit de mes
> délices de ne point trouver de fond dans ce grand abyme, et d'être
> obligée de perdre toute parole en m'y perdant moy-même. Plus on
> vieillit, plus on est incapable d'en écrire, parce que la vie spiri-
> tuelle simplifie l'âme dans un amour consommatif, en sorte qu'on
> ne trouve plus de termes pour en parler. (516)

Élisabeth Bégon rédige sa correspondance sous forme de
journal: neuf cahiers de lettres reliées par des rubans qui partiront
chacun par vaisseau, bien enveloppés de toile cirée, vers son
gendre, son cher fils, en Louisiane. De France, où la Canadienne
se sent aussi mal accueillie qu'une Iroquoise, elle écrit ironiquement:

> Bonjour, cher fils. Je suis toute déroutée. Je ne sais à qui m'adres-
> ser pour avoir une bonne plume. Je crois que j'enverrai en Canada
> pour me la tailler et pour apprendre quelque chose de joli à te dire,
> car c'est la plus grande pitié du monde ici. (171)

Toutes se sont essayées à l'écriture de l'histoire, conscientes
que leurs visions, leurs modes d'appréhension de la réalité
différaient de leurs homologues masculins, les Jésuites par
exemple. L'annaliste Marie Morin, après s'être excusée d'être
«une si chétive historienne», après avoir qualifié son texte de
petit recueil, petit détail ou petit narré, a cependant osé écrire à
la fin de son *Histoire simple et véritable de l'Hôtel-Dieu de
Montréal*: «comme tout cela est vray, je le signe de nom: Sœur
Marie Morin». Le premier historien de la Nouvelle-France est
donc une femme aux indéniables talents d'écrivaine. Dans les
chambres d'écho des couvents et des maisons, les voix multiples
de l'histoire du dehors se croisent, se décantent et permettent de
mieux relativiser, philosopher. La vision du monde perd son
aspect monolithique, le vrai se diffracte, l'histoire sans qualité
permet enfin d'écouter plusieurs voix en stéréophonie et de mieux

faire la part des choses. Marie Morin rapporte plusieurs versions d'un événement et en conclut: «quant à moi, je n'en sais rien d'assuré et laisse la liberté à chacun d'en croire ce qu'il voudra».

La métaphore du vaisseau judicieusement utilisée par Marie de l'Incarnation, nous la retrouvons au cours de nos promenades intertextuelles, grâce à Patricia Smart, sous la plume d'Anne Hébert, dans *les Songes en équilibre*. «À l'instar de modèles comme la Sainte Vierge, sainte Thérèse de Lisieux et sa propre mère, dont elle évoque la passivité exemplaire, la poète», entre foi, crainte et dérision, «n'aspire qu'à être le vaisseau vide à travers lequel s'exprimera un Autre plus grand qu'elle» (183-85):

> Mon Dieu, j'ai peur
> J'ai peur d'écrire...
> Guidez ma main
> Soyez la main elle-même
> Moi, je veux bien être le crayon...
> Au fond, vous êtes tout
> Moi, je veux bien être votre petit rien. (Hébert 1942)

Mais dans un autre poème de la même poète, «Figure de proue», le vaisseau se fait maison «en marche et immobile», «figure de son propre drame», jusqu'à ce que les captives «sans nom ni histoire» se libèrent et se révèlent grâce à la collectivité des «sœurs vives», «désirées comme la couleur-mère du monde»: «La vie est remise en marche [...] la marée se fend à l'horizon, se brise la distance entre nos sœurs [...] Incarnation, nos dieux tremblent avec nous!» (Hébert 1953).

Si l'écriture des Religieuses s'est souvent mise sous le couvert de Dieu, on se rappellera que la première mandatrice est bien la Vierge qu'elles présentent et héroïsent de manière étonnante comme amazone céleste, «libératrice». Cette figure appelle un autre rapprochement, cette fois-ci avec *Angéline de Montbrun*, écrit par Laure Conan. Angéline, personnage principal, vouée à la Vierge et habillée de bleu et blanc, bien qu'elle apparaisse aussi habillée en amazone, vivait avec son père adoré «un peu comme les Saints vivent en Dieu». L'auteure laisse pourtant son narrateur-Dieu tuer le père en quelques lignes; défigurée par un accident, boudée par son fiancé, seule, recluse dans son manoir, «habillée de deuil éternel», Angéline accédera...

au statut d'écrivaine, tandis que son amie Mina, aux idées trop libres pour l'époque, entrera... chez les Ursulines.

La féminisation des termes[8] et l'héroïsation des femmes de la Nouvelle-France, religieuses, amérindiennes ou laïques, indiquent aussi la détermination des écrivaines à graver dans les mémoires, à la pointe de leur plume, le souvenir de ces femmes sujets:

> Ne croyez pas, mes sœurs, que j'exagère, écrivait Marie Morin, mais persuadez-vous que ce n'est pas la moindre partie et que c'est pour votre récréation que je prends plaisir à écrire ceci, car c'en est une de savoir les aventures et les actions mémorables de [celles] qui nous ont précédé.

Et la mère Marie-Andrée Duplessis achève ses annales par ces phrases éloquentes:

> Je compteray pour rien la peine que j'ay prise a réünir tant d'evenements differents, pour l'instruction, la consolation et l'edification des religieuses qui me survivront, si, en effet, elles trouvent quelque plaisir a les lire. [...] Je me trouve même assez dedommagée de ce petit travail, par la satisfaction que j'aye ressentie de parler de leurs vertus et de retracer un peu dans la mémoire des hommes, l'idée de ces ames choisies a qui nous avons tant d'obligation, et dont les actions seront écrites éternelle-ment dans le souvenir de Dieu, quand même sur la terre on les enseveliroit dans l'oubly. (Juchereau de Saint-Ignace 424)

Nos écrivaines ne se sont pas contentées du «souvenir de Dieu» en tentant, par leurs propres écrits, de perpétuer leurs mémoires et celles de leurs sœurs. Comme Anne Hébert qui, dans son livre, *le Premier Jardin*, «s'est mis(e) à éplucher la ville (de Québec) de toutes ses vies, siècle après siècle», à sortir des «personnages encore vivants, enfouis sous les décombres», à évoquer des figures de femmes remarquables de la Nouvelle-France, religieuses ou filles du Roi, j'ai tenté moi aussi de renforcer nos vaisseaux et de sauver nos richesses.

---

8. Élisabeth Bégon, fière de l'esprit vif, des «saillies» de sa petite-fille la complimente: «ce qui a donné à "cette orateure" à beaucoup parler» (45).

# Ouvrages cités

Angers, Félicité [pseudo.: Laure Conan]. *Angéline de Montbrun*. Montréal: Fides, 1967.

Bégon, Élisabeth. *Lettres au cher fils (1748-1753)*. Préface de Nicole Deschamps. Montréal: Hurtubise HMH, 1972.

Éthier-Blais, Jean. «Le Plaisir des livres: *La critique littéraire*. Le temps est le critique le plus impitoyable.» *Le Devoir* (samedi 10 novembre 1990): D2.

Gauvin, Lise. «Se mettre en jeu et en joue.» *Le Devoir* (samedi 10 novembre 1990): D3.

Hébert, Anne. *Les Songes en équilibre*. Montréal: HMH («L'Arbre»), 1942.

——. *Le Tombeau des rois*. Québec: Institut littéraire du Québec, 1953.

——. *Le Premier Jardin*. Paris: Seuil, 1988.

Juchereau de Saint-Ignace, Jeanne-Françoise et Regnard Duplessis de Sainte-Hélène, Marie-Andrée. *Les Annales de l'Hôtel-Dieu de Québec, 1636-1716*. Éditées et annotées par Dom Albert Jamet. Québec: Hôtel-Dieu de Québec, 1939.

Lebrun, Jacques. «Rêves de religieuses. Le désir, la mort et le temps.» *Revue des Sciences humaines* 82.211 (juillet-septembre 1988): 27-47. (N° spécial sur «Rêver en France au XVIIe siècle»)

Marie de l'Incarnation. *Correspondance de Marie de l'Incarnation (1599-1672)*. Éditée et annotée par Dom Guy Oury. Solesmes: Abbaye Saint-Pierre, 1971. 1073p.

Morin, Sœur Marie. «Histoire simple et véritable.» *Annales de l'Hôtel-Dieu de Montréal, 1659-1725*. Édition critique par Ghislaine Legendre. Montréal: PUM, 1979.

Navarre, Yves. «Carnet 1. La Vie dans l'âme.» *Le Devoir* (22 septembre 1990): D10.

Pelletier-Baillargeon, Hélène. «Québécoises d'hier et d'aujourd'hui.» *Critère* 27 (printemps 1980): 73-89.

Rich, Adrienne. *On Lies, Secrets and Silences. Selected Prose 1966-1978*, New York, London: W.W. Morton & Company, 1979.

Smart, Patricia. *Écrire dans la maison du père*. Montréal: Québec/Amérique, 1988.

Théry, Chantal. «Les Écrivaines de la Nouvelle-France: entre le mal du pays et prendre pays.» *Québec Studies* 12 (printemps 1991): 11-19.

# La réception de l'«étrange» au Québec
## Pierre de Sales Laterrière
## (1743-1815)

Bernard Andrès
Université du Québec à Montréal

Je m'interroge ici sur l'étrange réception d'un non moins étrange auteur. Curieux étranger, que ce Laterrière débarqué sur ces rives à l'époque de la Conquête et mêlé, de 1766 à 1815, à la petite histoire d'un pays naissant. Les réflexions qui suivent partent d'un chapitre que j'ai récemment consacré à ce mémorialiste. Dans l'esprit du présent ouvrage cependant, je mets ici l'accent sur la réception, ou plutôt le rejet de cet auteur par la plupart des critiques l'ayant croisé sur leur chemin. Je dis bien «croisé», car peu s'y sont vraiment arrêtés, l'ont proprement fréquenté, lu, commenté. Proprement. Les deux seuls à s'y être frottés (Benjamin Sulte et Aegidius Fauteux) l'ont carrément «descendu», «knockouté» (Fauteux *dixit*). Ils l'ont bel et bien enterré, établissant par leur jugement sans appel la doxa à partir de laquelle des générations successives de critiques ont nourri leurs propres commentaires (de Gérard Malchelosse, en 1960, à Jean-Paul de Lagrave et Jacques G. Ruelland, en 1989 et 1990). De quel ouvrage «infernal» est-il donc question et pourquoi s'y intéresser aujourd'hui? Qu'en est-il au juste de ce Pierre de Sales Laterrière (1743-1815) dont les *Mémoires* posthumes parurent en 1873 et dont les dictionnaires scotomisent jusqu'au patronyme en

le nommant Fabre, ou encore La Ferrière, comme l'appelle
Gustave Lanctôt?[1]

Si l'origine et la date de naissance de Laterrière apparaissent
encore énigmatiques aux historiens, on s'étonne que sa carrière
au Québec à partir de 1766 n'ait point encore soulevé plus
d'intérêt de la part des littéraires. Successivement commis,
négociant, médecin, directeur des Forges du Saint-Maurice,
incarcéré sous Haldimand pour intelligence avec l'ennemi, exilé,
rapatrié, premier diplômé canadien de Harvard en médecine, pour
finir seigneur des Éboulements, ce mémorialiste (le premier après
le régime français) avait si bien construit sa biographie qu'on lui
reproche même d'avoir fait œuvre de romancier.[2] Raison de plus
pour se pencher sur ses écrits et sortir de l'ombre ce personnage
*étrange* (étranger et énigmatique), dont l'existence évoque une
fiction du XVIIIe, à la manière de Lesage ou de l'abbé Prévost.

## Procès d'un texte mal connu

Considérons donc les *Mémoires de Pierre de Sales Laterrière et de ses traverses*.[3] L'intérêt de cette œuvre est triple. 1)
Publiée et reçue vers la fin du XIXe siècle, elle s'inscrit dans une
problématique institutionnelle révélatrice des années 1880 à 1920,

---

1. Dans cet ouvrage consacré au faux en histoire, Lanctôt ne fait que signaler en
passant, «parmi plusieurs cas de plus ou moins grande importance [...], certaines
inventions des mémoires de La Ferrière (sic)» (201). Il pointe aussi, sans plus de
précision, des «subterfuges de citations» chez Casgrain et la «fabrication du serment de
Dollard par Le Jeune.»

2. Cf. Landry (1978:485): «Par ses nombreux recours à l'imaginaire, l'ouvrage tient
plus du roman que du journal intime.» Pour mémoire, si j'ose dire, les *Mémoires* de Pierre
de Sales datent de 1873, mais sont rédigés vers 1812-1815, ceux de Philippe Aubert de
Gaspé père le sont vers les années 1860 et paraissent en 1866; ceux de Robert Shore
Milnes Bouchette ne sont pas écrits avant les années 1825-1830 et sont publiés par Errol
Bouchette en 1903. Enfin, les *Mémoires* d'Élisa-Anne Baby (Madame Charles-Eusèbe
Casgrain) ne sont pas rédigés avant les années 1840, et même ultérieurement pour la
deuxième partie due à l'abbé Casgrain; ils paraissent en 1869.

3. Cette étude s'inscrit dans le cadre d'une plus vaste recherche sur le personnage de
Pierre de Sales Laterrière, qui fera l'objet d'une prochaine publication. En l'absence d'une
édition critique au projet de laquelle nous travaillons, nous utilisons l'édition Leméac
(1980) des *Mémoires, reprint* de l'édition originale de 1873 (Québec, Imprimerie de
l'Événement): les prochains renvois aux *Mémoires* se feront par la seule mention de la
page.

mais non dépourvue d'une certaine actualité. 2) Rédigée vers
1812, elle témoigne d'une époque déterminante de l'histoire
québécoise: le passage laborieux du XVIIIe au XIXe siècle, des
lendemains de Conquête à la mise en place de l'État canadien et
des premières institutions culturelles et parlementaires. 3) Conçue
enfin par un personnage fort énigmatique, elle provoque les plus
vives controverses chez des historiens qui s'attachent encore à sa
seule valeur documentaire.

Pourtant, les littéraires ne se sont jamais donné la peine de
la considérer comme une œuvre à part entière: s'agit-il réellement
de mémoires (et alors le critère de lecture reste-t-il la conformité
au réel d'une existence inscrite dans l'Histoire — avec un grand
H —)? Ou a-t-on à faire à une fiction des mieux ourdies (et alors
Laterrière est-il notre premier romancier, le critère passant du vrai
au vraisemblable de l'histoire racontée?). À moins que les
mémoires ne comportent toujours quelque trace de fiction et que
le critère de vraisemblance ne soit lui-même daté pour ce qui est
du récit de vie? Dans ce cas, ne faut-il pas chercher ailleurs le
principe de cohérence des *Mémoires* de Pierre de Sales Laterrière? Ailleurs: dans le discours philosophique du XVIIIe, par
exemple (aux confins de Lahontan, de Voltaire ou de Du Calvet,
tous trois cités par l'auteur; ou encore dans l'entretexte de
Boerhaave et de La Mettrie, qui ont pu marquer la formation
médicale et philosophique de Laterrière)? Autant de questionnements relevant de l'analyse du discours, de préoccupations trop
«littéraires» sans doute et malheureusement étrangères à la
critique dont l'objet principal jusqu'à nos jours fut de soumettre
l'auteur à la question (littéralement parlant). Citons Fauteux:

> Est-ce que cela prouve que le Pierre de Sales mentionné dans
> l'acte est le même que celui qui s'est appelé au Canada Pierre de
> Sales Laterrière? C'est là la *question*. (113; je souligne)

Ou Malchelosse, en 1960:

> Le *procès* des *Mémoires* étant commencé, je le continue donc à
> mon tour, en partant de la naissance de Laterrière et en utilisant
> résolument le texte d'Aegidius Fauteux. (104; je souligne)

Chez l'un comme chez l'autre auteur, le ton est celui du discours
judiciaire. Un peu comme chez Gustave Lanctôt, avocat de

formation et qualifié par Robert de Roquebrune de «paladin de la vérité historique.» Lanctôt excelle, dit-il, dans le «réquisitoire à dossier historique.» «Il apporte à combattre une fausseté ou une légende toute la fougue qu'il mettrait à poursuivre un crime» (Lanctôt 7-8). Ce qui s'explique fort bien dans le champ historiographique ne laisse pas de surprendre, toutefois, lorsqu'il s'agit de littérature, de légendes et de fictions. Pourtant, une bonne part des récits de voyages et des premiers documents littéraires, de des Combes à Robert Chevalier, de Louis Hennepin à Claude Le Beau en passant par Lahontan, ont fait l'objet de cette critique «incriminatrice» (si j'ose dire). Une critique où, pour citer encore de Roquebrune, l'accusateur «devient juge du tribunal historique et brandit à bout de bras le livre fautif devant le public des lecteurs, comme David dressant la tête de Goliath devant l'armée des Hébreux!» Pour revenir à Laterrière, qui n'eut pas à subir les foudres de Lanctôt, tournons-nous donc vers le *corpus delicti*: l'ouvrage incriminé par Fauteux-Malchelosse!

## Histoire des *Mémoires* et de leur corpus critique

Voici quelques précisions textologiques dont la prise en compte par nos détracteurs aurait permis de pondérer leurs propos ravageurs. Le premier jet des *Mémoires de Pierre de Sales Laterrière et de ses traverses* date de 1812, peu avant la mort de l'auteur, en 1815. Si le manuscrit original nous échappe pour l'instant, il existe une copie manuscrite incomplète due au petit-fils de Laterrière et datée de 1857. Elle présente déjà quelques variantes par rapport à l'édition de 1873. Cette édition posthume et intime de 1873 ne dépassa pas une centaine d'exemplaires, je l'ai dit. L'édition fut vite épuisée, puisque la famille aurait retiré du marché, au début du siècle, le peu d'exemplaires restants. Ce livre fantôme ne devait donc plus exister que dans le purgatoire du discours critique, jusqu'à sa reprise partielle dans les *Écrits du Canada français*, puis sa réédition furtive chez Leméac en 1980. Il ne reste plus aujourd'hui qu'une centaine d'exemplaires de ce «reprint», paru sans aucune préface ou notice explicative (je songe pour ma part à une nouvelle édition, critique, celle-là).

Revenons donc à 1873. Trois ans avant cette parution, Laterrière venait tout juste de sortir de l'oubli. En 1870, l'abbé Casgrain publiait en effet l'opuscule intitulé *la Famille de Sales Laterrière*, qui ressuscitait la figure de l'ancêtre albigeois débarqué en 1766, tout en signalant le document à partir duquel Alfred Garneau devait préparer l'édition des *Mémoires*:

> Ce précieux manuscrit, que nous avons sous les yeux, forme un volume considérable, de l'intérêt le plus piquant. Écrit d'un style clair et ferme, il ressuscite une foule d'anecdotes, ouvre des aperçus nouveaux sur la politique, les hommes et les mœurs de cette époque trop peu connue de notre histoire. (216)

C'est à la demande de la famille que le poète Garneau, alors âgé de trente-six ans, entreprend d'éditer le texte.[4] Si l'on en croit Malchelosse, des corrections sont alors apportées à la rédaction: Garneau «introduisit des formes plus acceptables et il laissa de côté des longueurs inutiles, comme aussi des passages par trop scabreux» (104). Qui croire, de Casgrain ou de Malchelosse, au sujet de ce manuscrit malheureusement perdu depuis?[5]

## Sulte, Fauteux, Malchelosse

Passons donc au corpus critique. C'est Benjamin Sulte qui ouvre les hostilités en contestant à la fin des années 1880 l'exactitude de certains faits relatés par Laterrière. Ce faisant, Sulte exploite amplement le témoignage des *Mémoires* dans sa propre monographie sur *les Forges Saint-Maurice*. Il reconnaît que Laterrière «avait fort bien dirigé» celles-ci de 1776 à 1778 (166). Contrairement au vieux mémorialiste qui ne disposait en 1812 que de sa... mémoire parfois défaillante, Sulte, pour sa part, exploite des sources autrement plus fiables: les Archives fédérales, alimentées de 1883 à 1887 par Joseph Marmette qui rapatrie

---

4. Ce travail d'Alfred Garneau est exécuté parallèlement à celui de l'*Histoire du Canada* de François-Xavier Garneau (décédé en 1866), *Histoire* dont Garneau fils prépare alors la réédition de 1882.

5. J'attends beaucoup d'une nouvelle piste de recherche, en Angleterre, cette fois-ci. Tout renseignement sur ce manuscrit serait hautement apprécié.

de France toute une documentation administrative concernant les Forges. Notons enfin que les mises au point de Sulte présentent encore un ton déférent à l'égard de Laterrière.

En 1926, changement de registre. Aegidius Fauteux prend le relais. Sa causerie à la Société historique de Montréal provoque quelques échos dans la presse, mais le texte de Fauteux n'est pas publié en raison d'une intervention possible du sénateur Thomas Chapais.[6] Malchelosse, disciple de Sulte et comme lui prévenu contre Laterrière, reprend les notes de Fauteux dans son article de 1960. Il entend ni plus ni moins relancer, comme on l'a vu, «le procès des *Mémoires*»: «gascon, menteur, arriviste, imposteur», autant d'épithètes gratifiant Laterrière dans cette étude qui allie l'analyse la plus fine au plus étroit moralisme et aux préjugés les plus grossiers à l'égard des Français sous la Conquête anglaise. Le concubinage de Laterrière avec la femme de Pélissier, directeur des Forges du Saint-Maurice, l'estime que de Sales voue à Du Calvet, son compagnon d'infortune, auront plus que tout desservi la mémoire (et les *Mémoires*) de notre auteur. Qu'il suffise de donner cet aperçu du ton de Fauteux: «Mais je n'en finirais plus s'il fallait tout relever. M. de Crac [Laterrière] est enfoncé, knockouté, ni plus ni moins» (cité par Malchelosse 120), ou du style de Malchelosse:

> Lorsque Laterrière écrivit ses *Mémoires* [...], il avait dû certaine- ment lire un livre *étrange* intitulé *Appel à la justice*, par Pierre Du Calvet. *Nos écrivains* ont tiré de ces deux ouvrages aussi menson- gers que possibles des renseignements faux qui s'étendent sur la période de 1764 à 1784. Laterrière, *Français comme Du Calvet* et partisan comme lui de la cause américaine, a trop cru celui-ci. Mais Du Calvet, Cazeau, Roubeau, étaient une *trinité de fourbes*. (134; je souligne)

La citation mérite le détour, car elle cristallise à elle seule une série de clichés et de clivages dont les présupposés idéologi- ques n'échapperont à personne. Le premier d'entre eux concerne

---

6. D'après Armand Yon. Sur le témoignage de Yon, voir Simard (1987:25-26). Commentant l'essai de Yon, Sylvain Simard nous rassurait heureusement en 1976: «conservatisme social, cléricalisme, patriotisme chauvin» ne sont «plus de mise dans l'historiographie québécoise» (Simard 1976). Notons que la conférence de Fauteux en 1926 nous est connue par l'article de Malchelosse (1960).

ce que j'appelle ailleurs la «pure-lanité» de l'auteur (35).
Laterrière, «Français comme du Calvet», est naturellement associé
à la «trinité des fourbes»: Du Calvet-Cazeau-Roubeau. Malchelosse aurait pu ajouter un quatrième mousquetaire en la personne
de Boyer-Pillon, autre Français de service, médecin lui aussi
soupçonné de conspirer avec les Bostonnais, comme le rappelle
Mason Wade:

> La plupart des conspirateurs [...] étaient des Français, tels que
> François Cazeau et Boyer Pillon de Montréal et, surtout, Pierre Du
> Calvet, dont la plume vigoureuse fit beaucoup pour donner à
> Haldimand le nom de tyran. (95)[7]

Ces Français pro-américains et leur mauvaise influence sur
les Canadiens «authentiques»! Dans son ouvrage de 1948,
Gustave Lanctôt reproduit un clivage analogue en dressant le
palmarès des faussaires:

> Dans la sphère canadienne du faux en écritures historiques, il
> convient d'observer que les spécialistes se recrutent au début parmi
> les auteurs d'origine européenne. De fait, il faudra patienter
> jusqu'au milieu ou presque du dix-huitième siècle avant de
> rencontrer le nom d'un *fils du sol*. Ce n'est qu'en 1732 qu'un
> *Canadien authentique* se risque dans cette galère. (130; je souli-
> gne)

Ce premier faussaire «de chez nous» est, bien sûr, Robert
Chevalier dit de Beauchêne, *rewrité* comme on sait par Le Sage.[8]
Ce clivage doublé d'une accusation de trahison court depuis plus
d'un siècle, de M$^{gr}$ Bourget à Camille Roy, mais on peut
s'étonner de les trouver encore à l'aube de la Révolution
tranquille, chez Malchelosse. À lire de près ce dernier, on
comprend qu'il oppose à la «trinité des fourbes» (Du Calvet -
Cazeau - Roubeau), la sainte trinité des justes (Sulte - Fauteux -
Malchelosse).

---

7. Note sur Boyer-Pillon, cf. DBC 4, 248; sur Roubeau, 743-745.

8. Seules les éditions postérieures à l'édition originale de 1732 indiqueront «rédigées
par M. Le sage»; voir Lanctôt, ch.7.

## Camille Roy

Même en 1909, le jugement de Camille Roy paraissait plus nuancé. Certes, l'auteur de *Nos origines littéraires* sacrifiait encore au poncif — cléricature oblige —:

> L'esprit français était malheureusement représenté par ces hommes à réputation louche, par ces demi-lettrés et par ces épaves de la morale que le flot de la mer avait déjà jeté sur nos rivages. (68)

Mais si l'aspect caricatural de l'équation «voltairien-libertin» chez Camille Roy prête à sourire, au moins l'auteur ne s'acharnait-il pas sur ses victimes. Il faisait même preuve de clairvoyance, de tolérance, d'ouverture d'esprit, lorsqu'il formulait assez subtilement cette dialectique entre l'«esprit canadien» ou «national» et l'«esprit français»:

> C'est donc cet esprit [le français] qui apparaît, se manifeste et s'exprime dans plusieurs pages de la *Gazette littéraire*; comme l'on voit aussi protester dans ces mêmes pages l'esprit de ceux qui était nôtres, l'esprit national. Nul doute, [poursuit-il] que l'esprit national n'ait plus d'une fois bénéficié de sa rencontre avec l'esprit français. Ces deux esprits ne pouvaient être, ils ne seront jamais, c'est du moins notre espérance, absolument opposés et contraires. (69)

Comparativement à Malchelosse, on note chez Roy l'emploi non discriminatoire des possessifs («nos», «notres»). Mieux encore: l'auteur du fameux *Manuel* ne laisse pas de surprendre lorsqu'il développe, bien avant qu'elle ne devienne à la mode, l'idée du métissage culturel (eh oui, en 1909!):

> Notre esprit canadien retrouvait d'abord *au contact de l'autre*, plus vif et plus actif, une ardeur nouvelle, et comme son élan vers les choses de la vie intellectuelle. (69)

Relisons Camille Roy! L'accent se fait même lyrique, dionysiaque, presque coquin, chez le prêtre-historien, lorsqu'il évoque dans l'esprit français:

> cette bonne humeur, ce besoin de rire et de chanter, et aussi cette malice qu'il se plaisait à exercer dans ces courtes poésies, dans ces couplets, épîtres, épigrammes et satires que l'on rencontre sous le

doigt en feuilletant la *Gazette littéraire* et les autres journaux de l'époque. (69)

Belle leçon d'ouverture et de charité culturelle, mon père!, qui poursuivez, un brin frondeur:

> Ce même esprit, souriant et malin, devait, après 1760, s'exercer longtemps encore, contre nos vainqueurs, et longtemps faire pétiller les refrains de la chanson canadienne. (71)

## Extranéité de Laterrière

En regard de cette aimable prose, que d'austérité et de hargne chez Fauteux-Malchelosse, prompts à réduire Laterrière et ses semblables au plus petit dénominateur commun, l'extranéité:

> Je sais [dit Fauteux] que quelques-uns trouveront peu vraisemblable que Laterrière ait eu l'audace de s'emparer d'un nom qui n'était pas le sien. Pourtant, l'on ne doit pas ignorer qu'il y a d'autres exemples d'une semblable audace, et l'un entre autres [...], celui de Lamothe Cadillac, un gascon lui aussi [...]. Il l'a fait, comme Laterrière, en sa qualité d'arriviste. (114-115)

Ainsi se constitue le topos d'une extranéité menaçante et dépourvue de scrupules, topos que Sylvain Simard retrouve *mutatis mutandis* dans ce qu'il appelle «les a-priori clériconationalistes de la tradition historiographique canadienne dans ses rapports avec les commentateurs étrangers et surtout français» (1987:25). Dans son ouvrage intitulé *Mythe et reflet de la France*, il souligne lui aussi la prégnance de cet état d'esprit jusqu'aux années soixante. Il mentionne notamment les travaux de l'abbé Armand Yon, parus en 1962 et repris en volume en 1975. On sait qu'Armand Yon traitait Laterrière de «gascon» et de «constipé», feignant même d'ignorer qu'il fût dûment diplômé de médecine (alors que Fauteux lui-même l'avait établi depuis 1931).

Revenons donc à Fauteux et à sa causerie de la Société historique de Montréal, en 1926, puisqu'elle figure en quelque sorte l'hypotexte d'où proviendront jusqu'en 1989 les points de vue critiques subséquents. Il est plaisant (mais aussi navrant) de constater avec quelle hargne l'éminent conservateur de la Bibliothèque Saint-Sulpice se perd en conjectures, amalgames et modalisations pour enfoncer Laterrière:

*Il n'y a aucun doute pour moi* qu'une fois rendu au Canada, [...]
Laterrière s'est dit, *en bon gascon qu'il était* [sic], qu'il ne serait
pas mal de se fabriquer en vue de l'avenir un état civil un peu plus
reluisant que le sien propre. Né lui-même, non pas *peut-être* à [...],
mais dans [...], *il a dû connaître* [...]. *Peut-être même* [...]. A beau
mentir qui vient de loin [...] *je suis sous l'impression* qu'il n'a
commencé à s'en prévaloir [du titre] que quelques années plus tard
[...]. *Mais cela est, après tout, indifférent* [...]. *Ce ne sont là que
des suppositions, sans aucun doute*; mais [...]. *Il me semble* que
toute son histoire prouve assez qu'il l'était [...]. (113-114; je
souligne)

Le reste à l'avenant. Sur la propension de Fauteux à tomber
dans la polémique et le ton pamphlétaire de ses débuts conservateurs, sur ses griefs concernant les patronymes de Laterrière
(alors que lui-même usa d'une douzaine de pseudonymes dans sa
carrière), je renvoie à mon étude. J'y expose les raisons de la
méfiance de Fauteux à l'égard de Laterrière perçu comme un
Français libéral (et probablement franc-maçon), ainsi que le
contexte des luttes idéologiques encore vivaces au tournant du
XXᵉ siècle. Quant au texte même des *Mémoires* de Laterrière, si
des approximations subsistent dans l'édition de 1873, j'ai aussi
rappelé que, en 1815, l'auteur ne laisse à sa mort qu'un manuscrit, des «notes» à traiter. Compte tenu de leur époque de
gestation et de rédaction, les *Mémoires* de Laterrière figurent
l'archétype du genre au Québec. Leur caractère inachevé se
retrouve aussi bien chez de Gaspé, Bouchette, Baby et Casgrain.[9]
Aussi convient-il de rendre justice à la mémoire (et aux *Mémoires*) de Laterrière dont la carrière s'explique avant tout par
l'époque mouvementée où il vécut et par les épreuves qu'il
partagea d'ailleurs avec la plupart de ses nouveaux compatriotes
au Québec.

## Postérité de Fauteux-Malchelosse

Revenons donc à l'époque contemporaine, puisque l'article
de Malchelosse, F.A.S.G., alimente jusqu'à ce jour historiens et

---

9. Cf. Maurice Lemire (1978), Jean-Pierre Gagnon (1978) et Jean-Pierre Cantin
(1978).

biographes. On le retrouve partout, du *Dictionnaire des œuvres littéraires du Québec*, au *Dictionnaire biographique du Canada* (1980 et 1983), jusqu'au récent *Dictionnaire des auteurs de langue française en Amérique du Nord* (1989) et aux ouvrages de de Lagrave et Ruelland sur Fleury Mesplet (1985) et Valentin Jautard (1989). Dans le premier tome du *D.O.L.Q.*, en 1978, Kenneth Landry signale comme il convient les mises au point de Sulte et Malchelosse, concernant «les erreurs et contradictions» des *Mémoires* de Laterrière (485). Selon lui, Alfred Garneau aurait dû «contrôler la véracité des affirmations du docteur.» Mais le rôle de Garneau consistait-il à réécrire ou à simplement éditer ces mémoires? Deux ans plus tard, dans le *Dictionnaire biographique du Canada*, Robert Derome consacre un article à Ignace-François Delezenne, beau-père de Laterrière (220-224). Là encore, notre personnage se voit spolié de son patronyme: il y est question de «Pierre Fabre, dit Laterrière.» Si «Laterrière» apparaît à l'occasion dans le reste de la notice, c'est encore sous Fabre qu'il est relégué dans l'index. Même procédé chez Raymond Douville qui signe dans le même tome la notice de l'abbé Garreau, dit Saint-Onge: il y est question de Pierre Fabre (310). De même pour les notices sur Charles Hay (362), sur le médecin Frédéric-Guillaume Oliva (638) ou sur Christophe Pélissier (670). Toujours «Fabre, dit Laterrière», alors que ce dernier n'utilisa jamais le patronyme Fabre. Tout se passe dans le *Dictionnaire biographique* (au moins pour le tome 4) comme si l'ensemble des notices avait été uniformisé, ce qui s'explique aisément. Mais alors que la pratique éditoriale doit, il me semble, se fonder sur l'usage patronymique du vivant de Laterrière et sur les documents d'époque (renvoyant tous encore une fois à Laterrière), l'équipe du *Dictionnaire biographique* se fonde, si j'ose dire, sur la «leçon» de Fauteux-Malchelosse: «Fabre», disent-ils, «Fabre» tu resteras dans l'Histoire (ces auteurs déduisent le «Fabre» du fait que Laterrière évoque un oncle Rustan, dont le patronyme serait Fabre. J'ai pour ma part contesté cette interprétation, dans un chapitre auquel je renvoie).[10] Le coup de force va même jusqu'à modifier l'entrée bibliographique des *Mémoires* de l'auteur,

---

10. Cf. Malchelosse 105-114 et Andrès 64s.

classés dans chacune de ces notices, non pas sous Laterrière
(alors que le titre imprimé sur la page couverture est: *Mémoires
de Pierre de Sales Laterrière et de ses traverses*), mais sous
Fabre. La notice ainsi libellée, l'éditeur Alfred Garneau vole
presque la vedette à l'auteur: «Fabre, dit Laterrière, *Mémoires* (A.
Garneau).»

Pour revenir à l'article de Derome, notons que celui-ci parle
d'une «excommunication» de Laterrière par M$^{gr}$ Briand, ce qui,
d'après René Beaudoin, est inexact. M$^{gr}$ Briand a même tempéré
la fougue du redoutable abbé Saint-Onge de Trois-Rivières en lui
conseillant de ne s'en tenir qu'à une sévère condamnation des
«concubinaires adultères» (Laterrière et Catherine Delezenne).
Cela se passait en 1778. Neuf ans plus tôt, M$^{gr}$ Briand avait du
reste approuvé un certificat de bonnes mœurs attribué à Laterrière
par le curé Dézery, du Séminaire de Québec. Ce fait n'apparaît
dans aucune notice du tome 4 (1980), alors que Francine
Adam-Villeneuve et Cyrille Felteau l'avaient déjà révélé en 1978
dans leur ouvrage sur *les Moulins à eau de la vallée du Saint-
Laurent.*[11]

Si l'on passe à présent au tome 5 du même *Dictionnaire*
(1983), on constate un réel progrès dans la notice que Pierre
Dufour et Jean Hamelin consacrent à Pierre de Sales Laterrière.
Le «paria» est enfin classé à «Sales Laterrière». «Ledit» saute,
mais Fabre reste quand même, puisque les auteurs commencent
par noter qu'il n'utilisa pas *son* patronyme Fabre au Canada» (je
souligne «*son*»). C'est là présupposer que Fauteux-Malchelosse
ont toujours raison. Mais, à la lecture de la notice, on s'aperçoit
bien vite que cette concession à la doxa historiographique est la
seule que fassent Dufour et Hamelin. Pour le reste, ils se donnent
la peine de réexaminer les sources, notamment pour l'affaire de
l'emprisonnement de Laterrière soupçonné en 1779 d'intelligence
avec les Bostonnais: «l'hypothèse d'un complot est fragile, mais
l'innocence de l'accusé, plausible» (810). En fin de notice, les
auteurs reconnaissent l'entière paternité de Pierre de Sales
Laterrière (nommé *in extenso*), auteur d'une thèse de médecine en
1789 et des fameux *Mémoires* de 1873.

---

11. La révélation concerne la pièce n° 546 extraite du terrier des Éboulements.

J'ignore ce qui s'est passé entre 1980 et 1983 au *Diction-naire biographique*, mais je m'aperçois que Malchelosse a la vie dure en 1989, puisqu'il figure toujours aux basques de Laterrière dans le plus récent ouvrage de référence que nous ayons aujourd'hui: le *Dictionnaire des auteurs de langue française en Amérique du Nord* (1989). De Sales Laterrière y garde la vedette, mais l'hypothèse Fabre est mentionnée en passant. Sulte et Malchelosse y sont convoqués, mais sur un ton plus serein et Fauteux a disparu du décor! Pour le reste, la notice rend tout à fait justice à Laterrière (si ce n'est pour sa date de naissance: 1743, et non 1747).

## Laterrière et les libres-penseurs

Finissons donc le survol de cette réception par l'actualité immédiate de Laterrière. À l'occasion du bicentenaire de la Révolution française, on pourrait croire que les hostilités ont cessé sur le front de la critique cléricale. Mais hélas, c'est pour mieux éclater sur le front adverse, celui de la libre-pensée et de l'anticléricalisme! La même année (1989), paraissait en effet l'ouvrage de Jean-Paul de Lagrave et Jacques G. Ruelland sur Valentin Jautard.[12] Soucieux de présenter au mieux la figure du premier journaliste de langue française au Canada, les auteurs tombent sur le seul témoignage circonstancié de l'époque...: les *Mémoires* de notre Pierre de Sales Laterrière. Celui-ci évoque en effet sans complaisance la silhouette et le comportement de Jautard durant l'emprisonnement qu'ils subirent ensemble, entre 1779 et 1783 (ch.4 des *Mémoires*). Il se trouve que les deux hommes avaient peu d'atomes crochus, qu'ils passèrent leur longue captivité à se disputer (au sens littéraire et littéral). «Ivrogne, faux, menteur», «plein de préjugés» et «vil séducteur»: tel est le portrait que brosse Laterrière de Jautard. Et les biogra-phes de ce dernier de tomber bec et ongles sur Laterrière, le

---

12. M. Ruelland a aussi fait paraître, en décembre 1990, une présentation biographique d'une quarantaine de pages sur Laterrière; il y reprend essentiellement le point de vue du livre antérieur sur Jautard. L'intérêt de cette nouvelle brochure réside surtout dans la réédition et la traduction de la thèse de médecine de Laterrière. (La page couverture reproduit par erreur le portrait du fils Laterrière, à la place de celui du père...)

traitant à leur tour de tous les noms d'oiseaux, pour avoir exprimé un point de vue défavorable sur son compagnon de cellule. Et cherchant une caution à leur entreprise de démolition, sur qui tombent nos ardents défenseurs de la liberté d'expression? Sur... Gérard Malchelosse, qui reprend du galon, bien évidemment!

Dans un fabuleux exercice de patinage idéologique, ils font flèche de tout bois, convoquant ici un témoignage clérical, en contestant un autre là. Malchelosse est exploité au bénéfice de Jautard, mais, du même élan sont rejetés Casgrain, Sulte, Camille Roy, et Lionel Groulx, trop «partiaux» à l'égard de Jautard (44-55). Déjà, en 1985, de Lagrave avait-il procédé de la sorte à propos de Fleury Mesplet, lui aussi incarcéré avec Laterrière. Dans sa biographie du premier imprimeur francophone de Montréal, en 1985, l'auteur des *Origines de la presse au Québec* s'en était pris à Laterrière dont le témoignage ne s'avérait pas des plus flatteurs à l'égard de Mesplet. Là encore, l'incontournable Malchelosse était cité contre le mémorialiste. Il eût été plus décent de pondérer les jugements de Laterrière en les attribuant aux inévitables frictions causées par la promiscuité forcée de trois hommes aux caractères tranchés, mais aussi aux défaillances mémorielles du septuagénaire qui n'entreprit que trente ans plus tard et à des fins intimes le récit de cette épreuve.

*** 

Qu'on ne se méprenne: je n'entends pas ici faire le procès des détracteurs de Laterrière. Chacun peut exprimer ce qu'il pense, à condition d'étayer son propos de façon cohérente et de laisser ses préjugés au vestiaire. Ou encore de les exprimer ouvertement en les problématisant au besoin. Car on ne se défait pas commodément de ses partis pris. Les miens, on l'aura senti, penchent du côté de l'homme d'Albi, dont je partage un peu l'expérience migratoire, à défaut de ses misères. Mais je n'exclus pas pour autant Jautard à la même époque, ou Mesplet, Quesnel et Du Calvet, sans oublier Mézière et Bailly de Messein (pour citer au moins deux natifs dans ce lot de néo-Canadiens!).[13]

Leur sort, aux yeux de la critique, est exemplaire. Ils révèlent, tout au long de leur accueil ou de leur rejet, les phases par lesquelles se constitue l'institution littéraire québécoise:

— d'abord, curiosité à l'égard de ces drôles de bonshommes engagés dans toutes sortes de folies à la fin du XVIIIe;

— puis inquiétude à les voir se mêler d'instruction, de philosophie, de commerce avec les Anglais;

— enfin, méfiance à l'égard du discours d'émancipation et surtout des premiers textes qu'ils diffusent.

Car ces textes semblent bien s'inscrire pour la première fois dans la réalité québécoise: conçus, rédigés et publiés pour et dans la colonie (alors que le corpus de la Nouvelle-France était plutôt écrit par et pour des métropolitains). L'institution qui s'autonomise au XIXe siècle devra bien faire un sort à ces productions. Elle choisira dans un premier temps de les oublier, optant plutôt pour le tournant des années 1840 comme période de fondation: premiers textes du terroir (de la terre, mais aussi des «enfants du sol»: de Gaspé fils, Lacombe, Doutre, etc.). À l'égard des textes antérieurs, les jugements les plus négatifs, les appréciations les plus biaisées, les moins sûres des informations se mettent à circuler pendant près d'un siècle sur ces pionniers d'avant 1837, sans qu'on ne prenne vraiment la peine de remonter aux sources.

Avec Du Calvet, Mesplet, Jautard, Mézière et Quesnel, Laterrière reste pourtant une des personnalités marquantes de cette fin du XVIIIe québécois en prise directe sur le monde. Époque de gestation, s'il en est, où se nouent entre les «peuples fondateurs» des tensions qui secoueront jusqu'à nos jours les sociétés canadienne et québécoise. L'actualité la plus brûlante en témoigne aujourd'hui même, d'une côte, d'une commission à l'autre. Qu'est-ce qu'une nation? Pourquoi? Qui seront demain les «anciens», les «nouveaux sujets»: ceux du Québec ou ceux du Canada?

---

13. Ces auteurs font l'objet d'un projet de recherche (appuyé par le C.R.S.H.C.) dont je m'occupe à l'UQAM: «L'Archéologie du littéraire au Québec: 1766-1815.»

Qu'on se rappelle l'époque où Laterrière croupissait en cellule avec ses compagnons: 1778-1782. En un temps où l'on découvrait le mot, où l'idée même de nation s'élaborait en Europe, où, les premiers peut-être, les Américains concrétisaient la chose-nation, Laterrière et ses compagnons de cellule sont soupçonnés de complicité avec les «Bostonnais». C'est que le gouverneur, d'origine suisse, a bien compris leur jeu. Et l'enjeu. Ce que menacent ces Français à la dérive, c'est le statut même de la nation britannique et sa légitimité dans son dernier bastion septentrional. Au bout de leurs discours, encore confus, nécessairement imprécis, mais déjà redoutable, ce qui pointe à l'horizon, c'est quelque chose comme une nation nouvelle, distincte de l'Angleterre comme de la France et des États-Unis. Du Calvet: «[...] il n'y a qu'à faire ouvrir les yeux sur le bien général à des Canadiens; ils concourront tous à cet objet une fois connu», écrit du Calvet dans son *Appel à la justice de l'État* (1784).

Des mots, dirons-nous! De la littérature! Et encore! tout juste du pamphlet, du journalisme, de la politique, mais pas encore des Lettres! Et si les lettres québécoises avaient transité par ces mots, par ces discours, jadis? Pourquoi nous interdire aujourd'hui d'y regarder de plus près? Pourquoi ne pas tendre l'oreille à ces voix éteintes, exténuées, comme celle de Laterrière, au terme de ses *Mémoires*? Je le cite pour finir et après lui me taire:

> Il n'est pas étonnant que les nations aient entre elles des différends: dans notre petit royaume, nous sommes forcés à tort et à travers de tout déférer à Sa Majesté, qui a ses mignons; de sorte que nous voilà exposés aux sophismes contradictoires, ou il faut nous taire. C'est ce dernier parti que je prendrai comme le plus sage. (260)

# Ouvrages cités

Adam-Villeneuve, F. et Cyrille Felteau. *Les Moulins à eau de la vallée du Saint-Laurent*. Montréal: HMH, 1978. 301-311.

Andrès, Bernard. *Écrire le Québec: de la contrainte à la contrariété. Essai sur la constitution des Lettres*. Montréal: XYZ éditeur, 1990.

Baby, Élisa-Anne (Mme Charles-Eusèbe Casgrain). *Mémoires*. Rivière-Ouelle: édition privée, 1869.

Bouchette, Robert Shore Milnes. *Mémoires*. Québec: La Revue canadienne, 1903.

Cantin, Jean-Pierre. «*Mémoires de famille: C.E. Casgrain*». *Dictionnaire des œuvres littéraires du Québec I*. Montréal: Fides, 1978. 483-484.

Casgrain, Henri-Raymond. *La Famille de Sales Laterrière*. Montréal: Beauchemin-Valois, 1885.

Derome, Robert. «Ignace-François Delezenne.» *Dictionnaire biographique du Canada*. Tome 4 (1980): 220-224.

Douville, Raymond. «Garreau, dit Saint-Onge, Pierre.» *Dictionnaire biographique du Canada*. Tome 4 (1980): 310.

Du Calvet, Pierre. *Appel à la justice de l'État*. Londres, 1784.

Dufour, Pierre et Jean Hamelin. «Pierre de Sales Laterrière.» *Dictionnaire biographique du Canada*. Tome 5 (1983): 808-811.

Fauteux, Aegidius. «La Thèse de Laterrière.» *Bulletin de recherche historique* 37 (1931).

Gagnon, Jean-Pierre. «*Mémoires* de R.S.M. Bouchette.» *Dictionnaire des œuvres littéraires du Québec I*. 482-483. 1978.

Gaspé, Philippe Aubert de. *Mémoires*. Ottawa: Desbarats, 1866.

Hamel, Réginald, John Hare et Paul Wyczynski. *Dictionnaire des auteurs de langue française en Amérique du Nord*. Montréal: Fides, 1989.

Lagrave, Jean-Paul de. *Fleury Mesplet (1734-1794). Imprimeur, éditeur, libraire, journaliste*. Montréal: Patenaude éditeur, 1985.

——. *Les Origines de la presse au Québec*. Montréal: Éditions de Lagrave, 1975.

Lagrave, Jean-Paul de et Jacques G. Ruelland. *Valentin Jautard (1736-1787). Premier journaliste de langue française au Canada*. Sainte-Foy: Le Griffon d'argile, 1989.

Lanctôt, Gustave. *Faussaires et faussetés en histoire canadienne*, Montréal: Les Éditions Variété, Dussault et Péladeau, 1948. Préface de Robert de Roquebrune.

Landry, Kenneth. «*Mémoires de Pierre de Sales Laterrière et de ses traverses.*» *Dictionnaire des œuvres littéraires du Québec, I.* 484-485.

Laterrière, Pierre de Sales. *Mémoires de Pierre de Sales Laterrière et de ses traverses; reprint.* Montréal: Leméac, 1980. (Édition originale: 1873)

———. «*Mémoires* (extraits).» *Écrits du Canada français* 8 (1961): 260-337; 9 (1961): 261-348.

Lemire, Maurice et al. *Dictionnaire des œuvres littéraires du Québec I.* Montréal: Fides, 1978.

Le Sage, Alain René. *Les Aventures de M. Robert Chevalier dit de Beauchêne, capitaine de flibustiers dans la Nouvelle-France.* Paris: Étienne Garneau, 1732.

Malchelosse, Gérard. «Mémoires romancés.» *Cahiers des dix* 25 (1960) .

Roy, Camille. *Nos origines littéraires.* Québec: L'Action sociale, 1909.

Ruelland, Jacques G. *Pierre de Sales Laterrière. 1747-1815. Médecin et libre penseur.* Longueuil: Société historique du Marigot (Cahier n° 24), 1990.

Simard, Sylvain. «Armand Yon. *Le Canada Français vu de France (1830-1914).*» *Livres et auteurs québécois 1975.* Québec: PUL, 1976. 278.

———. *Mythe et reflet de la France.* Presses de l'Université d'Ottawa, 1987.

Sulte, Benjamin. *Les Forges Saint-Maurice. Vol. 6: Mélanges historiques. Études éparses et inédites [...], compilées, annotées et publiées par Gérard Malchelosse.* Montréal: G. Ducharme, 1920. 142-168.

Wade, Mason. *Les Canadiens Français de 1760 à nos jours. Vol. 1 (1760-1914).* Montréal: Cercle du Livre de France, 1963.

Yon, Armand. *Le Canada Français vu de France (1830-1914).* Québec: PUL, 1975. 214. (Les articles sont d'abord parus dans la *RHAF* en 1962-1963.)

# La réception critique du roman *Charles Guérin* de P.-J.-O. Chauveau (1853)

David M. Hayne
University of Toronto

Pourquoi avoir choisi *Charles Guérin* pour les besoins de notre démonstration? D'abord, à cause de la place qu'occupe ce texte dans l'histoire du roman canadien-français ou québécois. Pour Séraphin Marion, *Charles Guérin*, «notre troisième roman», serait néanmoins le «premier roman véritable du Canada français» (85). Plus proche de nous, Jean-Pierre Duquette l'appelle «la première œuvre valable de la littérature québécoise» (194), Patrick Imbert déclare qu'«il s'agit d'un de nos meilleurs romans du 19e siècle» (33), et André Senécal conclut que «l'auteur de *Charles Guérin* est sans aucun doute le premier écrivain québécois qui possède les qualités essentielles du romancier de métier» (339). L'importance littéraire de l'ouvrage semble donc reconnue.

En second lieu, la publication de *Charles Guérin* fait date dans l'histoire de l'édition québécoise: pour la première fois un éditeur canadien-français acheta un manuscrit moyennant un prix forfaitaire et le publia à ses risques et périls. Ajoutons que pour protéger son investissement, l'éditeur fit en faveur de l'ouvrage une campagne publicitaire sans parallèle dans l'histoire du roman québécois du XIXe siècle.

Finalement, le roman de Chauveau s'adapte d'une façon toute particulière au thème de notre colloque, car l'ouvrage connut au moins quatre fois les rigueurs de la critique: lors de la publication pré-originale en 1846-1847, au moment de la parution en volume en 1852-1853, lorsqu'il fit l'objet d'une querelle littéraire dans les années 1870, et enfin quand il fut réédité en feuilleton et en volume à la fin du siècle. C'est en examinant les quatre étapes de cette réception critique que nous serons en mesure de reconstituer l'horizon d'attente des lecteurs québécois du siècle dernier et d'apprécier l'évolution de la critique littéraire entre 1845 et 1900.

Membre de la cinquième génération d'une des plus anciennes familles de Charlesbourg, Pierre-Joseph-Olivier Chauveau fit de brillantes études au Petit Séminaire de Québec sous les abbés Jérôme Demers et Jean Holmes. Ayant fait son droit chez deux oncles haut placés, il fut admis au barreau en 1841 à l'âge de vingt ans. Il avait déjà publié dans les journaux de l'époque plusieurs poèmes qui révélaient ses sympathies pour les rebelles de 1837-1838 et son sentiment patriotique. Avec Joseph-Charles Taché et James Huston il fréquentait le cercle de Napoléon Aubin et participa à la fondation de plusieurs associations littéraires et patriotiques: la Société Saint-Jean-Baptiste de Québec (1842), la Société canadienne d'études littéraires et scientifiques (1843) et l'Institut canadien de Québec (1848). En 1843, à peine âgé de vingt-trois ans, il fut nommé président de la prestigieuse Société littéraire et historique de Québec. L'année suivante il fut élu député du comté.

Avantagé et talentueux, Chauveau possédait déjà des goûts littéraires assez développés. Partisan du romantisme français, il annonça dès 1844 un ouvrage sur la littérature en France depuis la Révolution:[1] il croyait avec Madame de Staël et Villemain que la littérature est l'histoire d'un peuple et qu'elle change selon les conditions sociales. Il connaissait les grands critiques français de son temps: Saint-Marc Girardin, Jules Janin et Sainte-Beuve. Plus tard l'abbé Casgrain nous le dépeindra en train de feuilleter les *Samedis* de Pontmartin dans l'arrière-boutique de Crémazie. Sa réputation de liseur et de bibliophile était si bien établie qu'en décembre 1850 il fut chargé avec Crémazie et Louis-Napoléon Casault de «préparer une liste de livres à acheter» pour l'Institut

---

1. Voir *Le Castor*, 2, 1 (21 novembre 1844): 4. L'ouvrage «d'au moins 300 pages» ne parut pas; un extrait fut reproduit dans *Le Répertoire national* 3 (1848): 198-201.

canadien de Québec (Crémazie I, 225). Il n'est donc pas surprenant que son roman contienne des allusions précises à Chateaubriand, à Hugo et à George Sand et que le texte porte partout l'empreinte de Balzac.

Deux lettres de Louis-Octave LeTourneux, propriétaire et rédacteur en chef de la *Revue canadienne* et de son *Album*, nous informent que Chauveau rédigeait les premiers chapitres de *Charles Guérin* au fur et à mesure de la publication des numéros de l'*Album* (Lemire 14). La première partie et plus de la moitié de la deuxième parurent en dix tranches dans l'*Album* entre les mois de février 1846 et mars 1847. «La parution immédiate des diverses tranches, explique Maurice Lemire, ne permettait pas à Chauveau de revenir en arrière et de se corriger» (14). Cette version pré-originale du roman parut sous l'anonymat, précaution normale à l'époque, surtout quand l'auteur était député.

Rappelons-nous le contexte littéraire en 1846. Depuis un quart de siècle des Canadiens composaient et publiaient des textes romanesques, mais le total restait modeste: une quarantaine de récits de toutes sortes, deux romans (*l'Influence d'un livre*, *les Fiancés de 1812*), une longue nouvelle (*la Fille du brigand*) et une histoire romancée (*les Révélations du crime*). Un grand nombre de ces écrits péchaient par exagération ou par sensation et n'avaient pas un vrai cachet canadien: en conséquence Marc-Aurèle Plamondon et Louis-Auguste Olivier, chacun de son côté, venaient de lancer des appels fervents en faveur d'une littérature canadienne plus réaliste et plus nationale.

L'on conçoit facilement que les commentaires critiques sur le roman de Chauveau, lesquels sont signés par des amis de l'auteur, aient mis l'accent sur la nationalité du romancier anonyme et sur le caractère quasi documentaire de son œuvre. Écoutons Louis-Octave LeTourneux:

> [...] des tableaux de mœurs canadiennes, [...] une scène animée, pittoresque et tout à la fois originale, neuve et en même temps exacte et d'une vérité locale parfaite; un ouvrage plein des souvenirs du passé...

Pourtant le roman était incomplet. Il fallait attendre encore cinq ans pour en lire la fin. Vers 1851 Georges-Hippolyte Cherrier se procura le manuscrit du roman, que Chauveau semble avoir achevé pendant un séjour à l'Islet durant l'été de 1849. Cherrier publia le roman en six livraisons, dont la première parut au mois d'août 1852, la dernière au début de mars 1853; ce délai sert à expliquer l'existence dans l'édition originale de deux pages de titre, l'une datée de 1852, l'autre de 1853.

Imprimé par la maison montréalaise Lovell et Gibson, le volume parut dans une toilette très soignée, avec des ornements typographiques qu'on peut retrouver dans le livre-spécimen que les imprimeurs avaient publié à l'intention de leurs clients en 1846. Les illustrations étaient du graveur John Henry Walker, qui venait d'ouvrir un atelier à Montréal (1852). Dans son «Avis de l'éditeur», Cherrier se félicita d'avoir le premier édité à ses frais un ouvrage canadien; en même temps on commença la publication dans *la Minerve*, *le Canadien* et *le Moniteur canadien* de quelque deux cents annonces du roman.[2]

C'est que le climat journalistique était en pleine transformation. Depuis les années 1840 des journalistes militants à la Louis Veuillot étaient aux postes de commande des principaux journaux d'opinion: aux *Mélanges religieux*, au *Journal de Québec* (Joseph Cauchon), au *Canadien* (Ronald MacDonald) et à *la Minerve* (Raphaël Bellemare) (voir Sylvain 129). Ainsi les comptes rendus qui saluaient la publication en volume de *Charles Guérin* dénonçaient l'influence malsaine des feuilletons français et faisaient ressortir la qualité morale des rares ouvrages canadiens dignes d'attention. Un rédacteur de *la Minerve* illustre cette dichotomie lorsqu'il signale la parution de la quatrième livraison de *Charles Guérin*:

> [...] nous nous imbuons d'une littérature étrangère; nous buvons à une source alimentée par des productions européennes de chaque jour, source bien souvent fangeuse. C'est ce qui nous tue, c'est ce qui nous aveugle, ce qui nous empêche d'appercevoir [sic] les perles littéraires que nous foulons à nos pieds [...] . La Marichette du livre de M. Chauveau est un délicieux type de jeune fille canadienne [...] (Anonyme 2)

---

2. Voir la bibliographie dressée par Aurélien Boivin dans l'édition Lemire, 379-389.

Henri-Émile Chevalier, journaliste français en exil volontaire à Montréal et moins porté au moralisme, émettait une opinion plus nuancée. «Disons-le tout de suite, affirmait-il, *Charles Guérin* est un bon livre, que tout Canadien ou étranger lira avec plaisir [...]» (106-107), mais il y signalait aussi des défauts: le manque d'unité et les longueurs. Nous pouvons laisser de côté les réponses, fades et formelles, des Français et Françaises (Lamartine, Montalembert, Madame Manoël de Grandfort) à qui Chauveau avait offert un exemplaire de son roman. Pourtant il y a un critique parisien qui avait lu attentivement *Charles Guérin*; c'est Adolphe de Puibusque, un homme de lettres français qui avait passé quatre ans au Canada (1846-1850). De Puibusque écrivit un long article pour *l'Union* de Paris qui fut reproduit dans *le Canadien*: il jugeait *Charles Guérin* un bon roman, mais comme son compatriote Chevalier il y remarquait aussi des faiblesses. Pour la critique canadienne de l'époque, cependant, la question morale l'emportait: n'oublions pas que cette même année 1853 a vu la controverse au sujet du texte d'Eugène L'Écuyer, «Un épisode de la vie d'un faux dévot», querelle qui a duré plusieurs semaines et qui a même provoqué un duel de mots entre l'éditeur de Chauveau et Louis-Joseph Racine, propriétaire et directeur des *Veillées canadiennes*.[3]

La décennie 1860 fut marquée par une grande expansion de l'édition littéraire au Québec et le roman de Chauveau fut un peu oublié en faveur des *Anciens Canadiens*, de *Jean Rivard* et du premier récit de Joseph Marmette. Octave Crémazie écrivait à l'abbé Casgrain le 10 avril 1866:

> Tout ce qui s'est produit chez nous en dehors de ces deux grandes œuvres [les histoires de Garneau et de Ferland] ne me semble pas avoir chance de vie. Qui lira *Charles Guérin* dans cinquante ans? (Crémazie II, 74-75)

Pourtant le roman de Chauveau ne fut pas oublié tout à fait. Vers 1870 la critique littéraire devient un genre littéraire et un champ d'investigation à part, évolution encouragée par la

---

3. Voir l'article de Jean-Guy Hudon dans le *Dictionnaire des oeuvres littéraires du Québec*, t. I: des origines à 1900 (Montréal: Fides, 1978). 734-735.

direction de la nouvelle revue hebdomadaire illustrée, *l'Opinion publique*. C'est dans les pages de *l'Opinion publique* que l'abbé Casgrain, qui se croyait le critique littéraire attitré du pays, publia, sous le pseudonyme de Placide Lépine, un éreintement du roman de son ennemi politique et rival littéraire Chauveau:

> Postiche [sic] des romans français, mieux écrit qu'un grand nombre d'entr'eux, *Charles Guérin* est un joli livre qu'on loue et qu'on ne lit pas. De canadien, il n'a guère que la signature. Il a toutes les qualités de la forme, excepté la vie: style élégant, harmonieux, irréprochable, mais sans nerf et sans couleur locale [...] M. Chauveau est né, a grandi, a vécu dans la ville. Il n'a étudié nos mœurs canadiennes que dans nos salons mi-français, mi-anglais (122).

Les amis de Chauveau réagirent promptement. Quinze jours plus tard, André-Napoléon Montpetit, qui avait collaboré au *Journal de l'Instruction publique* fondé et dirigé par Chauveau, affirma dans les colonnes de *l'Opinion publique* qu'il avait lu et relu *Charles Guérin* et qu'il y trouvait des «petits tableaux de mœurs canadiennes d'un naturel charmant, d'une vérité parfaite» (147). En fait, osa-t-il ajouter, «l'auteur des silhouettes ne saurait avouer plus candidement qu'il n'a pas lu *Charles Guérin*». De plus, disait-il, la tâche d'un critique consiste à juger les œuvres, plutôt que de relater des détails intimes de la vie des auteurs. Devant cette attaque, Casgrain et son «secrétaire» Marmette réfléchirent pendant quelques semaines et puis l'abbé signa deux études de «critique littéraire» qu'il donna d'abord à *l'Opinion publique* avant de les publier sous forme de brochure. Le premier article constatait l'existence d'une tradition de critique littéraire au Québec. Le second article traitait exclusivement du roman de Chauveau; Casgrain y répétait ses critiques, mais plus discrètement et en limitant leur portée à deux chapitres du roman. «En résumé, conclut-il, si l'on nous demandait notre jugement définitif sur *Charles Guérin*, nous dirions que c'est une ébauche, une étude inachevée de mœurs canadiennes» (397-8). Même ce jugement mitigé ne fut pas approuvé: dans le *Courrier du Canada*, «Jean Piquefort» (Adolphe-Basile Routhier) estimait que Casgrain n'avait pas été «juste à l'égard de M. Chauveau. Sa critique est mesquine et manque d'impartialité» (I, 285). Routhier suggéra même que Casgrain ne pouvait admettre l'existence d'une œuvre valable de littérature canadienne qui aurait paru avant ses *Légendes* (1860). Louis Laplume (Louis-Michel Darveau), dans *le National*, avait des réserves au sujet du roman, et Edmond Lareau, dans son *Histoire de la littérature canadienne*, empruntait des phrases à Casgrain. La controverse ne prit fin qu'en 1880, lorsque Jules-Paul Tardivel s'extasia sur le roman de Chauveau:

> Il y a des passages ravissants dans *Charles Guérin*. La description d'une tempête de nord-est, le souper aux huîtres des étudiants, l'*album* de Marichette, la scène dans le cimetière, sont des morceaux de littérature d'un ordre supérieur. L'auteur a le don de faire aimer ses *bons* personnages et détester les *mauvais* [...]

> Le style de *Charles Guérin* est excellent. De la variété, de l'harmonie, de la clarté, de la correction grammaticale, point de phrases entortillées, boiteuses, chevillées. Ni clinquant, ni faux ornements, ni emphase. Rien qui choque le goût, rien qui martyrise le bon sens, et surtout pas d'anglicismes. Pourquoi n'écrit-on guère plus comme cela aujourd'hui?

La dernière phrase de Tardivel nous rappelle que la décennie 1880 a été caractérisée par un grand mouvement spontané en faveur de la langue française au Québec: les ouvrages d'Oscar Dunn et de Tardivel lui-même font date dans l'histoire des études de linguistique canadienne.

Le 4 avril 1890, Chauveau meurt. Les articles nécrologiques mettent en relief sa carrière politique, son éloquence, et son rôle dans l'enseignement. On se rappelle, vaguement, qu'il avait composé un roman, «dont tout le monde connaît le titre, mais que bien peu de personnes ont lu parmi la jeune génération», écrivit Ernest Gagnon en 1897, les fascicules de l'édition originale étant alors presque introuvables (739). La vénérable *Revue canadienne* de Montréal, qui venait de passer entre les mains de l'historien Alphonse Leclaire, réédita le roman en feuilleton entre les mois de janvier 1898 et avril 1899. Le texte parut de nouveau dans l'*Album* illustré (1899) de la *Revue* et en volume séparé (1900). La réédition parut avec des dessins de Jean-Baptiste Lagacé, très inférieurs aux illustrations de l'édition originale. L'accueil de la critique ne fut nullement enthousiaste: une notice bibliographique parut dans le *Courrier du livre*, et ce fut presque tout. Le Québec du vingtième siècle se désintéressa magistralement du roman publié un demi-siècle plus tôt.

Résumons rapidement cette évolution. *Charles Guérin* fut composé à une époque où la littérature canadienne n'existait guère: sa parution en feuilleton en 1846-1847 fut saluée comme une curiosité. L'édition originale de 1853 fut en revanche un événement littéraire qui marquait en même temps un progrès dans l'histoire du livre et l'émergence du métier d'éditeur littéraire. La controverse littéraire des années 1870 entre Casgrain et ses contemporains constituait un premier débat critique où les participants avaient très nettement le sentiment de définir la critique littéraire d'alors et de défendre leur point de vue contre l'un des principaux personnages littéraires de leur génération. Enfin le témoignage d'Ernest Gagnon à la fin du siècle, suivi d'une triple réédition du roman qui passa presque inaperçue, nous renseignent sur l'indifférence relative du public de 1900 à l'égard des documents culturels du passé collectif. Ainsi la réception critique accordée à *Charles Guérin*, ce péché de jeunesse d'un futur premier ministre de la Province de Québec, se révèle plus riche en significations qu'on ne l'aurait cru.

# Ouvrages cités

[Anonyme]. «Bibliographie: Charles Guérin.» *La Minerve* 25.31 (19 novembre 1852): 2.

[Anon.]. «*Charles Guérin.*» *Le Courrier du livre* 4.47 (1900): 734.

Casgrain, Henri-Raymond. «Critique littéraire.» *L'Opinion publique* 3.33 (15 août 1872): 385-86 et 3.34 (22 août 1872): 397-98. Publié en volume sous le titre: *Critique littéraire. Première livraison. Chauveau.* Québec: C. Darveau, 1872, 56p.

Chauveau, Pierre-Joseph-Olivier. *Charles Guérin, roman de mœurs canadiennes.* G.H. Cherrier, Éditeur. Montréal: Des presses à vapeur de John Lovell, rue St-Nicolas (1853).

Chevalier, Henri-Émile. «Bibliographie canadienne: *Charles Guérin* par M. P.J.O. Chauveau.» *La Ruche littéraire* 1.2 (mars 1853): 106-107.

Crémazie, Octave. *Œuvres I, Poésies; II, Prose.* Ottawa: Éditions de l'Université d'Ottawa, 1972-1976. Texte établi, annoté et présenté par Odette Condemine.

Duquette, Jean-Pierre. «*Charles Guérin* et la fiction du XIX<sup>e</sup> siècle.» *Voix et images* 1.2 (déc. 1975): 182-195.

Gagnon, Ernest. «*Charles Guérin.*» *La Revue canadienne* 33.12 (déc. 1897): 739-741.

Imbert, Patrick. «*Charles Guérin* ou le réalisme critique.» *Lettres québécoises* 13 (févr. 1979): 33-34.

Laplume, Louis [Louis-Michel Darveau]. «Chauveau.» *Le National* 1 (25 et 26 février 1873): 2. Reproduit dans *Nos hommes de lettres*, t. I. Montréal: A.A. Stevenson, 1873. 124-153.

Lareau, Edmond. *Histoire de la littérature canadienne.* Montréal: John Lovell, 1874. 282-286. Voir: Manon Brunet. «L'Historien Edmond Lareau et la critique littéraire au XIX<sup>e</sup> siècle.» *Revue d'histoire littéraire du Québec et du Canada français* 14 (été-automne 1987): 37-57.

Lemire, Maurice. «Introduction.» *Charles Guérin [...]* Montréal: Fides, 1978. Édition présentée et annotée par Maurice Lemire.

Lépine, Placide [Casgrain et Marmette]. «Silhouettes littéraires: Pierre J.O. Chauveau.» *L'Opinion publique* 3.11 (14 mars 1872): 122. Reproduit dans Augustin Laperrière. *Les Guêpes canadiennes*, t. I. Ottawa: A. Bureau, 1881. 235-242.

LeTourneux, Louis-Octave. «*Charles Guérin.*» *La Revue canadienne* 3.4 (10 février 1846): 15. Cité dans Séraphin Marion 84-85.

Lovell & Gibson. *Specimen of Printing Types and Ornaments, in Use at the Printing Office of Lovell & Gibson, St. Nicolas Street, Montreal.* Toronto: La Société bibliographique du Canada, 1975. [Non paginé].

Marion, Séraphin. «Nos trois premiers romans.» *Lettres canadiennes d'autrefois, t. IV: La Phase préromantique.* Ottawa: Les Éditions de l'Université d'Ottawa, 1944. 47-89.

Montpetit, André-Napoléon. «M. Placide Lépine.» *L'Opinion publique* 3.13 (28 mars 1872): 147.

Olivier, Louis-Auguste. «Essai sur la littérature en Canada.» *La Revue canadienne* 1.4 (25 jan. 1845): 28-29. Reproduit dans *Le Répertoire national* 3 (1848): 234-241.

Piquefort, Jean. «L'Abbé Casgrain.» *Le Courrier du Canada* 16.140-143 (10, 13, 15, 17 janv. 1873): 1-2. Reproduit dans A. Laperrière. *Les Guêpes canadiennes,* t. I. 262-292.

Plamondon, Marc-Aurèle. «Prospectus.» *Ménestrel* 1.1 (20 juin 1844): 2-3; et 1.26 (19 déc. 1844): 2.

Puibusque, Adolphe de. «De la littérature au Canada [...]» *L'Union* 211, 213, 214 (27, 29 et 30 juillet 1855). Reproduit dans *Le Canadien* 25.47 (27 août 1855): 1-2.

Senécal, André. «*Charles Guérin*: le récit et la thèse.» *Voix et images* 5.2 (hiver 1980): 333-340.

Sylvain, Philippe. «Quelques aspects de l'antagonisme libéral-ultramontain au Canada français.» Dans Jean-Paul Bernard. *Les Idéologies québécoises au 19e siècle.* Montréal: Éditions du Boréal Express, 1973. 127-149.

Tardivel, Jules-Paul. «*Charles Guérin* [...]» *Le Canadien* (édition quotidienne) 6.244 (27 mars 1880): 2. Reproduit dans ses *Mélanges, ou recueil d'études religieuses, sociales, politiques et littéraires,* tome II. Québec: L.-J. Demers et frère, 1901. 301-307.

# Le centenaire de Gérin-Lajoie en 1924
## Ou quand la critique se fait apothéose... et récupération[1]

Robert Major
Université d'Ottawa

Le titre dont on a coiffé cette séance, «Discours extrémistes» convient tout à fait à mon propos. Qu'un homme aussi sérieux, pondéré, raisonnable que Gérin-Lajoie ait pu être l'objet et la cause de discours critiques extrémistes constitue une merveille dans notre paysage littéraire, ou à tout le moins un paradoxe. Et pourtant, c'est le cas. La réception critique de *Jean Rivard* se cantonne volontiers dans les antipodes. Et à mon tour, après avoir rendu compte de ces lectures extrêmes, j'en proposerai une que certains pourraient qualifier d'extrémiste.

Car c'est l'auteur de *Jean Rivard* seul qui m'intéresse ici: sa réception, sa renommée et les aléas de celle-ci. Je laisse Gérin-Lajoie, l'auteur de *Dix ans au Canada, de 1840 à 1850 (histoire de l'établissement du gouvernement responsable)* en pâture aux historiens. Quant à Gérin-Lajoie, l'auteur du *Catéchisme politique, ou éléments du droit public et constitutionnel du Canada, mis à la portée du peuple [...]*, je le tiens en réserve, confiant

---

1. Plusieurs éléments de cette communication sont tirés d'une étude, parue depuis: Robert Major, *Jean Rivard ou l'art de réussir. Idéologies et utopie dans l'oeuvre d'Antoine Gérin-Lajoie*, Québec: Presses de l'Université Laval, 1991. («Vie des lettres québécoises»).

qu'il y aura certainement un jour quelque critique prêt à s'intéresser à ce genre particulier, ou un colloque sur le sujet. Les
catéchismes n'ont-ils pas été le genre le plus pratiqué, certainement le plus lu, peut-être le plus réussi — comme le voulait
Jacques Ferron — au pays?

La réception de *Jean Rivard* est fascinante, et riche d'enseignements. Elle s'effectue en trois temps bien distincts. D'abord,
les contemporains de Gérin-Lajoie. Sans verser dans le dithy-
rambe — loin de là — ils reconnaissaient néanmoins les mérites du
roman, et comme «bonne action» (Lareau 305), apte à produire
des effets salutaires sur la collectivité, et comme œuvre bien
écrite. L.-M. Darveau, en 1873, y voit «un beau et bon livre bien
pensé et bien écrit» (219):

> *Jean Rivard* n'est certainement pas un roman aux scènes émou-
> vantes, où la passion joue le premier rôle; non, c'est un récit
> intéressant dans lequel l'auteur a dramatisé les principales scènes
> de l'existence du défricheur canadien. Si le style n'a pas le brillant
> des romanciers à la mode, il est en revanche d'une clarté, d'une
> rectitude admirables. La simplicité fait sa force et sa beauté. (221-
> 222)

D'autres, dont Edmond Lareau dans une *Histoire de la littérature
canadienne* publiée l'année même de la sortie de *Jean Rivard* en
volume, vont jusqu'à parler d'un artiste du verbe:

> Le talent poétique de Gérin-Lajoie se retrouve dans tous ses écrits
> en prose; c'est un véritable artiste dans l'art d'écrire. [...] L'auteur
> a une manière agréable de dire les choses: je veux dire que son
> style est coulant et aisé, sans recherche ni affectation, ni contrainte.
> Beaucoup de naturel surtout.[2] (72, 305)

L'abbé Casgrain, tout en notant le peu de faveur populaire du
livre au moment de sa publication[3], insiste sur les qualités

---

2. Lareau, citant Hector Fabre, parlera plus loin du «grand succès obtenu par *Jean
Rivard*» (306).

3. «*Jean Rivard*, le meilleur de ses écrits, si bien apprécié par les esprits sérieux, n'a
pas été compris des lecteurs frivoles, parce que ceux-ci ne pouvaient s'élever à la hauteur
où Gérin-Lajoie s'était placé.» (Casgrain 1912, 14). Camille Roy s'appuie peut-être sur
cette remarque lorsqu'il note, en 1914: «L'abbé Casgrain, qui eut avec Gérin-Lajoie des
relations d'amitié et des relations littéraires très étroites, nous assure que *Jean Rivard* ne

intrinsèques du roman:

> Devenu populaire aujourd'hui, *Jean Rivard* a recueilli, dès son apparition, les suffrages des meilleurs juges, dont le nombre n'a fait que s'accroître. Le plan du livre est bien conçu, le style sobre, naturel et correct.[4] («Biographie» 57)

Cet accueil favorable, nuancé mais tout de même flatteur, des critiques du XIXe siècle, s'est transformé, au cours du XXe siècle, en deux attitudes opposées mais successives et complémentaires. Dans la première moitié du siècle, avec une pointe exacerbée en 1924, lors du centenaire de la naissance de Gérin-Lajoie, le concert d'éloges est quasi unanime. Le discours officiel, celui des recteurs, des supérieurs de collège, des inspecteurs généraux de l'instruction publique, des présidents de la Chambre des Communes (ou des collégiens, en mal de consécration, singeant leurs aînés), chante les louanges de l'auteur et de son roman, mais en des termes qu'il sera nécessaire de scruter dans la suite de ce travail. En réaction à cette institutionnalisation, les critiques littéraires depuis une trentaine d'années s'entendent sur l'échec radical de l'œuvre. «L'opinion de nos critiques est unanime: *Jean Rivard* est un roman manqué» (Bessette 327):

> En effet, exception faite de son intrigue, qui est simple, *Jean Rivard* possède le douteux honneur de présenter, pour ainsi dire à l'état pur, l'abrégé des faiblesses du roman canadien du XIXe siècle: personnages monolithiques, dépourvus de toute subtilité, apostrophes au lecteur, dissertations moralisantes, dialogues guindés, oratoires, style terne et laborieux. Seules sa qualité de

---

reçut pas du public l'accueil qu'il méritait. On lut sans trop d'enthousiasme ces pages que l'auteur avait voulu faire si pratiques.» *Nouveaux essais*: (100). Ce jugement est repris dans le *Bulletin des recherches historiques* (30.10:100). Par ailleurs, plus tard, Mgr Roy affirmera, sans sentir le besoin de résoudre l'ambiguïté; qu'il s'agit d'un «livre qu'on a beaucoup lu» *Histoire* (106); ou encore que «ce roman fit le tour des foyers canadiens» *Manuel* (75).

4. L'abbé Casgrain ajoute: «*Jean Rivard* est le premier livre canadien qui ait obtenu les honneurs de la reproduction en France [dans *Le Monde*, à Paris, en 1877] [...]. Gérin-Lajoie a reçu de son vivant la plus douce récompense qu'il pouvait ambitionner: il a vu son livre donné en prix dans nos collèges, dans la plupart de nos écoles primaires, et répandu jusque dans la chaumière du colon, où sa lecture a déjà fait une partie du bien qu'il souhaitait, où elle continue à délasser les esprits et à ranimer les courages.» («Biographie» 57)

pionnier et sa valeur de témoignage lui assurent une place dans l'histoire de nos lettres. (Bessette 327)

«Implacable description» (Bessette 327), pages «furieusement empoisonnantes [...] on accepterait avec autant de joie des considérations sur l'art dentaire (Baillargeon 108), «roman à thèse du plus mauvais aloi» (Wyczynski 16), les qualificatifs négatifs prolifèrent; à la limite, on ne parle pas du roman (Dionne 315) ou, pire, on décide que le livre «n'existe pas»[5] van Schendel 157).

Voilà sans doute une fortune exemplaire, digne de retenir l'attention. Un livre unanimement apprécié par les «esprits sérieux» (Casgrain, *Antoine Gérin-Lajoie*, 14) de l'époque de sa publication en vient, moins de cent ans plus tard, après avoir connu une diffusion remarquable et la consécration officielle, à être quasi unanimement condamné par les «critiques sérieux» de notre temps. On serait tenté de crier: Pitié pour *Jean Rivard*![6]

---

5.  Michel van Schendel expédie le livre en quelques phrases et, dans une boutade finale, l'annihile proprement. Parlant de Louise Routhier, l'amie puis la femme de Jean Rivard: «Cette femme n'existe pas, j'ai oublié le nom d'emprunt qui lui est donné. Dans la mesure où un roman est obligé de prendre appui sur un personnage féminin, le livre de Gérin-Lajoie n'existe pas davantage. Au fond, l'auteur avait raison d'écrire qu'il ne faisait pas un roman.» (156-157)

6.  Cette condamnation n'est pas sans appel. Des relectures moins passionnées de *Jean Rivard* ont été faites plus récemment par René Dionne et Martin Dubé. Il n'est pas certain d'ailleurs que la condamnation des critiques rejoigne l'appréciation du lecteur moyen, «non-professionnel». On pourrait imaginer, par exemple — hypothèse étayée par certaines expériences pédagogiques — qu'une jeunesse écologique, nourrie des théories de *Harrowsmith* ou de la Mère Michel, ou simplement anxieuse devant un avenir incertain où elle devra se tailler une place sans l'aide d'une conjoncture économique favorable (les conditions d'aujourd'hui et celles que dut affronter Jean Rivard et son créateur, Gérin-Lajoie) trouverait dans ce roman une inspiration et ressentirait à sa lecture un vif intérêt. Mais le lecteur moyen n'a guère voix au chapitre. Sauf quand il s'agit de déterminer le tirage d'une oeuvre. Et encore là — le cas de *Jean Rivard* est patent — sa voix s'entend mal. Quand une oeuvre est institutionnalisée, diffusée massivement lors des distributions de prix dans les collèges, publicisée par les idéologues non-littéraires de la collectivité, récupérée par le pouvoir politique (mais peut-on encore parler de «récupération» dans le cas d'un roman qui y invite?), il est difficile d'établir une relation précise entre sa diffusion et sa faveur réelle. Une analyse rigoureuse de la réception de ce roman serait à faire et serait une contribution remarquable à la sociologie littéraire. La vérification des tirages exacts dans les nombreuses éditions de l'oeuvre; la compilation des articles de presse, des manuels scolaires et même des notes d'étudiants conservés dans les archives apporterait une contribution importante à l'histoire de l'opinion et du goût au Canada

Dans cette danse en trois temps, c'est le deuxième temps, le moment de l'apothéose et de la consécration, le moment de l'hagiographie, qui constitue la clef de l'ensemble: la clef de voûte de l'édifice critique. C'est alors qu'on a détourné — oh! combien révérencieusement — le sens du roman pour lui imprimer une signification et une portée qu'il n'avait pas à l'origine, et que les contemporains de Gérin-Lajoie auraient difficilement reconnue. Et c'est contre cette lecture idéologique de 1924 que se sont insurgés par la suite les critiques (disons, les contemporains), non pas pour proposer une autre lecture, mais pour disqualifier le roman. Le procédé est étonnant et on devra y revenir. Mais scrutons d'abord ce moment privilégié que constitue le centenaire de la naissance de Gérin-Lajoie, en 1924.

Le 2 avril 1924, Omer Héroux lançait l'idée dans *le Devoir*. «Que ferons-nous pour Gérin-Lajoie?» demandait-il. Et il proposait une rencontre autour de la vieille maison des Gérin-Lajoie à Yamachiche, afin de célébrer l'auteur de *Jean Rivard*. L'idée plut, elle enthousiasma: communautés, collèges, journaux se saisirent du projet. Et c'est ainsi que le 14 septembre 1924, 42 ans après la mort de l'auteur, plus de 3000 personnes se réunirent autour de sa veuve Joséphine Parent, de ses enfants et petits enfants, sur le lieu même de sa naissance. Fête grandiose, la première au pays à célébrer le centenaire d'un écrivain, et qui reçut un écho considérable dans la presse. D'autres fêtes, ailleurs, dans les semaines suivantes, prolongèrent celle-ci: à Québec, Sherbrooke, Coaticook, Ironside, Ottawa, Trois-Rivières, Nicolet, Chicoutimi, Joliette, Montréal, Toronto. De septembre à décembre, c'est un feu roulant d'activités. On n'avait rien vu de tel avant: l'a-t-on vu depuis? Quel écrivain québécois peut se vanter

---

français depuis un siècle. Le public contemporain de Gérin-Lajoie, habitué à des lectures frivoles selon l'abbé Casgrain (ce que semble bien confirmer l'étude de Yves Dostaler) aurait mal reçu le livre. Ce n'est que graduellement que les «esprits sérieux» (lesquels?) purent imposer l'oeuvre (mais dans quelle mesure et par quels moyens?). Si ce roman «fit le tour des foyers canadiens» comme l'affirme Mgr Roy dans son *Manuel* (p.75) — *Manuel* dont les jugements, repris dans 20 éditions, de 1920 à 1962, ont du poids —, il faut tout de même se demander combien de temps prit ce «tour» et qui le menait. L'analyse de la réception de cette oeuvre permettrait aussi et surtout, à partir d'une oeuvre exemplaire, de dégager le fonctionnement de l'institution littéraire au pays et les tiraillements qui la traversèrent.

d'avoir fait se déplacer autant de gens?[7]

Au tout début de l'année suivante, en janvier 1925, le fils de Gérin-Lajoie, Léon Gérin, publiait aux Éditions du Devoir, *Antoine Gérin-Lajoie. La résurrection d'un patriote canadien.* Ce livre est divisé en deux parties: d'abord une évocation biographique de l'auteur, par son fils; puis un compte rendu des fêtes du centenaire. La deuxième partie, où sont rapportés ou résumés les discours de circonstance, est celle qui nous importe.

On ne s'étonnera pas de ne pas trouver dans ce livre d'analyse approfondie de l'œuvre. Le métier de critique existe encore moins à l'époque qu'aujourd'hui. Un seul des orateurs peut être dit critique professionnel ou littéraire: M$^{gr}$ Camille Roy. D'où l'intérêt de ce recueil. Il reproduit le discours ambiant, le discours officiel sur le roman. Et ce discours «critique», évidemment, reproduit le discours idéologique dominant de l'époque, profondément agriculturiste et messianique.

Monsieur le chanoine Camirand, préfet des études à *l'alma mater* de Gérin-Lajoie, reconnaît en celui-ci un pratiquant exemplaire «des vertus humbles et cachées» (Gérin 174); Pierre-Georges Roy, archiviste de la province, après avoir affirmé que «le prêtre [a] été le principal artisan de notre survivance nationale», ajoute: «J'ose ajouter qu'après le prêtre nous devons notre existence comme peuple, au colon, à *l'habitant*. Et Antoine Gérin-Lajoie a été tout à la fois le peintre, le chantre et l'historien du colon canadien» (Gérin 176). L'abbé Camille Roy, recteur de l'Université Laval, dégage les trois amours qui imprègnent l'œuvre de Gérin-Lajoie: «l'amour du sol, l'amour de sa race, l'amour de nos religieuses et nécessaires traditions» (Gérin 181), et conçoit donc *Jean Rivard* comme «une sorte d'évangile rustique de notre race» (Gérin 185), prêchant la fidélité au sol et la vie des champs. Édouard Montpetit, secrétaire général de l'Université de Montréal, dégage la grande leçon du héros de ce roman: «il ira vers la terre, il gardera la fidélité au sol [...] il va vers la richesse première, source de toutes les autres» (Gérin

---

7. C'est Valéry Larbaud, je crois, qui proposait en boutade à ses confrères écrivains, comme leçon d'humilité, que chacun convoque tous ses fidèles lecteurs un dimanche matin, Place de la Concorde.

203). De même C.-J. Magnan, inspecteur général des écoles catholiques de la province, en insistant sur ce point: «Emparons-nous du sol, restons fidèles à l'agriculture et au clocher paroissial, gardons les traditions! Ainsi parle Gérin-Lajoie dans son roman, le vrai roman de sa race, ainsi agit *Jean Rivard*, le héros du roman» (Gérin 231).

Ainsi parlent du moins les orateurs du 14 septembre 1924. Ceux qui prennent la parole lors d'autres cérémonies ne disent pas autrement. L'honorable Rodolphe Lemieux, président de la chambre des Communes, qui prend la parole au Collège Saint-Alexandre lors d'une fête le 6 novembre 1924, résume tous ces propos dans un merveilleux cliché: «Toute l'œuvre de Gérin-Lajoie, dont nous célébrons le centenaire, est une hymne à la gloire du prêtre et du colon, ces deux pierres d'assises de la nationalité. Il a voulu, dans son *Jean Rivard*, fièrement camper le paysan canadien-français, le montrer tel qu'il doit être s'il veut assurer sa survivance, les pieds dans les sillons et le regard tourné vers le ciel» (Gérin 283). Retenons cette dernière image car il faudra y revenir.

On reconnaît dans ces propos qui s'ingénient à faire de *Jean Rivard* un roman de la tradition, conservateur, pieux et rassurant, l'interprétation qu'avait proposée M$^{gr}$ Camille Roy dès son premier article de 1907 sur l'auteur, et que, pendant un demi-siècle, avec toutes les rééditions de ses *Essais* et de son *Manuel*, il allait imposer. *Jean Rivard* est le roman du colon, Jean Rivard est le roman de la terre. Chacun, en effet, marche à pas allègres dans le large sillon tracé auparavant par M$^{gr}$ Camille Roy: voici le roman du colon, le roman de la terre, prêchant la conservation et le cramponnement: la survivance, la fidélité, le clocher natal.

Or, il faut le dire clairement, cette interprétation n'est pas du tout celle des contemporains de Gérin-Lajoie; de plus, elle ne s'embarrasse guère d'une lecture du roman. Les contemporains de Gérin-Lajoie ne s'y sont pas trompés: *Jean Rivard*, pour eux, est homme de changement et de conquête; il est le type, non pas de l'habitant traditionnel ou du paysan réactionnaire, mais du pionnier, du conquérant. Citons, entre autres, Ducharme:

> Jean Rivard est un type, le type de ces hardis pionniers qui ne craignent point de s'enfoncer dans les forêts vierges, de s'attaquer

à leurs arbres géants, de rabattre la fierté de leurs cimes orgueilleuses, d'habituer leurs branches élancées à devenir utiles, en s'effaçant pour se transformer en habitations rustiques, en villages florissants, puis en opulentes cités, après avoir laissé leurs panaches verdoyants se bercer si longtemps, oisifs dans l'espace». (118)

Nous avons là un langage de conquérant. Il faut vaincre la nature, l'attaquer et la soumettre. Il faut surtout l'exploiter. Elle est oisive: il faut la rendre utile. Et quel est le sens de ce parcours? De la «forêt vierge», à «l'opulente cité». Il s'agit de construire une ville.

Voilà l'essentiel. Édouard Montpetit, économiste, le disait pourtant en 1924, mais sans doute trop timidement: Jean Rivard fonde une ville, que diable! Le héros l'avait d'ailleurs annoncé sans détour:

Qui sait si mon lot ne sera pas dans vingt ans le siège d'une grande ville? Qu'étaient, il y a un demi-siècle, les villes et villages de Toronto, Bytown, Hamilton, London, Brockville, dans le Haut-Canada et la plus grande partie des villes américaines? Des forêts touffues qu'ont abattues les haches des vaillants défricheurs. Je me sens le courage d'en faire autant. (27)

Remarquons que le modèle invoqué est anglophone et américain. Et quelle est la motivation première de Jean Rivard? Faire fortune. «J'ai dix-neuf ans et je suis pauvre [...] à trente ans, je serai riche» dit-il à sa famille (22); «dans dix ans je serai riche» (27) annonce-t-il à son ami, Gustave Charmenil; il le dit même à son curé! S'il avait d'abord songé à étudier le droit, lui avoue-t-il, c'est parce qu'il avait «cru voir dans cette carrière un acheminement à la fortune» (8). «Je serai riche»: le cri claironne tout au long du roman. C'est le véritable leitmotiv de l'œuvre. Jean Rivard a une conception tout à fait américaine, à la limite protestante et puritaine, de la richesse: la fortune est honorable, estimable, signe évident de la bienveillance providentielle. «Tu sais qu'en me frayant, il y a deux ans, un chemin dans cette région inculte, j'ai juré qu'avant dix ans ce lot vaudrait au moins deux mille louis. Je tiens à faire honneur à mes engagements» (185) déclare-t-il à sa nouvelle épouse. La richesse est question d'honneur, d'engagement, de foi jurée.

*Jean Rivard* est l'histoire d'une réussite, et d'une réussite matérielle exceptionnelle. L'auteur le disait clairement dans son discours préfaciel, mais est-ce qu'on écoute les auteurs, dans notre ère du soupçon? Et pourtant l'Avant-propos résume l'œuvre en des termes sans ambiguïtés. En une seule phrase, Gérin-Lajoie présente un sommaire de son récit:

> On ne trouvera dans ce récit que l'histoire simple et vraie d'un jeune homme sans fortune, né dans une condition modeste, qui sut s'élever par son mérite, à l'indépendance de fortune et aux premiers honneurs de son pays. (1)

Une seule phrase, mais dont chaque élément est bien pesé. La principale, dès les premiers mots, restreint la signification de l'œuvre à un seul sens possible: la locution adverbiale négative («on ne trouvera [...] que [...]») signale clairement que l'auteur n'autorise qu'une seule interprétation de son roman. Voici une «histoire» dont l'argent — son absence («jeune homme sans fortune»), puis son abondance («indépendance de fortune») — constitue le *terminus a quo* et le *terminus ad quem*. Le mot «fortune» est même répété, le seul à l'être dans cette phrase, pour bien marquer le point de départ et le point d'arrivée de cette vie. Et, fait à remarquer pour les décrieurs systématiques du XIXe siècle, ce destin est tout entier perçu comme une ascension («qui sut s'élever») plutôt qu'un enlisement dans la matière. De plus, cette promotion s'accomplit entièrement sous le signe de l'auto-suffisance ou du *«self-reliance»* cher à Emerson et à Étienne Parent: la nature réfléchie du verbe («s'élever»), l'action s'exer-çant sur son agent, donc fonctionnant en circuit fermé, les compléments circonstanciels, de moyen («par son mérite») et de but («indépendance»), tout insiste sur les pouvoirs souverains de l'individu énergique. Nous sommes loin ici de l'instinct grégaire des Canadiens français. Paradoxalement, toutefois, cet extrême individualisme est conjugué à un engagement civique et national («indépendance et honneurs de son pays»). Une seule phrase donc, mais qui surdétermine son sens. Voici, seule interprétation autorisée par l'auteur, ce qu'il faut penser de cette histoire: le succès, c'est l'argent, acquis par un individu autosuffisant.

Un jeune homme pauvre qui devient riche: voilà donc, répété dans cette phrase qui est l'abrégé du discours préfaciel, et par

tous ses éléments concourants, l'histoire de Jean Rivard. Le
roman vérifie pleinement cette affirmation du paratexte. Jean
Rivard n'est pas un colon, n'en déplaise à M$^{gr}$ Roy et à ses
épigones. Jamais ce mot n'est utilisé pour le désigner. Les colons
sont les autres, clairement démarqués, pauvres et misérables, et
Gérin-Lajoie évite soigneusement le mot pour nommer Jean
Rivard. Pourquoi? Parce que Jean Rivard n'est pas colon au sens
juridique: il achète son lot. Mais surtout, sans doute, parce que
les colons sont par définition pauvres, sans ressources, peu
instruits, démunis, devant être encadrés par le clergé et conduits
en troupeaux, sinon l'échec les guette. Or, Jean Rivard part seul,
en hardi pionnier. Et il sera successivement ou simultanément
défricheur, cultivateur, commerçant, industriel, magistrat, maire
et député. Homme riche et estimé.

M$^{gr}$ Roy, tout marri, regrette que Gérin-Lajoie n'ait pas
montré Jean Rivard «les pieds dans les sillons» en décrivant la
scène de la première récolte:

> Avouons qu'ici Gérin-Lajoie a manqué le coup de nous faire voir
> à l'œuvre, et au premier plan de tableaux qui eussent ajouté du
> prix à son livre, Jean Rivard et son infatigable compagnon. Quoi
> de plus pittoresque, — du moins aperçu à travers le prisme des
> descriptions — que les scènes rustiques du coupage des grains, de
> l'engerbage, de l'engrangement, du battage et du vannage! Et
> l'auteur de Jean Rivard aurait pu fixer pour l'instruction des
> lecteurs de la ville, et aussi pour tous les lecteurs d'aujourd'hui,
> tant de détails, tant de vieilles habitudes, tant de traits charmants
> de nos anciennes mœurs agricoles! Il ne l'a pas fait, croyant à tort
> que le récit de ces «diverses opérations» aurait été fastidieux. Et
> le chapitre qu'il a consacré à la première récolte, privé de ces
> développements, et de cette couleur locale, un peu terne dans ses
> récits austères, n'est guère rempli que des calculs les plus précis
> et les plus pratiques. Il arrive même que l'auteur y parle un peu de
> tout, excepté de la récolte. De celle-ci il retient seulement, et il
> apprend au lecteur, ce qui peut mieux engager les jeunes gens à
> suivre Jean Rivard dans la forêt, à savoir le chiffre exact et
> merveilleux des minots qu'ont rapportés les arpents de terre... Ce
> procédé, sans doute, se prête mal aux narrations artistiques; mais
> c'est tout de même une façon assez ingénieuse de peindre
> l'homme d'action que fut Jean Rivard, que de nous le faire voir
> riche des fruits de son travail... (*Nouveaux essais* 116-117)

Le passage est extraordinaire. Le critique veut que ce soit un roman de la terre, mais le romancier ne comble pas son attente. Et plutôt que de reconnaître que, peut-être après tout, il ne s'agit pas d'un roman de la terre, le critique maintient l'affirmation et reproche à l'écrivain de ne pas avoir parlé de ce dont il devait parler.

Le roman, en somme, dans l'esprit de M$^{gr}$ Roy, est un roman terrien: «le moins d'intrigue possible, et le plus possible de vie agricole: telle fut la règle de composition que ce romancier très peu romanesque s'imposa lui-même» (*Histoire* 106); «pages [...] où sont rappelées avec précision quelques-unes des habitudes les plus caractéristiques de la vie de l'habitant canadien-français» (*Manuel* 75); «Gérin-Lajoie l'a écrit pour persuader nos jeunes gens de s'attacher au sol, à la terre nourricière» (*Essai* 133); «une sorte d'évangile rustique de notre race» (Gérin 185). Paradoxalement, toutefois, il est obligé de constater que le *roman ne parle pas de la terre*. Il parle de tout, excepté de la récolte. Il parle surtout chiffres, calculs précis et pratiques, bilan d'une opération financière qui rend riche. Le romancier, il faut bien le constater, n'a pas les mêmes intérêts que M$^{gr}$ Roy. Se pourrait-il que le critique soit agriculturiste, propagandiste d'une mystique de la terre, avec son «pittoresque» et ses «traits charmants», alors que le romancier, pragmatique et calculateur, axé sur la réussite matérielle de son personnage, n'ait qu'un intérêt: cela coûte combien, cela rapporte combien?[8]

Or, disons-le sans ambages, ce roman ne parle pas de la terre. Il parle si peu de la terre que Gérin-Lajoie fera sauter, pour sa 2$^e$ édition, des épigraphes qui auraient pu induire le lecteur sur de fausses pistes. Ces trois épigraphes, en position d'incipit de volume, immédiatement sous le titre, présentaient l'agriculture comme la première vocation et la source réelle et fondamentale de la richesse:

---

8. Pittoresque et charme bien discutables pour ceux qui sont obligés de faire ces travaux. Y a-t-il travail plus harassant que la récolte, sous la canicule et en particulier dans la poussière du battage? Mgr Roy, qui le sait et qui est un peu écartelé entre les exigences de la belle littérature (son vernis de critique) et son bon sens paysan (ses origines), glisse alors cette incise savoureuse: «du moins aperçu à travers le prisme de la description»...

> L'agriculture est la plus juste et la plus naturelle de toutes les
> sources de gain, parce qu'elle ne tire rien des hommes et que par
> elle la nourriture vient de la terre qui est la mère des hommes [...];
> elle donne des forces au corps et du courage à l'âme. Aristote.

> L'agriculture, seul métier honnête où l'homme reçoit un accroisse-
> ment réel des semences qu'il a confiées à la terre, grâce à une
> sorte de miracle continuel de la main de Dieu en sa faveur pour
> prix d'une vie innocente et d'une vertueuse industrie. Franklin.

> L'agriculture est avant tout la richesse la plus solide, c'est la
> richesse de tous, c'est la base, la racine de toute richesse. Après
> l'agriculture, l'industrie qui doit être, autant que possible, la mise
> en œuvre des produits de l'agriculture [...]. Napoléon.

Ces citations disparaîtront lorsque Gérin-Lajoie remaniera
son texte pour l'édition en volume. Ces trois belles expressions
de physiocratie *seront rayées* sous l'effet d'une relecture. Les
auteurs cités pourtant — Aristote, Franklin, Napoléon — ne
sauraient être soupçonnés, ni alors, ni maintenant, d'être des
réactionnaires, des esprits à vue courte ou des idéologues attardés.
Napoléon, en particulier, était un critique des idéologues. Et il
serait difficile de trouver esprit plus pratique que Franklin, qui
passa sa vie à inventer des solutions «évidentes» aux problèmes
les plus divers. En effet, Gérin-Lajoie avait bien choisi ses
répondants: le grand philosophe réaliste, l'incarnation par
excellence du pragmatisme américain, et l'accoucheur de l'Europe
moderne. Et pourtant, ces citations disparaissent, comme si Gérin-
Lajoie avait décidé, malgré la qualité des intervenants, de ne pas
insister sur l'agriculture, ou comme s'il avait pris conscience, à
la relecture, que l'agriculture, dans le destin économique de Jean
Rivard, était somme toute d'une moindre importance. Ou du
moins ne méritait certainement pas cette mise en relief, cette
position privilégiée. Ces citations disparaîtront donc comme
épigraphes du livre, et ne seront pas reprises ailleurs.

La conclusion qui s'impose est que l'agriculture, dans cette
œuvre, a la place qu'il était normal de lui accorder dans la
conjoncture. Dans un continent en grande partie inhabité, à un
public sans traditions commerçantes, sans fortunes, sans relations,
sans État propre, sans instruction monnayable, quel meilleur
conseil y avait-il à donner que celui de *Jean Rivard*: retroussez

vos manches, faites votre propre fortune. Voici un moyen à la portée de tous, celui-là même qu'empruntent nos voisins du Sud! Ce conseil, nuancé, intelligent et surtout pertinent, est tout à l'opposé d'une mystique agriculturiste.

S'il ne s'agit pas d'un roman de la terre, de quoi s'agit-il alors? D'un roman de la réussite personnelle. Seul, affronter la nature, la vaincre: atteindre la fortune et les honneurs par ce corps à corps. Le modèle est américain, facile à reconnaître. Comme ces hardis pionniers américains décrits par Tocqueville, qui délaissent le confort de la côte atlantique pour affronter, avec leur hache et des journaux, le désert américain, confiants de réussir, et ambitieux sans réserves, Jean Rivard quitte sa paroisse natale. Malgré les pleurs de sa mère et les pronostics pessimistes de sa famille, il s'éloigne du clocher natal. Il ne se cramponne pas à l'acquis. Il défie le destin qui l'a laissé orphelin et démuni à 19 ans. Il fera si bien que l'église viendra à lui. C'est sur sa terre que le clocher sera dressé: le symbole est percutant.

Jean Rivard: an *American success story*. «*Rags to riches*». C'est la mystique d'Horatio Alger qui à cette époque multipliait les romans sur ce thème. Les contemporains de Gérin-Lajoie, tout imprégnés de la fringale continentale d'occuper l'œkoumène américain, le sentaient bien. Au début du vingtième siècle, ce sens conquérant a été occulté.

On peut comprendre que Camille Roy et consorts aient tiré le roman à eux. L'idéologie de leur époque prêchait le repli frileux et le cramponnement. Ce qu'on comprend moins bien, toutefois, c'est que la critique contemporaine ne remette pas en question cette lecture. Elle se contente de l'affecter d'un signe négatif. On refuse le roman avec l'idéologie qu'on rejette. On jette le bébé avec l'eau du bain, comme disent si bien les Américains. Or le roman *Jean Rivard* est tout autre chose que ce que ses lecteurs de 1924 en ont fait. Il est une des œuvres maîtresses de notre littérature, sans doute le plus américain de nos romans, à relire sans passion et sans œillères.

# Ouvrages cités

Baillargeon, Samuel. *Littérature canadienne-française*. Montréal: Fides, 1957.

Bessette, G., Geslin, L., Parent, Ch. *Histoire de la littérature canadienne-française*. Montréal: Centre éducatif et culturel, 1968.

Casgrain, H.-R. «Biographie de Gérin-Lajoie, Fragment.» *Mémoires de la Société Royale du Canada*. 1ʳᵉ série, t.3, section 1, 1885.

——. *Antoine Gérin-Lajoie d'après ses Mémoires*. Montréal: Beauchemin,1912.

Darveau, L.-M. *Nos hommes de lettres*. Montréal: A.A. Stevenson, 1873.

Dionne, René. «Étude. *Jean Rivard* et son auteur.» *Jean Rivard, le défricheur, suivi de Jean Rivard, économiste*. Montréal: Hurtubise/HMH, 1977.

——. *Antoine Gérin-Lajoie, homme de lettres*, Sherbrooke: Naaman, 1978.

Dostaler, Yves. *Les Infortunes du roman dans le Québec du XIXᵉ siècle*. Montréal: Hurtubise/HMH, 1977.

Dubé, Martin. «Jean Rivard, le défricheur: récit de la vie réelle?» *Incidences*. Nouvelle série. 4.1 (jan.-avril 1980).

Ducharme. *Ris et Croquis*. Montréal: Beauchemin et Fils, 1889.

Gérin-Lajoie, Antoine. *Jean Rivard, le défricheur (récit de la vie réelle), suivi de Jean Rivard économiste*. Montréal: Hurtubise HMH, 1977.

——. *Dix ans au Canada, de 1840 à 1850 (Histoire de l'établissement du gouvernement responsable)*. Québec: L.J. Demers et Frères, 1888.

——. *Catéchisme politique, ou éléments du droit public et constitutionnel du Canada, mis à la portée du peuple*. Montréal: Louis Perrault, 1851.

Gérin, Léon. *Antoine Gérin-Lajoie. La résurrection d'un patriote canadien*. Montréal: Éditions du Devoir, 1925. 325p.

Lareau, Edmond. *Histoire de la littérature canadienne*. Montréal: John Lovell, 1874.

Roy, Camille. *Manuel d'histoire de la littérature canadienne de langue française*. Nouvelle éd. Montréal: Beauchemin, 1939.

——. *Nouveaux essais sur la littérature canadienne*. Québec: Imprimerie de l'Action sociale, 1924.

——. *Histoire de la littérature canadienne*. Québec: Imprimerie de l'Action sociale, 1920.

——. «Discours» Bulletin des recherches historiques. Le Centenaire de Gérin-Lajoie 30.10 (octobre 1924).

Schendel, Michel van. «L'Amour dans la littérature canadienne-française.» *Littérature et Société Canadienne-françaises*. Québec: P.U.L., 1964.

Wyczynski, Paul. «Panorama du roman canadien-français» *Le Roman canadien-français*. Montréal: Fides, 1964.

# Analyse de discours/
# discours d'une analyse
## Lecture d'*Un homme et son péché*
## de Claude-Henri Grignon

Fernand Roy
Université du Québec à Chicoutimi

Reconnaissons d'entrée de jeu avec Gilles Thérien qu'une sémiotique des textes littéraires sera une sémiotique de la lecture ou ne sera pas. Posons qu'un texte romanesque publié est toujours déjà un interface qu'un sujet doit interpréter; ou encore, partons de ce qu'un lecteur construit l'objet de sa lecture à partir de ce que Peirce appelait un *representamen*. Une fois admis que l'humain existe dans et même par des signes qui sont mis en œuvre socialement, il faut bien un jour ou l'autre faire l'hypothèse qu'il est possible de connaître ces ensembles signifiants que nos sociétés écrites appellent des romans; il faut en faire l'hypothèse, et peut-être même justement parce que Peirce n'a jamais été très loquace sur les rapports de la *semiosis* et de la littérature. La tâche n'est pas nécessairement impossible. Umberto Eco le rappelait au début de *Sémiotique et philosophie du langage*, en soulignant qu'il est pensable d'objectiver une organisation textuelle donnée:

> la déconstruction du concept plat du signe ne doit pas amener ... aux excès opposés de l'interprétabilité incontrôlée et à la conviction déconstructiviste qu'*il n'y a pas de vrai sens d'un texte*.(14)

Dans ce contexte, comment caractériser la stratégie de lecture à laquelle est, par anticipation, exposé un lecteur quand un écrivain, disons le pamphlétaire petit bourgeois Claude-Henri Grignon, publie, disons à Montréal au début de la crise économique des années trente, un roman, soit *Un homme et son péché*. Mon propos tendra à montrer que la lecture constitutive du texte *Un homme et son péché* gagne à être objectivée par le biais d'une analyse que l'on peut dire «textuelle», par opposition à une lecture «sociologique» ou «anthropologique». «Textuelle» pour indiquer que dans une «fiction», une interaction verbale justement fictive retarde la lecture «effective» d'où résulte la signification; dans ce retard se donne à lire — après avoir été mise en œuvre — une structure de signification.

Concrètement, je vais rabattre sur le texte de Grignon deux lectures qui en ont été faites, celle de Pierre Desrosiers, inspirée du structuralisme génétique et parue dans *Parti pris* il y a plus de vingt ans et celle de Renée Legris, à prétention anthropologique, parue dans le deuxième tome du *Dictionnaire des œuvres littéraires du Québec* en 1980. Je commencerai bien évidemment par préciser comment il me paraît personnellement possible d'objectiver, en 1990, la lecture qui, il y a plus de soixante ans, a constitué le récit de Grignon.

## Hjelmslev/Peirce — Sémiotique/philosophie

Il me paraît utile de rappeler ici que pendant sept ans j'ai travaillé dans un cadre de recherche en éducation, avec des didacticiens et des sociologues; cette expérience compte sans aucun doute pour beaucoup dans mon approche actuelle des textes littéraires. J'y ai passé à peu près l'équivalent de trois années à analyser des discours et des récits d'élèves de différents milieux socio-culturels. Cela m'a inculqué un grand respect pour les récits des enfants: souvent ils résistent avec ténacité aux théories qui semblent les plus sûres. D'où mon actuel scepticisme à l'égard des théories que je pratiquais un peu aveuglément au moment de mes études de 2$^e$ et 3$^e$ cycle en sociologie de la littérature québécoise.

Hjelmslev a reproché à Saussure d'avoir sombré dans le didactisme en parlant de «signifiant» et de «signifié» comme s'il s'agissait d'unités réelles et autonomes; au début des *Prolégomè-nes*, il a posé la division en plans de l'expression et du contenu, et l'identification des rapports entre ces formants comme objectif du travail d'analyse du linguiste. Il a ajouté que cette première division analytique impliquait la redivision de chacun des plans en forme et en substance. Il a cependant prétendu que cette redivision ne relevait pas du travail du linguiste, mais bien de l'abstraction, par exemple celle qui est propre à l'activité scientifique.

Il y a évidemment lieu de distinguer linguistique et psycho-logie de l'intelligence, mais pas au point de sembler ignorer que toute production langagière implique une activité cognitive. En pratique, on ne peut qu'imputer à Hjelmslev une erreur stratégi-que: si la division en plans de l'expression et du contenu est l'objectif du linguiste, et si cette division en présuppose une seconde qui est de l'ordre de la cognition, autant admettre que c'est l'activité langagière dans sa totalité qui est cognitive. Mais au début du siècle, on ne concevait pas clairement que le savoir est le résultat d'une activité de langage. D'où l'originalité de la réflexion de Peirce qui, lui, arrivait à poser avec sûreté que la «réalité» est toujours déjà une lecture.

L'erreur stratégique de Hjelmslev fait que plusieurs peircéens ont tendance à sous-estimer l'héritage saussurien. À mon sens, il est relativement simple et réellement opératoire d'amender Hjelmslev jusqu'à dire la division en plans en termes d'objectiva-tion de la dialectique langagière. Au fil des années, j'en suis venu à me servir de cette division en plans parallèlement aux quatre phases du schéma narratif greimassien: manipulation, acquisition de compétence, performance et sanction. Les deux temps constitutifs du plan de l'expression correspondraient aux phases de manipulation et d'acquisition de compétence; ceux constitutifs du plan du contenu, aux phases de performance et de sanction. Ce me semble une façon simple et opératoire de comprendre la curieuse idée de structure profonde, que de l'entendre au niveau strictement linguistique, celui que Hjelmslev cherchait à isoler comme objet de sa théorie du langage.

Un exemple tout simple, tiré du quotidien. Imaginons que le fruit désigné par /orange/ a servi pour arriver à désigner la couleur «orange». Sans prétendre objectiver ici le processus cognitif à l'origine de cette désignation/construction, il est opératoire de partir de l'hypothèse que, dans la recatégorisation sémantique en question, tant le signe «orange» que le fruit déjà désigné par ce signe en français ont servi à découper dans le réel (en la désignant) la couleur que l'on sait. En l'occurrence, la nécessaire redivision de chacun des plans dont parlait Hjelmslev s'entend clairement: avant de pouvoir dire la couleur «orange», il est nécessaire de commencer par objectiver d'une part le signe «orange», indépendamment du fruit (son contexte de départ), et d'autre part la couleur «orange», indépendamment du spectre des couleurs (leur contexte de départ). D'où l'abstraction, sans doute, d'où résulte /orange/ désignant, en français, la couleur que l'on sait.

## La semiosis constitutive du roman
### Un homme et son péché

Si je pose qu'*Un homme et son péché* est un *representamen* complexe, un «système signifiant», et si j'essaie de saisir ce qu'il faut entendre par l'acte de lecture qui a produit ce *representamen*, je peux imaginer que cet acte de lecture a consisté à attribuer un nouveau contenu à un *representamen* existant déjà. Cela me donne déjà un indice de la difficulté qu'il y a à lire avec un tant soit peu d'objectivité les textes du passé: on risque toujours de ne pas arriver à objectiver la recatégorisation sémantique qu'ils ont rendue possible, du simple fait qu'elle nous est probablement déjà acquise.

La critique de 1930 a été à peu près unanime à reconnaître dans le roman du pamphlétaire Valdombre un récit bien écrit, réaliste et typiquement canadien, avec en prime le premier personnage-type de la littérature canadienne-française, celui de Séraphin Poudrier. Ainsi, par exemple, Louis Dantin s'est plu à souligner que l'originalité du travail de Grignon tient à ce que le vice du personnage est illustré par le biais de ses méfaits sur une jeune et adorable épouse, Donalda; aspect du problème que n'avaient touché ni Plaute, ni Molière. Il importe ici de bien distinguer le roman des séries radiophoniques et télévisuelles ultérieures. Le récit premier raconte essentiellement la fin malheureuse de Donalda, puis celle de Séraphin. L'espoir d'économiser davantage en vivant seul porte dans un premier temps l'usurier Séraphin à laisser mourir sa jeune femme Donalda, quelques mois après son mariage, sans même la faire soigner; mais, une fois Donalda décédée, les circonstances changent et font que, désormais seul pour veiller sur l'or qu'il a accumulé, Séraphin ose de moins en moins quitter sa maison, de peur de se faire voler. Il meurt finalement dans l'incendie de sa maison. À la surprise de ses voisins, il s'est imprudemment jeté dans les flammes; en retrouvant ensuite son cadavre calciné, les voisins constatent qu'une de ses mains est refermée sur une pièce d'or et l'autre, sur des brindilles d'avoine.

L'exploitation d'un amour sous-jacent à l'anecdote, celui d'Alexis pour Donalda, allait par la suite donner le canevas à l'origine des *Belles histoires des pays d'en haut*. Cependant, dans le roman, Alexis était un père de famille aimant la vie et généreux; il se contentait de voisiner les Poudrier et d'être très attentif à tout ce qui concernait la belle Donalda. Il ne portait pas de jugement sur la vie de Séraphin, pour une raison textuelle bien simple: la mise au jour de l'avarice est justement le fait de la fin du texte. Quand la chose est devenue manifeste, sémiotiquement parlant, le texte est terminé.

Le succès de la double série des *Belles histoires des pays d'en haut* fait qu'on a un peu oublié aujourd'hui que le prénom du héros, Séraphin, était dans la culture religieuse du début du siècle réservé à un «ange de première hiérarchie» (c'est-à-dire avec trois paires d'ailes). En 1930, Séraphin ne connotait pas du tout «avare». C'est le roman qui a enclenché ce processus de recatégorisation sémantique. Il convient, pour objectiver le récit de Grignon, de faire comme si on ne savait pas bien, d'entrée de jeu, la motivation intime du personnage.

Le récit est divisé en 13 chapitres; les trois premiers posent implicitement une question: qu'est-ce qui motive Séraphin? Dès les premiers temps de son mariage, il s'est assuré la mainmise sur les dépenses de sa famille en brimant la sexualité de sa femme Donalda; de plus, il la terrorise à un tel point qu'elle l'attend toujours avant de manger, de peur d'être accusée de tous les maux. Deux indices sont cependant implicitement suggérés, dont un premier dès le second chapitre, où l'intrigue n'est pas encore explicitement nouée:

C'était la maison proprement dite, composée en bas d'une seule
pièce [...]. Au milieu, une grande table carrée [...]. Il y avait sur
cette table un globe de verre renfermant, depuis un demi-siècle
peut-être, deux mèches de cheveux et un morceau de carton sur
lequel on distinguait la face hypocrite du grand-père de Séraphin
et, au-dessous, ces mots, gravés en grosses lettres: «Ayez pitié de
moi car la main de Dieu m'a frappé.» (91)

Quelques pages après cette précision d'allure descriptive sur une
face hypocrite frappée par la main de Dieu, l'anecdote prend
forme quand Lemont, un emprunteur en difficulté, ne peut refuser
les conditions de Séraphin parce qu'il lui faut de l'argent pour
sauver son honneur de père de famille et celui de la jeune femme
qu'il a rendue enceinte. Il consent donc à donner deux vaches
Jersey valant 200$ en garantie d'un prêt de 100$, sur lequel
Séraphin se garde déjà 20$ pour les frais. À ce moment charnière
où l'usurier amène Lemont à signer un billet qu'il ne saurait
honorer, un orage éclate soudainement et «un éclair, décrivant un
Z violet aux pointes de feu, fendit le nord» (105). De la
«demande de pitié» transcrite sous la face hypocrite du grand-
père et du «Z aux pointes de feu», jusqu'au feu dans lequel périra
Séraphin, Grignon a comme teinté son récit d'une morale
naturelle punitive. Il est du moins écrit que le «Z» qui apparaît
dans le ciel est «violet», tout comme l'encre avec laquelle
l'usurier rédige le billet!

Mais n'allons pas trop vite. Après avoir lu trois chapitres, le
lecteur a déjà un peu compris qui est Séraphin; il se demande tout
juste ce qui va arriver aux vaches données en garantie par
Lemont à cet usurier hypocrite, qui vit comme un ermite en se
donnant des airs d'ange gardien des bonnes mœurs. Le second
mouvement du texte se termine avec la mort de Donalda. Privée
d'une alimentation saine et suffisante, celle-ci tombe malade; la
réaction de Séraphin est alors de se dire qu'il ferait encore plus
d'économies s'il vivait seul; et, en dépit des profits qu'il a
réalisés au cours de la dernière année, il tarde tellement à faire
venir le médecin que celui-ci arrive tout juste pour constater le
décès. À noter ici un fait important: le curé, dont il est explicitement dit qu'il sait le péché de Séraphin, assiste Donalda en se
gardant bien d'intervenir; il se contente de réciter pieusement les
prières de circonstance qui suggèrent de voir dans la mort une

libération. Ainsi, au terme du huitième chapitre, la lecture du curé a servi à poser en creux que Séraphin n'est pas digne de son prénom: un ange gardien de première hiérarchie ne laisserait pas mourir la bonne Donalda sans même essayer de la faire soigner.

En liant rétroactivement l'épisode de Lemont à celui de la mort de Donalda, on obtient ceci: le billet signé par Lemont a fait de l'usurier un «simulacre» d'ange gardien qui fait payer cher la luxure, puis la lecture du curé permet d'entendre qu'il convient plutôt de lire négativement cette attitude «protectrice» en rapport avec l'isotopie de l'argent. Est ainsi pointé un plan de l'expression à redéfinir en fonction d'un contexte différent. Une compétence discursive «nouvelle» est en somme acquise: la mort de Donalda fait signe de l'isotopie par rapport à laquelle il conviendrait d'interpréter le comportement de Séraphin.

Les critiques ont noté qu'au début du chapitre 9 le ton du récit a changé. Séraphin y évite de justesse de perdre l'argent qu'il avait placé dans des mines et, devenu méfiant, retire les cinq mille dollars qu'il avait prêtés à la Fabrique locale. Comme il n'a plus Donalda pour veiller par sa présence sur tout cet or, il craint les voleurs; en plus, pas de chance, la conjoncture économique fait qu'il ne trouve plus personne à qui prêter; ce dont il n'ose s'ouvrir qu'à un autre «gratteux», le propriétaire de la beurrerie, chez qui son nom apparaît désormais en tête de liste sur le tableau des valeurs en gras payées aux cultivateurs de la région. À ce moment de l'anecdote, Séraphin a littéralement atteint la première hiérarchie dans l'univers des gardiens des valeurs matérielles! Je dis littéralement, car le discours du récit n'est pas explicite à ce sujet: le tableau des valeurs en gras que je viens de traduire en termes de plan du contenu fait partie du décor, sans plus; un peu comme la sentence punitive sous la cloche de verre au point de départ.

La manifestation de cette forme est obtenue au terme des deux derniers chapitres. Prévenu par Alexis qu'une de ses vaches Jersey risque de se noyer, Séraphin quitte sa maison et sauve la vache, avec l'aide d'Alexis; puis, au retour, il perd la tête devant sa maison en feu et se jette dans les flammes, au grand dam des voisins accourus à la vue du sinistre. J'ai déjà rappelé la découverte du cadavre une main refermée sur une pièce d'or. Le texte n'en dit pas plus; les paysans sont là tels de silencieux lecteurs.

Je résume. Du chapitre 9 au chapitre 13 est mis en place le contenu qui manquait à la forme verbale «Séraphin», qui avait été vidée de son sens religieux dans les huit premiers chapitres. Tel est *Un homme et son péché* en tant que *système signifiant* mis en circulation en 1930 et qui est devenu un classique de la littérature québécoise. L'analyse dont j'ai esquissé les articulations principales n'a rien pour étonner: Grignon a inscrit dans son récit, à coup de «grosses lettres», les liens à faire entre, au début, l'orage et le «Z» de feu et, à la fin, la noyade de la vache et l'incendie de la maison.

## Le structuralisme sociologisant

Pierre Desrosiers a suggéré, dans une perspective goldmannienne, de voir en Séraphin Poudrier une figuration de la petite bourgeoisie libérale du XIXe siècle qui arrive de plus en plus mal, au moment de la crise de 1929, à assumer dans la légalité son pouvoir sur la collectivité; il s'agirait d'un pouvoir aliéné, dont la légalité échappe à Séraphin, puisqu'une légalité est par essence collective et évolutive et que le pouvoir de Séraphin est en l'occurrence individualisé et, partant, condamné à la sclérose.

Cette analyse est caractéristique du structuralisme sociologique à la Goldmann. J'en parle d'autant plus simplement que je l'ai moi-même pratiqué dans ma thèse de 2e cycle sur les premiers romans de Langevin. Au lieu de commencer par identifier les rapports entre les parties d'un texte, on leur attribue d'entrée de jeu un sens en rapport avec la lecture sociologique que l'on entend privilégier. En prétendant que la lecture constitutive du texte doit être trouvée dans une explication socio-économique, on exclut la possibilité de saisir que l'anecdote d'un récit permet justement de structurer fictivement un contexte qui motive la recatégorisation sémantique que ce récit rend possible.

D'entrée de jeu, Desrosiers pose que les trois premiers chapitres du roman, jusqu'au billet de Lemont donc, sont révélateurs de l'univers mis en œuvre. À défaut de venir d'un Dieu vengeur, le sens venait, c'était la mode à l'époque, des rapports sociaux de production! Fort de ce que Marx avait saisi que la Sainte Famille est née de la famille humaine, on n'avait pas encore eu le loisir de remarquer que l'Histoire qui fonde le matérialisme historique, celle de la dialectique de la lutte des classes, gagnait à être objectivée comme le résultat des histoires humaines, qui facilitent la mise en œuvre de la dialectique verbale des «signifiants» et des «signifiés». On tardait à comprendre les limites du mérite de Marx: il a identifié le principe de surdétermination économique, mais il a plutôt échoué dans son effort pour penser le langage. L'explication hâtive de la phase de manipulation du roman devenant du coup révélation du sens du texte, Desrosiers dit de la phase d'acquisition de compétence, celle conduisant à la mort de Donalda, qu'il s'agit et de fort loin de la partie la plus importante du récit. Cette mort devient, sous sa plume, le symbole de l'incapacité pour une élite traditionnelle de remplir son rôle dans une situation de crise. Et Desrosiers d'ajouter, sans autre forme de procès, qu'une fois la pauvre femme enterrée le lecteur n'est pas loin de la fin du récit. Cela s'entend assez bien puisqu'il en a déjà récrit purement et simplement le reste, en rabattant d'entrée de jeu sur le début du texte un paradigme de son contenu qui, en plus, vaudrait pour l'ensemble d'une élite du XIXᵉ au moment de la crise économique de 1930. Parce qu'il n'arrive pas à objectiver que la mort de Donalda pour une question d'argent constitue justement le contexte qui rend plausible la suite du récit, Desrosiers idéalise, en lui donnant une valeur de vérité intemporelle, le plan du signe que la finale du récit rattrape pourtant assez concrètement. Fort de son recul et de sa vérité sociologique, il a dès le point de départ «lu» plus qu'une fiction ne saura jamais «suggérer».

## Le structuralisme anthropologisant

Dans l'importante étude que le *DOLQ* a consacrée tant au roman qu'au feuilleton, Renée Legris a marqué que le roman de Grignon s'est écrit en réaction intuitive à l'idéologie de conservation en situation de crise économique: l'excès du personnage de Séraphin tiendrait essentiellement à l'exacerbation de la morale conservatrice qui enseignait la nécessité de se contenter de peu pour subsister en dépit de la défaite passée. Legris a noté une concordance entre la lecture sociologique de Desrosiers et les interprétations d'inspiration psychanalytique déjà proposées et qui tendent soit à décrire la relation Séraphin-Donalda en termes de

sado-masochisme, soit à voir, dans la folie de Séraphin pour son
or, le résultat d'un déplacement compensatoire de la libido
menant à l'idéalisation de l'argent et à la rétention. En un sens,
j'ai également tenté de lier le discours psychanalytique et le
discours sociologique dans ma thèse de doctorat sur les quatre
premiers romans de Godbout.

Fondé sur une analyse actantielle minutieuse, le propos est
plus respectueux de la syntagmatique du texte mais ne parvient
pas à lier sémiotiquement l'anecdote à la narration. Inversant des
faits facilement vérifiables, à savoir que l'instance narrative tisse
les deux isotopies, la sexualité et l'avarice, par le biais du
développement de l'anecdote des vaches de Lemont, Legris en
vient à lire dans la fin de l'anecdote des choses qui n'y sont tout
simplement pas.

> Enfin, les forces de la nature se conjuguent pour le perdre. [Le
> c'est-à-dire Séraphin.] Plus particulièrement l'eau et le feu
> interviennent comme éléments de punition et de vengeance et se
> substituent à l'action impuissante des villageois contre ce monstre
> qui les domine par la peur et l'argent. (118)

L'eau et le feu ne sont pas posés par le texte comme des
substituts de l'action impuissante des villageois; ils sont simplement homologués avec ce que le même discours du récit avait
d'entrée de jeu suggéré d'entendre en rapport avec une divine
main punitive. La projection qui fait de l'eau et du feu un
substitut de l'action impuissante des paysans constitue une
anthropologisation d'une machination textuelle; cette anthropologisation colmate en bout de course le dérapage qu'il y a eu à
poser que la sexualité et l'avarice soutiennent l'anecdote, alors
que l'anecdote des vaches de Lemont sert d'évidence à les
homologuer. Dans l'épisode-clé du billet, la sexualité est recou-
verte par l'argent au moyen d'un billet écrit à l'encre violette et,
parallèlement, l'orage éclate avec, dans le ciel, un «Z violet aux
pointes de feu». Si on néglige cela, on ne peut saisir que l'art du
discours du récit tient à ce qu'il oppose aux deux isotopies
anthropologiques deux autres isotopies liées à l'écriture, celle des
écrits sur la terre et celle des écrits dans le ciel. Et, partant, on
n'arrive pas à bien entendre que la seconde partie du roman, du
chapitre 8 au chapitre 13, revient tout simplement à opposer une

lecture naturalisante à la lecture du curé qui a recouvert dans un premier temps la mort de Donalda. Dans cette optique, celle de la mise en place d'un plan du contenu nouveau, la découverte finale des villageois silencieux, n'est pas là pour faire signe de leur impuissance: elle se donne simplement comme un indice imaginaire de la nécessité sociale et, partant, de la pertinence, de la lecture appelée par le «silence» à instaurer dans les fictions qui tendent à les désigner.

## Essai de synthèse

Alors que Desrosiers élevait le plan de l'expression du texte jusqu'à en faire le symbole d'un moment historique précis, Legris l'occulte en remplaçant le silence final des paysans par une réaction bien humaine par ailleurs mais qui n'a pas à voir avec ce qu'a écrit Grignon.

De telles interprétations reçoivent leur validité non pas du texte même mais bien d'un effort de compréhension sociologisant ou anthropologisant qui prétend en rendre compte: la «Vérité d'ordre divin», d'évidence questionnée par Grignon, risque en l'occurrence d'être subrepticement remplacée par une «Vérité» dans l'ordre des «sciences humaines». À défaut d'arriver à entendre le silence qu'implique la recatégorisation sémantique, on ne saisit pas que le récit ne signifie pas tout seul, qu'il fonde plutôt, par le biais de l'écriture, en absence d'un interlocuteur, grâce à cette absence mais aussi un peu contre elle, une possibilité de signifier; on le parle en y projetant le «plus». Dans le cas de l'interprétation sociologisante, ce plus est une vérité au sujet de la société que dévoilerait la fiction, alors que le silence final du texte oblige au contraire à comprendre que la «vision du monde» en est justement un résultat; dans le cas de l'interprétation anthropologisante, ce plus est une vérité au sujet de l'humain auquel renverrait la fiction, alors que le silence du texte oblige au contraire à comprendre que l'humain est justement le résultat de la structure de signification en l'occurrence mise en place.

Que retenir des avatars de la philosophie structuraliste qui a accompagné pendant quelque trente ans la démarche des chercheurs, dont je suis, désireux de comprendre le fonctionnement des systèmes signifiants? Je me contente personnellement de retenir que si on veut étudier un roman, il convient moins de s'arrêter à ce qui y représente forcément le monde, qu'à ce qui fait qu'il y a silence, pour l'analyser en termes de discours du récit. Ainsi, dans *Un homme et son péché,* on peut remarquer que, pour mettre en œuvre ce qui dans son texte conduit au silence, Grignon a eu tendance à naturaliser la religion punitive prêtée antérieurement au Dieu des romans de la terre. Ce me semble être là l'idéologie que génère son texte. Cette naturalisation de l'activité d'écriture colore évidemment la vision du monde qui en résulte: on en voit le résultat dans la manière dont les histoires de la littérature rendent compte du roman — manière à laquelle n'échappe pas le texte de Renée Legris dans le *DOLQ.* Cette naturalisation a peut-être de typiquement québécois le fait qu'elle conserve la coloration punitive de la religion qu'elle conteste; elle me paraît en tout cas moins punitive dans les nouvelles de Maupassant et les romans de Zola.

# Ouvrages cités

Dantin, Louis. «Un homme et son péché.» *Gloses critiques*. Montréal: Albert Lévesque, 1935. 125-35.

Desrosiers, Pierre. «Séraphin et la dépossession.» *Parti pris* 4.5-6 (1967): 52-62.

Eco, Umberto. *Sémiotique et philosophie du langage.* Paris: PUF, 1988. (1ʳᵉ édition: 1984).

Grignon, Claude-Henri. *Un homme et son péché*. Montréal: PUM, 1986. Édition critique par A. Sirois et Y. Francoli.

Legris, Renée. «Un homme et son péché.» *Dictionnaire des œuvres littéraires du Québec*. Montréal: Fides, 1980. Tome 2: 1115-1128.

Roy, Fernand. *La Trilogie romanesque d'André Langevin et l'idéologie de contestation*. Thèse de 2e cycle. Québec: Université Laval, 1972.

—. *Production du romanesque. Les romans de Jacques Godbout: un mythe québécois de l'écriture?* Thèse de 3ᵉ cycle. Paris: Université de Paris VIII, 1975. (Un exemplaire a été déposé à la bibliothèque de l'Université Laval.)

Thérien, Gilles. «Pour une sémiotique de la lecture.» *Protée* 28.2 (1990): 67-80.

# L'évolution de la critique hébertienne

Neil B. Bishop
Université Memorial

Titre quelque peu trompeur... Les substantifs «évolution» et «critique» (au singulier) risquent de suggérer un déroulement linéaire, ordonné, que contredit le foisonnement réel des efforts critiques divers, voire divergents et quelquefois opposés, qu'a inspirés l'œuvre hébertienne. Quant à l'adjectif «hébertienne», il risque de faire oublier que la critique de l'œuvre d'Anne Hébert est en rapport d'interaction et d'interfécondation avec un plus vaste processus d'interrogation qui touche la critique d'œuvres québécoises et non-québécoises, la définition même d'une littérature «québécoise» ainsi que les objets et fondements théoriques et méthodologiques que devrait se donner la critique littéraire. Lire, critiquer l'œuvre hébertienne, c'est donc s'interroger sur la société, le langage, la pensée. Cependant, l'adjectif «hébertienne» a peut-être aussi le mérite de rappeler l'existence discrète mais utile d'une critique littéralement hébertienne de l'œuvre hébertienne; nous y reviendrons.

Déjà vaste, le corpus critique hébertien a fait l'objet de deux bibliographies (dont une critique) publiées par Janet Paterson dans *Voix et Images* en 1979 et en 1982; puis de la bibliographie critique de Delbert W. Russell parue dans son *Anne Hébert* en 1983, ouvrage qui comporte d'ailleurs de nombreux commentaires sur le corpus critique. Cet ouvrage fut suivi de l'admirable bibliographie critique de la quasi-totalité de la critique hébertienne jusqu'en 1985 que Russell a fait paraître dans *The Annotated Bibliography of Canada's Major Authors*, monument d'érudition et instrument précieux désormais pour toute recherche hébertienne. On lira aussi avec profit l'article de Grazia Merler, «Les Fous de Bassan devant la critique», qui présente le jeu entre les études des *Fous de Bassan* comme roman postmoderne et celles qui le lisent en tant que roman féministe. Janet Paterson enfin s'est à nouveau penchée sur l'ensemble de la critique hébertienne pour résumer ses principales tendances dans un article à paraître dans les *Archives des lettres québécoises*, «Anne Hébert: une poétique de l'anaphore».

Or, le nombre même de travaux critiques sur l'œuvre hébertienne, mais aussi la diversité de leurs lieux de production et de parution, font que la critique hébertienne semble un immense serpent de mer; on a beau croire en avoir fait le tour, tout recensé, il semble que fait toujours surface, quelque part entre la Louisiane, Villeneuve-sur-Aude (Languedoc), Bologne, la Pologne, Vancouver, l'Australie, le Brésil, en passant par Terre-Neuve, et datant, tantôt des années quarante, tantôt de demain, quelque texte critique que l'on ignorait, malgré les admirables efforts bibliographiques mentionnés ci-dessus. Le présent travail ne pourra donc évoquer qu'une portion bien restreinte du corpus critique, et devra malheureusement passer sous silence des travaux de valeur.

Et jusqu'ici nous n'avons évoqué que la critique hébertienne universitaire, qui cite le plus souvent d'autres travaux universitaires. Il convient aussi de recommander la bibliographie de la critique journalistique internationale donnée par Denis Bouchard dans *Une lecture d'Anne Hébert. La recherche d'une mythologie*. Bouchard ouvre le débat sur les fonctions respectives, dans la carrière des textes littéraires hébertiens, de la critique québécoise et de la critique française, ainsi que de la critique universitaire et de la critique journalistique, pour affirmer que cet «écrivain de qualité a connu le succès auprès de lecteurs graduellement introduits à son œuvre sans pour autant avoir été captifs des universitaires» (203). Le péjoratif «captifs», comme les italiques d'ironie de «grande érudition», expression employée pour désigner la critique universitaire (202), témoigne d'une valorisation de la critique journalistique par rapport à l'universitaire;

l'œuvre hébertienne aurait connu un «immense succès attribuable à la presse française» (203). Sans doute; encore que le succès, même commercial, est affaire de durée aussi, et comme l'a écrit Bouchard, «c'est entre les mains des universitaires que la postérité de l'œuvre sera assurée ou non» (204). La critique universitaire a vraisemblablement contribué au maintien du succès de l'œuvre hébertienne, ne serait-ce qu'au niveau des cursus universitaires et scolaires. Ce qui ne diminue point la valeur du recensement et de l'étude de la critique journalistique que nous a donnée Bouchard, rejoint en cela une décennie plus tard par Russell dont la *Annotated Bibliography* de 1987 privilégie la critique universitaire mais résume aussi, et parfois critique, les principaux articles de la presse québécoise.

Fort redevable aux travaux bibliographiques de Paterson, Russell, Merler, Bouchard et d'autres, nous essaierons d'offrir ici quelques observations et commentaires complémentaires, ainsi que quelques indications sur des recherches qui restent à faire. À cette fin, nous examinerons certaines des grandes orientations de la critique hébertienne et les prolongements que l'on pourrait y donner; les orientations relativement manquantes, à développer peut-être; la lecture «nationale» du corpus hébertien; la critique hébertienne non québécoise; la critique venant de la marginalité, du fantastique et du féminisme hébertiens; la critique hébertienne négative; et enfin Hébert juge d'Anne ou, plus précisément, Anne Hébert critique de sa propre œuvre. Cela non pas toujours dans cet ordre, puisque plusieurs de ces catégories se recoupent: une part importante de la critique étrangère, par exemple, est féministe. Nous ferons appel aussi bien à la critique universitaire qu'à la critique journalistique qui, du reste, porte souvent la signature d'universitaires aussi prestigieux que Gilles Marcotte et Jean Éthier-Blais, ce qui tend à estomper la frontière entre ces deux univers.

Dix livres, une trentaine de mémoires et de thèses, une centaine d'articles: les grandes lignes de cet effort critique ont été dégagées par J. Paterson dans son article «Anne Hébert: une poétique de l'anaphore»: ouvrages d'introduction — *la Poétique du songe. Introduction à l'œuvre d'Anne Hébert* (1962) de Guy Robert, suivis des *Anne Hébert* de Pierre Pagé (1965) et de René Lacôte (1969); puis les études «thématiques», pour reprendre son terme, telles que celle offerte par Robidoux et Renaud dans *le Roman canadien-français du vingtième siècle* (1966) ou encore l'article d'Albert Le Grand, «Anne Hébert, de l'exil au royaume»; ensuite les études comparatives, fruits souvent de critiques anglophones qui juxtaposent les textes d'Hébert à ceux des Alice Munro, Margaret Laurence et James Dickey (ajoutons encore: Cocteau, Margaret Atwood, Saint-John Perse et Andrée Chedid). Et Paterson d'ajouter que «l'expansion critique, pendant les années soixante-dix, se fait aussi sous le mode de l'immanence» (manuscrit, 2), évoquant ainsi les approches de type sémiotique, narratologique et psychanalytique qui se maintiennent pendant les années 80 alors que s'y ajoute une nouvelle tendance, la critique féministe.

Paterson utilise le terme «thématique» dans un sens assez général. Or, une forte tendance de la critique hébertienne est la continuité de la critique thématique dans un sens plus particulier du terme, celui qu'il revêt dans les travaux de Gaston Bachelard; et où l'étude de la présence, dans l'œuvre littéraire, d'éléments matériels, voire des «quatre éléments primitifs», air, eau, feu, terre, occupe une place importante dans une démarche visant à dégager les structures et le fonctionnement créateurs, symboliques et mythogènes de l'imaginaire humain (alors que chez les disciples de Bachelard le but sera souvent moins vaste, limité plutôt à l'exploration de l'imaginaire d'un auteur donné). Il est frappant de constater la présence continue de cette façon de sentir et de visualiser l'œuvre hébertienne. Citons le premier livre sur l'œuvre d'Anne Hébert — *la Poétique du songe*, de Guy Robert (1962) — et aussi le plus récent, *Ève ou le cheval de grève. Contribution à l'étude de l'imaginaire d'Anne Hébert* de France Nazair Garant (1988; basé sur un mémoire du début de la décennie). Cette approche sous-tend aussi plusieurs autres travaux: la thèse de Pierre Châtillon, «Les thèmes de l'enfance et de la mort dans l'œuvre poétique de Nelligan, Saint-Denys Garneau, Anne Hébert, Alain Grandbois» (1961); le mémoire de Richard Giguère, «Évolution thématique de la poésie québécoise (1935-1965). Étude de Saint-Denys Garneau, A. Hébert, R. Giguère et P. Chamberland» (1970), et celui de Gilbert Coleno, «Le milieu physique dans l'œuvre d'Anne Hébert» (1971); le livre de Lucille Roy, *Entre la lumière et l'ombre. L'Univers poétique d'Anne Hébert* (1984); et encore le livre de Maurice Émond, *la Femme à la fenêtre. L'Univers symbolique d'Anne Hébert dans les Chambres de bois, Kamouraska et les Enfants du Sabbat* (1984).

Précieuse, dès lors, serait une étude à la fois critique et métacritique dégageant les facteurs, dans les textes hébertiens, qui expliqueraient une présence aussi forte et continue de cette critique thématique d'inspiration bachelardienne de l'œuvre hébertienne; ou encore les traits de cette approche critique qui ont amené tant de chercheurs à estimer pouvoir l'appliquer utilement au corpus hébertien. Une telle étude pourrait déboucher sur l'interrogation des bases théoriques, méthodologiques et épistémologiques de ce type de thématisme ainsi que sur celle du fonctionnement de l'institution critique au Québec.

Certes, ce type de thématisme, qui prête une attention particulière à la dimension matérielle et sensorielle de l'œuvre littéraire, va souvent de pair avec le thématisme d'ordre plus général évoqué par Janet Paterson. C'est ainsi que *les Structures anthropologiques de l'imaginaire* de Gilbert Durand et l'œuvre de Mircea Eliade ont inspiré bien des thématiciens qui joignent souvent à leur analyse des structures et du fonctionnement de l'imaginaire ou de l'univers symbolique de notre auteure celle d'un univers mythique perçu comme à la fois personnel et collectif. Or, si Bachelard, Durand, Eliade et leurs disciples explorent les structures et le fonctionnement de l'imaginaire humain, l'on ne saurait sans doute dire qu'ils le font toujours tous de la même façon; et il pourrait être intéressant d'étudier, à l'aide du corpus critique thématique hébertien, les modalités d'articulation et de cofonctionnement dans l'entreprise critique de ces diverses approches, ce qui permettrait peut-être d'en arriver à une utile synthèse méthodologique fondée sur une rigueur épistémologique accrue.

Proche de la mythocritique hébertienne est la critique biblique, illustrée notamment par Antoine Sirois dans les pages de *Canadian Literature* et de *Voix et images*.

Qui dit «imaginaire» dit déjà psychologie, et un corpus critique important (dont la majeure partie de la critique thématique et de la mythocritique) relève d'une tentative d'analyse psychologique de l'œuvre hébertienne. Toutefois, il existe bien des sortes d'analyse psychologique. L'une des tentatives les plus impressionnantes, le long article-monographie de Gilles Houde, «les Symboles et la structure mythique du *Torrent*», paru dans *la Barre du jour* en 1969, lit minutieusement le conte d'Hébert en fonction d'une grille d'analyse freudienne. Freudiens aussi sont les travaux de Henri-Paul Jacques et de la Brésilienne, Pestre de Almeida, alors que Delbert Russell et quelques autres nous ont donné des études d'inspiration jungienne. Dans *la Quête d'équilibre dans l'œuvre romanesque d'Anne Hébert* (1980), Serge A. Thériault cherche à élaborer une synthèse méthodologique entre la narratologie de Claude Bremond (*Logique du récit*), la sémiotique de Greimas, la psychanalyse de Lacan et les théories d'Eugène Gendlin et d'Eric Berne sur le développement de la personnalité et l'analyse transactionnelle.

C'est du côté d'une autre notion psychologique très utilisée sur le plan thérapeutique mais dont on ne sait trop quel est le statut scientifique, qu'il y aurait lieu de trouver encore un outil pour la lecture critique de l'œuvre hébertienne: il s'agit de la notion de codépendance, type de dépendance mutuelle douloureuse qui serait peut-être apte à rendre compte de bon nombre de couples et de rapports familiaux hébertiens.

Les analyses de type structuraliste, narratologique et sémiotique ont été suffisamment bien passées en revue par Russell, Merler et Paterson pour qu'il soit peu nécessaire d'y revenir longuement ici. Mentionnons toutefois les travaux sémiotiques de René Juéry travaillant tantôt seul, tantôt en collaboration avec Thériault; l'excellent livre de Janet Paterson, *Anne Hébert. Architexture romanesque* (1985), inspiré en partie par les travaux de Michael Riffaterre et de Iouri Lotman; et aussi le remarquable chapitre qu'Agnès Whitfield a consacré à «Kamouraska ou la confession occultée» dans son ouvrage *le Je(u) illocutoire* (1987). Chapitre qui lit *Kamouraska* dans le contexte d'une exploration qui «situe la logique de la contestation formelle du nouveau roman québécois dans l'enjeu de[s] rapports entre co-locuteurs, dans ce que nous appelons le "je(u) illocutoire"» (6). Agnès Whitfield a ainsi comblé une des principales lacunes qui demeurait jusque-là dans la gamme méthodologique de la critique hébertienne: l'analyse du discours à la lumière de la théorie des actes de langage, de la pragmatique. Il est à espérer que d'autres travaux suivront dans cette voie. L'Européen Jean-Michel Adam a étudié le poème «Neige», ce qui, grâce à son analyse du sens québécois de «sacrer», a provoqué un débat avec Laurent Mailhot dans *Lectures européennes de la littérature québécoise* (collectif, 1982). Relevons encore le séduisant titre «Sémiotique d'un ange» par lequel Pierre-Louis Vaillancourt commence son étude de «L'ange de Dominique». Enfin, Jaap Lintvelt, de l'Université de Groningue, a présenté une excellente analyse sémiotique, «Discours transgressif dans les *Fous de Bassan* d'Anne Hébert», au congrès de l'Association des Littératures canadiennes et québécoises en mai 1990.

À ces perspectives structuralistes, narratologiques et sémiotiques s'ajoute l'intéressant article de Steven Winspur, de l'Université Columbia, «*Undoing the Novel of Authority with Anne Hébert*». Winspur prône une pédagogie postmoderne, apte à aider les étudiants à percevoir et à déconstruire toute autorité, toute oppression, et à les contester comme, selon lui, le fait l'œuvre d'Anne Hébert. Son affirmation selon laquelle Hébert écrit pour contester la tradition littéraire française et sa domination sur la littérature québécoise fait contraste avec les travaux de Suzanne Lamy, Jacqueline Gérols et l'Américaine Marilyn Rose qui ont plutôt suggéré le contraire; nous y reviendrons.

Comme l'ont indiqué les travaux bibliocritiques cités ci-dessus, la critique hébertienne s'est largement enrichie d'une perspective féministe, depuis le vaste mémoire de Louisette Bernard-Lefèbvre en 1976 et la «perspective féminine» qu'a donnée Patricia Smart sur la poésie de notre auteure en 1980, jusqu'au chapitre passionnant qu'elle a consacré à Anne Hébert et à Saint-Denys Garneau dans *Écrire dans la maison du père* (1988). La critique hébertienne étrangère, autant voire peut-être plus que ses homologues québécoise et canadienne, est largement féministe. Aux États-Unis, soulignons les excellents travaux de Karen Gould et de Kathryn Slott. Du côté britannique, Joanne Collie a très bien étudié «l'écriture féminine» d'Anne Hébert, surtout dans *les Fous de Bassan* et *le Premier Jardin*, alors que Coral Ann Howells a consacré la moitié d'un chapitre dans son

*Private and Fictional Worlds* à une démonstration surprenante mais originale et finalement convaincante du féminisme d'Héloïse. Vers la même époque, à Vancouver, paraissait le remarquable article, à la fois féministe, sémiotique, psychanalytique et comparatiste, de Barbara Godard, «*My (m)Other, My Self: Strategies for Subversion in Atwood and Hébert*».

Plusieurs critiques féministes se sont penché-e-s sur la récurrence et la transformation du mythe d'Ève, Hébert ayant publié deux poèmes ainsi intitulés tout en insérant la figure d'Ève dans d'autres textes. Kathleen Kells a bien comparé les deux poèmes dans son article «*From the First "Eve" to the New "Eve": Anne Hébert's Rehabilitation of the Malevolent Female Archetype*»; Patricia Smart s'est également penchée sur ce sujet dans *Écrire dans la maison du père*.

La lecture féministe de l'œuvre hébertienne n'est pas unanime, même parmi les critiques féministes. En 1982 déjà, Jennifer Waelti-Walters, dans son étude féministe des *Chambres de bois* dans *Fairy Tales and the Female Imagination*, critiquait vigoureusement le dénouement antiféministe, à ses yeux, du premier roman hébertien. L'Américaine Annabelle Rea, dans «*The Climate of Viol/Violence and Madness in Anne Hébert's* Les Fous de Bassan», nuance la lecture des *Fous de Bassan* en tant que roman féministe en suggérant que le sexisme de Nicolas Jones résulte du rejet qu'il a subi de la part de sa mère, Felicity. Mais on pourrait répondre que l'antipathie que manifeste Felicity envers la gent masculine résulte des mauvais traitements que lui a infligés un mari aussi volage que buveur. Une relecture intéressante des *Fous de Bassan* est l'article «Les énigmes des *Fous de Bassan*: féminisme, narration et clôture» que Marilyn Randall a fait paraître dans *Voix et images* en 1989. Randall conteste l'interprétation selon laquelle *les Fous de Bassan* serait porteur d'une idéologie féministe. Son article, et dans une moindre mesure celui de Rea, ouvre la possibilité que *les Fous de Bassan* et d'autres textes apparemment féministes d'Anne Hébert seraient peut-être aussi «androïstes», position que Gabrielle Pascal-Smith, dès 1980, a rendue explicite:

> L'univers imaginaire d'Anne Hébert dans *Kamouraska* présente la
> violente contestation d'un milieu bourgeois et janséniste, porté

responsable de l'asservissement des femmes et de l'inexistence des hommes, en fait de l'écrasement de tous. (91)

La question est d'autant plus importante qu'Anne Hébert est accusée parfois de faire du sexisme à rebours, de présenter, par le biais de ses personnages masculins, une image des hommes trop systématiquement négative. La critique hébertienne, qui a accordé beaucoup d'attention à l'étude des personnages féminins chez notre auteure, pourrait utilement s'enrichir d'une étude visant spécifiquement la problématique et la condition masculines dans cette œuvre.

Quant à la lecture «nationale» du corpus hébertien, c'est là encore un secteur à développer, puisque la critique s'en est moins occupée depuis quelque temps que naguère, suivant en cela une tendance que Jacques Allard voit comme générale chez la critique québécoise. Cette lecture nationale a déjà été, en un sens, pratiquée par l'instance éditoriale qui a refusé de publier *le Torrent* sous prétexte, selon Anne Hébert, que c'était un texte malsain indigne d'une «nation jeune et saine» comme le Canada (cité par Dufaux). Rejeter ce texte pour de telles raisons, ce fut lui attribuer une signification collective, nationale. C'est bien ainsi que l'a lu — mais cette fois-ci dans une perspective valorisante — Gilles Marcotte qui a déclaré en 1964, à propos du *Torrent* toujours, que «Cette fable terrible et belle est l'expression la plus juste qui nous ait été donnée du drame spirituel du Canada français. Sa portée sociale est explosive» (6); en 1978 encore, Marcotte y voyait l'expression de «notre manque à vivre» (19). Les *Anne Hébert* de Pagé, de Lacôte et d'Albert Le Grand (1965, 1969 et 1973, respectivement), comme la conférence de ce dernier, «Anne Hébert, de l'exil au royaume», présentent l'ensemble de l'œuvre d'Anne Hébert comme ayant des significations individuelles et collectives. Laurent Mailhot a bien su lire, dans *le Théâtre québécois I*, les significations de la québécité du personnage de Jean Rivière dans *la Mercière assassinée*. Plusieurs critiques, dont surtout Virginia Harger-Grinling, pour qui Élisabeth d'Aulnières est à la fois Élisabeth I d'Angleterre, Éléonore d'Aquitaine et le Québec, ont souligné qu'une majeure partie de l'action dans *Kamouraska* se situe temporellement à l'époque de la révolte des Patriotes, et que le procès d'Élisabeth se déroule, comme elle le dit, dans la langue des «maîtres de ce pays»: dès lors, on a pu lire l'emprisonnement définitif d'Élisabeth dans l'aliénation conjugale et la culpabilité comme une allégorie de l'aliénation et de l'emprisonnement des Québécois francophones (suite à l'échec de la révolte des Patriotes) dans les rets de l'impérialisme britannique et d'une Église jansénisante (4-6). D'autres critiques cependant ont remarqué l'indifférence d'Élisabeth envers la cause des Patriotes qu'elle sacrifierait volontiers, dit-elle, pour que vive son amour, ordre de priorités qui fait passer la problématique féminine au premier plan et relègue à un statut bien inférieur la problématique nationale.

La lecture «nationale» peut surgir sous des plumes non-québécoises aussi bien que québécoises; dans ce dernier cas, l'on remarque souvent l'emploi massif de la première personne du pluriel et de ses dérivés. En témoigne parmi d'autres *Une lecture d'Anne Hébert. La recherche d'une mythologie*, dans lequel Denis Bouchard affirme que la lecture du *Tombeau des rois* fut pour lui «ni plus ni moins la révélation de toute une mythologie, la nôtre» (5); l'œuvre hébertienne serait «une analyse profondément subtile de notre collectivité»; pour lui,

> Anne Hébert est à l'avant-garde de nos efforts en vue d'atteindre à la formulation de ce que nous sommes. Elle est capable d'exprimer ce que nous ressentons sans toujours avoir nous-mêmes les mots pour le dire. (7)

La conception qu'exprime ainsi Denis Bouchard de la fonction de l'écrivaine est confirmée par le rôle de porte-parole d'une collectivité qu'Hébert assigne au poète dans son principal texte théorique, «Poésie solitude rompue». Toutefois, il est utile de voir certaines autres déclarations d'Anne Hébert sur sa propre œuvre. Elle a plus d'une fois rejeté toute interprétation sociale ou sociologisante du *Torrent*, déclarant par exemple à André Vanasse en 1982: «Je m'étonne [...] quand la critique décrit le *Torrent* comme le symbole du Québec enchaîné. C'est une abstraction. Il faudrait plutôt s'interroger sur la fonction de la mère, de la religion» (446). Nous répondrions que le sens d'un texte littéraire est inévitablement pluriel, n'appartient ni à l'auteur ni à un lecteur donné, ne surgit et n'existe que dans les rencontres entre le texte et ses lecteurs: pluralité de lectures et donc inévitablement de sens qu'a fort bien mise en lumière Annette Hayward dans sa communication «Contextes de réception», au congrès de l'APFUCC en mai 1990. D'ailleurs, Anne Hébert a elle-même souligné les résonances collectives de sa pièce de théâtre *le Temps sauvage*:

> Ce huis clos étouffant, qui éclate peu à peu, représente, si vous voulez, la situation plus générale, la condition d'une société canadienne-française qui existe peut-être moins aujourd'hui, mais que j'ai bien connue. (Anonyme 41-42)

Ailleurs elle a noté que son œuvre met en scène une bourgeoisie qui lui était familière; elle a reconnu aussi que *les Enfants du Sabbat* représente «la psyché collective du Québec» (cité par Escomel 12). Ces références au hors-texte montrent qu'Anne Hébert lectrice d'Anne Hébert peut lire dans son œuvre cette même dimension collective, sociale, nationale identifiée par Gilles Marcotte et bien d'autres.

Toutefois, les lectures de la dimension nationale n'ont peut-être pas été développées au point où on aurait pu s'y attendre. Peut-être y reviendra-t-on à la faveur des deux plus récents ouvrages d'Hébert, son roman *le Premier Jardin* et sa pièce *la Cage*. Le premier montre une conscience aiguë de la Nouvelle-France, de la longue lutte pour bâtir un pays, conscience doulou-reuse aussi de la Conquête et de la «perte» de tout un pays. Néanmoins, *le Premier Jardin* met aussi l'accent sur d'autres formes d'aliénation, dont les conditions féminine et enfantine. *La Cage*, de passionnante façon, accorde explicitement la priorité à la problématique féminine par rapport à la problématique nationale, puisque le juge John Crebessa est «mauvais», non parce qu'il est anglais, mais parce qu'il est du sexe masculin; quand il mourra, La Corriveau ira libérer sa veuve anglaise, Rosalinde Crebessa, de la cage dorée qu'est son mariage.

Dans une certaine mesure, on peut lire ces textes comme des textes critiques aussi bien que de création, des lectures critiques par Hébert elle-même de son œuvre antérieure, et la sélection de ses priorités parmi les nombreuses problématiques, les nombreu-ses formes d'aliénation, d'exil et d'espoir auxquelles elle a su si admirablement donner une expression littéraire.

La critique a le plus souvent fortement applaudi l'œuvre d'Anne Hébert qui a bénéficié de nombreux prix littéraires dès le Prix David accordé aux *Songes* en équilibre en 1942. Rares sont les jugements négatifs portés sur cette œuvre, rareté qui les rend peu connus, presque occultés, d'où l'attention que — sans les partager — nous leur accorderons ici. Ces jugements négatifs se répartissent en deux catégories: l'une regroupe les critiques visant le contenu et surtout la vision que donne l'œuvre hébertienne de la société québécoise; l'autre rassemble les reproches adressés à l'écriture hébertienne. Un exemple de la première catégorie, ce sont des remarques de Jean Éthier-Blais dans «Des mythes canadiens comme les Français les aiment», paru dans *le Devoir* en 1987:

> Nous assistons peut-être à la naissance d'un genre littéraire: le roman canadien ou québécois à l'usage des Français. Le plus bel exemple en est l'œuvre d'Anne Hébert depuis qu'elle s'est installée à Paris. La religion catholique au Québec est faite d'ignorance et de violence? Allons-y d'un roman sur les couvents, pépinières de monstres sacrés. Nos cousins de France sont ravis, nous sommes bien ainsi. Violence et désespoir en bordure de mer? Le tout saupoudré de conflits raciaux en puissance? Allons-y pour *les Fous de Bassan*. C'est ainsi que se perpétuent les mythes. Le Québec émerge de cette littérature comme un géant grisâtre, informe, encore prisonnier de la gangue d'une histoire qui n'aura jamais été sienne. Le folklore n'est pas loin. Nous savons, nous, ici, [...] que la réalité est tout autre.

Pour Éthier-Blais, loin de refléter fidèlement les grandes vérités du Canada français comme l'affirment Marcotte, Bouchard et tant d'autres, l'œuvre d'Hébert trahit la vérité québécoise, la noie dans la «gangue» du faux. L'accusation la plus forte sans doute, mais qui reste plutôt implicite, mise en texte notamment par les «Allons-y» d'Éthier-Blais, c'est qu'Anne Hébert déformerait ainsi la réalité québécoise pour mieux assurer son succès en exploitant les stéréotypes qu'entretiendraient les Français au sujet du Québec et des Québécois. Mais des reproches en partie semblables à ceux d'Éthier-Blais furent déjà adressés à Anne Hébert par une lectrice, Irène Dubé-Pelletier qui lui a envoyé, depuis la Californie et par l'intermédiaire des pages du *Devoir*, une lettre sur *les Enfants du Sabbat*:

> Je me demande aussi pourquoi vous [Anne Hébert] [...] qui savez
> faire surgir des cabanes en bois rond et des forêts toutes québécoi-
> ses, inspiratrices de récits splendides, étouffez ensuite toute cette
> beauté en faisant de ces lieux des bordels et en présentant la vie
> sexuelle des ancêtres comme un cloaque obsessionnel?

Cette lettre, comme l'article d'Éthier-Blais cité ci-dessus, exprime
une constante d'une certaine critique hébertienne, celle à laquelle
se heurtait déjà, dans la deuxième moitié des années quarante, *le
Torrent*, constante consistant toujours à affirmer et à dénoncer
une prétendue inadéquation entre un caractère dit «malsain» des
écrits hébertiens et la santé physique et morale des Québécois.
Les propos d'Éthier-Blais sur *les Enfants du Sabbat* et *les Fous
de Bassan* sont d'autant plus frappants qu'ils sont à l'opposé de
son admiration pour *Kamouraska* («très beau roman [...] C'est
notre passé. Voyons-le tel qu'il fut. Cela a existé» 12.)

*Spirale*, novembre 1982: «Le roman de l'irresponsabilité»:
dans ce compte rendu des *Fous de Bassan*, Suzanne Lamy visait
en fait toute l'œuvre d'Anne Hébert qui y rencontrait sa critique
la plus élaborée et la plus virulente. Lamy fustige aussi bien le
contenu que l'écriture des *Fous de Bassan*, égratignant au passage
les hébertianistes coupables de «masquer» les défauts de
«l'ensemble des écrits d'Anne Hébert» en vue de conserver à
celle-ci «la qualité d'écrivain classique que l'institution littéraire
québécoise lui a reconnue» (3). Pour Lamy, les personnages des
*Fous de Bassan* sont des caricatures, des pantins irresponsables
obéissant à un étrange et à un irrationnel dont Hébert abuserait
largement. Un animisme et un anthropomorphisme omniprésents
«signe[raient] l'appartenance du roman à la fin du XIX$^e$ siècle
plutôt qu'au XX$^e$ siècle», ce qui revient à qualifier *les Fous de
Bassan* de roman réactionnaire... L'écriture y céderait à la facilité
des anglicismes pour faire «couleur locale», à celle des clichés,
à l'abus des phrases nominales, aux invraisemblances et au
relâchement langagier, à la répétition et au pléonasme; et
recourrait à une «modernité de placage» (3,2). Lamy adresse à
cette modernité stylistique le reproche qui, chez Éthier-Blais,
visait le contenu, trop complaisant, selon lui, aux stéréotypes
français sur le Québec: Lamy n'y voit qu'une modernité factice
ayant pour but de séduire l'institution critique et savante et de

contribuer ainsi au succès du roman (but implicitement taxé d'illégitime...) Jacqueline Gérols, dans *le Roman québécois en France* (1984) adresse à Hébert des reproches semblables en qualifiant son écriture de «superficiellement actuelle mais fondamentalement traditionnelle» (158).

Heureusement, à notre sens, les réactions envers l'œuvre hébertienne sont le plus souvent des plus favorables; en témoignent, outre de nombreux prix littéraires, maints critiques qui ont souligné la modernité, voire la postmodernité, de cette œuvre. Songeons encore aux nombreux articles de Pierre-H. Lemieux dans le *Dictionnaire des œuvres littéraires du Québec*, au rigoureux et laudatif *Entre Songe et Parole* que ce même chercheur consacra en 1978 au *Tombeau des Rois*, et aussi, de Jean-Louis Major, ce beau livre qu'est *Anne Hébert et le miracle de la parole* (1976) dont les analyses à la fois savantes et admiratives donneront envie à tout lecteur de lire l'œuvre. Même les critiques qui trouvent cette œuvre insuffisamment féministe, par exemple, l'estiment à bien des égards.

Soulignons encore l'importance considérable de la critique hébertienne étrangère. Si Maurice Émond a fort bien étudié «l'Imaginaire fantastique d'Anne Hébert» dans *le Risque de lire* (1988, collectif), certains critiques non québécois ont étudié la question du fantastique et de la marginalité hébertienne: A. R. Chadwick et Virginia Harger-Grinling à Terre-Neuve, et Franca Marcato Falzoni en Italie. Les travaux de ces auteurs sur le fantastique hébertien mériteraient d'être mieux connus, notamment l'article de Franca Marcato Falzoni, «*Dal reale al fantastico nell'opera narrativa di Anne Hébert*», paru en 1978. Aux États-Unis, Mary Jean Green a publié «*The Witch and the Princess: The Feminine Fantastic in the Fiction of Anne Hébert*», réunissant ainsi deux des principales thématiques hébertiennes, le féminin et le fantastique. Aux États-Unis toujours, Murray Sachs, dans «*Love on the Rocks: Anne Hébert's* Kamouraska» (dans l'ouvrage de Paula Gilbert Lewis, *Traditionalism, Nationalism, Feminism*) renouvelle la lecture «nationale» en suggérant une antipathie et une méfiance dans le texte hébertien envers la dureté de la géographie et du climat québécois. Il conviendrait que la critique s'interroge sur les raisons du succès international considérable de l'œuvre hébertienne.

Voilà donc un aperçu de la critique hébertienne sous ses formes multiples. En outre, on a pu entrevoir le fonctionnement critique de l'écriture hébertienne elle-même, chaque texte constituant dans une certaine mesure une reprise, une récriture des textes hébertiens antérieurs, comme l'a bien démontré Ruth Major dans son article «*Kamouraska* et *les Enfants du Sabbat*: faire jouer la transparence». Fonction critique richement présente aussi dans ce précieux *Dialogue sur la traduction* entre Hébert et Frank Scott, comme l'ont bien noté Richard Giguère et Northrop Frye. Cette récriture hébertienne nous semble dépasser la simple reprise, échapper même à la structure des variations sur un thème, pour accéder à la vigueur, à la vitalité et à l'émouvante puissance de la métamorphose, de la profonde et exaltante transfiguration d'un univers imaginaire personnel en prise aussi toutefois avec des réalités collectives tant québécoises qu'universelles.

La critique hébertienne est donc d'un intérêt considérable pour la compréhension des mécanismes de la canonisation et éventuellement (si les positions de Lamy et de Gérols devaient l'emporter) de la décanonisation ainsi que pour l'étude des rapports entre la critique et la littérature. Mais la valeur principale de ce vaste corpus critique (valeur qui rend surprenante la parthénogénèse critique que s'infligent paradoxalement certaines études hébertiennes) réside surtout dans la possibilité qu'il offre au lecteur de l'œuvre hébertienne d'une compréhension plus riche de celle-ci, et ainsi, d'une jouissance accrue.

# Ouvrages cités

Adam, Jean Michel. «Sur cinq vers de «Mystère de la Parole»: lire aujourd'hui «Neige» d'Anne Hébert.» *Études littéraires* 5.3 (décembre 1972): 463-480.

Allard, Jacques. «Où en sont les études sur la littérature québécoise?» *Revue internationale d'études canadiennes* 1-2 (printemps-automne 1990): 115-134.

Anonyme. «Anne Hébert: 30 ans d'écriture.» *Sept-Jours* 5 (15 octobre 1966): 41-42.

Bernard-Lefèbvre, Louisette. «Le thème de la femme dans l'œuvre romanesque d'Anne Hébert.» Mémoire de maîtrise, Université du Québec à Trois-Rivières, 1976.

Bouchard, Denis. *Une lecture d'Anne Hébert. La recherche d'une mythologie.* Montréal: HMH («Littérature»), 1977.

Bremond, Claude. *La Logique du récit.* Paris: Seuil, [1973].

Chadwick, A.R., et V. Harger-Grinling. «Anne Hébert: métamorphoses lutétiennes.» *Canadian Literature* 109 (summer 1986): 165-170.

——. «The Victim in Robbe-Grillet and Anne Hébert: A Question of Reading.» *Canadian Literature* 109 (summer 1986): 165-170.

Châtillon, Pierre. «Les thèmes de l'enfance et de la mort dans l'œuvre poétique de Nelligan, Saint-Denys Garneau, Anne Hébert, Alain Grandbois.» Thèse de doctorat, Université de Montréal, 1961.

Coleno, Gilbert. «Le milieu physique dans l'œuvre d'Anne Hébert.» Mémoire de maîtrise, Université de Montréal, 1971.

Collie, Joanne. «Anne Hébert's *Écriture féminine.*» *British Journal of Canadian Studies* 3.2 (1988): 285-292.

Dubé-Pelletier, Irène. «Lettre ouverte à Anne Hébert.» *Le Devoir* (14 février 1976): 18.

Dufaux, Paule France. «Si l'on veut que le prix David ait un sens [...].» *Le Soleil* (21 octobre 1978): D-12.

Durand, Gilbert. *Les Structures anthropologiques de l'imaginaire.* Paris: Bordas, 1969.

En collaboration. *Lectures européennes de la littérature québécoise.* Montréal: Leméac, 1982.

Escomel, Gloria. «Anne Hébert: 30 ans d'écriture.» *Madame au foyer* (septembre 1980): 7-22.

Éthier-Blais, Jean. «Des mythes canadiens comme les Français les aiment.» *Le Devoir* (décembre 1987): D-10.

——. «*Kamouraska* d'Anne Hébert: à lire avec les yeux de l'âme.» *Le Devoir* (19 septembre 1970): 12.

Émond, Maurice. *La Femme à la fenêtre. L'Univers symbolique d'Anne Hébert.* Québec: PUL, 1984.

——. «L'Imaginaire fantastique d'Anne Hébert.» *Le Risque de lire* (dir: H.-J. Greif) Québec: Université Laval, Nuit blanche, éditeur, 1988: 65-88.

Falzoni, Franca Marcato. «Dal reale al fantastico nell'opera narrativa di Anne Hébert.» *Canadiana. Aspetti della storia e della letturatura canadese* (dir. Luca Codignola). Venise: Marsilio Editori («Nordamericana»), 1978: 97-109.

Gérols, Jacqueline. *Le Roman québécois en France.* Montréal: HMH, 1984.

Giguère, Richard. «Évolution thématique de la poésie québécoise (1935-1965). Étude de Saint-Denys Garneau, A. Hébert, R. Giguère et P. Chamberland.» Mémoire de maîtrise, Université de Sherbrooke, 1970.

Godard, Barbara. «My (m)Other, Myself: Strategies for Subversion in Atwood and Hébert.» *Essays in Canadian Writing* 26 (Summer 1983): 13-44.

Gould, Karen. «Absence and meaning in Anne Hébert's *Les Fous de Bassan.*» *The French Review* 59.6 (May 1986): 921-930.

Green, Mary Jean. «The Witch and the Princess: The Feminine Fantastic in the Fiction of Anne Hébert.» *American Review of Canadian Studies* 15.2 (1985): 137-146.

Harger-Grinling, Virginia. «*Kamouraska*: An Interpretation.» *Terre-Neuve* 2.2 (octobre 1978): 4-6.

Hayward, Annette. «Contextes de réception.» Manuscrit d'une communication donnée au congrès de l'APFUCC en mai 1990.

Hébert, Anne. *Les Songes en équilibre.* Montréal: HMH («L'Arbre»), 1942.

——. «Poésie solitude rompue.» *Poèmes.* Paris: Seuil, 1960: 67-71.

——. *Le Torrent.* Montréal: Beauchemin, 1950.

——. *Le Tombeau des rois.* Québec: Institut littéraire du Québec, 1953.

——. *Les Chambres de bois.* Paris: Seuil, 1958.

——. *Le Temps sauvage* suivi de *la Mercière assassinée* et *les Invités au procès.* Montréal: HMH («L'Arbre»), 1967.

——. *Kamouraska*, Paris: Seuil, 1970.

——. *Les Enfants du sabbat*, Paris: Seuil, 1975.

——. *Héloïse.* Paris: Seuil, 1980.

——. *Les Fous de Bassan.* Paris: Seuil, 1982.

——. *Le Premier Jardin.* Paris: Seuil, 1988.

——. *La Cage.* Montréal/Paris: Boréal/Seuil, 1990.

Hébert, Anne et Frank Scott. *Dialogue sur la traduction à propos du «Tombeau des rois.»* Montréal: HMH, 1970.

Houde, Gilles. «Les Symboles et la structure mythique du *Torrent.»* *La Barre du jour* 20 (oct.-déc. 1968): 22-46: 21 (sept.-oct. 1969): 26-88.

Howells, Coral Ann. *Private and Fictional Worlds.* Londres et New York: Methuen. 172-182.

Kells, Kathleen. «From the First «Eve» to the New «Eve»: Anne Hébert's Rehabilitation of the Malevolent Female Archetype.» *Studies in Canadian Literature* 14.1 (1989): 99-107.

Lacôte, René. *Anne Hébert.* Paris: Seghers («Poètes d'aujourd'hui»), 1969.

Lamy, Suzanne. «Le roman de l'irresponsabilité.» *Spirale* 29 (novembre 1982): 3-2.

Le Grand, Albert. «Anne Hébert, de l'exil au royaume.» *Conférences J.-A. de Sève. Littérature canadienne-française.* Montréal: PUM, 1969. 181-213.

——. *Anne Hébert.* (FRAN 341, Université de Montréal), 1973.

Lemieux, Pierre-Hervé. *Entre songe et parole.* Ottawa: Éd. de l'Université d'Ottawa, 1978.

Lewis, Paula Gilbert. *Traditionalism, Nationalism, Feminism.* Westport et Londres: Greenwood Press, 1985.

Lintvelt, Jaap. «Discours transgressif dans les *Fous de Bassan* d'Anne Hébert.» Communication, Association des Littératures canadiennes et québécoises. Victoria, (20 mai 1990).

Mailhot, Laurent et Jean-Cléo Godin. *Le Théâtre québécois.* Montréal: HMH 1970.

Major, Jean-Louis. *Anne Hébert et le miracle de la parole.* Montréal: PUM, 1976.

Major, Ruth. «*Kamouraska* et les *Enfants du Sabbat*: faire jouer la transparence.» *Voix et Images* 7.3 (printemps 1982): 459-470.

Marcotte, Gilles. «Réédition d'un grand livre: *Le Torrent* d'Anne Hébert.» *La Presse* (18 janvier 1964): 6.

——. «Prix David Anne Hébert.» *Le Devoir* (7 octobre 1978): 19.

Merler, Grazia. «*Les Fous de Bassan* d'Anne Hébert devant la critique.» *Œuvres et critiques* 14.1 (1989): 39-44.

Nazair Garant, France. *Ève ou le cheval de grève. Contribution à l'étude de l'imaginaire d'Anne Hébert.* Québec: Université Laval, Nuit blanche éditeur («CRELIQ»), 1988.

Pagé, Pierre. *Anne Hébert.* Montréal: Fides, 1965.

Pascal-Smith, Gabrielle. «La Condition féminine dans *Kamouraska* d'Anne Hébert.» *The French Review* 54.1 (octobre 1980): 85-92.

Paterson, Janet M. «Bibliographie critique des études consacrées aux romans d'Anne Hébert.» *Voix et images* 5.1 (automne 1979): 187-192.

——. «Bibliographie d'Anne Hébert.» *Voix et images* 7.3 (printemps 1982): 505-510.

——. *Anne Hébert. Architexture romanesque.* Ottawa: Presses de l'Université d'Ottawa, 1985.

——. «Anne Hébert: une poétique de l'anaphore.» (Manuscrit à paraître dans les *Archives des lettres québécoises*).

Randall, Marilyn. «Les énigmes des *Fous de Bassan*: féminisme, narration et clôture.» *Voix et images* (1989): 43 (automne 1989): 66-82.

Rea, Annabelle. «The Climate of Viol/Violence and Madness in Anne Hébert's *les Fous de Bassan*.» *Québec Studies* 4 (1986) 170-183.

Robert, Guy. *La Poétique du songe. Introduction à l'œuvre d'Anne Hébert.* Montréal: Association générale des étudiants de l'Université de Montréal (n° 4), 1962.

Robidoux, Réjean et André Renaud. *Le Roman canadien-français du vingtième siècle.* Ottawa: Éd. de l'Université d'Ottawa, 1966.

Roy, Lucille. *Entre la lumière et l'ombre. L'Univers poétique d'Anne Hébert.* Sherbrooke: Naaman («Thèses ou recherches», 17), 1984.

Russell, Delbert W. *Anne Hébert.* Boston: Twayne («Twayne's World Authors Series», 684), 1983.

——. «Anne Hébert: An Annotated Bibliography." *The Annotated Bibliography of Canada's Major Authors.* Robert Decker et Jack David, éd. Toronto: ECW Press, 1987. Vol.7: 115-270.

Sachs, Murray. «Love on the Rocks. Anne Hébert's *Kamouraska*.» *Traditionalism, Nationalism, Feminism: women writers of Quebec.* Paula Gilbert Lewis. Westport: Greenwood Press, 1985.

Sirois Antoine. «Bible, Mythes, et Fous de Bassan.» *Canadian Literature* 104 (Spring 1985): 178-182.

Slott, Kathryn. «Submersion and Resurgence of the Female Other in Anne Hébert's *Les Fous de Bassan*.» Québec Studies 4 (1986): 158-169.

——. «Repression, Obsession, and Re-Emergence in Hébert's *Les Fous de Bassan*.» *The American Review of Canadian Studies*, 17.3 (1987): 297-307.

——. «Hébert, Anne. *Le Premier Jardin*.» *Québec Studies* 9 (1989-1990): 161-163.

——. «From Agent of Destruction to Object of Desire: the Cinematic Transformation of Stevens Brown in *Les Fous de Bassan*.» *Québec Studies* 9 [1989-1990]: 17-28.

Smart, Patricia. «La poésie d'Anne Hébert: une perspective féminine.» *Revue de l'Université d'Ottawa* 50.1 (janvier-mars 1980): 62-68.

——. *Écrire dans la maison du père*. Montréal: Québec/Amérique, 1988.

Thériault, Serge A. *La Quête d'équilibre dans l'œuvre romanesque d'Anne Hébert*. Hull: Asticou, 1980.

Vaillancourt, Pierre-Louis. «Sémiotique d'un ange. Études de «l'Ange de Dominique» d'Anne Hébert.» *Voix et images* 5 (1980): 353-363.

Vanasse, André. «L'écriture et l'ambulance; entrevue avec Anne Hébert.» *Voix et images* 7.3 (printemps 1982): 441-448.

Waelti-Walters, Jennifer. *Fairy Tales and the Female Imagination*. Montreal: Eden Press, 1982. 13-30.

Whitfield, Agnès, «*Kamouraska* on la confession occultée.» *Le Je(u) illocutoire*. Québec: PUL, 1987.

Winspur, Steven. «Undoing the Novel of Authority with Anne Hébert.» *Teaching Language Through Literature*. Modern Languages Association Conference 26.2 (April 1987): 24-32.

# Lire Aquin
## Les enjeux de la critique

Anthony Purdy
Université de l'Alberta

Comme l'a signalé Jacques Allard en 1985, on a beaucoup écrit sur Hubert Aquin.[1] Cependant, comme le fait remarquer Robert Richard en commentant les chiffres impressionnants cités par Allard: «[s]i l'heure de la synthèse éditoriale, c'est-à-dire de l'établissement d'un texte définitif, est enfin venue grâce au projet de l'ÉDAQ (Édition critique de l'œuvre d'Hubert Aquin), l'heure de la synthèse analytique, elle, ne se laisse nullement entrevoir» (5). En effet, dès que l'on se met à examiner de près cette littérature abondante, on ne peut qu'être frappé par la très grande diversité, tant des approches méthodologiques que des jugements critiques, que l'œuvre toujours controversée d'Aquin a suscitée et suscite encore. Pour ne citer qu'un seul exemple de cette prolifération méthodologique, le thème du sacrifice rituel et le fantasme du corps morcelé de Sylvie, dans *Neige noire*, ont suscité des interprétations reproduisant toute la gamme des approches de la critique universitaire des années 1970 et 1980:

---

1. Voir son article dans la *Revue d'histoire littéraire du Québec et du Canada français*. Ce même numéro contient, parmi d'autres textes portant sur le projet de l'ÉDAQ, une mise à jour (1983-1984) de la bibliographie analytique d'Hubert Aquin (1947-1982) publiée par Jacinthe Martel dans le numéro 7 (hiver-printemps 1984) de la même revue. Une seconde mise à jour (1985) se trouve dans le *Bulletin de l'ÉDAQ* 6 (février 1987): 23-62.

approches barthésienne,[2] lacanienne,[3] hégélienne,[4] girardienne,[5] irigarayenne,[6] pour ne pas parler des analyses plus généralement sémiotiques, narratologiques, structuralistes, sociocritiques, du texte. Une telle diversité d'interprétations ou de «lectures» suggère que nous avons affaire à un point de fuite culturel, point d'intersection d'un certain nombre de codes qui rendent possible la production du texte sans pour autant en épuiser les significations. Face à un texte qui le tient dans un labyrinthe résolument non totalisable d'allégories, d'analogies et d'énigmes, le lecteur, incapable de renoncer au rêve d'une *somme* aquinienne, se retrouve en fin de compte «encadré par une structure qu'il n'invente pas» mais à laquelle il participe quand même, c'est-à-dire dans la même situation que le spectateur du film qui

> serait peut-être offusqué soudain de comprendre qu'il a tout fait pour être violé, offusqué aussi de déduire que le spectacle auquel il assiste le pénètre hypocritement à tel point qu'il est devenu, malgré lui sans doute, porteur de ces animalcules non sécables de Van Leeuwenhoeck, lesquels n'ont accédé à l'existence théorique que par des procédés optiques. (Aquin 166-67)

S'en tenir au discours critique sur l'œuvre d'Aquin équivaudrait donc à se contenter de constatations plus ou moins banales au sujet de la complexité théorique et de la difficulté d'accès croissantes de la démarche universitaire. Cependant, si l'on change de perspective (ou de plan) pour passer au discours métacritique — on songe ici, par exemple, aux études de la réception ou bien à tout le discours sur l'édition critique entourant

---

2.   Patricia Merivale s'est attachée, dans deux articles portant sur *Neige noire*, à la tradition sadienne en France (Klossowski, Bataille, Leiris, Genet, Robbe-Grillet, *et al.*) et à l'analogie corps/texte telle que formulée par Barthes.

3.   Pour une lecture psychanalytique du texte, voir l'article de Françoise Maccabée Iqbal.

4.   Nous renvoyons à la lecture hégélienne de M. Roy-Gans qui voit dans la question du nationalisme québécois la «structure porteuse» de *Neige noire* (568).

5.   Voir Pierre-Yves Mocquais qui s'appuie sur *la Violence et le sacré* de Girard pour sa lecture de *Neige noire*.

6.   Voir le chapitre que Patricia Smart consacre à *Neige noire* dans son *Écrire dans la maison du père*.

le projet de l'ÉDAQ — il devient d'emblée plus aisé de distinguer certains lieux communs, certains *topoï*, certaines tendances générales qui nous permettraient éventuellement de parler d'une évolution. Je vais donc privilégier ici un petit corpus de textes du type «Pour une relecture de [...]» qui impliquent ou appellent une évolution de la critique aquinienne.

Commençons donc par examiner deux articles de Chantal de Grandpré, non parce qu'ils seraient représentatifs de tendances plus générales mais parce qu'ils mettent en relief des tensions, voire des contradictions, qui restent le plus souvent implicites dans d'autres textes contemporains. Le premier de ces deux articles, publié en juin 1985 dans la revue *Liberté*, s'intitule «La canadianisation de la littérature québécoise: le cas Aquin». La thèse que soutient de Grandpré prétend que la quête d'identité nationale du Canada «passe par une reconnaissance de la littérature québécoise qui, en dernier ressort, ressemble davantage à une intégration» et que «les stratégies mises en œuvre pour faire de Hubert Aquin un écrivain *canadien* illustrent bien un tel processus» (50). À la différence des Américains qui, eux, respectent l'autonomie de la littérature québécoise et insistent, à l'instar de Frederic Jameson, sur le politique dans l'œuvre d'Aquin, «la critique canadienne se livre à une récupération telle que seul un faux naïf s'étonnerait d'y déceler des enjeux politiques» (57). Il s'agit donc de déterminer «[e]n quoi Aquin est-il plus canadianisable que d'autres, et surtout, comment les littéraires canadiens se débarrassent-ils de ce qui les gêne dans son œuvre» (50).

Pour répondre à ces deux questions, de Grandpré se tourne d'abord vers la traduction, dans laquelle elle voit une stratégie de récupération et d'annexion de la littérature québécoise:

> De *Prochain épisode* (dont le titre est demeuré non traduit chez Penny Williams) à *Hamlet's Twin* en passant par *Blackout* et *The Antiphonary*, on remarque l'évolution: de la sacralisation qui respecte la lettre au point de ne pas traduire, à l'assimilation où l'on traduit en fonction d'une certaine idéologie de la littérature, faisant fi de l'écriture. Parmi les traducteurs, seul Alan Brown a vraiment traduit: *Trou de mémoire* par *Blackout* et *L'Antiphonaire* par *The Antiphonary*. Sheila Fischman a fait de *Neige noire* *Hamlet's Twin*. Cet ajout shakespearien dénote une volonté

d'angliciser culturellement Aquin, ce qui ne peut manquer d'apporter de l'eau au moulin de la canadianisation. Si Hamlet est présent dans le texte, il reste que Aquin a intitulé son livre *Neige noire*, l'inscrivant par là dans une tradition littéraire précise (il serait oiseux de rappeler l'importance de la neige dans la poétique québécoise). On n'a donc pas traduit par *Hamlet's Twin* innocemment: ce faisant, on a voulu donner préséance à une tradition littéraire anglo-saxonne. (58)

Selon cette optique, les écrivains les plus traduits seraient, par définition, les plus récupérables, les plus «canadianisables». Ainsi, si on traduit beaucoup Nicole Brossard, c'est que «son écriture, toute moderne soit-elle, rassure à l'évidence les Canadiens qui ont récemment découvert que le formalisme présentait le grand avantage d'être déconnecté de problèmes politiques lassants» (53). Faut-il déduire de cette assertion que c'est à cause de son formalisme qu'Aquin serait «plus canadianisable que d'autres»? De Grandpré ne semble pas prête à l'affirmer:

Cela dit, écrit-elle, comment tirer à soi un écrivain comme Hubert Aquin, dont les ouvrages (théoriques et de fiction) et la biographie paraissent incompatibles avec une telle entreprise? Pourtant, la production critique anglo-saxonne qui entoure son œuvre est non seulement importante et enthousiaste; surtout (et paradoxalement, si l'on peut dire) elle néglige son enracinement politique. (54)

C'est-à-dire que de Grandpré laisse sans réponse pour l'instant la première partie de sa question — «En quoi Aquin est-il plus canadianisable que d'autres?» — pour passer directement à la deuxième: «Comment les littéraires canadiens se débarrassent-ils de ce qui les gêne dans son œuvre?»

Cette fois-ci, il lui est plus facile de répondre avec confiance en identifiant un *topos* qui serait caractéristique de ce discours critique: «Le mot qui revient le plus souvent dans les articles consacrés à *Prochain épisode*, par exemple, est «*beyond*» — «au-delà». Il faut aller au-delà de la réalité immédiate et dérangeante du roman; aller au-delà, c'est-à-dire censurer» (54). Et, pour appuyer cette assertion, de Grandpré cite, en le traduisant, un article d'Ofelia Cohn-Sfetcu (dont elle déforme curieusement le nom en Cohn Stefen), intitulé «*To Write or to be Written? Hubert Aquin's* Prochain Épisode»:

Au-delà des réalités politiques du Québec et du Canada, au-delà de la beauté de la Suisse et de la peur de l'emprisonnement, le séparatiste-agitateur-prisonnier cède la place à l'auteur-témoin sensible, qui, supportant la privation et la perte, se bat désespérément non seulement pour empêcher la dissolution de sa propre psyché mais aussi pour s'affirmer. (de Grandpré 55)

Et de Grandpré de commenter: «L'occultation du politique, remisé dans un au-delà du réel anglo-saxon, donne aussi l'illusion qu'on fait monter Aquin d'un cran, qu'on le place dans la constellation prestigieuse de l'universalité» (55).

Enfin, en guise de conclusion, de Grandpré revient à sa question initiale, à savoir: pourquoi les Canadiens tiennent-ils tant à s'annexer Hubert Aquin et en quoi celui-ci serait-il plus canadianisable que d'autres? Cette fois-ci elle y répond en citant la description biographique d'Aquin par Malcolm Reid, description qui, d'après elle, met en évidence le côté prévisible et, partant, rassurant de «l'intellectuel montréalais»:

Aquin apparaît là prévisible jusque dans sa révolte, qui confine au stéréotype. Dès lors, il fait moins peur; surtout que ses échecs, ses révoltes et ses démissions aboutissent à un suicide qui (parce que ces échecs, ces révoltes et ces démissions sont indissociables d'une certaine aliénation du Québec) ne peut pas ne pas signaler le suicide politique et culturel du Québec. Ce suicide-là qui permettra finalement au Canada d'accéder à une identité nationale unifiée. (59)

L'étude de de Grandpré, que j'ai essayé de présenter de façon aussi objective que possible, appelle un certain nombre de commentaires. D'abord, la distinction qu'elle fait entre critiques américains et critiques canadiens me paraît insoutenable, du moins sans preuves à l'appui, ce qu'elle ne fournit point. Ce n'est peut-être pas par hasard que la seule étude américaine qu'elle cite (en lui donnant son approbation) soit l'article ambigu de Frederic Jameson. D'ailleurs, le fait que l'article de Cohn-Sfetcu, qu'elle accuse à tort me semble-t-il de canadianisation et de récupération idéologique, fut publié dans un numéro spécial — édité par deux professeurs américains — d'une revue universitaire également américaine, est passé sous silence. En ce qui concerne la traduction, la vision de de Grandpré me paraît curieusement naïve, si elle croit que la «vraie» traduction se définit en termes de la substitution plus ou moins «fidèle» d'un mot de la langue d'arrivée à un mot de la langue de départ plutôt que du jeu compliqué — et jamais «innocent»! — de relations entre deux systèmes linguistiques et littéraires en contact. D'ailleurs, il me semble que la traduction de *Neige noire* par *Hamlet's Twin* relève moins d'un processus de canadianisation — la poétique de la neige ne renvoie point à «une tradition littéraire précise», étant tout aussi canadienne que québécoise — que du processus d'universalisation dont de Grandpré se plaint dans un autre contexte. Je reviendrai par la suite à ce *topos* de «la constellation prestigieuse de l'universalité».

De Grandpré dit avoir recensé 125 articles, mais le corpus qu'elle présente dans son texte est tellement restreint et sélectif qu'il est impossible de juger de sa représentativité. Pour ne citer qu'un seul exemple, pourquoi aurait-elle choisi de parler d'une étude de Patricia Merivale qui compare *L'Antiphonaire* et *The Great Victorian Collection* de Brian Moore, sans jamais mentionner les articles que Merivale a publiés sur *Neige noire* et dont l'intertexte, au lieu d'être canadien, est international et surtout français? Parce que cela fait son affaire, me dira-t-on. Ce qui n'empêche pas qu'en tant qu'étude de la réception, cela pose des problèmes. D'ailleurs, comment concilier une telle plainte avec les propos d'Aquin lui-même qui, dans une entrevue avec Yvon Boucher, a répondu à la suggestion que Patricia Smart aurait essayé de «faire un Aquin nationaliste malgré lui», en soulignant que les anglophones insistent beaucoup sur l'aspect nationaliste de son œuvre, tandis que les Canadiens français ont tendance à voir cela autrement (135)? La lecture que j'ai faite moi-même de la critique aquinienne canadienne confirmerait la remarque d'Aquin plutôt que les assertions de de Grandpré. Loin de négliger son enracinement politique, ces critiques sont le plus souvent fascinés par le nationalisme de cette œuvre, et surtout, comme on doit s'y attendre, de *Prochain épisode*. Ce qui n'empêche pas que l'œuvre d'Aquin soit, comme le veut de Grandpré, plus canadianisable que d'autres, car un roman comme *Prochain épisode*, comme les essais de la même période, se doit d'être lu en premier lieu comme allégorie et déconstruction de la condition de l'écrivain dans une situation coloniale, situation qui implique nécessairement la participation dialectique (ou pseudo-dialectique) du dominateur. Si les lecteurs canadiens s'intéressent aux romans d'Aquin, c'est qu'ils sont fortement interpellés par ces textes.

Revenons maintenant à ce *topos* de l'universalité, de l'au-delà, que de Grandpré relève dans la critique canadienne et auquel elle assigne une valeur toute négative de déréalisation. Or, ce qui rend une telle observation piquante, c'est le fait que la tendance dominante du discours métacritique des années 80 a sans doute été de déplorer la réduction ou l'assimilation de l'œuvre romanesque d'Aquin au sociotexte national des années 60-70, tendance qui me paraît d'ailleurs tout à fait naturelle vu l'évolution socio-culturelle du Québec au cours de cette décennie. C'est ainsi, par exemple, que Nicole Bédard, en 1985, peut formuler l'espoir que le projet de l'ÉDAQ permettra «de sortir Aquin de l'enfer des textes de l'impuissance liée à la problémati-que irrésolue du pays» (55). Une fois libérée, la critique pourra enfin «lire Aquin comme écrivain, en lutte avec une langue qui l'étrange à lui-même, en quête de l'œuvre, le lire hors frontière, lui donner droit de cité dans *la* littérature. Il s'agit bien, en dernière analyse, de s'autoriser à avoir un *écrivain* parmi nous» (55). Dans le même numéro spécial de la *Revue d'histoire littéraire du Québec et du Canada français*, c'est à René Lapierre que revient le dernier mot:

> Cette assimilation de l'œuvre d'Aquin au «texte national» des années 60-70 laisse sans doute plus clairement entrevoir aujour-d'hui son mécanisme, et son insuffisance. Retourner cela n'est pas l'affaire de quelques lignes. À l'heure toutefois où le scénario socio-politique du Québec se modifie de façon appréciable, peut-être pourrait-on souhaiter une lecture un peu moins fixée sur l'inscription programmatique du *sociotexte* Aquin et plus sensible aux variations de son entreprise esthétique, à la mixité de ses techniques et de ses matériaux, bref, aux risques élevés qui la spécifient et la *réservent*, à la fois, sur le plan de l'expression culturelle et littéraire. (68-69)

Trois ans plus tard, c'est-à-dire en 1988, c'est Jacques Allard qui cite avec approbation les propos de Bédard, tout en affirmant que

«l'œuvre d'Aquin relève d'une axiologie nietzschéenne, paradoxalement travaillée par la doctrine et la mystique chrétiennes,
titillée par le jeu littéraire contemporain, particulièrement par
l'exemple nabokovien» (87). «Et le modèle génétique de sa
production ne se constitue pas dans une «dialectique de l'art et du
pays» (P. Smart), mais dans l'opposition du moi et de l'œuvre
d'art à faire» (83).

Robert Richard, pour sa part, annonce dès 1987 un renouveau de la critique aquinienne qui, selon lui,

> n'a déjà plus les mêmes cibles analytiques qu'elle pouvait avoir et
> qu'elle pouvait justifier il y a à peine dix ans, la trame nationaliste
> et révolutionnaire, par exemple, ou la dialectique art/pays ayant été
> suffisamment et même dans certains cas brillamment éclairées.
> Peuvent maintenant s'ouvrir — mais sur des voies déjà largement
> frayées — deux perspectives complémentaires: celle de la textualité
> ou disons de la dignité formelle de l'œuvre d'Aquin [...] et celle
> de l'inscription du texte aquinien en tant que lieu sinon en tant que
> dynamique intense de la théâtralisation des signes (c'est la
> problématique du texte aquinien comme avancée suprême dans la
> circulation occidentale des simulacres). (6)

Perspectives qui sont reprises dans le livre récent de Richard où
l'on peut lire, sur la quatrième de couverture, que «[l]e temps
était venu de dire du nouveau sur Hubert Aquin [...]. Ce n'est
plus le seul contexte du peuple québécois qui est visé par Aquin
dans cette infrazone textuelle, mais l'ultime destin du discours ou
du récit occidental, à savoir la logique de sa fiction.»

Sans vouloir réduire ces différents points de vue à un seul
discours monologique, il me semble qu'il y a quand même une
constante dans les revendications de Bédard, Allard, Lapierre et
Richard, pour ne citer que ceux-là, constante qui consiste à
vouloir déplacer l'œuvre d'Aquin, la sortir du contexte national
où la première génération de critiques l'avait située, pour la faire
entrer dans *la* littérature. D'ailleurs, cette évolution des stratégies
de légitimation n'a rien d'étonnant. On peut même se demander
à cet égard si la critique dite postmoderne ne fait que reproduire
le paradigme de la modernité tel que décrit par Lucie Robert. En
fondant la clôture du texte, la critique littéraire moderne crée,
selon Robert,

une tache aveugle, celle de la littérature justement. L'œuvre littéraire n'est plus définie. Elle est reconnue, étudiée, commentée, analysée, comprise et appréciée. L'œuvre est le reflet du génie de la personne, laquelle transcende la nation tout comme l'œuvre de qualité transcende les frontières nationales. C'est sur cette clôture de la valeur esthétique que repose le paradigme moderne de la littérature. On distingue alors deux corpus d'œuvres: la littérature nationale, dont l'intérêt est d'ordre historique et sociologique, et LA LITTÉRATURE, dont l'intérêt est d'ordre esthétique. Quelques rares œuvres du corpus québécois atteignent à cette LITTÉRATURE en majuscules. (142)

Pour revenir à l'article de Chantal de Grandpré, il me semble, bien que je ne sois pas du tout d'accord avec ses conclusions, que cette étude a le mérite non négligeable d'attirer notre attention de façon très explicite sur la question des frontières. Car, pour reprendre les termes de Nicole Bédard, lire Aquin comme écrivain, hors frontière, lui donner droit de cité dans *la* littérature, c'est précisément ce que de Grandpré, en confondant universalisation et canadianisation, dénonce chez les critiques canadiens. Or, pour répondre à cette confusion, je voudrais émettre une hypothèse, qui est la suivante. La canadianisation et l'universalisation, loin d'être les deux faces d'un seul et même processus, seraient en fait deux phénomènes tout à fait distincts et même, à la limite, mutuellement exclusifs. Je m'explique: il me semble que la stratégie principale de canadianisation de l'œuvre d'Aquin consiste à ramener celle-ci à un texte national qui se définirait historiquement et dialectiquement par rapport au Canada anglais. (Il se peut que je sois ce «faux naïf» dont se plaint de Grandpré, mais j'avoue que, loin de soupçonner une conspiration, je n'y vois que la réponse somme toute prévisible et cohérente au contrat de lecture proposé de façon implicite par Aquin dans ses essais et ses interviews.) D'ailleurs, au fur et à mesure que l'œuvre d'Aquin se détache de ce texte national pour entrer dans *la* littérature — et je parle ici de la réception plutôt que de la production littéraire — la critique canadianisante s'en désintéresse. Détacher le texte aquinien de «la trame historique dans laquelle il s'insère tant bien que mal», c'est le rendre d'emblée moins canadianisable.

Dans un second article, publié en 1989 dans le cadre d'un ouvrage collectif dirigé par deux critiques canadiens (!), Chantal de Grandpré revient à la question des frontières pour s'interroger sur «les romanciers québécois devant la critique française» (123). Enfin, comme le fait remarquer Jacques Pelletier dans un compte rendu paru dans *Voix et images*, il devait s'agir de cela: «Dans les faits, il n'en est rien. Il s'agit plutôt d'un règlement de comptes avec Hubert Aquin, particulièrement vicieux, écrit par une plume chargée de fiel» (447). Selon de Grandpré, l'échec qu'a essuyé Aquin en France apparaît «comme un révélateur privilégié des différences culturelles importantes entre le Québec et la France. Cela, d'autant plus que l'œuvre d'Aquin est considérée comme une œuvre majeure au Québec» (124). D'où les conclusions qu'elle tire de ses recherches:

> Ce que la réception critique française montre, c'est à quel point Hubert Aquin demeure en fait un écrivain tout ce qu'il y a de plus local par ses prétentions mêmes à se vouloir ce qu'il n'est pas et par sa fascination pour la gloire des plus grands (celle surtout de James Joyce ou de Vladimir Nabokov à qui il n'hésite pas à se comparer), gloire qu'il revendique sans y mettre le prix.
>
> Hubert Aquin est un succès québécois participant totalement d'une idéologie déréalisante que les romans des moins doués que lui continuent d'exploiter. Il est par conséquent bien intégré au groupe, bien solidaire du «nous autres» à qui il renvoie une image flatteuse, grossie et valorisante d'échecs que sa plume magnifie. (129)

C'est-à-dire que, dans un renversement assez étonnant de la position exprimée dans son premier article, de Grandpré situe le travail de déréalisation politique dans l'œuvre même d'Aquin, ainsi que dans sa réception au Québec, au lieu de l'attribuer aux tentatives d'universalisation de la critique canadienne. Ce serait même cette «idéologie déréalisante» qui aurait empêché Aquin d'atteindre l'universalité à laquelle il aspirait.

Pour conclure donc, je dirais:

1) que les deux études de Chantal de Grandpré ont occulté la question (et les enjeux politiques) de la réception hors frontière de l'œuvre d'Aquin de façon somme toute assez regrettable;

2) qu'il serait naïf de vouloir nier qu'il existe un discours canadianisant sur l'œuvre d'Aquin mais qu'il ne faut pas confondre ce discours avec celui de l'universalisation, lequel ne se laisse pas réduire à une simple stratégie de canadianisation;

3) qu'il y a *deux* stratégies principales de canadianisation: d'une part, un certain comparatisme que l'on considère généralement comme étant aujourd'hui périmé et qui consiste à chercher les ressemblances (le plus souvent superficielles) entre tel roman d'Aquin et tel roman canadien; d'autre part, le fait de privilégier le sociotexte national dans la mesure où il participe chez Aquin de la dialectique (même désaxée) du Canada français et du Canada anglais;

4) qu'il faut distinguer *deux* types d'universalisation: d'une part, un discours que je qualifierais d'homogénéisant et qui consiste à assimiler l'œuvre d'Aquin à un paradigme fourni par un certain nombre de «grands auteurs» étrangers, la faisant passer ainsi de la littérature nationale à LA LITTÉRATURE (et, sous ce rapport, il n'y a pas de différence sensible entre la pratique canadienne et la pratique québécoise); d'autre part, un discours qui se voudrait pluriel et qui correspond peut-être aux déplacements du concept de nation et à l'éclatement du champ culturel des années 80.

J'ai dit «qui se voudrait pluriel» et je devrais peut-être m'expliquer. C'est que ce deuxième discours de l'universalisation consiste à faire entrer le texte Aquin dans la circulation des signes de la critique universitaire des années 80. Ce discours est donc pluriel dans la mesure où il comprend des approches multiples: discours lacanien, bakhtinien, greimassien, etc. Par contre, ce discours est singulier, dans tous les sens du terme, dans la mesure où les critiques universitaires sont tout à fait «différents» des autres lecteurs. C'est-à-dire qu'on n'échappe jamais au jeu des appropriations et que notre discours à nous, discours pluriel, universalisant, universitaire, est lui aussi homogénéisant dans la mesure où il tend de plus en plus à exclure ce fameux «lecteur ordinaire».

# Ouvrages cités

Allard, Jacques. «Pour une relecture d'Aquin.» *Revue d'histoire littéraire du Québec et du Canada français* 10 (été-automne 1985): 9-12.

Aquin, Hubert. *Neige noire*. Montréal: Pierre Tisseyre, 1978.

Bédard, N. «L'Apport d'un inédit: L'Invention de la mort.» *Revue d'histoire littéraire du Québec et du Canada français* 10 (été-automne 1985): 51-55.

Boucher, Y. «Aquin par Aquin.» *Le Québec littéraire* 2 (1976): 129-149.

Cohn-Sfetcu, Ofelia. «To Write or to be Written? Hubert Aquin's *Prochain Épisode*.» *Modern Fiction Studies* 22.3 (autumn 1976): 449-456.

Grandpré, Chantal de. «La Canadianisation de la littérature québécoise: le cas Aquin.» *Liberté* 27.3 (juin 1985): 50-59.

——. «Les Romanciers québécois devant la critique française.» *Œuvres et Critiques* 14.1 (1989): 123-134.

Iqbal, Françoise Maccabée. «L'appel du Nord dans *Neige noire*: la quête de Narcisse.» *Voix et images* 5.2 (hiver 1980): 365-77.

Jameson, Frederic. «Euphorias of Substitution: Hubert Aquin and the Political Novel in Quebec.» *Yale French Studies* 65 (1983): 214-223.

Lapierre, René. *Les Masques du récit. Lecture de «Prochain Épisode» de Hubert Aquin*. Montréal: Hurtubise HMH, 1980.

——. *L'Imaginaire captif. Hubert Aquin*. Montréal: Quinze («Prose exacte»), 1981.

——. «Aquin, lecteurs cachés: une poétique de la prédiction.» *Revue d'histoire littéraire du Québec et du Canada français* 10 (été-automne 1985): 65-69.

Martel, Jacinthe. «Bibliographie analytique d'Hubert Aquin.» *Revue d'histoire littéraire du Québec et du Canada français* 7 (hiver-printemps 1984): 79-229.

——. «Bibliographie analytique d'Hubert Aquin (mise à jour 1983-1984). *Revue d'histoire littéraire du Québec et du Canada français* 10 (été-automne 1985): 75-112.

——. «Mise à jour (1985) de la bibliographie analytique d'Hubert Aquin (1947-1982).» *Bulletin de l'ÉDAQ* 6 (février 1987): 23-62.

Merivale, Patricia. «Chiaroscuro: *Neige noire/Hamlet's Twin*.» *Dalhousie Review* 60.2 (été 1980): 318-333.

——. «Hubert Aquin and Highbrow Pornography: The Aesthetics of Perversion.» *Essays on Canadian Writing* 26 (été 1983): 1-12.

——. «Neo-Modernism in the Canadian artist-parable: Hubert Aquin and Brian Moore.» *Canadian Review of Comparative Literature/Revue canadienne de littérature comparée* 6.2 (1979): 195-205.

Mocquais, Pierre-Yves. *Hubert Aquin ou la quête interrompue.* Montréal: Pierre Tisseyre, 1985.

Pelletier, Jacques. «Critique et roman: des rapports dialogiques.» *Voix et images* 45 (printemps 1990): 443-448.

Richard, Robert. «Introduction. Hubert Aquin dix ans après.» *Revue de l'Université d'Ottawa* 57.2 (avril-juin 1987): 5-7.

——. *Le Corps logique de la fiction. Le code romanesque chez Hubert Aquin.* Montréal: l'Hexagone, 1990.

Robert, Lucie. «L'Émergence de la notion de «littérature canadienne-française» dans la presse québécoise (1870-1948).» *Problems of Literary Reception-Problèmes de réception littéraire.* Edmonton: Research Institute for Comparative Literature (University of Alberta), 1988. 136-143.

Roy-Gans, M. ««Le Québec est en creux.» *Neige noire* de Hubert Aquin.» *Voix et images* 7.3 (printemps 1982): 553-569.

Smart, Patricia. *Écrire dans la maison du père.* Montréal: Québec/Amérique, 1988. 265-91.

# Le chant/champ des Sirènes
## Réception et percussion d'une voix discordante (Jovette Marchessault et la critique)

### Claudine Potvin
#### Université de l'Alberta

> Elles chantaient ainsi et leurs voix admirables
> me remplissaient le cœur du désir d'écouter.
> Homère, *Odyssée*, Chant XII

Connaissant le danger qui les guettait, Ulysse boucha les oreilles de ses marins pour qu'ils ne succombent pas au charme des Sirènes. Toutefois, selon les sages conseils de Circé, il se garda bien d'en faire autant de son côté. Il préféra se faire enchaîner au mât de son navire plutôt que de se priver du délice et du plaisir de leurs voix, avisant d'avance ses hommes de ne pas desserrer les liens qui le retenaient même s'il le leur ordonnait. Ambiguïté/paradoxe: la voix des Sirènes menace et charme simultanément l'ordre antique.

Voix de femmes donc, mélodieuses, irrésistibles, discordantes aussi, dit-on, désaccordées, maintes fois dénoncées par la (le) critique. Qu'en est-il de ces voix dans la critique actuelle? Faut-il encore se boucher les oreilles, ou les yeux mêmes, pour ne pas succomber à la tentation d'un texte «autre», d'une autre critique? Altérité différée d'une théorie qui se donne encore sous le jour de la fiction, d'un corps éclaté, «transsexuel», au cœur d'une langue qui ne se parle qu'au féminin. Étrangeté, distanciation, déplace-

ments dans la multiplicité des voix, voire dans l'équivoque
généralisée: concerts, cacophonies, fausses notes, harmonies,
registres divers, chœurs, cordes vocales disjointes, éteintes/attein-
tes; pertes momentanées de la voix suivies d'une mue qui s'opère
en autant de mots dits, prononcés certes, mais parfois si mal
entendus. Les ondes ne percent pas toujours le mur patriarcal du
son. Les critiques s'enchaînent-ils encore ou se bouchent-ils tout
simplement les oreilles?

Horkheimer et Adorno ont analysé, dans *la Dialectique de
la raison,* le Chant XII de l'*Odyssée* qui raconte la rencontre
d'Ulysse et des Sirènes, en faisant ressortir le lien entre les
notions de mythe, de domination et de travail. Dans cet épisode,
si la séduction que les Sirènes exercent représente la tentation de
se perdre dans le passé, selon les auteurs, le héros aurait cependant reçu la confirmation de «l'unité de sa propre vie et de
l'identité de sa personne» (48). Toutefois, «tandis qu'elles
évoquent le passé récent, le plaisir irrésistible que promet leur
chant menace l'ordre patriarcal, qui ne restitue la vie de chacun
qu'en échange de sa pleine mesure de temps» (49). On comprend
parfaitement ici qu'une économie du plaisir et du charme tend à
nier l'économie productrice basée sur le cumul, le capital, le gain
ou une forme de propriété. L'écriture des femmes s'est longtemps
inscrite dans un système d'échange de pure perte ou de perte de
temps, voire de non-rentabilité (écrire par temps perdu, en
attendant, en cachette, par interruptions, écrivait Virginia Woolf).
La critique ne cherche-t-elle pas à la fois à s'approprier, s'accapa-
rer l'écriture et à l'investir de significations et de valeurs sûres
jusqu'à un certain point? Valeurs qu'il a toujours semblé plus
difficile d'établir dans le cas de certains textes de femmes
particulièrement subversifs.

Pour Horkheimer et Adorno, la mise en garde de Circé
concerne essentiellement un danger de retour à l'état animal, à la
nature, qui s'opposerait au discours de la raison, discours
dictatorial avant tout. «Même si les Sirènes savent ce que recèle
le passé, remarquent-ils, elles exigent l'avenir comme prix de
cette connaissance et la promesse d'un heureux retour est la
duperie par laquelle le passé prend au piège celle qui soupire
après lui» (49). Mais Ulysse aux mille ruses a plus d'un tour dans
son sac: il déjoue la duperie et la séduction des Sirènes bien que

leur chant soit décrit comme «irrésistible». La crainte de perdre le moi, la crainte de la mort, associée à une promesse de bonheur n'autorise qu'une voix/voie: celle de l'obéissance et du travail, soit le droit chemin, ou encore une voix qui parle dans le désert, soit la surdité, le refus de l'Autre, le rejet. «Ce qu'entend Ulysse est donc sans conséquence pour lui» (50), ajoutent les auteurs de *la Dialectique de la raison*. Du fait que les compagnons de voyage eux-mêmes ne connaissent que le danger du chant et non le chant lui-même et compte tenu de sa position verticale inchangée et inchangeable (attaché au poteau), Ulysse se trouve immunisé. Qui plus est, oppresseur, il «n'est plus en mesure de sortir de son rôle social. Les liens au moyen desquels il s'est irrévocablement enchaîné à la pratique, tiennent en même temps les Sirènes à l'écart de la pratique: leur charme est neutralisé et devient simple objet de la contemplation, devient art»(50). L'art pour l'art, l'art pour soi? Plutôt et surtout l'art pour l'autre, éloignant de la sorte toute menace, tout danger.

Le corps et la voix des Sirènes se trouvent par conséquent déplacés dans le silence: hors de la parole, ailleurs, éternellement pris sur la rive, dans un espace qui n'entre pas dans la fiction d'Ulysse, ou encore pure fictionnalisation homérique; au pis-aller et à la limite, les Sirènes occupent seules le lieu du fantasme masculin. Au beau milieu de l'océan, l'homme ne peut alors qu'imaginer, rêver, ce qu'était/est leur voix ou bien il ne peut que rêver d'un plaisir qui pourrait se prolonger s'il acceptait de couper la corde, c'est-à-dire de vraiment prêter l'oreille, de se mettre à l'écoute de l'autre son.

En réalité, le danger ne réside pas dans la séduction qu'exercent les Sirènes. En fait, ces enchanteresses, ces animaux fabuleux, comme les décrit le *Robert*, à tête et torse de femme et à queue de poisson, qui *passaient pour* attirer, par la douceur de leur chant, les navigateurs sur les écueils, ne peuvent se déplacer que dans l'eau. Bouger serait se placer hors d'atteinte, s'éloigner de, déplacer le sujet. Ce serait aussi se mettre en situation nouvelle d'étrangeté, de familiarité presque; ce serait effectuer la traversée des frontières, quitter la rive: autres signes, autre langue.

Mais coupées de leur mouvement terrestre, nos Sirènes voient leur prétendument dangereux pouvoir de séduction contré par la mobilité d'Ulysse qui est le seul à pouvoir s'approcher, se retirer, s'éloigner ou encore rester là et contempler. Pourquoi les Sirènes ne (pour)suivent-elles pas Ulysse? Elles passent sans circuler, sans laisser de traces, dans l'œil critique d'Ulysse et puis elles *passent pour* attirer mais sans (s')attacher vraiment le voyeur/entendeur, leurs corps/voix de femmes étant en soi un trompe-l'œil, un trompe-oreille, une ruse. Au fond, leur chanson se termine bien en queue de poisson comme si le récit à peine amorcé tombait sous le coup de l'hameçon d'un pêcheur qui, lui, saura raconter ce qu'il a entendu, sans que son texte ne risque l'écueil. L'écoute n'a de sens que dans la redite: le récepteur solitaire du chant demeure Ulysse.

De plus, si la Sirène n'a pas de pieds pour s'enfuir, elle n'a pas de sexe non plus. Pas de jouissance donc. Ne possédant que le haut de la femme, buste gonflé par la fiction masculine, elle ne s'en trouve pas moins privée de son sexe et de tout plaisir auto-érotique, de tout discours autoréférentiel par conséquent, du principe d'un bas corporel régénérateur, pour reprendre Bakhtine. Elle ne peut en aucun cas être pénétrée ou rejointe par Ulysse puisque le bas de son corps est fermé, imperméable.

Asexuée, donc, et en partie inversée, elle s'inscrit dans le manque. Sa seule ouverture demeure le sens qu'elle fabrique, soit la sensation, celle de la bouche, du son, de la voix, l'impression d'un langage séducteur et chargé de significations et de connotations, d'où le danger qu'elles «représentent». En effet, le chant de la Sirène renvoie au message, au signal: enclencheur, urgence, appel, alarme, le chœur des Sirènes interpelle Ulysse en ces termes:

> Viens ici! Viens à nous! Ulysse tant vanté! Arrête ton croiseur:
> viens écouter nos voix! Jamais un noir vaisseau n'a doublé
> notre cap sans ouïr les doux airs qui sortent de nos lèvres;
> puis on s'en va content et plus riche en savoir, car nous savons
> les maux, tous les maux que les dieux, dans les champs de
> Troade, ont infligés aux gens d'Argos et de Troie, et nous
> savons aussi tout ce que voit passer la terre nourricière.
> (716-717)

Ce qui menace Ulysse, objet de tant de paroles et de nombreux discours, ce n'est pas seulement la nature de la voix mais aussi ce qu'elle dit, ce qu'elle véhicule: le désir lui-même d'une part, la sensualité, et un certain savoir d'autre part, une connaissance profonde de la terre, de la douleur et des hommes, venue du pouvoir des dieux; finalement, l'abandon, le dévouement, le sacrifice qu'exige la voix ne sont pas sans effrayer celui qui la reçoit, bien qu'il sache qu'il pourra lui échapper, quitter les lieux. Non seulement les Sirènes laissent-elles partir celui qui les écoute et les entend, contrairement à Circé, prototype de la courtisane qui souhaitait retenir Ulysse, mais elles l'assurent (en le rassurant) qu'il s'en ira «content et plus riche en savoir». Encore faut-il ne pas résister à la méconnue.

Le critique est trop souvent celui ou celle qui résiste ou qui fait semblant de se laisser séduire en retenant son souffle. Les réactions passées (?) aux écritures de femmes en témoignent. Pour illustrer mon propos, je me suis arrêtée à la réception d'un chant de femme assez particulier, celui de Jovette Marchessault.

Écrire que la voix des femmes fascine, séduit, ravit, enchante, charme, tente, c'est bien sûr établir une analogie hypothétique entre le chant des Sirènes et celui des écrivaines. Pure prétention ou effet de désir de ma part? Soit. La critique en général n'est pas exempte de subjectivisme et je veux bien pour le moment qualifier ainsi ma position. Par ailleurs, les critiques ne se font pas tous attacher au poteau de la résistance pour s'assurer de ne pas franchir la distance qui les sépare de l'objet convoité. Cependant, plus d'un critique littéraire, homme ou femme, se coupe du texte, éloignant parfois tout récepteur du chant féminin et réduisant de la sorte le champ d'opération et d'interaction de ce texte. Incompréhension, mauvaise foi, refus d'entendre, de dé-lier sa langue pour pouvoir au moins lire le texte de l'autre, aussi étonnant, aliénant ou différent soit-il. Refuser la différe(a)nce, c'est nier la séduction.

Jovette Marchessault constitue en ce sens un cas intéressant. Elle ne correspond sans doute pas à notre conception traditionnelle de la Sirène à la douce voix prometteuse d'enchantements et de plaisirs sensuels ou intellectuels irrésistibles. Or, c'est précisément sa voix discordante, sa marginalité, son rapport à un savoir établi et à l'ordre «antique», à une tradition et une culture anciennes, sa re-lecture de l'Histoire, la menace de son discours qui la rapprochent des Sirènes. Tout comme elles, son chant témoigne d'une profonde marginalité: si les premières se retrouvent (entre elles) sur la rive, sur le bord de, assises ou étalées sur les rochers, le centre étant toujours la mer et le bateau (symbole de production, de travail et de pouvoir), la seconde écrit en marge d'une institution littéraire qui l'a longtemps tenue à distance. Dans une entrevue qu'elle m'accordait en août 1990, Jovette me disait: «Géographiquement parlant, socialement parlant, sexuellement parlant, textuellement parlant, je suis dans la marge. Et, ajoutait-elle, la marge semble être le territoire des femmes, en général, n'est-ce pas?»[1]

Lucie Robert écrit dans *l'Institution du littéraire au Québec*:

> Depuis sa naissance, chaque personne doit négocier son existence, être confrontée au reste du monde et en même temps trouver le moyen de préserver son espace vital. Il n'y a, somme toute, que bien peu d'êtres marginaux et ils paient tous très cher leur autonomie et leur indépendance; ils les paient en général trop cher pour pouvoir en profiter. Dans cette perspective, le paradoxe, la déviance résident néanmoins dans l'individualité. C'est alors le social qui fait figure de norme, de doxa, de loi. (152-153)

Confrontation, négociation, préservation de l'espace vital, marginalisation donc par rapport à un certain texte défini par la loi sociale ou littéraire. La marge indique précisément l'exclusion de quelque chose ou de quelqu'un par rapport à autre chose, à un groupe; rejet donc, déplacement à l'extérieur de, mise à l'écart. La marge signale également, il va de soi, le blanc (le bord, la rive de l'écriture), le hors-texte, le vide par opposition au plein de la page, à l'océan, au solide (le flottant toujours relégué du côté de l'île, de l'écueil), à la ligne, au noir de la lettre/de la signature, au nommé, découvert, socialement connu/reconnu, lu, codé, décodé d'avance. La notion même de marge renvoie à un concept spatial (centre/périphérie, cœur/tangente, milieu/extrémité, et par extension fond/surface, etc.) qui suggère une relation de nécessité entre des termes apparemment oppositionnels. L'institution

---

1. C'est en raison de cette marginalisation que j'ai proposé à *Voix et Images* un dossier sur l'auteure au printemps de 1989, paru au cours de l'hiver 1991 (vol. 16.2,47). La citation est à la page 222. Au même moment, l'auteure recevait le prix du Gouverneur Général pour sa pièce *le Voyage magnifique d'Emily Carr*. Il faut donc avouer que Jovette Marchessault est de moins en moins marginale par rapport à l'institution.

littéraire se définit bien souvent davantage par ses marges, ses à-côtés, lesquels tendent d'ailleurs à confirmer le juste milieu, le bon sens ou le bon goût, que par le «normatif». La *loi* ne s'entend que dans la criminalité.

Il va de soi que Jovette Marchessault a, à plus d'un titre et pendant longtemps, fait figure non seulement de marginale mais de criminelle. C'est tout le concept d'espace (réel/utopique) qu'elle fait chavirer dans ses textes. Qu'il suffise de rappeler le caractère blasphématoire de ses premiers écrits, leur ton violent, «castrateur» dira la critique, sa dénonciation implacable de l'ordre patriarcal, la déconstruction des structures narratives et dramatiques, voire mentales, qu'elle poursuit toujours, d'ailleurs.

Autodidacte, Jovette Marchessault se situe d'emblée hors de l'institution littéraire comme je l'ai mentionné plus haut, bien que, l'institution tendant à récupérer ses marges, tout auteur risque toujours à un moment ou à un autre de s'y retrouver plus ou moins «consacré» ou tout au moins catalogué.

Parallèlement à son exclusion relative, Marchessault dessine toutefois dans ses fictions et dans ses portraits de femmes telluriques une géographie sacrée qui ramène la création des femmes sur la place publique, replace le sujet et son désir/femme, voire l'écrivante, en son lieu. Fiction romanesque du dramatique. Double mouvement du texte et de la voix qui s'écrit, se chante, en périphérie, contre, en dehors de, en rejet, en marge d'un autre texte dit central, mais en même temps qui se donne comme mémoire, collection. Ainsi, les fictions de Jovette Marchessault opèrent un déplacement puisqu'elles instaurent un espace autre qui parachute le discours marginal au beau milieu de la page, remettant en question jusqu'à un certain point les notions mêmes de périphérie et de centre, notions entretenues par la critique. En réalité, le texte n'est bien souvent marginal que de n'être pas «lu» ou «écouté».

Qu'en est-il de cette critique donc? Je limiterai ici mes remarques à la critique des médias. Les articles de fond (une dizaine, presque tous écrits par des femmes) présupposent toujours, dans ce cas-ci, un point de vue très favorable à l'œuvre. Je n'ai pas retenu non plus les comptes rendus rédigés en anglais, le discours critique ne jouant pas nécessairement à partir des mêmes critères ou codes socio-culturels. J'ai donc opéré un découpage de caractère lexical et sémantique de l'ensemble des comptes rendus parus dans les journaux et les revues d'actualité. Les articles sont en général courts, de caractère descriptif, rarement analytiques; ils contiennent soit des commentaires négatifs, soit des remarques positives, parfois les deux.

Occasionnellement, pour rendre compte de l'œuvre, les critiques ont recours à l'entrevue de l'auteure ou du metteur en scène et des acteurs principaux lorsqu'il s'agit d'une pièce de théâtre. Lorsqu'on s'en tient au résumé proprement dit du texte, en général on tente de faire «objectif» et on évite le plus possible les jugements de valeur, ce qui se produit assez peu, finalement. On tend plutôt à évaluer, en bien ou en mal: à partir de critères esthétiques ou autres (style, genre, vocabulaire, langue, féminisme, etc.), les mêmes éléments seront retenus à la fois pour faire l'éloge d'un texte ou le condamner. Par qui?

Pour reprendre la métaphore initiale, notons tout de suite qu'il y a un certain nombre de marins contents de se boucher les oreilles, d'autres qui, de toute façon, ne voudraient pas débarquer, certains qui, comme Ulysse, ont fait un beau voyage mais en sont vite revenus, d'autres enfin qui ont vraiment l'air de s'y être complus, mais au point de se faire fixer au mât pour goûter le plaisir d'entendre la chanson sans en mémoriser l'air ou les mots, il est encore difficile de le préciser. Enfin, il y a quand même des sirènes au masculin et au féminin sur cette galère, qui veulent bien prêter l'oreille au vent du large et s'arrêter de temps à autre le long des côtes.

J'ai donc examiné un corpus assez limité de 63 comptes rendus relativement brefs qui portent sur l'œuvre complète de Jovette Marchessault.[2] De ces 63 articles, 14 portent sur les romans, 44 sur les textes dramatiques et 5 sur *Lettre de Californie*. J'ai identifié les articles écrits par des hommes et des femmes et interprété leurs commentaires de la façon suivante: positif pour les articles nettement louangeurs à un ou plusieurs niveaux;

---

2. Il s'agit donc de tous les comptes rendus des publications de Jovette Marchessault jusqu'à la dernière pièce (*le Voyage magnifique d'Emily Carr*) dont je n'ai pas tenu compte pour ce travail. On représentait la pièce à Montréal au moment du colloque et le livre venait tout juste de paraître. Pour la bibliographie complète de ces articles, voir le numéro de *Voix et Images* mentionné à la note 1.

négatifs lorsque les remarques péjoratives dominent l'ensemble (quantitativement parlant); neutres pour les rubriques qui sont à la fois positives et négatives ou qui se veulent purement informatives, souvent assez brèves ou essentiellement descriptives (renseignements d'ordre biographique, listes de publications plus ou moins organisées, mentions de prix, résumés, etc.); entrevues, catégorie retenue parce que l'auteur(e) de l'article s'efface et réserve en général son jugement; commentaires analytiques pour quelques articles qui, exceptionnellement, opèrent déjà une première lecture quelque peu détaillée du texte qui dépasse nettement le simple jugement de valeur.

Tenant compte de ces éléments, un bilan de mes différentes compilations donne le résultat suivant: 14 critiques de romans sont écrites par 7 hommes et 7 femmes, 44 comptes rendus des pièces de théâtre se répartissent entre 25 hommes et 18 femmes en plus d'une contribution anonyme alors qu'un homme et 4 femmes ont travaillé sur *Lettre de Californie*. Les commentaires critiques se lisent ainsi: *positifs*: romans (H,1 — F,3), théâtre (H,2 — F,7); *négatifs*: romans (H,5), théâtre (H, 8 — F, 4), lettre (F, 1); *neutres*: romans (F,2), théâtre (H,4 — F, 4 — ?, 1), lettre (H,1 — F, 3), *entrevues*: romans (H,1 — F,1), théâtre (H,5 — F,2); *analytiques*: romans (F,1), théâtre (H,1 — F,1).

Signalons tout de suite que le point d'interrogation sous théâtre renvoie à l'article anonyme; je ne pouvais évidemment pas dans ce cas identifier le sexe de l'auteur(e). Par ailleurs, il convient de noter que les critiques positives sont à peine plus abondantes du côté des femmes que des hommes; par contre, nous trouvons 13 critiques négatives écrites par des hommes alors que seulement 5 le sont par des femmes. Comme je l'ai signalé plus haut, ce sont surtout des critiques féministes qui se penchent sur les textes de Jovette Marchessault pour les analyser en profondeur; en général, elles cherchent davantage à montrer l'aspect révolutionnaire et avant-gardiste de Jovette plutôt qu'à démolir son travail. La troisième catégorie montre 5 et 9 critiques dites neutres composées respectivement par des hommes et des femmes; je rappelle ici que «neutre» signifie que le compte rendu se veut «partial» et qu'on tente d'y présenter le pour et le contre (voir l'article de Caroline Bayard sur *Lettre de Californie*).

Là aussi, il semble que les femmes fassent un plus grand effort. Finalement, on constate que les hommes recourent davantage à la technique de l'entrevue; j'y vois un symptôme de leur malaise face à une écriture dont ils se sentent exclus (Gilles Cossette dit de *la Mère des herbes* que les hommes y sont «vomis», par exemple).[3] L'entrevue leur permet alors une distance souvent nécessaire, semble-t-il. Quant aux comptes rendus de type analytique, ils sont peu nombreux, mais le lecteur ou la lectrice du journal ou de la revue d'actualité littéraire n'en attend peut-être pas plus.

En ce qui concerne les comptes rendus des textes narratifs, soit la trilogie romanesque, les critiques tiennent soit un discours on ne peut plus vulgarisateur, soit analytique, les pôles les plus opposés étant sans doute représentés par deux contributions, l'une de Jean Basile et l'autre de Louise Milot. Au milieu, toutes les nuances de l'anecdotique, de l'interprétation subjective assez souvent péjorative, ou bien encore du témoignage semblent autorisées. Considérant l'article de Jean Basile sur le premier tome de la trilogie comme une sorte de prototype, je reprends ici quelques éléments de son vocabulaire. Pour se référer soit au livre, soit à l'écrivaine, le critique parle tantôt du démon de l'écriture, d'une victime de la littérature, de sa rage d'écrire, tantôt du fait qu'elle vise mal, trop haut, si haut, écrit-il, «qu'on ne peut résister à l'envie de lui rappeler que ceux qui crachent en l'air finissent par se cracher sur la tête». Écriture démodée, naïve, superficielle, excessive, ajoute-t-il encore. Bref, excès, inégalités, chaos, mélanges de genres, etc., dans tous les cas inacceptables.

À propos de *la Mère des herbes*, le critique Gilles Cossette préfère jouer l'innocent et feindre l'ignorance. Se référant ironiquement à son «apparente ignorance», abusant du doute philosophique (je suppose, sans doute, probablement, j'imagine etc.), s'avouant «infime lecteur mâle dépassé», il n'en finit pas moins par s'admettre lecteur clandestin, curieux, gêné, interdit, consterné et finalement effrayé. Ce roman, continue-t-il, «constitue une autre manifestation littéraire de ce que j'appelle

---

3. Pour toutes les références aux comptes rendus auxquels je fais allusion dans cet essai, voir la liste des ouvrages et articles cités en fin d'article.

(maintenant il en est sûr) le discours de la misandrie, celle-ci étant une des formes de la misanthropie et le pendant de la misogynie» (18). Verve hargneuse, conclut-il, manipulation cavalière des faits. Pierre L'Hérault, lui, reproche à l'auteure d'avoir perdu le rythme, d'hésiter entre le chant et l'autobiographie, de s'adonner aux jeux de mots faciles, de perdre son pouvoir magique en expliquant trop.

Les commentaires qui viennent de lectrices sont plutôt flatteurs. Cependant, il ne faut pas assimiler critique de femme à critique positive comme les chiffres donnés plus haut le montrent. On ne peut certes partir exclusivement du sexe pour juger de l'attitude critique (voir l'article de Andrée Yanacopoulo sur *Lettre de Californie* par exemple).

Il n'en reste pas moins que le discours de Jovette Marchessault choque profondément les hommes et que les femmes au contraire lui tendent une oreille plutôt sympathique. C'est évident, me direz-vous. En fait, Jovette est un cas-limite. Tout ce qu'elle a écrit sur le système patriarcal, ou le syndicat du crime comme elle le nomme, en ferait fuir ou taire plus d'un. Là n'est pas la question. C'est de refus du texte qu'il s'agit ici; c'est du rejet de l'autre. Jean Basile revient à la charge lors de la parution des *Cailloux blancs pour des forêts obscures* avec un article intitulé «Les femmes de Jovette Marchessault». Le titre et le compte rendu, en plus de friser l'insulte, font abstraction du fait que le roman met davantage en scène le personnage du père que les couples de lesbiennes auxquels il s'intéresse presque exclusivement. À ce propos, Jean-Roch Boivin fait allusion à une nourriture substantielle mais au goût rare. Louise Milot, quant à elle, a au moins relevé le défi de la lecture, comme elle nous y exhorte ailleurs dans le présent volume. Si elle ne procède pas d'un parti pris féministe acquis à l'œuvre ou à l'auteure, elle n'exclut pas tout au moins la possibilité d'un travail textuel à l'œuvre dans le récit, déchiffrable, digne d'écoute, «comme quoi l'anecdote d'un récit n'est pas à lire en elle-même mais pour ce qu'elle génère» (20).

En ce qui concerne les comptes rendus des pièces de théâtre, ils révèlent à peu de choses près les mêmes attitudes extrêmes. On dénonce la démesure, le non-conformisme d'un côté; on louange les positions féministes, cette même démesure, l'innovation formelle de l'autre. Dans tous les cas, on mentionne la difficulté de lecture ou le fait qu'il s'agit d'un théâtre pour intellectuel(le)s. Les termes relatifs à une forme de séduction reviennent souvent, surtout pour les spectacles dramatiques où le rôle de la mise en scène l'emporte parfois sur le texte: magie, enchantement, ravissement, émerveillement, etc. Au fur et à mesure que la production augmente et que l'écrivaine jouit d'une reconnaissance plus grande, le ton virulent et parfois violent des premiers écrits critiques (voir le commentaire de André Dionne sur *Tryptique* (sic) *lesbien,* qui y va même d'un coup de poing littéral à la fin de son article) s'adoucit, s'estompe et devient pour le moins plus tolérant. Comme l'auteure commence à être mieux connue et appréciée, on ne l'attaque plus avec la même force ou de la même manière. On dévalue dorénavant le public des «lectrices» qui aiment ce genre de théâtre et qui font partie des «*happy few*» qui arrivent à comprendre de telles élucubrations/envolées. Ou bien on condamne le texte pour ne retenir que la mise en scène ou le jeu des comédiens (voir Martial Dassylva sur *la Saga des poules mouillées*). On doit bien avouer que ça se lit, ça s'écoute, mais on réaffirme que ce n'est pas notre goût personnel ou que ce n'est guère comestible. «Pour qu'il n'y ait ni ambiguïté ni méprise, écrit Dassylva, je dirai immédiatement que *la Saga des poules mouillées* n'appartient pas à cette sorte de théâtre pour laquelle je me battrais jusqu'à aller au bûcher». On ne lui en demande pas tant mais peut-être tout simplement de ne pas «décrocher» aussi facilement et rapidement de son siège.

Or, les critiques semblent utiliser de plus en plus l'entrevue (Jean Royer par exemple), céder la place au témoignage, au vécu: dialogue de sourds en réalité puisque le critique tend alors à s'effacer derrière la parole de l'autre, rendant cette dernière seule responsable de ses déclarations, l'obligeant à définir elle-même et sa voix et le sens de son texte. Le critique n'a ainsi qu'à écouter, fasciné, le récit de ces amours lesbiennes qu'il projette déjà dans l'imaginaire des lecteurs/lectrices (voir Raymond Bernatchez sur *Alice et Gertrude,...*). Mais ces derniers, nous le savons, ont les oreilles remplies de cire. Les critiques opèrent d'ailleurs souvent un autre déplacement du même genre: en abordant la dimension spectacle (décor, costumes, éclairage, jeu, etc), ce qui est légitime en soi, en faisant intervenir le directeur ou la directrice, on déplace tout de même le sujet du texte et le texte du sujet. Autant de refus d'aborder un chant dit compliqué, plus étranger que pareil, trop différent, dont on repère mal les traces et, sans aucun doute, dont on comprend difficilement la langue (voir les entrevues de Jovette Marchessault et Michelle Rossignol par Michelle Talbot et celle de Michèle Magny par Philippe Lefebvre).

En résumé, pour l'ensemble des comptes rendus examinés, les critères les plus fréquemment retenus pour juger les écrits de Marchessault concernent à la fois la tradition ésotérique, donc étrange, qui les anime, le côté démoniaque de son écriture, la violence de ton, la dimension excessive de l'entreprise, la dénonciation de l'ordre établi, la revendication d'un territoire pour les femmes et, au niveau de l'écriture, le recours constant à la référence, au savoir, le refus de la convention, le renversement des normes. Finalement, on lui reproche essentiellement une forme d'inaccessibilité, une certaine complexité et lourdeur de style. En même temps, on apprécie bien sûr le lyrisme chaleureux de sa prose, le souffle généreux de sa poésie, la passion émouvante de ses personnages, son sens absolu du théâtre. Les féministes ont vite reconnu chez elle une parole nouvelle, régénératrice et porteuse de promesses. En fait, tous ces éléments se retrouvent parfois pêle-mêle dans la même colonne, ce qui est probablement encourageant.

Or, si le compte rendu n'est surtout pas le lieu de l'analyse littéraire, il devrait au moins signifier le moment d'une écoute du texte, sans qu'il soit nécessaire d'enchaîner le critique. Le compte rendu établit plus d'une fois le premier contact entre un certain public (intellectuel ou profane) et un livre, une auteure. Dans le cas de l'écriture au féminin, ce premier contact est plus que fondamental: les femmes sont loin d'avoir une place acquise dans l'institution littéraire, quoi qu'on en pense, et si les critiques lisent ou ne lisent pas leurs textes, avec ou sans grilles théoriques, cela fait toute la différence du monde.

En fait, tout ce que nous nommons les généralités, les banalités, l'impressionnisme, la superficialité de la critique journalistique n'en demeure pas moins un discours porteur d'idéologies et c'est moins le manque de rigueur ou l'absence de méthodologie qui me gêne ici, du moins en ce qui concerne les livres de femmes, qu'une position dite rationnelle face à ces textes, posture trop souvent réactionnaire, autoritaire, logocentrique, phallocentrique même, n'en déplaise à certains: Ulysse érigé, collé à son poteau, toutes voiles dehors. Louky Bersianik ajoute à ce sujet dans sa «Lanterne d'Aristote»:

> Il semble que beaucoup de critiques soient bien trop occupés à dire aux écrivains — et surtout aux écrivaines — ce qu'ils et elles devraient faire pour pouvoir s'intéresser à ce qu'ils et elles font vraiment. (...) Ainsi, de temps en temps, et particulièrement quand il s'agit de *textes de femmes*, réapparaît ce personnage anachronique du critique littéraire traditionnel en devoir: ou il encense ou il censure; ou il comprend tout, tout de suite, ou il clôture, verrouille, cadenasse. Son pouvoir est parfois exorbitant... Il doit comprendre que sa responsabilité est à la mesure du pouvoir dont il se croit investi.» (85)

En ce sens, la critique féministe ou la critique au féminin s'avère absolument nécessaire, comme l'exemple de Marchessault le montre: elle semble mieux en mesure d'apprécier un système de valeurs qui lui est propre ainsi que le mouvement et les stratégies des écritures féminines et/ou lesbiennes. En critique comme en fiction, les femmes paraissent s'intéresser davantage à tous les signes, corps, voix, mémoires, réels ou imaginaires. S'il se fût trouvé une Pénélope ou mieux encore une Calypso sur le navire d'Ulysse, ce dernier aurait peut-être accosté près du rivage féminin. En ce sens, la critique féministe/au féminin nous permet de croire que les Sirènes n'auraient pas chanté en vain et que leurs paroles ne seraient pas tombées dans l'oreille d'une sourde.

Lorsque Denise Bombardier proclamait de façon fracassante, dans une entrevue qu'elle accordait à André Vanasse, que nos critiques littéraires sont des images de pères impuissants, ajoutant qu'aucune loi, norme ou logique ne soutiennent leur démarche, et qu'elle affirme que c'est le règne de l'irrationnel, elle se trompe (11). Au contraire, tout cela est très rationnel. Le discours critique est déterminé au départ par le principe de l'ordre: l'ordre du nom propre, de la signature, du constat de la domination, de la raison sur le mythe et le chaos, l'animisme et l'anthropomorphisme, bref la reconnaissance (faire le tour) d'un territoire. Ulysse se déplace en grande partie pour marquer sa propriété, pour asseoir ses assises. Ainsi, les excursions de certains critiques du côté féminin ne visent qu'à affirmer «la maison du père», pour reprendre le titre de l'ouvrage de Patricia Smart, le nom de Dieu. Leurs aventures et explorations n'autorisent en aucun cas l'existence d'une deuxième voie/voix. Tout au plus, de temps à autre, découvrent-ils un «nouveau» continent qu'ils re-nomment à leur manière et dont ils prennent possession au nom de Freud, Marx, Lacan, Foucault, Derrida *et al*, et bien sûr du roi de France. Comme tout colonialiste généreux, le critique bénit alors une «fidèle exceptionnellement douée» qui s'approche de moins en moins timidement de la balustrade et lui remet un article qui lui servira de quittance pour accéder au Saint des Saints.

# Ouvrages cités

Basile, Jean. «*Le Crachat solaire* de Jovette Marchessault.» *Le Devoir* (18 octobre 1975): 14.

——. «Les Femmes de Jovette Marchessault.» *La Presse* (17 octobre 1987): J-4.

Bernatchez, Raymond. «Jovette Marchessault et les amours lesbiens (sic); à l'Atelier continu.» *La Presse* (20 octobre 1984): E-4.

Bersianik, Louky. «La Lanterne d'Aristote.» dans Louky Bersianik, Nicole Brossard, Louise Cotnoir, Louise Dupré, Gail Scott, France Théoret. *La Théorie, un dimanche.* Montréal: Éd. du Remue-ménage, 1988. 81-106.

Boivin, Jean-Roch. «Donner naissance à de grandes choses et imparfaites.» *Le Devoir* (31 octobre 1987): D-3.

Bombardier, Denise. «Nos critiques littéraires? Des images de pères impuissants!» Entrevue de André Vanasse. *Lettres québécoises* 59 (automne 1990): 11-13.

Cossette, Gilles. «Le Roman II: *La Mère des herbes* de Jovette Marchessault.» *Lettres québécoises* 20 (hiver 1980-1981): 18-20.

Dassylva, Martial. «Jovette Marchessault. L'écriture à voix haute. *La Saga des poules mouillées. La Presse* (25 avril 1981): C-1.

Homère. *Odyssée.* Paris: NRF, 1955 (Pléiade).

Horkheimer, Max et Theodor W. Adorno. *La Dialectique de la raison.* Paris: Gallimard, 1974 (1<sup>re</sup> éd. 1944).

Lefebvre, Paul. «Michèle Magny dans la lumière d'Anaïs.» *Le Devoir* (21 septembre 1985): 27.

L'Hérault, Pierre. «Jovette Marchessault. *La Mère des herbes.* Quinze Éd.» *Livres et auteurs québécois* (1980): 50-51.

Marchessault, Jovette. *La Mère des herbes.* Montréal: Quinze, 1980.

——. *Tryptique lesbien.* Montréal: La Pleine Lune, 1980.

——. *Lettre de Californie.* Montréal: La Pleine Lune, 1982.

——. *Alice & Gertrude, Natalie & Renée, et ce cher Ernest.* Montréal: La Pleine Lune, 1984.

——. *Des cailloux blancs pour les forêts obscures.* Montréal: Leméac, 1987.

——. *La Saga des poules mouillées.* Montréal: Leméac, 1989.

——. *Le Voyage magnifique d'Emily Carr.* Montréal: Leméac, 1990.

Milot, Louise. «*Des cailloux blancs pour les forêts obscures.* Jovette Marchessault.» *Lettres québécoises* 48 (hiver 1987-1988): 18-20.

Robert Lucie. *L'Institution du littéraire au Québec.* Québec: Presses de l'Université Laval, 1989.

Royer, Jean. «Jovette Marchessault: soyons légendaires.» *Le Devoir* (20 octobre 1984): 25.

Talbot, Michelle. «Une Saga... à deux voix.» *Dimanche-matin* (12 avril 1981): 32.

Yanacopoulo, Andrée. «Lettre de Montréal.» *Spirale* 32 (mars 1983):4.

# L'éditeur mythographe

André Vanasse
Université du Québec à Montréal

S'il est une chose dont la modernité a horreur, c'est bien de l'imitation. Se démarquer résolument de son semblable, faire preuve d'une évidente originalité, voilà ce à quoi vise l'Homme moderne. Ce désir est si grand que, pour y parvenir chacun est prêt à tous les mensonges pour masquer le fait qu'il a copié celui ou celle dont il admire en secret les talents. Avouer son manque, admettre que l'imitation de l'Autre est son mouvement le plus naturel, c'est reconnaître sa dépendance, c'est s'avouer le pâle reflet de l'Autre, en somme c'est se couvrir de ridicule!

Ce refus de l'imitation, René Girard, dans *Mensonge romantique et vérité romanesque*, a bien montré qu'il est un des points nodaux de la littérature occidentale. Car en tournant le dos au religieux — le mot, il est bon de le rappeler, vient de *religare* qui signifie «relier à» — l'Homme moderne a choisi de couper tous les ponts avec le divin et de s'affirmer comme l'alpha et l'omega de sa propre existence. En procédant ainsi, l'Homme moderne érige quasi au niveau de l'idolâtrie le principe sacré de son individualité. Le mensonge romantique, selon Girard, c'est précisément ce comportement qui consiste à faire croire à l'Autre que c'est en nous, et en nous seul, que nous puisons l'étincelle de notre génie. Débranché du monde, l'œil tourné non plus vers la cité, qui est le lieu où s'entassent les tristes mortels, mais vers un point inaccessible qui s'appelle l'infini, le génie romantique voudrait laisser croire que l'humanité entière l'ennuie infiniment. Et de dire Girard, il n'en est rien puisque le génie romantique est au contraire l'esclave éhonté de cet Autre qu'il dénonce. Car l'affirmation ostentatoire de son absolu besoin de solitude n'est que pure dénégation, appel désespéré à l'Autre. Celui-là qui s'affirme misanthrope n'est, la plupart du temps, qu'un pauvre type qui cherche infantilement à se faire aimer.

Cette vérité profonde concernant l'homme contemporain, les médias l'ont comprise et assimilée depuis belle lurette. Ils ont donc valorisé à l'extrême à la fois la notion sacrée de l'individualité et la nécessité inavouée de se conformer au plus grand dénominateur commun. En somme, la règle fondamentale de la publicité, c'est de faire croire au consommateur qu'il est l'être le plus original qui soit alors même qu'il imite tout le monde. Voilà pourquoi les gens bien nés boivent tous du scotch sur glace alors qu'il y a vingt ans cette classe de gens sirotait son gin-tonic avec le même sentiment d'originalité.

Cette règle, qui constitue un *must* dans le domaine des affaires, est tout aussi valable pour celui de l'édition. Car il est évident que nous sommes définitivement entrés dans l'ère de la mondialisation de la culture et que les seuls critères qui valent sont ceux du best-seller. Qu'on ne se méprenne pas, par ailleurs, sur la valeur du mot. Le best-seller ne signifie pas en soi que le produit qui fait l'objet d'une diffusion massive soit d'une médiocre qualité. J'aurais même tendance à affirmer le contraire. À preuve, des noms aussi respectables que Marquez, Borges, Eco, Morante, Süskind, Irving, nous livrent des œuvres parfois éblouissantes, souvent étonnamment érudites. Car il est logique que le best-seller mondial évolue au même rythme que la population qui le consomme. Et puisque cette population a de plus en plus accès aux études universitaires, on comprend aisément que le contenu du best-seller puisse être d'une grande valeur intellectuelle.

Évidemment, tout éditeur qui se respecte rêve de propulser ses auteurs sur la scène mondiale. Le malheur, c'est qu'il est extrêmement ardu d'y parvenir si on ne fait pas partie d'un pays occidental dont la population dépasse les cinquante millions d'habitants. Car il y a une relation de cause à effet entre le degré de richesse d'un pays, l'importance de sa population, la place qu'il occupe sur l'échiquier politique et la diffusion de ses auteurs sur le marché mondial. Cela est si vrai que depuis une cinquantaine d'années, le plus gros producteur de best-sellers mondiaux est les États-Unis. Avec une population qui avoisine les 300 millions d'habitants et une économie qui domine le monde, il est tout à fait logique que ce pays impose ses auteurs sur le marché mondial de la même manière qu'il a vendu ses autos ou ses acteurs! Phénomène encore plus significatif: à mesure que le Japon prend le leadership mondial dans le domaine de l'économie, voilà que ses auteurs traversent de plus en plus aisément leurs frontières! Comme quoi le génie d'un peuple est directement proportionnel au prestige de son pouvoir économique. Ainsi, plus une nation est riche et influente, plus elle produit de génies. C'est là une vérité choquante, mais malheureusement trop vraie: la France, l'Angleterre, l'Allemagne, la Russie n'ont jamais vu éclore autant de génies qu'à l'époque où ils étaient le point de mire du monde entier.

Cela étant dit, l'éditeur qui œuvre sur la scène locale procède de la même manière que celui qui édite pour le marché mondial. Il cherche par tous les moyens à influencer l'opinion publique et particulièrement ceux et celles qui la créent. Car le succès d'un livre dépend pour une large part de la réception qu'il recevra dans les médias. Compte tenu de la surproduction de livres — et à ce titre les prédictions de Marshall McLuhan sur l'agonie du livre se sont révélées tout à fait fausses ! — sur le marché local autant que sur le marché mondial, cette situation oblige les éditeurs à «forcer» l'opinion des critiques de manière à créer un événement littéraire qui propulsera tel ou tel auteur à la une de la presse écrite et parlée. Le but ultime de l'éditeur est de réussir à créer un mythe autour d'un auteur, comme ce fut le cas par exemple pour Yves Beauchemin et Arlette Cousture (pour éviter toute équivoque, je précise que j'entends par mythe, l'élaboration d'un consensus fondé ou pas au sujet de la valeur exemplaire et exceptionnelle d'un écrivain). Or dans la foulée de cet objectif — et parce qu'il faut constamment chercher du nouveau —, on a tenté, depuis quelques années, de mythifier la génération des jeunes écrivains en affirmant qu'elle renouvelait totalement le paysage littéraire et qu'elle était unique.

Mon expérience d'éditeur m'a révélé que, sans le support de la critique patentée, il aurait été difficile, voire impossible d'imposer un auteur sur le marché du livre. Et que ceux qui croient que la publicité est le nerf de la guerre pour y parvenir se détrompent! Une critique dithyrambique de Réginald Martel vaut dix pages de publicité. Car la réputation de Réginald Martel associée au tirage de *la Presse* (300 000 lecteurs à l'époque où le «Cahier des arts et des lettres» était publié le samedi) produit un effet considérable sur les lecteurs. J'irais plus loin: à peu près aucun des auteurs que j'ai publiés chez Québec/Amérique n'aurait connu des ventes de plus de trois mille exemplaires s'il n'avait pas reçu une réception plus que favorable de la part de Réginald Martel. Cette remarque vaut essentiellement pour les nouveaux auteurs, les autres pouvant se permettre une critique moins favorable étant donné qu'ils avaient fait leur preuve antérieurement. Par ailleurs, pour qu'un livre connaisse un réel succès, il faut qu'il y ait un consensus autour de son œuvre. Là aussi, il y a des règles obligées, entre autres la nécessité d'une ou de quelques voix discordantes comme s'il était nécessaire que, dans le concert d'éloges, il y ait une voix de fausset qui rappelle à tous que les critiques ne sont pas des perroquets, c'est-à-dire de pâles imitateurs de l'opinion publique. Dans cette perspective, la voix discordante rassure les lecteurs: ils peuvent en toute quiétude acheter le livre puisqu'il ne s'agit pas d'un coup monté.

J'ai pris un certain temps avant de comprendre que pour imposer un livre, il fallait accorder beaucoup d'importance à sa sortie. Naïf, je croyais qu'un livre devait se défendre par lui-même et en lui-même. Si une œuvre est remarquable, me disais-je, elle n'a besoin d'aucun support pour être connue telle. J'avais tort. De fait, l'expérience m'a montré que la destinée d'un livre dépend en très grande partie de ceux qui le manipulent. À ce titre, l'éditeur est le premier et le plus grand manipulateur d'opinion publique. C'est lui qui détermine d'entrée de jeu la valeur d'un livre. Qu'un éditeur décide de tirer à trente mille exemplaires un titre comme *Juliette Pomerleau* de Yves Beauchemin, cela signifie que le battage publicitaire qui l'accompagnera sera autrement plus retentissant que s'il s'agissait de la publication d'un débutant. De même, tirer à mille exemplaires incite à une mise en place dans les librairies autrement plus chiche que si on publie un livre à trois mille exemplaires. Car un tirage de trois mille exemplaires permet d'entasser sur la table centrale de la librairie une pile de livres qui laisseront nécessairement croire au lecteur qu'il s'agit là d'un best-seller potentiel. C'est du reste une incitation à l'achat que les libraires connaissent bien...

En outre, l'attention qu'accorderont à certains titres les représentants des distributeurs, puis, par effet d'entraînement, les libraires est de toute première importance. Cela fait toute la différence entre le laisser croupir dans les boîtes, particulièrement à l'automne où les libraires reçoivent jusqu'à mille livres par mois, et les mettre en évidence. Là encore, j'ai compris la nécessité d'un argumentaire pour faciliter la tâche des représentants, de même que j'ai appris qu'une rencontre avec eux pour faire le bilan critique de la production prévue est la meilleure voie pour garantir une place convenable des livres dans une librairie. Car tout le monde sait qu'un livre non disponible en librairie est un invendu.

Une fois assurée la mise en place des livres en librairies, il faut se donner tous les atouts pour qu'il tombe entre les mains du critique. Là aussi, j'ai saisi l'importance des attachées de presse dont le travail inlassable et délicat peut faire toute la différence entre un livre oublié et un livre dont on parle. À ce titre, je peux me permettre une anecdote: Quant *Osther le chat criblé d'étoiles* de France Vézina est paru, Roch Poisson de Radio-Canada s'est plaint de l'énorme battage publicitaire dont ce roman avait fait l'objet. Chose amusante, il n'y avait eu aucune annonce dans les journaux, mais bien plutôt une campagne orchestrée par l'éditeur auprès des critiques littéraires au sujet de l'exceptionnelle qualité de ce roman. Cette campagne fondée sur le bouche à oreille avait coûté beaucoup plus d'énergie que de sous. Et encore là, il avait suffi de commenter élogieusement le roman auprès des personnes les plus susceptibles de le répéter pour que le tour soit joué. De fait, *Osther* connut un notable succès au point que Francis Mankievich décida d'en faire un film.

Ainsi, compte tenu de l'avalanche des livres qui tombent sur la tête du critique, il faut tout faire pour orienter son choix. Car il n'est pas évident, loin de là, qu'il jettera son dévolu sur un auteur inconnu. Sa tendance naturelle est plutôt celle de l'expectative. Le critique ne le dira jamais, mais devant l'incertitude qui est sienne, devant surtout l'énorme travail de lecture qui lui est imposé, il préfère attendre que d'autres fassent le travail à sa place. La paresse est un mal qui frappe l'ensemble de l'humanité.

Les critiques littéraires n'y échappent pas. Cela est si vrai que, dans le cas de courts comptes rendus, les critiques utilisent plus souvent qu'autrement le communiqué qui leur a été fourni. Ils brodent sur lui pour renseigner le lecteur sur des productions qu'ils n'ont pas lues. Dans ces conditions, il va de soi que les communiqués les mieux rédigés, ceux qui «racontent» le mieux le contenu du roman et qui, en plus, donnent le goût de le lire seront ceux dont le journaliste se servira spontanément. On comprend dès lors l'importance du paratexte pour un éditeur. Savoir le rédiger, trouver le moyen de le rendre attrayant, faire en sorte qu'on le remarque plus que d'autres, c'est indubitablement se donner un avantage sur ses concurrents.

Quant aux vrais comptes rendus critiques, c'est-à-dire les chroniques, c'est une autre paire de manche. Car en général, les critiques n'ont pas le choix: ils doivent lire en tout ou en partie le livre dont ils feront le compte rendu. L'idée reçue que les critiques ne lisent pas les livres qu'ils commentent me paraît invraisemblable. S'il est vrai que cela peut se produire à l'occasion, je crois que c'est l'exception, particulièrement de la part de ceux qui œuvrent dans les journaux où on accorde une place de choix à la littérature (la Presse, le Devoir, le Droit, le Soleil,...) car le critique sait qu'il incite à la lecture et il craint plus que tout autre chose d'être pris en flagrant délit d'ignorance.

Cela dit, c'est précisément à ce niveau que j'ai découvert l'importance de la quatrième de couverture. Avec incertitude au début — et même avec une certaine incrédulité — puis avec de plus en plus de conviction surtout après que j'eus précisé, au sujet de Vamp de Christian Mistral, que ce roman était «un cri qui ven(ait) de déchirer le ronron pépé des dix dernières années.» Cette remarque, lancée en toute connaissance de cause, avait soulevé l'ire des autres auteurs de Québec/Amérique. Le roman n'était pas sitôt sur le marché qu'immédiatement les auteurs de la maison me téléphonaient pour protester. J'essayai, sans trop de succès, de leur faire comprendre qu'il s'agissait d'un stunt publicitaire pour forcer l'attention sur Mistral, jeune auteur de vingt-trois ans, et que je ne voulais d'aucune façon minimiser leurs œuvres. Mais le mal était fait. Le «bon» devrais-je dire puisque que cette quatrième de couverture trouvait son écho dans une chronique de la Presse signée par nul autre que Réginald

Martel qui titrait «*Vamp*, Christian Mistral: Une bombe dans le paysage littéraire» (K1). Et l'article poursuivait en affirmant que «Jamais ici un auteur aussi jeune (il a vingt-trois ans), ni d'un autre âge d'ailleurs, n'aura à ce point bousculé *la sérénité rassurante de notre paysage littéraire.*» J'étais enchanté. Je l'étais d'autant plus que ma quatrième de couverture insistait fortement sur les capacités linguistiques de Christian Mistral. Je qualifiais Mistral d'«auteur dépenaillé capable de manier le verbe avec la dextérité des grands magiciens. Grâce à lui, poursuivais-je, les trous sombres de Montréal ont le panache des Champs-Élysées.» Or, Martel embrayait sur cette idée, disant que «ceux qui auront lu ce récit fabuleux, vie et verbe confondus dans une alchimie sulfureuse, n'oublieront pas sitôt leur aventure.» Et, plus loin, il ajoutait: «Il s'est instruit de tout, notre enfant terrible et terrible écrivain. Il a acquis un vocabulaire époustouflant» (K2).

Si on demandait à Réginald Martel à quel degré la quatrième de couverture a pu lui servir de suc pour élaborer son texte, je suis sûr qu'il répondrait, avec la superbe qui le caractérise, qu'il ne l'a jamais lue. Et à dire vrai, je serais tout à fait heureux de sa réponse, car s'il fallait qu'il reconnaisse s'en être inspiré, c'en serait fait pour les prochaines chroniques à venir. Pointé du doigt, mis à nu, il éviterait dorénavant de se laisser prendre au piège d'un texte essentiellement destiné à orienter sa lecture et à le pousser à l'imitation métaphorique. «L'enfant terrible» dont parle Martel, n'est-ce pas «le *Dharma Bum*», «le clochard céleste» auquel se référait la quatrième de couverture?

Cet exemple pour montrer que les critiques peuvent, volontairement et plus souvent à leur insu, être les victimes du paratexte. Ils le sont d'autant plus, à mon avis, que le texte est suggestif. Personnellement, j'accorde une importance très grande à la rédaction de la quatrième de couverture en tentant, par mimétisme, de condenser en quelques paragraphes l'atmosphère même du récit. À ce titre, j'essaie rarement de rendre compte du livre, considérant que c'est là le rôle du communiqué qui accompagne le roman. Je préfère plutôt tenter de produire une série d'images vives dans le but évident de faire rêver le lecteur. Plutôt que de faire l'inventaire des personnages, je lance une phrase dans le style: «Enfin un écrivain qui dessille l'œil de la littérature du tranchant vif de son stylo acéré. Le roman gicle d'une seule pulsion.» Car je sais qu'une telle image s'imprimera plus aisément dans la psyché du critique pour être plus tard régurgitée dans son écrit sous une forme ou sous une autre. Du reste, j'ai appris à mes dépens que l'utilisation de formules trop explicites risque de créer des réactions contraires à celle qu'on souhaite.

Le cas de J. Gagnon, qui vient de publier un roman admirable à mes yeux, en est un exemple instructif. Sous le coup de mon enthousiasme, j'eus la mauvaise idée de qualifier son roman de «coup de génie». Or si j'en juge par la réaction de Lucie Côté, chroniqueuse à *la Presse*, j'ai commis là une grossière erreur car en prononçant un tel jugement, j'obligeais en quelque sorte la critique à prendre position. On se souvient peut-être de son texte qui débutait de la façon suivante: «En général, je ne lis pas la «quatrième de couverture» avant de commencer un livre [...].» Or, réaction pour le moins incongrue, la plus grande partie de son commentaire portait précisément sur cette quatrième dans le but évident d'en nier la pertinence.

Bien sûr, je ne suis pas dupe des affirmations de Lucie Côté, car il est évident qu'elle lit comme tout le monde les quatrièmes de couverture, même si elle a procédé par la dénégation, ce qui, comme l'a bien montré la psychanalyse, équivaut à un aveu.

Malgré ce jugement, une chose demeure certaine: j'ai raté mon coup, pour être allé trop loin dans mon désir d'imposer ce roman.

Il y a d'autres erreurs qu'on peut commettre. Par exemple dans le cas de *Tout l'été dans une cabane à bateau*, j'ai eu la maladresse de prétendre que ce roman «renou(ait) à sa manière avec la tragédie grecque». Quelle ne fut pas ma surprise de constater que beaucoup de critiques ont spontanément comparé le texte à une pièce de théâtre et focalisé leur analyse sur les dialogues. Par exemple, Guy Ferland du *Devoir*, écrit: «Dans les interstices du dialogue, le destin déroule son fil. Cette tragédie moderne repose en partie sur l'absurde et l'existentialisme camusien.» Pas besoin d'être grand clerc pour établir la filiation entre Camus et la civilisation gréco-latine. Le *Mythe de Sisyphe* et *Caligula*, vous connaissez?

Je suis à peu près convaincu que plusieurs doutent de la validité de mes affirmations. Cela semble si gros qu'on arrive mal à y croire. Mais on oublie cette vérité profonde qui veut que les pensées que l'on couche sur le papier sont toujours les nôtres. Et le fait est qu'elles sont nôtres à cette particularité qu'elles ont déjà été énoncées! Le paratexte de la quatrième de couverture fonctionne exactement de la même manière que les idéologies: c'est parce que nous les avons introjectées que nous les énonçons avec la certitude qu'elles nous appartiennent en propre. Ayant été lue et probablement relue en cours de lecture, elle servira de matrice inconsciente au moment où le critique se mettra à sa table de travail. Soumis à des délais de production extrêmement serrés, il rédigera son texte sans se rendre compte que les balises qui en dessinent le contour sont plus souvent qu'autrement celles qu'il a puisées dans ce petit texte apparemment innocent! Ainsi, si le texte rédigé par le critique lui appartient incontestablement en propre, l'orientation qu'il lui a donnée peut, dans bien des cas, avoir été «suggérée» par la quatrième de couverture.

Le temps ne me permet pas de donner tous les exemples qui montreraient à l'évidence le bien-fondé de mon assertion. J'en donnerai tout de même quelques autres. Ainsi dans la quatrième de *la Rage* de Louis Hamelin, je disais: «*La Rage*, c'est une manière de dire, superbe, unique, prétentieuse et magnifique. C'est un roman écrit dans le ton si particulier de la génération montante qui est en train de construire une nouvelle littérature au Québec.» Or, cette phrase trouve son équivalent dans le texte de Réginald Martel: «La nouveauté de ton et de forme de *la Rage*, dans l'ensemble de la production récente au Québec, ne fait aucun doute.» Même piquage chez Guy Cloutier du *Soleil*: «Avec *la Rage*, Louis Hamelin nous propose un roman prémonitoire et lucide sur une génération sacrifiée.» Jean Basile quant à lui pose simplement la question à Louis Hamelin: «Une nouvelle génération d'écrivains?» Or cette idée d'une nouvelle génération d'écrivains, c'est celle que Québec/Amérique avait lancée au moment de publier Jean-Yves Dupuis et Daniel Poliquin, puis Mistral, Hamelin, Gobeil et Bélanger. Nous souhaitions accorder une place de choix à cette génération de paumés, à cette «Bof génération» selon le titre même du roman de Jean-Yves Dupuis. De fait, c'est à la suite de la publication de *Vamp* que la presse s'est emparée de cette idée, accordant interview sur interview aux jeunes auteurs qui, en l'espace de quelques mois, prirent une place considérable dans l'institution littéraire. En peu de temps, une «école» était créée. Elle rejoignait, bien sûr, d'autres auteurs qui n'appartenaient pas à Québec/Amérique. Car c'est à cette époque qu'est née Francine D'Amour et son roman que la maison avait refusé (eh oui!), puis Sylvain Trudel, puis Bianca Côté et d'autres, bien sûr. Ces auteurs ont enfin eu droit au chapitre. À ce point qu'on peut dire qu'ils sont devenus rapidement des voix d'autorité. Par exemple, Jean-Roch Boivin, parlant de *la Rage* dans *le Devoir* dit, en introduction, au sujet de Louis Hamelin: «Mistral me l'a présenté comme un génie. Mistral est une hyperbole ambulante et je me fiche bien des auteurs quand je tiens leur livre entre mes mains.» Et il termine son article de la plus belle façon: «Mistral avait raison. C'est un roman génial.»

Ce qui semble significatif dans ce cas précis, c'est que ces «paumés» (À noter que le titre de Martel sur *la Rage* était: «Louis Hamelin: Un nouvel et fameux romancier dont les *paumés* ont du nerf») ont non seulement réussi à infiltrer l'institution littéraire, mais ils en sont devenus la doxa.

Je crois qu'on peut affirmer qu'un mythe (pris dans son sens large évidemment) a été créé autour de cette jeune génération et que les stratégies éditoriales mises de l'avant ont porté fruit. Ce serait évidemment de l'orgueil mal placé que de croire que le travail éditorial est le seul responsable de cette cristallisation, puisque les romans en question avaient incontestablement une valeur intrinsèque sans laquelle ils n'auraient jamais passé l'épreuve de la critique. Il n'empêche que s'il n'y avait pas eu derrière eux une machine à, pour ne pas dire une machination, je ne suis pas sûr que les résultats auraient été aussi éclatants.

Quant à savoir si l'histoire les choisira parmi ses classiques, c'est une autre paire de manche. D'autres avant eux ont connu le succès. Ils s'appelaient Francis Jammes, Charles Péguy, Paul Claudel. Plus personne ne les connaît aujourd'hui, sauf ceux de ma génération. Et qui parle encore des Robert Charbonneau, Jean Filiatrault, Jean-Jules Richard qui ont pourtant connu leurs heures de gloire dans le Québec des années cinquante?

Le temps passe comme un balai: il laisse trop souvent flotter des poussières dans l'air...

# Ouvrages cités

Boivin, Jean-Roch. «Le Suzerain a avalé un dictionnaire.» *Le Devoir* (16 septembre 1983): D3.

Beauchemin, Yves. *Juliette Pomerleau*. Montréal: Québec/Amérique («Littérature d'Amérique»), 1989, 694p.

Cloutier, Guy. «Un roman d'une rare audace.» *Le Soleil* (9 décembre 1989): D10.

Côté, Lucie. «Les Murs de brique de J. Gagnon.» *La Presse* (2 sept. 1990): C4.

Girard, René. *Mensonge romantique et vérité romanesque*. Paris: Grasset, 1983, 496p.

Gobeil, Pierre. *Tout l'été dans une cabane à bateau*. Montréal: Québec/-Amérique («Littérature d'Amérique»), 1988, 152p.

Hamelin, Louis. *La Rage*. Montréal: Québec/Amérique («Littérature d'Amérique»), 1989, 408p.

Martel, Réginald. «Christian Mistral: une bombe dans le paysage littéraire.» *La Presse* (28 mai 1988): K1-2.

——. «Louis Hamelin/un nouvel et fameux romancier dont les paumés ont du nerf.» *La Presse* (30 septembre 1989): K1.

Mistral, Christian. *Vamp*. Montréal: Québec/Amérique («Littérature d'Amérique»), 1988, 349p.

Vézina, France. *Osther, le chat criblé d'étoiles*. Montréal: Québec/Amérique («Littérature d'Amérique»), 1990, 350p.

# 4. Bilans théoriques...

# La critique sociologique depuis 1965

Jacques Pelletier
Université du Québec à Montréal

Je me propose de reprendre et de compléter ici le tableau de la socio-critique au Québec qu'esquissait André Belleau au début des années 1980, avant donc l'extraordinaire effervescence qui a caractérisé ce domaine d'études durant les années récentes, phénomène qui coïncide lui-même, et à mon sens ce n'est pas par hasard, avec la remise en marche de l'Histoire suite aux années mornes de l'après-référendum.

Belleau distinguait, en gros, cinq modes principaux d'interrogation historique des textes: 1) ce qu'il appelait un «discours sociologisant général» pratiqué depuis les débuts de la littérature québécoise par les journalistes, les critiques et les écrivains eux-mêmes: à titre d'exemple la célèbre analyse du drame de Saint-Denys Garneau par Jean Le Moyne. Ce type de discours mettant en rapport les textes littéraires et la société perçue comme un tout a constitué sans doute la pratique critique la plus universellement répandue durant des décennies; 2) la critique d'inspiration goldmannienne de Jean-Charles Falardeau; 3) les analyses — alors en gestation — s'inscrivant dans la tradition récente des études institutionnelles inspirées par Bourdieu; 4) les travaux sur la culture populaire et son rapport aux textes littéraires (d'orientation bakhtinienne); 5) le travail (à la fois narratologique et socio-historique) de Gilles Marcotte, notamment dans *le Roman à l'imparfait*. En somme, si l'on classe Falardeau et Marcotte dans la même catégorie, c'est une typologie à quatre entrées que proposait Belleau.

Ce cadre général me paraît toujours pertinent. Je le reprendrai donc en le complétant toutefois par deux nouvelles catégories couvrant, d'une part, les études relevant de ce qu'on pourrait appeler la socio-sémiotique et, d'autre part, les travaux inspirés par l'analyse du discours. La situation se présenterait de la façon suivante.

## 1. La tradition sociologisante

On la trouve de manière diffuse, non systématique, dans des critiques de journaux et de revues (en particulier à *Lettres québécoises* et de manière encore plus appuyée à *Québec français* dans son recours à l'idéologie nationaliste). On la rencontre aussi, de façon plus soutenue, dans des travaux de facture académique.

C'est le cas notamment dans les ouvrages récents de François Ricard et d'André Brochu. Dans *la Littérature contre elle-même* par exemple, l'analyse des productions romanesques de Kundera est liée à une réflexion sur le totalitarisme, et celle des œuvres de Major couplée à une interrogation sur le devenir national québécois. Et dans *la Visée critique*, Brochu rappelle que son ambition d'écrivain et de critique s'est longtemps inscrite dans un projet collectif de libération nationale et sociale.

Ce propos historisant sert également de toile de fond à l'essai de Réjean Beaudoin sur les débuts de la littérature québécoise, lorsque le discours littéraire était inextricablement lié à l'ensemble des discours sociaux et n'en constituait que la composante fictionnelle. S'interroger sur cette littérature, c'est poser la question de sa fonction et de son statut dans la société dont elle relève.

Cette préoccupation d'ordre très général inspire aussi les analyses de Pierre Nepveu réunies dans *l'Écologie du réel*. Il s'agit, «à partir d'une situation historique spécifique (celle du Québec des années 1980)» de «faire retour sur des figures clés dans la littérature québécoise moderne»(10). J'ai, pour ma part, des réserves à la fois sur la perspective empruntée par Nepveu (celle de la postmodernité) et sur l'interprétation qu'il propose des productions modernes (comme figures du désastre), mais ce qui me paraît significatif et intéressant, au-delà de ces réserves, c'est de constater que la lecture des œuvres encore une fois apparaît indissociable d'une lecture de l'Histoire.

On peut en dire autant de l'essai de Simon Harel sur les rapports de la littérature québécoise récente et du cosmopolitisme comme phénomène social majeur devenu un enjeu culturel et politique, du moins à Montréal, au cours de la dernière décennie.

Enfin, et ce sera provisoirement mon dernier exemple, on retrouve un tel propos historisant en filigrane de la réflexion d'abord métaphysique que poursuit Pierre Ouellet dans *Chutes*.

Bien entendu ces travaux ne se présentent pas comme des études socio-critiques et ils n'en sont pas. Il reste, et c'est à mon point de vue l'essentiel, qu'ils posent en termes généraux et globaux le rapport des textes littéraires au contexte d'énonciation social dont ils relèvent.

## 2. La sociologie de la littérature (et de la culture)

La littérature, on le sait, ce n'est pas que des textes: c'est aussi une institution et des appareils (de production, de légitimation, de régie) constituant un sous-champ dans un ensemble plus vaste, le champ des productions symboliques, de la culture. En tant que phénomène social, économique et symbolique, la littérature s'offre comme objet à la sociologie, comme champ d'études dont les résultats ne sauraient laisser indifférents ceux qui travaillent sur les rapports textes/Histoire. Si certaines recherches relèvent de ce qu'on a convenu d'appeler la sociologie (et l'analyse) institutionnelle, d'autres en débordent les frontières et visent à donner une représentation d'ensemble de la littérature comme partie constitutive et intégrée de l'ensemble social dans lequel elle apparaît et fonctionne.

Dès le début des années 1960, des sociologues de l'Université Laval dressaient dans *Recherches sociographiques* un tableau (sous forme de monographie) de l'état de notre littérature, au moment où elle acquérait une véritable autonomie sur le plan institutionnel et ils montraient que ce développement coïncidait avec les réalisations de la «révolution tranquille» (dont la littérature participait à sa manière).

Dans cet ordre d'idées, des études sectorielles furent conduites à l'Université Laval sur les «habitudes de lecture des Québécois» ou encore sur les «valeurs» véhiculées dans le roman des années 1960 (Bergeron, O'Neill et al.). Il serait trop long de rendre compte du détail de ces travaux. Je rappellerai seulement qu'il s'en dégageait nettement que la société québécoise avait «rattrapé» les grandes cultures occidentales sur le plan de la lecture et que les préoccupations éthiques des personnages de romans rejoignaient celles des individus de la société de référence: les textes littéraires, dans cette perspective, étaient utilisés comme «documents» de première main pour saisir, décrire et interpréter les transformations de la société québécoise sur le plan idéologique.

J'en dirais autant d'un ouvrage récent comme celui de Denise Lemieux sur ce qu'elle appelle *Une culture de la nostalgie*. L'objet qu'elle étudie, c'est d'abord la société dans sa dimension culturelle, la littérature étant considérée et utilisée comme réservoir de «documents», de témoignages saisissants et significatifs sur l'évolution de la famille québécoise au XX$^e$ siècle. Le propos, ici, est essentiellement sociologique: il s'agit de rendre compte de la culture québécoise en utilisant les textes littéraires comme des «révélateurs». Denise Lemieux pratique ainsi une «sociologie des contenus» qui n'est pas sans affinités avec la critique sociologique d'un Jean-Charles Falardeau, méthode d'analyse à mi-chemin en quelque sorte des études littéraires et de la sociologie, à leur intersection.

Sur un plan plus spécifique, des études ont été publiées récemment sur ce que Jean-Guy Lacroix appelle «la condition d'artiste.» Il en ressort que la situation socio-économique des artistes — et singulièrement des écrivains — est de manière générale affligeante, ce qui n'est pas sans conséquences, on peut aisément l'imaginer, sur leur production et par contre-coup sur la culture québécoise dans son ensemble.

D'autres études (Gruslin) ont mis en relief l'importance de l'État dans la vie culturelle en général, et plus particulièrement dans le secteur du théâtre où son intervention est décisive. Ces travaux, pris globalement, sont de nature à favoriser une saisie totalisante de l'institution littéraire (et des appareils qui la structurent), du champ culturel dont elle relève et des enjeux qui la traversent, et enfin de la société dont ce champ constitue une composante fondamentale. On comprendra qu'une telle connaissance — produite par des recherches d'ordre essentiellement sociologique — est de nature à singulièrement éclairer la lecture socio-historique des textes, si bien que je vois mal comment une socio-critique conséquente pourrait s'en dispenser.

Cette remarque vaut a fortiori pour l'analyse institutionnelle, secteur de recherche particulièrement dynamique au Québec depuis le milieu des années 1970.

## 3. L'analyse institutionnelle

En publiant en 1971 son célèbre article sur «le marché des biens symboliques», Bourdieu proposait, sans l'avoir prémédité, une possibilité de reconversion aux littéraires mal à l'aise dans un champ critique dominé par le structuralisme. Plusieurs littéraires, suite à la lecture de cet article et plus tard de *la Distinction*, recourront donc à l'analyse institutionnelle, sans toutefois prendre toujours la peine de se reporter aux fondements théoriques et méthodologiques de ce mode d'analyse exposés dans *le Sens pratique*. Je me contente ici de formuler cette constatation qu'il serait intéressant d'approfondir dans un autre contexte.

Au Québec, ce type d'analyse a été utilisé de manière très orthodoxe, voire puriste, par Pierre Milot — un sociologue de formation — dans un livre et des articles publiés récemment sur l'avant-garde littéraire des années 1970. Très collé à l'esprit et à la lettre de Bourdieu, Milot conçoit le champ littéraire comme un *marché* sur lequel des acteurs sociaux (les écrivains) s'affrontent dans une lutte féroce pour la conquête de la reconnaissance des lecteurs et des instances de légitimation et de consécration du champ. Dans cette perspective, la référence à l'avant-garde est d'abord recours à une rhétorique inspirée par des choix stratégiques et le travail littéraire est avant tout un travail d'institution. On peut entretenir des réserves, bien entendu, sur la conception de la littérature qui sous-tend de telles analyses et sur la fermeture, la clôture qu'elles impliquent; reste qu'elles constituent de rigoureuses applications de la pensée du Maître.

Les littéraires, en général, utilisent de manière plus libérale l'analyse institutionnelle comme source d'inspiration et toile de fond de leurs recherches. C'est l'esprit qui préside notamment, me semble-t-il, aux travaux de ce qu'on pourrait appeler «l'école de Sherbrooke.» Cette orientation traverse déjà, quoique timidement, les études réunies en 1979 par Jacques Michon sur l'idéologie et la réception du roman québécois de l'après-guerre et s'affirme plus résolument dans une publication ultérieure — dirigée par Richard Giguère — sur la réception critique de textes importants du corpus national. Dans ce travail, présenté comme une application des thèses de Jauss, la référence à Bourdieu, moins explicitement revendiquée, est dans les faits tout aussi importante et elle deviendra tout à fait déterminante dans les travaux du groupe de recherche sur l'édition littéraire animé par Giguère et Michon (GRELQ). On notera que ce type d'analyse a essentiellement suscité à Sherbrooke des études sur la production (l'édition) et la réception (la critique) des textes, instances bien entendu déterminantes du champ littéraire sur le plan organisationnel. À quoi il faut ajouter les travaux animés par Robert Giroux sur la *dimension spectaculaire* de la littérature et les enjeux idéologiques impliqués dans les lectures des textes.

À l'Université Laval on trouvera des échos et des prolongements de l'analyse institutionnelle dans les travaux en histoire littéraire dirigés par Maurice Lemire, dans les recherches d'un Clément Moisan et d'un Joseph Melançon sur le statut et la fonction de l'enseignement de la littérature dans l'appareil scolaire et dans les études animées principalement par Denis Saint-Jacques sur la littérature de masse, secteur singulièrement négligé jusque-là de la production symbolique québécoise. Ces recherches — et d'autres plus récentes — sont aujourd'hui unifiées dans le cadre d'une vaste enquête du CRELIQ sur la constitution du champ littéraire québécois.

Dans cette perspective, l'ouvrage récent de Lucie Robert sur *l'Institution du littéraire au Québec* est particulièrement intéressant et stimulant. L'analyse institutionnelle est en effet ici intégrée et subordonnée à un projet global d'interprétation de la réalité historique et sociologique que constitue le Québec. L'objet de l'ouvrage n'est pas l'institution littéraire telle qu'elle s'est développée historiquement, mais bien l'apparition et la consolidation de la notion même de littérature dans notre société comme condition d'émergence d'un *champ* en tant que lieu de pratiques effectives et objet d'étude des disciplines littéraires. Si on recourt ici à l'occasion à l'analyse institutionnelle, c'est à l'intérieur d'une problématique plus vaste centrée sur les conditions concrètes, matérielles, présidant à la naissance et au développement de la littérature dans la société québécoise.

Dans un ouvrage qui vient tout juste de paraître, Bernard Andrès se situe pour sa part de *manière critique* dans ce courant, préférant parler de constitution des lettres plutôt que d'institution dans une volonté de se démarquer de ce qu'il considère l'«orientation trop normative des recherches européennes sur l'institution.» Et effectivement il ne se réfère guère à Bourdieu dans ses analyses qui relèvent autant de la narratologie, des études comparées et de la socio-critique que de l'analyse institutionnelle: celle-ci n'est donc qu'un des instruments possibles pour qui s'intéresse à la constitution du champ littéraire au Québec.

Je termine ce rapide tour d'horizon en rappelant que dans une recherche sur la modernité québécoise des années 1970 j'ai aussi utilisé l'analyse institutionnelle pour rendre compte d'une dimension importante des débats, des enjeux littéraires de la période mais en n'oubliant pas que le champ littéraire n'est pas un univers clos, refermé sur lui-même mais qu'il est en rapport, en connexion à la fois avec les autres sous-champs de la culture et avec l'ensemble de la structure sociale québécoise.

## 4. La socio-critique

La socio-critique comme discipline littéraire est d'abord le fait au Québec d'un sociologue, Jean-Charles Falardeau, qui la crée en quelque sorte dans *Notre société et son roman*, ouvrage publié en 1967. Sociologue, Falardeau, par définition, est préoccupé par l'étude de la société québécoise et le titre de son ouvrage traduit bien cette orientation. Cependant, comme on le constate aisément en lisant son essai, c'est d'abord la littérature qui attire son attention et qui forme le véritable objet de ses analyses. Ce faisant, Falardeau opère un déplacement et, tout en demeurant sociologue, se livre à une critique littéraire du corpus romanesque privilégié: les œuvres de Robert Charbonneau et de Roger Lemelin, perçues, bien sûr, comme des «révélateurs» de la société québécoise de référence.

Sur le plan méthodologique, il se livre d'abord à une étude immanente, interne des textes retenus, considérés sur le plan formel (en empruntant une démarche narratologique classique) et sur le plan thématique et symbolique; ce n'est qu'ensuite qu'il opère un lien avec la société, mettant en rapport l'image du monde suggérée par les textes et la réalité sociale telle que révélée par les enquêtes historiques et sociologiques. On voit que son rattachement à Goldmann est rien moins qu'évident, puisqu'il refuse la conception de la vision du monde mise au point et utilisée par celui-ci de même que son recours à un sujet collectif comme principe de la création littéraire; en réalité, Falardeau pratique plutôt la «sociologie des contenus» rejetée par le critique d'origine roumaine.

Gilles Marcotte est généralement considéré, et à juste titre, comme un successeur de Falardeau. Mais il s'agit, cette fois, d'un «littéraire» préoccupé avant tout par l'analyse formelle des textes. *Le Roman à l'imparfait*, ne l'oublions pas, c'est d'abord cela: une étude du discours dans des œuvres romanesques contemporaines importantes. Cependant l'analyse narratologique est accompagnée d'une réflexion sur la signification des nouvelles formes apparues dans le roman depuis la révolution tranquille: c'est par là que la réflexion sur le roman appelle une réflexion sur la société, puisque le roman, comme l'écrit le critique, met en jeu «le monde dans lequel nous vivons.» Cependant, dans cet essai, l'accent est surtout mis, je le répète, sur l'analyse interne — et d'abord formelle — des textes.

C'est après, dans *la Littérature et le reste* et surtout dans *Littérature et circonstances* que la dimension historique du discours critique s'affirme plus nettement. Dans ce dernier ouvrage, Marcotte traite à sa manière, à la fois légère et péné-trante, de questions ayant trait à l'institution littéraire, procède à une mise en situation tout à la fois littéraire et sociale de l'Hexagone et analyse la signification historique, sociale de productions romanesques récentes. Ici, à mon sens, on peut parler d'une véritable démarche socio-critique au sens fort du terme qu'annonçait peut-être *le Roman à l'imparfait* (sans toutefois en être).

André Belleau, c'est, si j'ose dire, le troisième «ancêtre» de la tradition critique d'inspiration sociologique au Québec. Il se réclame, dans *le Romancier fictif*, à la fois de Barthes et Genette, de la narratologie structuraliste, et d'Auerbach, de Lukács, de Bakhtine et d'Adorno, d'une grande tradition donc de réflexion historique et critique sur les textes. Commenter sérieusement cet ouvrage exigerait un long détour; je me contente de rappeler que l'analyse d'un phénomène transtextuel, la représentation du personnage-écrivain, conduit Belleau à s'interroger sur le statut de la littérature dans la société québécoise et au-delà, dans un mouvement dialectique d'aller-retour, le porte à réfléchir sur cette société elle-même.

C'est sans doute la grande leçon que Belleau a tirée de Bakhtine, référence majeure de ses travaux ultérieurs sur la carnavalisation de la littérature québécoise et sur l'interpénétration de la culture populaire et de la culture dite sérieuse dans le roman québécois. Faisant résonner Bakhtine dans son œuvre, Belleau inaugure une tradition prometteuse pour la critique qui se déploiera durant les années 1980.

J'évoquerai rapidement quelques ouvrages récents qui se réclament peu ou prou de cette tradition. En commençant par quelques exemples d'analyses imprégnées d'intentions politiques (au sens large du terme). L'étude de Maurice Arguin sur *le Roman québécois de 1944 à 1965* porte, dans son sous-titre même, *Symptômes du colonialisme et signes de libération*, une telle intention: son analyse repose en effet sur l'hypothèse que le Québec constitue une société colonisée et que la production romanesque de cette société doit par suite être lue et interprétée à la lumière de cette donnée centrale. Cette optique nationaliste, avant lui, avait aussi guidé l'analyse de Gilles de La Fontaine sur *Hubert Aquin et le Québec* dans une étude peu convaincante mais révélatrice des limites de la «grille coloniale» pour une interprétation contemporaine du discours romanesque québécois. À l'autre extrémité du spectre idéologique, Philippe Haeck pratique une lecture matérialiste de la littérature se réclamant du marxisme, en lien avec une Histoire qu'elle exprime et éclaire à sa manière à partir d'une position éthique valorisant et appelant le changement social et célébrant les œuvres qui l'annoncent, l'accompagnent ou le portent. On peut ici parler d'une critique engagée qui s'assume comme telle.

D'autres ouvrages récents, dégagés de préoccupations politiques explicites, renouvellent les interprétations convenues de la littérature québécoise, et plus particulièrement du roman. C'est le cas par exemple du livre de Bernard Proulx sur *le Roman du territoire* qui remet en question les analyses de Michel Brunet et de «l'école historique» de Montréal sur le XIX<sup>e</sup> siècle québécois. Interprétation que valide Robert Major dans une étude sur *Jean Rivard* comme prototype non pas du roman conservateur mais, bien au contraire, du roman progressiste et libéral tel qu'il pouvait être alors conçu et écrit. Cette «révision» repose pour une part sur des analyses minutieuses de la dimension idéologique des romans en cause et pour une autre part sur une relecture de l'Histoire de cette période.

Dans *le Roman québécois de 1960 à 1975,* Jozef Kwaterko propose une lecture bakhtinienne d'œuvres significatives de cette période visant à révéler les conditions tant historiques qu'idéologiques de ces productions et leur signification (aussi bien sur le plan de la forme que sur celui du «contenu»). Les textes sont ainsi mis en rapport dialogique avec ce que Godbout appelle le «texte national» qui leur sert de conditions de production, qu'ils expriment et qu'ils enrichissent à leur façon, les romans étant perçus comme des «pratiques idéologiques activement créatrices» donnant à voir le réel.

Ce sont là quelques exemples d'une pratique critique qui semble parvenue à sa maturité et qui profitera sans doute dans les années à venir des travaux poursuivis dans les champs connexes de l'analyse du discours social et de la socio-sémiotique.

## 5. L'analyse du discours social

La notion même de discours social est très récente, ainsi que le signale Marc Angenot dans l'introduction de son ouvrage colossal sur l'état de ce discours dans la société française en 1889. Elle désigne

> tout ce qui se dit et s'écrit dans un état de société: tout ce qui s'imprime, tout ce qui se parle publiquement ou se représente aujourd'hui dans les médias électroniques et, au-delà de ce tout empirique les systèmes génériques, les répertoires topiques, les règles d'enchaînement d'énoncés qui, dans une société donnée,

organisent le dicible — le narrable et l'opinable — et assurent la division du travail discursif.(13)

Pour rendre compte de manière synthétique de la multiplicité complexe des discours qu'une société tient sur elle-même, Angenot les considère en fonction de leur appartenance à l'un ou l'autre des cinq grands champs suivants: 1) le journalisme; 2) la politique; 3) la littérature; 4) la philosophie; et 5) les sciences. S'inspirant de Bourdieu, il signale l'autonomie de chacun de ces champs comme lieu de pratiques et de discours spécifiques mais également les liens qui se tissent entre eux, les connexions qui s'opèrent, l'unification et l'homogénéisation qui les caractérisent, renvoyant à une sorte d'«esprit du temps», de commune appartenance à une manière très générale, universelle de penser et de parler.

Angenot qualifie d'hégémonie ce niveau le plus englobant et déterminant du discours social qui définit à la fois les règles de fonctionnement des discours spécifiques et les «thèmes» acceptables dans un état donné de société. Le discours social agit ainsi comme un opérateur, un régisseur de ce qui peut se dire et des manières acceptables (ou pas) de dire dans une société. Ne lui échappent, et encore seulement partiellement, que les discours d'opposition, de critique qui doivent, de toute manière, se démarquer par rapport à lui: pour reprendre sa formule: «dans l'hégémonie tout fait ventre» (92).

La littérature, dans cette problématique, ne jouit pas d'un statut particulier: elle est le lieu d'une pratique discursive singulière, travail d'investissement, de mise à distance et de stylisation du langage mais elle est également déterminée par les règles générales qui valent pour l'ensemble du discours social. Ainsi considérée, elle perd bien entendu une partie du prestige dont ses agents — tant écrivains que critiques — l'auréolent mais trouve sa place véritable dans l'économie sociale et discursive d'une communauté. Ce qu'elle perd en spécificité, elle le regagne en ouverture, dans ses rapports avec les autres champs et l'ensemble du social.

C'est, à mon sens, ce que fait remarquablement ressortir Micheline Cambron dans son étude sur le discours culturel au Québec de 1967 à 1976. Se référant explicitement aux travaux

d'Angenot, elle reprend sa notion de discours social et, en gardant
la substance, préfère parler de discours culturel pour qualifier «ce
qui dans le brouhaha de nos pratiques quotidiennes passe par la
médiation de la parole» (39).

Dans l'ensemble de ce qui s'est écrit et dit durant la période
retenue (1967-1976), elle prélève des textes significatifs, représentatifs, reçus comme typiquement québécois sur lesquels portent
ses analyses. Cela va des chansons de Beau Dommage à *l'Hiver
de force* de Ducharme en passant par les articles célèbres de
Lysiane Gagnon sur l'enseignement du français, les monologues
de Deschamps, *les Belles-Sœurs* de Tremblay et *l'Homme rapaillé*
de Miron.

Dans toutes ces productions, elle retrouve ce qu'elle appelle
un récit «fondamental» commun, hégémonique au sens d'Angenot, remplissant une «fonction modélisante», jouant «dans les
textes le rôle d'un lieu commun cristallisant les règles d'accepta-
bilité du discours culturel et incarnant au plan narratif la figure
de l'intertextualité» (43). Ce récit hégémonique, disons pour faire
vite, qu'il recouvre ce que Godbout appelle le texte national: il
«raconte» l'histoire d'une communauté homogène et spécifique
à conserver et à protéger. En cela il constitue un récit trans-
historique, en quelque sorte, caractérisant aussi bien les productions culturelles du XIXᵉ siècle québécois que les plus contemporaines.

Mais s'il y a récit commun, hégémonique, il y a aussi des
pratiques singulières se distinguant par ce que Micheline Cambron appelle des mécanismes de mise à distance: la nostalgie chez
Beau Dommage, la critique chez Gagnon, l'ironie chez Deschamps, le tragique chez Tremblay, la dérision chez Ducharme,
etc. Autant de pratiques distinctives qui portent la signature d'un
auteur, les traces d'un genre et, ce serait à creuser — l'hypothèse
n'est ici que posée —, l'empreinte de groupes, de collectivités.

J'éprouve, pour ma part, des réserves sur la pertinence du
découpage historique (1967-1976) proposé dans cet ouvrage et sur
la nature trans-historique du récit hégémonique mis à jour. Cela
étant, il me semble qu'il offre des perspectives intéressantes pour
l'analyse de la dimension socio-historique des textes en générali-
sant le recours à l'intertextualité, en l'étendant aux pratiques
discursives des champs connexes à la littérature et de l'ensemble

de la société, en montrant comment celles-ci n'évoluent pas seulement à l'extérieur des textes mais sont profondément inscrites en eux tant sur le plan des formes que sur celui des contenus.

## 6. La socio-sémiotique

Il s'agit d'un domaine de recherche nouveau, en émergence, en chantier. J'évoquerai rapidement à titre d'exemples les travaux récents de Javier Garcia Mendez et de Michel van Schendel. Dans *la Dimension hylique du roman*, Mendez se propose de mettre au point une «méthode d'écoute socio-poétique du texte romanesque» qu'il qualifie lui-même de «sémiotique» (11). Pour la constituer, il se réfère aux travaux en socio-critique (de Belleau, Duchet, Leenhardt), en analyse du discours (d'Angenot), en sémiotique (de van Schendel) et surtout à ce qu'il appelle la «leçon» de Bakhtine dont il entend s'approprier les enseignements de manière critique. Et effectivement son ouvrage constitue pour l'essentiel une réflexion théorique sur la dimension matérielle des textes romanesques — ce qu'il appelle le hylique — à partir de Bakhtine devenu, on l'aura noté, la grande figure référentielle de tous ceux qui œuvrent en sociologie de la littérature — toutes tendances confondues — depuis une décennie.

De manière plus concrète, Mendez définit «la spécificité parolière du roman latino-américain» (31) comme étant son objet propre, condensant dans sa matérialité la poéticité et la socialité de cette production romanesque. Les textes sont ainsi saisis comme organisation, structuration d'énoncés provenant de la société de référence et énoncés nouveaux participant eux-mêmes de manière polémique aux débats de la société dont ils proviennent.

C'est là la conception très générale qui oriente ses analyses consacrées aux romanciers latino-américains et québécois considérés et évalués en fonction du statut qu'ils reconnaissent aux paroles, aux voix représentatives de groupes sociaux significatifs dans leur société de référence. Étudiant *Trente arpents* par exemple, il montre comment la parole du narrateur — neutre, désincarnée, expression «d'une dépendance esthétique de type colonial» (138) — recouvre progressivement et annule la parole vivante du paysan Euchariste Moisan: ce faisant le roman de Ringuet se présente comme une manifestation de ce que Mendez appelle le «roman silencieux»; «une telle écriture, affirme-t-il, fuit l'oralité ambiante, fuit le social, et se cantonne dans le diégétique»(154).

Chez van Schendel, c'est l'idéologème qui fonde le lien textes-société. Plus précisément, ce sont les «idéologèmes formant réseau» qui assurent ce qu'il appelle à propos d'*Agaguk* «la forte organisation structurante» de ce roman et plus largement de ce type de production littéraire. Les idéologèmes, ce sont, pour van Schendel, des propositions d'ordre très général, se présentant le plus souvent sous forme de maximes et de préceptes, qui traversent le discours social et qui servent de principe de structuration, de construction orientant de manière décisive la constitution des textes littéraires. C'est ainsi que, selon lui, la société investit et marque les textes dans ce qu'ils ont de plus essentiel.

Les points de convergence, de rencontre sont donc étroits entre ces préoccupations et celles des analystes du discours social. Je serais tenté de dire que l'orientation générale est la même, sauf que l'accent est ici mis davantage sur l'analyse des textes eux-mêmes plutôt que sur le discours social commun qu'ils expriment à leur manière.

Terminant ce bref survol, je conclurai en notant que les travaux évoqués:

1) témoignent de la fécondité remarquable, proliférante de ce domaine de recherche qu'ils explorent en de nombreuses directions (des analyses minutieuses, serrées, de textes aux études plus englobantes sur le discours social en passant par les recherches sur l'institution);

2) traduisent des avancées, sinon des percées théoriques importantes: c'est particulièrement le cas des recherches dans les domaines de l'analyse du discours et de la socio-sémiotique; c'est aussi en partie le cas pour l'analyse institutionnelle qui, intégrée dans une perspective globalisante, présente un plus grand intérêt; l'autonomisation de notre littérature se manifeste ainsi également sur le plan de la théorie, ce dont on ne peut que se réjouir, il me semble;

3) contribuent à une meilleure saisie, *globalisante, totalisante* de notre littérature et de notre société: en intégrant les apports tant méthodologiques, théoriques qu'empiriques des recherches accomplies depuis une vingtaine d'années, nous devrions pouvoir élaborer une lecture, une interprétation d'ensemble qui puisse tout à la fois rendre compte de la spécificité des pratiques littéraires et de leur appartenance au discours social commun de la société dans laquelle elles sont produites;

4) révèlent une reprise d'intérêt pour l'histoire, pour une lecture des textes centrée sur leur signification sociale (et individuelle), remettant en question la clôture, l'enfermement des lectures structuralistes; ce regain coïncide lui-même, je le signalais au début, avec une relance du procès historique — tant ici que sur le continent européen — et cette coïncidence, cette convergence n'est probablement pas le fruit du hasard: le dynamisme des travaux de recherche dans le domaine manifeste à sa manière l'élargissement, l'approfondissement de la prise de conscience historique qui traverse nos sociétés dans cette fin de siècle.

# Ouvrages cités

Andrès, Bernard. *Écrire le Québec: de la contrainte à la contrariété. Essai sur la constitution des lettres.* Montréal: XYZ, 1990, 227p.

Angenot, Marc. «Pour une théorie du discours social.» *Littérature* 70 (mai 1988): 82-98.

——. *1889. Un état du discours social.* Montréal: Le Préambule («L'Univers des discours»), 1989, 1168p.

Arguin, Maurice. *Le Roman québécois de 1944 à 1965. Symptômes du colonialisme et signes de libération.* Québec: CRELIQ («Essais»), 1985, 228p.

Beaudoin, Réjean. *Naissance d'une littérature. Essai sur le messianisme et les débuts de la littérature canadienne-française (1850-1890).* Montréal: Boréal, 1989, 210p.

Belleau, André. «La Méthode socio-critique au Québec.» *Voix et images* 8.2 (hiver 1983): 299-310.

——. *Le Romancier fictif. Essai sur la représentation de l'écrivain dans le roman québécois.* Montréal: PUQ («Genres et discours»), 1980, 155p.

——. *Surprendre les voix.* Montréal: Boréal («Papiers collés»), 1986, 238p.

Bergeron, Alain. *Les Habitudes de lecture des Québécois.* Québec: Cahiers de l'I.S.S.H. («Études sur le Québec»), 65p.

Bourdieu, Pierre. «Le Marché des biens symboliques.» *L'Année sociologique* (1971): 49-126.

——. *La Distinction. Critique sociale du jugement.* Paris: Éditions de Minuit, 1970, 670p.

——. *Le Sens pratique.* Paris: Éditions de Minuit, 1980, 475p.

Brochu, André. *La Visée critique.* Montréal: Boréal («Papiers collés»), 1980, 250p.

Cambron, Micheline. *Une société, un récit. Discours culturel au Québec (1967-1976).* Montréal: L'Hexagone («Essais littéraires»), 1989, 205p.

En collaboration. *Littérature et société canadienne-française.* Québec: PUL, 1964, 272p.

Falardeau, Jean-Charles. *Notre société et son roman.* Montréal: HMH (1967): 235p.

——. *Imaginaire social et littérature.* Montréal: HMH, 1974, 152p.

Giguère, Richard. *Réception critique de textes littéraires québécois.* Sherbrooke: Département d'études françaises («Cahiers d'études littéraires et culturelles» n° 7), 1982, 203p.

Giroux, Robert et Lemelin, Jean-Marc. *Le Spectacle de la littérature. Les aléas et les avatars de l'institution.* Montréal: Triptyque, 1984, 251p.

Giroux, Robert et coll. *Quand la poésie flirte avec l'idéologie.* Montréal: Triptyque 1983, 318p.

Giroux, Robert. *Parcours.* Montréal: Triptyque, 1990, 491p.

GRELQ. *L'Édition littéraire au Québec de 1940 à 1960.* Sherbrooke: Département d'études françaises («Cahiers d'études littéraires et culturelles» n° 9), 1985, 217p.

Gruslin, Adrien. *Le Théâtre et l'État au Québec.* Montréal: VLB éditeur, 1981, 413p.

Harel, Simon. *Le Voleur de parcours. Identité et cosmopolitisme dans la littérature québécoise contemporaine.* Montréal: Le Préambule («L'Univers des discours»), 1989, 312p.

Haeck, Philippe. *Naissances de l'écriture québécoise.* Montréal: VLB éditeur, 1979, 410p.

———. *La Table d'écriture. Poéthique et modernité.* Montréal: VLB éditeur, 1984, 385p.

Kwaterko, Jozef. *Le Roman québécois de 1960 à 1975. Idéologie et représentation littéraire.* Montréal: Le Préambule («L'Univers des discours»), 1989, 270p.

Lacroix, Jean-Guy. *La Condition d'artiste: une injustice.* Montréal: VLB éditeur, 1981, 213p.

La Fontaine, Gilles de. *Hubert Aquin et le Québec.* Montréal: Parti Pris («Frères chasseurs»), 1977, 157p.

Lemieux, Denise. *Une culture de la nostalgie.* Montréal: Boréal Express, 1984, 244p.

Lemire, Maurice (sous la direction de). *La Vie littéraire au Québec I. 1764-1805. La Voix française des nouveaux sujets britanniques,* Québec: PUL, 1991, 498p.

Major, Robert. *Jean Rivard ou l'art de réussir: idéologies et utopie dans l'œuvre d'Antoine Gérin-Lajoie.* Québec: («Vie des lettres québécoises»), 1991, PUL, 338p.

Marcotte, Gilles. *Le Roman à l'imparfait.* Montréal: La Presse, 1976, 195p.

———. *Littérature et circonstances.* Montréal: L'Hexagone («Essais littéraires»), 1989, 360p.

Marcotte, Gilles et Brochu, André. *La Littérature et le reste.* Montréal: Quinze («Prose exacte»), 1980, 185p.

Melançon, Joseph, Moisan, Clément et Roy, Max. *Le Discours d'une didactique. La formation littéraire dans l'enseignement classique au Québec (1852-1967).* Québec: CRELIQ («Collection Recherche»), 1991, 280p.

Mendez, Javier Garcia. *La Dimension hylique du roman*. Montréal: Le Préambule («L'Univers des discours»), 1990, 180p.

Michon, Jacques. *Structure, idéologie et réception du roman québécois de 1940 à 1960*. Sherbrooke: Département d'études françaises («Cahiers d'études littéraires et culturelles» n° 3), 1979, 111p.

Milot, Pierre. *La Camera obscura du postmodernisme.* Montréal: L'Hexagone («Essais littéraires»), 1988, 90p.

Nepveu, Pierre. *L'Écologie du réel. Mort et naissance de la littérature québécoise contemporaine*. Montréal: Boréal, 1988, 245p.

O'Neill, Michel et coll. *Le Roman québécois contemporain. Attitudes et réactions de 84 personnages*, Québec, Département de sociologie, 1975, 160 p.

Ouellet, Pierre. *Chutes. La Littérature et ses fins*. Montréal: L'Hexagone («Essais littéraires»), 1990, 272p.

Pelletier, Jacques et coll. *L'Avant-garde culturelle et littéraire des années 1970 au Québec*. Montréal: UQAM («Cahiers du Département d'études littéraires» n° 5), 1986, 195p.

Proulx, Bernard. *Le Roman du territoire*. Montréal: UQAM («Cahiers du département d'études littéraires» n° 8), 1987, 330p.

Ricard, François. *La Littérature contre elle-même*. Montréal: Boréal Express, 1985, 193p.

Robert, Lucie. *L'Institution du littéraire au Québec*. Québec: PUL («Vie des lettres québécoises»), 1989, 272p.

Saint-Jacques, Denis et coll. *IXE-13, un cas-type de roman de masse au Québec*. N° spécial d'*Études littéraires* 12.2 (août 1979).

van Schendel, Michel. «*Agakuk* d'Yves Thériault: roman, conte, idéologème.» *Littérature* 66 (mai 1987): 47-77.

——. «L'idéologème est un quasi-argument.» *Texte* 5-6 (1986-1987): 21-132.

# La critique dans la programmation du Centre de recherches en littérature québécoise de l'Université Laval

Denis Saint-Jacques
Université Laval

La question du statut et de la fonction de la critique littéraire tient une place délicate, problématique même, dans la programmation scientifique du CRELIQ de l'Université Laval. Elle y a donné et donne encore lieu à des débats qui manifestent bien les contradictions où peuvent entraîner les positions théoriques dont elle tire son origine. Je voudrais examiner ici ces contradictions qui renvoient aussi à celle que l'on peut inférer de l'invitation faite en 1989 par les organisatrices de ce colloque. Cela se sentait dès le titre «Critique de la littérature/Littérature de la critique» et se précisait à partir de la sollicitation d'interventions: «selon que l'on examine:

> 1) l'œuvre (ou une partie de l'œuvre) d'un(e) ou de plusieurs critiques particuliers, dans le but de comprendre le discours sur la littérature développé par la critique à différentes époques; [...]

> 2) l'évolution (tendances, transformations, contradictions) d'une méthodologie critique particulière [...] .»

Suivait cette phrase: «Nous invitons également quelques critiques littéraires à faire le point sur leur propre démarche analytique, dans le cadre d'une table ronde» (lettre d'invitation 30/11/89).

«Également» voulait sans doute dire «aussi», mais un esprit mal tourné, le mien par exemple, pourrait interroger: doit-on entendre l'adverbe dans son acception première qui se définit ainsi «de manière égale»? On peut en douter en fonction de la simple considération du temps imparti aux uns et aux autres : neuf séances d'une part, une table ronde de l'autre. Je ne cherche pas à plonger nos organisatrices dans l'eau bouillante en leur créant des ennemis dans le camp redoutable des critiques, aussi me mouillerai-je plutôt moi-même. Notre programmation sur la «Constitution de la littérature québécoise» me permettra de problématiser de façon pratique cette opposition entre les critiques et leurs historiens. Je désigne ici les spécialistes qui étudient la critique comme historiens afin de m'en tenir à ce que supposent à la fois le sous-titre du colloque «la Critique littéraire au Québec des origines à nos jours» et les intitulés des séances qui en ont marqué le déroulement.

Depuis sa présentation dans le numéro d'*Études littéraires* consacré à *l'Autonomisation de la littérature* (9-16), la programmation du CRELIQ a gardé les orientations de recherche qui s'y trouvent exposées suivant cinq axes (l'enseignement littéraire, la vie du circuit de production, la formation des frontières, la réception des œuvres et la manifestation du littéraire dans les œuvres) et les mêmes objectifs (étude de la mise en place des pratiques littéraires au Québec, de la reconnaissance de ces pratiques comme littéraires, de la constitution de ces pratiques en littérature nationale et enfin de la constitution de cette littérature en objet de savoir). Cet ancrage fournit le terrain commun sur lequel continuent de se construire les échanges entre les chercheurs. Une telle base est socio-historique: nous voulons comprendre comment advient quelque chose qu'on peut désigner du nom de littérature et du qualificatif de québécois et nous posons que cette émergence est historique et déterminée par des conditions d'ordre sociologique.

Dans une telle perspective, l'activité critique apparaît comme une composante entre autres du processus général de développement d'un champ littéraire spécifique, comme l'une de ses institutions. La visée totalisante qui oriente notre démarche tend à donner une position subordonnée aux entreprises critiques conjoncturelles par rapport à la constitution générale du champ.

Cependant, les pratiques évaluatives par lesquelles des agents autorisés reconnaissent la présence et l'importance relative des œuvres et de leurs auteurs apparaissent fondamentales pour l'existence d'une littérature, je dirai, au scandale de quelques-uns peut-être, plus importantes même que la rédaction des documents que leur jugement consacre. S'il faut que d'abord quelqu'un produise les discours, la littérature n'advient pourtant que quand l'on reconnaît dans ces discours des «textes», et dans leurs producteurs des «écrivains», des «génies» même. C'est le geste critique qui instaure la valeur littéraire et transforme le rédacteur d'un document donné en «auteur» d'une «œuvre».

Donnant cette importance décisive à la critique, la programmation du CRELIQ ne résout pourtant pas les contradictions que j'ai évoquées à l'entrée, et qui sont celles de l'histoire littéraire elle-même.[1] De fait, plusieurs chercheurs du Centre se livrent à la rédaction de comptes-rendus pour divers périodiques, *Lettres québécoises*, *Nuit Blanche*, *Québec français*, entre autres. On pourra lire, par exemple, Louise Milot à ce propos dans la contribution qu'elle fournit ici comme praticienne de la critique. Ce travail essentiel de l'investigation du discours de création en train de s'élaborer n'est toutefois pas celui par lequel notre programmation nous spécifie. Pour analyser la constitution d'un champ littéraire national, nous devons envisager la critique comme un donné plutôt que comme une action, de sorte que nous la lisons comme réception, comme fortune. Nous regroupons les discours évaluatifs, les classons, les évaluons à leur tour: bref, nous en faisons l'histoire. Il ne s'agit plus alors de mener une opération pratique de reconnaissance du corpus, mais bien de traiter le discours critique en objet d'étude, de produire la critique de la critique.

En quoi se caractérise donc ce rapport second à la critique dans la programmation du CRELIQ? C'est ce que je vais maintenant essayer de faire voir à partir de divers travaux qui y sont menés, les uns publiés, les autres encore en cours d'élaboration. Je pourrais partir d'une de ces propositions tranchées et radicales dont Lucie Robert a la coutume:

---

1. Voir Moisan 10-12.

les travaux du Centre de recherches en littérature québécoise (CRELIQ) de l'Université Laval ont donné à cette réflexion une impulsion nouvelle par la cristallisation d'une problématique qui exclut la critique comme mode d'analyse littéraire et qui énonce la nécessité de faire de cette critique un objet d'analyse.(11)[2]

Dès le début de l'entreprise du *Dictionnaire des œuvres littéraires du Québec*, dirigée par Maurice Lemire, il était apparu nécessaire de ne pas se fier au flair critique des rédacteurs de notices pour choisir et classer les œuvres à analyser, mais bien à la fortune de la réception historique des ouvrages et même à celle de la notion de littérature; l'«Introduction générale» du premier volume était fort claire là-dessus. Cette orientation se maintient encore aujourd'hui pour le sixième volume concernant la période allant de 1975 à 1980, préparé par l'équipe que dirige Gilles Dorion. La critique reste, dans cette perspective, le geste fondateur du phénomène littéraire et il faut alors la traiter comme un donné objectif. Le littéraire, c'est ce que la critique désigne comme tel; voilà le postulat originaire pour notre réflexion tant théorique que pratique.

À vrai dire, nous avons dû réévaluer notre position sur ce point et, aujourd'hui, les sourcilleux examinateurs de la thèse de Lucie Robert lui proposeraient probablement de remplacer, dans la citation ci-dessus, le terme de critique par celui de réception, qui nous semble mieux cerner la fondation du littéraire. Si l'on doit entendre la critique comme l'activité de discours qui constate le littéraire, il existe aussi des pratiques de consécration où l'évaluation n'est pas constative, pour parler comme Austin, mais performative: le choix d'éditer, la remise de prix, l'inclusion dans le corpus d'enseignement, par exemple. Ces pratiques s'avèrent aussi décisives que la critique proprement dite dans la constitution du phénomène littéraire et sont mieux désignées par le terme de réception.

Ainsi, l'équipe de Joseph Melançon et de Clément Moisan s'est-elle employée à l'étude du discours didactique de la

---

2. Voir en particulier le troisième chapitre, «L'Illusion juridique. Le fétichisme de la littérature», 147-217.

littérature tant au collège classique[3] qu'au CEGEP et à l'université (publications à venir) et se consacrera-t-elle bientôt au phénomène des rééditions, terrains de recherches relevant tous plus de la réception que de la critique. De même traitons-nous, dans l'équipe qui s'intéresse aux best-sellers, non seulement de la forme de réception que la publication de listes de succès de librairie implique, mais aussi des réactions de lecteurs types que nous avons interrogés par sondages et que nous rencontrons maintenant en entrevues pour mieux connaître les pratiques de lecture et les motivations qui expliqueraient la fortune des livres sur le marché de la littérature de grande consommation. On pourrait douter que ces préoccupations relèvent de la littérature. Et pourtant! Le succès absolu sur les listes de best-sellers au Québec est en train de se décider entre le *Kamouraska* d'Anne Hébert, détenteur de l'ancien record établi au début des années soixante-dix, et *les Filles de Caleb* d'Arlette Cousture, challenger tout récent et déjà titulaire du record des présences en liste. L'une des deux auteures au moins est une écrivaine littéraire reconnue, la question de son succès de réception doit être mis en rapport avec le caractère public et national du phénomène qui nous concerne. C'est là un ordre de réflexions que la politique de l'autruche ne saurait résoudre. Michel Tremblay et Victor-Lévy Beaulieu, entre autres, l'ont bien compris.

Question de réception toujours, mais où commencent à poindre les contradictions qui me préoccupent ici. En effet, entrant dans une plaidoirie pour une prise en compte de la fortune de la littérature sur le marché le plus large, je pèche contre le principe d'abord énoncé de respecter le donné critique: je cherche à intervenir subjectivement pour modifier ce donné. On me répondra que scientifiquement il ne saurait en être autrement, que toute observation modifie en quelque façon le phénomène à l'étude. On peut craindre toutefois qu'il s'agisse d'autre chose: de la manipulation volontaire des faits d'expérience pour qu'ils satisfassent mieux les hypothèses de la théorie qu'ils doivent conforter. Y a-t-il comportement scientifique plus suspect? Et suffit-il de l'avouer pour garder quelque crédibilité?

---

3. Voir Melançon, Moisan et Roy.

J'ai en sus pour moi la pire excuse: je ne suis pas seul. Nous en sommes presque tous là. Je pourrais malicieusement suivre Louise Milot dans ses réticences à rendre compte du *Myriam première* de Francine Noël dans *Lettres québécoises* de l'été 1988: « [...] il ne m'apparaît pas qu'il s'agisse là pour notre littérature et son histoire d'un roman dont il faudra retenir longtemps l'importance» (23), ou dans ses prudences à traiter de *l'Héritage* de Victor-Lévy Beaulieu et de *Juliette Pomerleau* d'Yves Beauchemin dans la même revue au printemps 1988 et à l'été 1989. Le faisant, je tricherais; à cet endroit, Louise Milot joue correctement le rôle de critique, celui de l'évaluation. Là, elle doit se compromettre et elle le fait. Non, quand je dis que nous le faisons tous, je veux dire dans le champ proprement scientifique où nous prétendons décrire l'établissement de la littérature québécoise. Nous faisons de la critique à l'endroit même où nous devons l'analyser comme phénomène objectif. Cela semble choquer les règles élémentaires de la démarche scientifique. Pourtant nous poursuivrons cette démarche car nous n'avons pas le choix d'abandonner la voie apparemment sca-breuse où nous sommes engagés et ce, pour des raisons tout aussi impératives que celles qui paraissent nous l'interdire.

Si nous nous fondons sur la réception pour définir le phénomène littéraire, c'est que nous n'avons trouvé jusqu'à présent aucune autre sanction de littérarité qui puisse s'appliquer à l'ensemble des phénomènes reconnus comme littéraires.[4] Le littéraire, terme que nous préférons à littérarité, se présente pour nous comme une forme de consensus historique, une convention conflictuelle et mouvante; il est donc nécessaire d'interroger les acteurs les plus autorisés d'une conjoncture quelconque pour comprendre ce qu'est la littérature à ce moment-là. Toutefois l'entreprise comporte deux aspects problématiques: d'une part, la réponse fait souvent défaut et l'extrapolation s'impose; d'autre part, des réévaluations ultérieures donnent une histoire au

---

4. J'ai traité de cette question dans le colloque consacré à la littérarité organisé par l'équipe de Louise Milot à l'automne 1989 et dont les actes sont parus en 1991 aux PUL (*la Littérarité*).

caractère littéraire de tel ou tel fait particulier et il est indispensable d'en tenir compte.

Voyons le premier cas. À la fin du XVIII<sup>e</sup> siècle au Canada, le champ littéraire n'est pas constitué et il n'y a qu'occasionnellement une critique des rares œuvres publiées. Dans l'histoire dont nous publions un premier volume en 1991, nous avons à présenter cette littérature sans pouvoir beaucoup nous fier à la réception effective, s'il se fait même que celle-ci existe de façon encore attestée aujourd'hui. Que faire alors? De la critique, bien sûr! Car s'il existe des évaluations postérieures de cette production, elles ne nous satisfont pas dans la mesure où, très généralement, elles fonctionnent d'après des critères qui ne sont pas contemporains des œuvres. Dans une telle situation, l'extrapolation à partir des principes qui gouvernent à l'époque le champ européen des lettres, et plus spécifiquement celui de la France, sert à poser une appréciation probable de la valeur littéraire des écrits en cause. Je me suis ainsi attaqué à *l'Appel à la justice de l'État* de Pierre du Calvet, et Kenneth Landry au récit de voyage de Luc de la Corne Saint-Luc, pour ne citer que deux cas d'espèces plus spécialement problématiques. Le souci de scientificité se garantit ici de ce que l'évaluation ne répond pas aux préférences personnelles des critiques, mais plutôt à l'interprétation la plus objective possible des valeurs littéraires du paradigme de référence.

Il n'en va pas tellement différemment quand Vincent Nadeau et son équipe travaillent à produire une édition savante des œuvres médiatiques d'Hubert Aquin. La littérarité de ces œuvres est postulée sur la base des critères qui établissent celle des autres œuvres d'Aquin et c'est là une décision de critique. Les éditions savantes des *Satires et Polémiques* et de la correspondance de Louis Fréchette préparées par Jacques Blais et Guy Champagne répondent à des préoccupations analogues. Dans tous ces cas, l'édition concerne des œuvres inédites sous cette forme. Seule une appréciation sûre des contraintes historiques du champ permet la production de ces nouveaux ouvrages qui visent à éclairer et à prolonger la critique possible des textes eux-mêmes et de ceux qui leur sont concomitants. Seule l'érudition la plus objective des auteurs de ces éditions leur permet cette forme achevée de la réception qu'est l'établissement du texte de référence qui consacre une œuvre.

Quant aux réévaluations ultérieures, j'en donnerai ces quelques exemples. L'équipe d'Aurélien Boivin et de Maurice Émond qui s'intéresse au fantastique et à la science-fiction a honnêtement exploré les années 1960 à nos jours pour construire une histoire québécoise de ces genres. Vous lirez cela très bientôt. Rien à dire jusqu'à présent, voilà qui est régulier. Mais ne s'avisent-ils pas maintenant de jeter un coup d'œil rétrospectif sur le XIXe siècle, entraînant l'inquiétude de ceux qui refuseraient tout lien entre le merveilleux des conteurs d'autrefois et le fantastique moderne ou encore toute existence à la science-fiction avant son institution américaine officielle! De tels reclassements sont pourtant constants dans le champ et permettent de vérifier si, avant le moment des reconnaissances officielles, il n'existe pas des phénomènes formels ou thématiques convergents où s'annonce et se construit le genre régulièrement institué plus tardivement. Je ne sais trop ce que Démosthène ou Cicéron auraient pensé de se découvrir représentatifs de la raison française classique, mais ils le sont devenus dans les faits en raison d'une esthétique historique qui se les appropria sous prétexte d'universalité. Violence symbolique manifeste et usurpation avérée, mais surtout opération réussie en conformité avec les possibilités de développement du champ. Il n'en va pas très différemment pour la science-fiction et le fantastique québécois retrouvés au XIXe siècle.

Il y a même plus curieux. Les équipes de Roger Chamberland et André Gaulin d'une part et de Chantal Hébert et Irène Perelli de l'autre s'occupent d'arts du spectacle au nom d'une programmation littéraire; ils traitent dans le premier cas de la poésie sonorisée et de la chanson, dans l'autre des apports du théâtre populaire au théâtre expérimental. Si le premier domaine relève de formes marginales situées à une frontière imprécise du champ, le second, l'art dramatique, tend à y échapper presque complètement, surtout dans ses manifestations expérimentales sans texte écrit.

Ici les réévaluations du statut littéraire de la poésie et du théâtre se font dans un sens où le critique doit tenir compte de facteurs assez rigoureusement contradictoires. Si la spécialisation de leurs pratiques artistiques hyper-restreintes les entraîne vers une autonomisation évidente qui les referme de plus en plus sur le mode de production qui leur est spécifique: la parole récitée ou chantée dans un cas et la représentation expérimentale dans l'autre, il apparaît tout aussi manifeste que l'esthétique de radicalisation des démarches qui caractérise ces entreprises converge vers un champ commun de l'avant-garde où se retrouvent créateurs d'installations, de musique nouvelle, de cinéma et vidéo expérimentaux, autant que de théâtre ou de poésie. Aussi n'est-il pas étonnant qu'une chercheuse en cinéma, Esther Pelletier, explore actuellement avec les chercheurs auxquels je viens de faire allusion la possibilité de mener une recherche conjointe sur ces convergences. Dans les transformations de ce champ de l'avant-garde, la littérature tient un rôle qui reste à préciser. Comment en rendre compte sans évaluation critique ?

Ainsi risquons-nous le plus scientifiquement possible la critique pour chercher non seulement à mieux établir la valeur littéraire historique des œuvres du passé, mais encore pour redéfinir le problématique consensus contemporain sur ce que peut être la littérature. Cela ne va pas pourtant sans nous créer des difficultés, comme on peut le voir à la lecture des actes du colloque sur la littérarité, déjà cités.

Le postulat que le point d'appui de toute la programmation du CRELIQ se trouve dans la valeur littéraire conjoncturelle et que notre tâche primordiale vise à déceler celle-ci dans les textes au moyen de l'évaluation critique n'a pas fourni un terrain d'échanges sans embûches. Les débats du colloque ont vite montré un conflit assez marqué entre les partisans d'une analyse s'intéressant prioritairement aux caractéristiques formelles qui construisent l'autonomie des textes littéraires et ceux qui voient plutôt le littéraire comme détermination sociologique. La communication de Joseph Melançon allait jusqu'à postuler un champ du discours si spécifique à la littérature qu'une science propre devait seule être autorisée à en rendre compte avec fidélité. À l'opposé, j'ai voulu moi-même fonder l'institution du littéraire sur un geste social qui désigne de façon conventionnelle un domaine de discours par appropriation arbitraire; le littéraire devient en ce cas l'inscription de marques convenues et relevant d'une analyse sociologique. De là est résulté un climat polémique fructueux pour la réflexion mais qui a conduit Louise Milot à de complexes négociations pour arriver à donner aux Actes qui en découlent une introduction qui puisse rendre justice aux uns et aux autres. Ce conflit n'est pourtant qu'un de ceux qui polarisent le champ, la recherche du consensus littéraire se transformant de cette façon en reconnaissance de décisions victorieuses dans des luttes incessantes pour l'hégémonie et à propos desquelles les critiques et les historiens de la réception se retrouvent juges et parties.

En ce cas, la critique ne peut pas même se prétendre intentionnellement objective. L'opération axiologique par laquelle se constitue une littérature nationale, féministe, universelle, multiculturelle ou ce qu'on voudra n'est pas scientifique, elle est idéologique. Cherchant à décrire l'émergence d'une littérature nationale, la programmation du CRELIQ contribue de ce fait même à la consacrer. La consécration relève du régime du sacré et du pouvoir, le critique, quand il décide d'autorité et pour d'autres, joue le rôle du prophète ou du prêtre. Il donne la sanction de littérarité, on peut comprendre que, inquiet de sa propre présomption, il prétende trouver dans les discours la qualité qu'il confère.

# Ouvrages cités

Beauchemin, Yves. *Juliette Pomerleau*. Montréal: Québec/Amérique, 1988.

Cousture, Arlette. *Les Filles de Caleb*. Montréal: Québec/Amérique, 1985.

*Dictionnaire des œuvres littéraires du Québec*. Montréal: Fides, 1978.

Du Calvet, Pierre. *L'Appel à la justice de l'État [...]* Londres: s.éd., 1784.

*Études littéraires* (printemps-été 1987). N° spécial sur «L'Autonomisation de la littérature.»

Hébert, Anne. *Kamouraska*. Paris: Seuil, 1970.

La Corne, dit La Corne Saint-Luc, Luc de. *Journal*. Québec: Augustin Côté, 1863.

Melançon, Joseph, Clément Moisan et Max Roy. *Le Discours d'une didactique. La formation littéraire dans l'enseignement classique au Québec (1852-1967)*. Québec: Nuit Blanche, 1988.

Moisan, Clément. *L'Histoire littéraire*. Paris: PUF («Que sais-je?»), 1990.

Noël, Francine. *Myriam première*. Montréal: VLB, 1987.

Robert, Lucie. *L'Institution du littéraire au Québec*. Québec: PUL, 1989.

# La mythocritique
## Sa pertinence en littérature québécoise

Antoine Sirois
Université de Sherbrooke

La mythocritique est assez peu pratiquée au Québec. Depuis les années soixante, une quinzaine d'articles et trois ouvrages utilisent cette approche pour la littérature québécoise. Un numéro de revue[1] est consacré au mythe littéraire avec un article sur une œuvre québécoise. Nous reflétons probablement le peu d'intérêt manifesté par la critique française pour ce domaine par rapport aux autres méthodes. Qui s'intéresse au sujet trouvera du côté anglo-saxon beaucoup plus d'ouvrages tant du côté des études sur la mythologie que de son usage en littérature. C'est aux États-Unis qu'œuvrent les mythologues Mircea Eliade et Joseph Campbell, en Angleterre, Robert Graves et Edith Hamilton, Michael Grant et John Hazel que traduisent les Français, en Ontario, Northrop Frye. Heureusement que Pierre Albouy, Philippe Sellier, Gilbert Durand et quelques disciples se sont penchés sur la mythocritique et la mytho-analyse et que Pierre Brunel a récemment publié son important *Dictionnaire des mythes littéraires* avec des collaborateurs. On doit à ce dernier l'organisation d'un congrès international à Paris sur le thème «Mythe et littérature» (mai 1991). Ressentant peut-être aussi un intérêt nouveau au Québec pour la mythologie, deux professeurs ont, dans les dernières années, publié des ouvrages d'initiation: Yolande Grisé,

---

1. *Études littéraires. Le Mythe littéraire et l'histoire* 17.1 (avril 1984).

*le Monde des dieux* (1985), Jacques Desautels, *Dieux et mythes de la Grèce ancienne* (1988).

Mais peu de théoriciens de la littérature, captivés par la mythologie, ont mis au point une méthodologie élaborée. C'est pour cela que je voudrais vous présenter brièvement une approche qui m'a paru utile à la fois pour la recherche et l'enseignement, et montrer que plusieurs romans québécois se prêtent à cette approche. Quelle que soit la méthode utilisée, il faut préalablement une bonne connaissance de la mythologie gréco-latine et de la Bible qui ont toutes deux marqué notre civilisation occidentale. La Genèse en particulier a véhiculé son message à travers des mythes mésopotamiens.

La mythocritique se distingue de la psycho-critique en ce qu'elle ne travaille pas sur l'inconscient du texte, à la recherche d'un sens latent, rattaché au désir, aux obsessions ou aux refoulements d'un écrivain, ni n'approfondit son mythe personnel. Elle s'intéresse aux mythes traditionnels, disons collectifs, qui peuvent sous-tendre un texte, mais que l'auteur, généralement, a utilisé de façon consciente. Ces mythes viennent répondre à des questions fondamentales que se posaient ou se posent les humains. Ils peuvent être des dramatisations des archétypes, que Jung enfouit dans l'inconscient collectif, et qui se manifestent aussi par des symboles.

Précisons que ces mythes *anthropologiques*, récits anonymes, fondateurs, objets de croyance, ont pu devenir *littéraires* quand les écrivains comme Homère ou Euripide s'en sont emparés. C'est ainsi qu'ils sont souvent parvenus, avec toutes sortes de variantes, jusqu'à nous. À ceux-ci, ajoutons les mythes *proprement littéraires*, inventés par la littérature elle-même: Faust, Tristan et Iseut, Don Juan.

La méthode dont je désire vous faire part est tirée de l'ouvrage intitulé *Mythology in the Modern Novel* de John J. White, publié en 1971 (Princeton University Press). Elle a été conçue à partir de l'étude de grands romans *mythologiques* modernes des littératures anglaise, allemande et française, et des procédés d'insertion des mythes par les auteurs dans leur récit. Le critique distingue entre *romans mythologiques* et *romans mythiques*. Il ne retient pas ces derniers qui ne sont que la reprise, en des termes plus récents, des anciens mythes. Il analyse des œuvres décrivant le monde moderne à la lumière de modèles que constituent les mythes anciens. Il ne s'agit pas d'allusions passagères. Le parallèle doit être prolongé avec le récit ancien qui consiste soit dans un *mythe singulier*, spécifique, celui d'Orphée et d'Eurydice, par exemple, soit dans un *archétype* ou schème fondamental commun à plusieurs mythes, celui de la quête, par exemple, commun aux Argonautes, à Ulysse et à Prométhée.

L'analyste doit d'abord *repérer* le mythe ou l'archétype auquel le romancier veut se référer et qu'il signale de diverses façons. Par le titre: *Ulysses* de James Joyce, *New Medea* de Monique Bosco; par une allusion glissée dans les premiers chapitres: un bronze d'Orphée décrit au tout début d'*Héloïse* par Anne Hébert; par une épigraphe ou d'autres moyens encore.

Pour qu'il y ait un *motif mythologique* dans le récit contemporain, il faut relever un certain nombre d'allusions, reconnaissables et interdépendantes, à un mythe ou à un archétype. Ces allusions finissent par constituer un schéma organisé. Le romancier a donc procédé à une série de renvois calculés, évidents ou dissimulés, mais reliés entre eux.

Le mythe ou l'archétype auquel il se réfère prend un caractère *préfiguratif*. Il anticipe l'intrigue contemporaine et lui apporte un éclairage particulier, lourd d'une tradition millénaire, et un commentaire symbolique. Mais le récit actuel ne sera pas qu'une version modernisée du mythe. Le rapport entre les deux sera plus ou moins étroit, plus ou moins analogique. Le texte moderne pourra apporter une transposition originale et des significations nouvelles selon le génie du romancier.

Le modèle qu'offre le mythe peut être *unilinéaire*, avec superposition constante du récit ancien et du récit moderne, ou *déformé* par condensation ou fragmentation. Par *condensation*. Un nombre de préfigurations différentes se rapportent à un seul événement ou personnage contemporains: le héros de *l'Emploi du temps* de Michel Butor est mis en regard de Thésée tuant le Minotaure et de Caïn tuant Abel. Par *fragmentation*. Un seul personnage préfiguratif se réfracte à travers plusieurs personnages modernes: le diable tentateur à travers Stevens et le Pasteur Jones dans *les Fous de Bassan*.

Ce que je viens d'énoncer sur la méthode de White ne constitue qu'un bref aperçu d'un ouvrage de 250 pages — mais il me paraît présenter des critères qui facilitent l'approche méthodique des *romans mythologiques.*

Pour illustrer mon exposé et montrer l'à-propos de la mythocritique pour le roman québécois, je vais partager celui-ci en deux grandes périodes, celle de l'avant-guerre et celle de l'après-guerre.

Les romans de la première période n'illustrent pas pleinement, en général, la méthode prônée, mais celle-ci nous rend sensibles aux dimensions mythologiques de plusieurs d'entre eux. La série du terroir, à cause de la formation classique et chrétienne de nombre de ses auteurs, est pleine de réminiscences de mythes, d'archétypes et de symboles. Ces romans pivotent d'abord autour de deux pôles majeurs, celui de la campagne associée au jardin d'Éden, évoqué clairement par Gérin-Lajoie dans *Jean Rivard*, par exemple, Éden auquel correspond l'Arcadie grecque, et celui de la ville, dont Caïn est un fondateur, selon la Genèse, et que saint Jean décrit dans l'*Apocalypse* comme Babylone, la prostituée, faisant allusion à Rome.

Entre ces deux pôles, se déroule l'archétype de la quête initiatique des héros qui abandonnent l'espace bucolique, pour gagner le lieu interdit qui les mettra à l'épreuve. Leur aventure correspond à une descente aux Enfers, car l'espace urbain est souvent décrit dans ces romans comme infernal. *Restons chez nous!*, de Damase Potvin, illustre bien cette quête, références classiques et bibliques à l'appui. Paul, le protagoniste, brave l'interdit familial. Il est attiré par New York qui est dépeinte comme «l'Enfer de l'or». Le narrateur déploie une série de métaphores maritimes pour tracer la quête, avec des allusions précises aux sirènes, et au royaume des ombres du 11<sup>e</sup> chant de l'*Odyssée*, et à l'«*auri sacra fames*» de l'*Énéide* de Virgile. À ces références grecques et latines s'en ajoutent des bibliques: tentation d'Adam et Ève, fugue de l'Enfant prodigue, marche de Moïse au désert. Dans ce roman verbeux mais caractéristique du genre, on trouve donc une référence évidente à l'archétype de la quête et à ses diverses manifestations concrètes et spécifiques. Il s'agit ici de *condensation* de plusieurs récits anciens dans un seul récit contemporain. Dans le cas présent, le héros sera illuminé par les épreuves subies, rendu plus sage, mais sera dans l'impossibilité de revenir, malgré son désir, à la case de départ, parmi les siens.

Sylva Clapin dans une nouvelle, intitulée du reste *les Argonautes* (1917), se reportera à ce mythe de façon précise pour décrire les étapes de la quête de son héros et c'est Montréal qui devient la Toison d'or. On détecte dans ce récit la *superposition* des étapes du mythe préfiguratif et de celles du récit contemporain.

Ringuet, qui a couronné la série du terroir de l'avant-guerre, s'est référé de façon fort explicite à la grande divinité que constitue la Terre-Mère et à son rôle auprès des humains. Il semble bien s'être inspiré de l'«Hymne à la Terre» d'Homère pour décrire la passion d'Euchariste qui garde «des âges lointains un sentiment obscur qui personnifiait la terre», bonne et féconde déesse et épouse. Le narrateur, tout au long du récit, rappelle celle qui est chaque année maternelle et à laquelle le paysan s'accouple. Avec Zola, Ringuet ajoute une dimension nouvelle au mythe, celle de la dure maîtresse qui rejette le paysan quand il devient impuissant à la satisfaire.

Mais, comme on le sait, les mythes et symboles classiques ou bibliques ont été jusque-là asservis à l'idéologie agriculturiste qui voit la survivance des Canadiens-français étroitement associée à la terre.

Gabrielle Roy vient en quelque sorte «dénationaliser» la nature, lui rendre sa vocation universelle. Comme l'écrit Joseph Campbell: «Dans le mythe, les solutions sont valides pour tout le genre humain»(19). L'Éden se trouvera désormais aussi bien dans la forêt de Londres, au bord de la Seine, dans le grand Nord canadien qu'au lac Vert. Plusieurs des héros de la romancière entreprennent des quêtes initiatiques, qui au lac Vert comme Alexandre Chenevert, qui auprès de la Montagne fabuleuse, comme Pierre Cadorai, pour en revenir illuminés sur leur destin et transmettre un message à l'humanité. «Croire au Paradis Terrestre, voilà ce qui lui avait été indispensable» dit le narrateur à propos de Chenevert. Le Nord lui-même a des fondements mythiques, puisque c'est au-delà du Borée, à l'extrême Nord,

sorte de paradis lointain, qu'habitent les Hyperboréens, peuple de
qui pouvaient descendre les premiers Hellènes.

Mais c'est surtout dans les romans parus depuis les années
70 et 80 que la méthode proposée trouve sa meilleure réalisation
et chez des romanciers qui ne sont pas les moindres.

Le *New Medea* (1974) de Monique Bosco annonce immédiatement ses origines. Les protagonistes, de plus, portent les noms
de leurs modèles antiques. De toute évidence, de par la forme du
récit et son contenu, référence est faite à la *Médée* d'Euripide. La
romancière *condense* cependant deux mythes étroitement associés,
celui de la conquête de la Toison d'or et celui de la vengeance de
Médée. Jason est devenu un immigrant grec qui, par désir de faire
fortune, part à la conquête de New York, figurée par la statue de
la liberté, «Toison d'or et de flammes». Il se montre infidèle à
Médée, qui a trahi sa famille pour l'aider, en courtisant la fille
d'une riche propriétaire de club de nuit. Médée, pour se venger,
étouffe ses enfants. Le récit contemporain reprend le thème de la
quête de l'or et du pouvoir de Jason et celui du ravage de la
passion absolue qui est encore plus démesurée chez la nouvelle
Médée.

Dès la première ligne de *la Grosse Femme d'à-côté est
enceinte*, Michel Tremblay introduit ses trois tricoteuses de pattes
et leur mère et il les mène jusqu'au dernier paragraphe. Lui ne
nommera jamais les personnages auxquels il renvoie mais le rôle
inéluctable qu'il leur attribue, «enjambant les générations [...],
protégeant de loin les berceaux»(206-7), nous amène à identifier
les Parques tisseuses de la vie et leur mère la Nuit. Elles s'intè-
grent parfaitement dans le récit actuel. Ce sont les divinités
originelles, mais installées à Montréal, symbolisant toujours la
destinée, veillant sur les jeunes femmes de la rue Fabre, enceintes
et tristes. Elles leur insufflent, en ce premier jour de printemps
1942, un nouveau désir de la vie qu'elles portent en elles. Les
tricoteuses n'échapperont pas cependant à leur rôle qui est de
couper aussi le fil de la vie quand Violette fermera sa dernière
patte. Les forces du Mal sont aussi à l'œuvre dans ce récit à
travers Bleau, qualifié «d'ange déchu», et le chien Godbout qui
jappe «comme la totalité des démons de l'enfer» et rappelle
Cerbère, gardien de l'Hadès.

Dans le second roman de la Chronique du Plateau Mont-Royal *Thérèse et Pierrette à l'école des Saints-Anges* (1980), les tricoteuses deviennent les Muses qui initient le jeune Marcel à l'histoire et aux arts, mais leur rôle est en retrait par rapport à l'œuvre précédente.

Le mythe d'Orphée et Eurydice (avec celui des Argonautes) semble avoir la faveur des romanciers au Québec, celle de Jacques Ferron, d'Anne Hébert et de Jacques Lamarche. Je m'arrêterai aux deux premiers. Comme Tremblay, ils donneront à leur récit des dimensions *fantastiques* alors que Bosco rendait son histoire *plausible* dans le monde contemporain.

Jacques Ferron, dans *le Ciel de Québec*, présente comme originalité de lier les personnages mythologiques à des personnalités historiques connues. À l'intérieur d'une vaste intrigue mettant en opposition les forces du Bien et celles du Mal, représentées par les autonomistes et les fédéralistes, le romancier enchâsse une idylle entre Eurydice Cotnoir et Hector de Saint-Denys Garneau, qu'il surnomme Orphée. L'allusion au récit exemplaire est évidente, mais Ferron voit en Eurydice une femme qui aime sans retour. Désespérée, elle est entraînée à la mort par une bête infernale, un superbe étalon noir. Ce n'est qu'après sa disparition qu'Orphée découvre son propre amour. Il finit par s'engager dans une descente aux Enfers à travers un couloir québécois creusé à partir d'un bordel de Québec. Il découvre un enfer moderne, très ferronnien de facture, et obtient, à la condition classique de ne pas regarder en arrière, de ramener Eurydice, mais il se retourne lui aussi et l'amante disparaît à jamais. L'incidence contemporaine du mythe ancien est bien à la Ferron qui, de toute évidence, déteste le poète. Ce dernier n'a pas pu retenir son regard en arrière, car c'est un être faible qui doute de la vie et préfère contempler la mort. Il est allié aux forces du Mal. On ne doutera pas de l'originalité de la signification nouvelle accordée au mythe ancien par le romancier.

Le regard en arrière hante beaucoup Anne Hébert, regard qu'elle associe à la femme de Lot et à Orphée, en particulier dans *Héloïse*. C'est un regard qui, dans la tradition, semble porter vers les dieux infernaux, et que ceux-ci ne toléreraient pas. La romancière situe son drame à Paris, en 1968, alors que prévaut la mode rétro de 1900, soulignée, entre autres alors, par les longues

robes que portent les jeunes femmes pâles, défraîchies, droguées.
C'est dans ce climat, décrit comme décadent et moribond, que
Christine et Bernard s'épousent, mais ce dernier est rapidement
séduit par la voix et le chant mystérieux d'une femme «incroya-
blement belle et pâle». Vampire, devenue amoureuse de lui, elle
finira par le saigner à mort dans les labyrinthes du Métro. Anne
Hébert avait signalé sa référence dès les débuts par la description
d'un bronze d'Orphée jouant de la lyre devant des animaux
pâmés. Le dieu présidait à un appartement rétro, sorte d'anti-
chambre de la mort, auquel Bottereau (row-boat) avait conduit les
nouveaux mariés. Ce nautonnier diabolique leur avait fait franchir
la Seine (le Styx) dans sa limousine noire de 1900. La romancière
prend une grande liberté avec le mythe. Elle l'a effectivement
inversé. Héloïse, la vampire, a pris le rôle d'Orphée qui pâmait
ses auditeurs par sa musique. Bernard a abandonné la poésie qu'il
pratiquait et c'est Héloïse qui le charme de sa voix mélodieuse.
Il a osé, malgré l'amour débordant de Christine, regarder en
arrière vers le monde infernal. Au lieu d'arracher Héloïse à son
univers souterrain (Métro et cimetière du Père Lachaise), c'est
elle qui, profitant de ces tendances morbides, l'entraîne définitivement à la mort dans son souterrain. À la lumière du mythe
ancien, la romancière reconstitue le monde de 68, qui, selon elle,
regarde aussi en arrière par son retour à 1900.

Les mythes éclairent encore les récits contemporains de
Roger Fournier: *les Cornes sacrées* et *le Cercle des arènes*. Dans
ce dernier, il étale un conflit père-fils. Sylvie Bouvier, alias
Ariane, conduit, à travers les étapes initiatiques, le fils et le père,
qui figurent Thésée et le Minotaure, jusqu'aux arènes de Nîmes
où se déroulera un combat symbolique. Le père, sous les attaques
du fils, amorce une conversion. Il abandonne ses habitudes
égoïstes et brutales, pour ne pas dire bovines, et rétablit des
relations chaleureuses avec son enfant. Ariane, sa mission accom-
plie, disparaît dans le «labyrinthe circulaire» des arènes. À
l'encontre du mythe préfiguratif, elle préfère s'esquiver elle-même
dans le Labyrinthe plutôt que d'être abandonnée, comme son
modèle, dans l'île de Naxos.

Monique Bosco, Jacques Ferron et Roger Fournier se
réfèrent souvent aussi à des personnages ou à des situations
bibliques, mais Anne Hébert le fait de façon fort fréquente et

importante dans *les Enfants du sabbat* et *les Fous de Bassan*.
Voyons ce dernier. Non seulement on y relève une prolifération
de citations littérales, parodiques, tronquées ou masquées à
l'Ancien et au Nouveau Testament, mais on constate, quand on
rétablit la chronologie de l'intrigue, que les six narrateurs, dans
une relation fragmentée, reprennent de façon contemporaine le
récit de la Chute dans la Genèse. Les deux jeunes filles inno-
centes de Griffin Creek, lieu décrit comme l'Éden, sont convoi-
tées par deux personnages, le cousin Stevens et le Pasteur Jones.
Ces derniers font figure d'arbre de la connaissance du bien et du
mal et Stevens, «ce diable d'homme», est identifié au Serpent.
Nora et Olivia, avides de manger du fruit de l'arbre défendu, en
dépit des avertissements des mères, se laissent séduire par le
regard — toujours le regard en arrière — et s'aventurent, le soir du
31 août 1936, sur la plage avec leur cousin. Celui-ci tue Nora et
ensuite Olivia qu'il a d'abord violée. Séduction, chute et punition.
Le Jardin se délabre, Stevens est maudit comme le Serpent,
chassé comme Adam et Ève, et aussi puni comme Caïn après le
meurtre d'Abel. Tout «le peuple élu de Griffin Creek» entre dans
la diaspora. La romancière a *condensé* plusieurs événements,
comme elle a *fragmenté* des personnages. Stevens échappe à la
loi, s'enrôle, mais blessé, il est confiné à un hôpital militaire
comme Prométhée est attaché à son rocher. Cette fois, c'est une
allusion à la mythologie grecque. Dans ses cauchemars, il est
assailli par les Fous de Bassan qui le visent avec leur bec dur «en
pleine poitrine». Anne Hébert emprunte donc à un récit biblique
le modèle, le *pattern* de son propre récit, non seulement dans sa
structure mais aussi dans son esprit. Il correspond à sa propre
vision du monde dans l'ensemble de ses romans dont les
personnages sont marqués par une faute originelle et constamment
déchirés entre le Bien et le Mal. Celui-ci est généralement
vainqueur.

On constate, à l'usage, que chaque romancier, comme
créateur, recourt à sa manière aux récits exemplaires, il les moule
à son propos, se les approprie en leur donnant une vitalité ou une
signification nouvelle. Mais en se référant à ces fables exemplaires, correspondant aux préoccupations premières de l'humanité,
il insère son texte dans la pérennité d'une tradition et apporte un
commentaire symbolique à son récit contemporain.

La forme d'approche que j'ai brièvement présentée au début n'est peut-être pas totalement originale, mais, parce que bien développée à partir d'une expérience concrète par White, elle s'avère utile pour l'étude des romans mythologiques.

La mythocritique peut trouver une matière importante en littérature québécoise, comme dans les autres littératures. Cette forme d'approche me semble pertinente à ce moment, alors que plusieurs professeurs sentent un réveil d'intérêt chez les étudiants pour la mythologie. Celle-ci les mettra en contact avec les grandes sources de notre civilisation occidentale, dont plusieurs ont été sevrés depuis une génération.

# Ouvrages cités

Brunel, Pierre. *Dictionnaire des mythes littéraires*. Monaco: Rocher, 1988.

Butor, Michel. *L'Emploi du temps*. Paris: Éditions de Minuit, 1956.

Bosco, Monique. *New Medea*. Montréal: L'Actuelle; Agence de distribution populaire, 1974.

Campbell, Joseph. *The Hero with a Thousand Faces*. Princeton: Princeton University Press, 1973.

Clapin, Sylva. *Les Argonautes*. Montréal: Librairie Beauchemin («Almanach du peuple»), 1917.

Desautels, Jacques. *Dieux et mythes de la Grèce ancienne*. Québec: PUL, 1988.

Ferron, Jacques. *Le Ciel de Québec*. Montréal: VLB éditeur, 1979.

Fournier, Roger. *Les Cornes sacrées*. Paris: Albin Michel, 1977.

———. *Le Cercle des arènes*. Paris: Albin Michel, 1982.

Gérin-Lajoie, Antoine. *Jean Rivard*. Montréal: Librairie Beauchemin, 1924. (1ʳᵉ édition 1862-1864).

Grisé, Yolande. *Le Monde des dieux*. Montréal: Hurtubise HMH, 1985.

Hébert, Anne. *Les Fous de Bassan*. Paris: Éditions du Seuil, 1982.

———. *Héloïse*. Paris: Seuil, 1980.

Joyce, James. *Ulysses*. Hamburg, Germany: Odyssey Press, 1933.

Lamarche, Jacques. *Eurydice*. Montréal: Le Cercle du Livre de France, 1971.

Potvin, Damase. *Restons chez nous!* Montréal: Librairie Granger Frères, 1945. (1ʳᵉ édition 1908).

Tremblay, Michel. *La Grosse Femme d'à-côté est enceinte*. Montréal. Leméac, 1978.

———. *Thérèse et Pierrette à l'école des Saints-Anges*. Montréal: Leméac, 1980.

White, John J. *Mythology in the Modern Novel*. Princeton: Princeton University Press, 1971.

# La psychanalyse textuelle au champ des années 80

Francine Belle-Isle
Université du Québec à Chicoutimi

Il paraît que celui — ou celle — que la psychanalyse a une fois touché, elle ne le lâche plus... Heureusement. Sinon la solitude des psychanalystes de la littérature serait totale, ou presque! C'est donc un bonheur pour moi que de pouvoir ici parler de psychocritique et, pour une fois, sans honte et sans culpabilité...

Tout de suite, je voudrais préciser que je préfère le terme de *psychanalyse textuelle* à celui de psychocritique, que l'on entend presque toujours au sens mauronien de l'expression. Cette psychocritique, originelle et classique en quelque sorte, n'est certes pas complètement abandonnée par les exégètes de l'œuvre littéraire des années 80, mais elle s'inscrit comme nettement minoritaire, alors qu'une psychanalyse textuelle, soutenue et éclairée par les théories lacaniennes du sujet et de sa parole, occupe de plus en plus d'espace en critique.

De plus en plus d'espace... Entendons-nous bien. Ce qu'écrivait Agnès Whitfield du statut de la psychanalyse littéraire au Québec et au Canada français, dans les années 60 à 80, reste vrai, absolument inchangé. La psychanalyse textuelle est une approche critique *«marginale»* et *«marginalisée»* (96). Dans l'enseignement universitaire d'abord (il n'y a guère qu'à Laval avec Raymond Joly, à l'Université de Montréal avec Ginette Michaud et à l'Université du Québec à Montréal depuis les traces solides laissées par Madeleine Gagnon que la psychanalyse a, bien en vue, ses lettres de noblesse), ensuite dans la production de mémoires et de thèses au niveau des études avancées, et aussi dans la publication d'articles dans les revues littéraires savantes. L'examen des textes parus, au cours des dix dernières années, dans trois revues universitaires de grand prestige — *Études françaises* de l'Université de Montréal, *Études littéraires* de l'Université Laval et *Voix et images* de l'Université du Québec à Montréal — m'a permis d'établir certaines données de base révélatrices du statut particulier de la psychanalyse, et dont celle-ci est probablement en partie responsable.

À partir des textes que j'ai lus, à partir de ceux-là seulement, il y a, semble-t-il, quatre façons de faire de la psychanalyse littéraire: 1) en bien faire, 2) en mal faire, 3) n'en pas faire, mais en faire un peu tout de même, 4) n'en pas faire, mais être forcé parfois d'en faire. Ce qui pourrait se résumer ainsi: même quand on en fait, en fait-on vraiment?...

Une première observation s'impose ici: dans un temps où l'analyse textuelle privilégie, hors de tout doute, les pratiques de forme et de structure, où la sémiotique et la narratologie occupent presque toute la scène littéraire, il est évident que la psychocritique mauronienne, surtout descriptive des *contenus* inconscients ou préconscients, thématique d'une *histoire* fût-elle imaginaire, ne fait plus le poids et subit en conséquence les mêmes contraintes de méfiance, voire d'ostracisme, que la thématique traditionnelle, même bachelardienne, et qu'une certaine histoire littéraire. C'est de bonne guerre et, ma foi, il n'est pas sûr qu'on doive finalement le regretter! Pour la bonne raison que cette psychocritique-là, on l'a trop souvent — mais pas toujours — pratiquée de façon *sauvage*, c'est-à-dire sans prendre les élémentaires précautions qu'une lecture psychanalytique exige. D'une part, une très solide connaissance de la théorie analytique — ce qui signifie concrètement qu'il ne suffit pas de pouvoir évoquer tragiquement l'aventure œdipienne et ses avatars, de se rabattre ponctuellement sur le drame de la castration, de savoir que l'oral vient avant l'anal et que mieux vaut finir par atteindre le génital, à condition d'éviter (les filles, cela s'entend!) les pièges du phallique, pour être capable de voir comment un texte, un *corpus*, en arrive à poser l'autre de sa différence comme représentation d'imaginaire.

D'autre part, et c'est là précaution incontournable à mon avis, l'abandon de l'obsession du sens, de la capture à tout prix du sens, précisément pour permettre à du sens d'advenir, hors des lourdeurs écrasantes du diagnostic qui, toujours, pose l'à-venir de la parole comme sans avenir justement, parole déjà entendue et une fois pour toutes.

André Brochu dit ailleurs, dans ce livre, de fort belles choses sur les conditions *subjectives* de l'avènement du sens et de sa construction. Si construire du sens, c'est «s'en rendre capable», cela suppose un procès dans l'écoute, un écart, une distance entre le temps de l'in-sensé — je ne dis pas du non sens — et le temps du sensé, et donc un retard dans l'émergence de la signification. Mais, là où je ne suis plus d'accord avec André Brochu, c'est quand il laisse entendre que certains textes appellent peut-être davantage certaines lectures — et il a parlé de la lecture psychanalytique. Je trouve très dangereuse cette idée d'un *appel* des textes à... vers... pour... Quels sont donc les textes qui «appelleraient» la lecture psychanalytique? Ceux qui, avant même que d'être lus, ont l'air déjà de chuchoter leur inquiétante étrangeté? Le risque est alors bien grand de prendre des vessies pour des lanternes, de nommer confidences de l'inconscient les très conscientes ruses d'un discours un peu plus malin que d'autres. En psychanalyse littéraire, mieux vaut être accusé de ne rien voir que de voir trop vite et trop bien. Et tant pis si l'on nous accuse, en plus, de deviner quand on ne voit pas, ou pire, d'inventer quand on ne réussit même pas à deviner...

Mais cependant, et c'est ce que commencent à montrer certaines lectures du texte faites par des critiques formés à l'école de Jacques Lacan, il existe (et il existera d'autant mieux qu'on lui permettra de se développer à part entière) une autre psychanalyse de l'écrit, soucieuse celle-là de rendre compte du procès d'énonciation, de décoder les parcours de la signifiance, de suivre au plus près les formations et les transformations d'une expressivité certes pulsionnelle, mais repérable dans l'espace de signification explicite de la communication. Je pense ici à des articles signés par Simon Harel de l'Université du Québec à Montréal, par Julie Leblanc de l'Université Carleton, et surtout peut-être par Anne-Élaine Cliche de l'Université de Toronto, d'une impressionnante maîtrise dans ses décryptages textuels. Si l'allégeance psychanalytique de ces auteurs ne fait aucun doute, par ailleurs leurs connaissances linguistiques, narratologiques et sémiotiques sont manifestes et toujours conviées comme outils de première main dans leur travail d'analyse. Ainsi, par exemple, dans le texte déjà évoqué de Julie Leblanc, sont réunis dans une belle mais étonnante collaboration Benveniste, Greimas et Ricardou d'une part, Jacques Lacan, Catherine Backès-Clément et... le *Vocabulaire de la psychanalyse* de Laplanche et Pontalis d'autre part! Incroyable mais vrai: les résultats de cette association insolite sont fort bons.

À ce chapitre des références théoriques de contrôle, Mauron est le grand absent — faut-il y voir que les fils sont ratés là où le père est manquant? — , Freud résiste de surprenante façon en ces temps pour lui de vive contestation, alors que Lacan et Kristeva se partagent l'autorité, avec comme soutiens de choix Serge Leclaire, André Green, Roland Barthes, Jacques Derrida, Octave Mannoni, François Roustang, René Major, tous plus ou moins marqués de la griffe lacanienne. Au fond, tout a l'air de se passer comme si devenait inévitable le détour théorique auquel oblige la réflexion de ces maîtres à penser la question du discours et de la parole.

Ainsi beaucoup de critiques, pourtant praticiens de démarches d'analyse étrangères à la psychanalyse, font intervenir à bon escient, comme en renfort conceptuel, les grandes articulations lacaniennes du réel, de l'imaginaire et du symbolique. Monic Robillard de l'Université de Montréal et surtout Jean-Pierre Vidal de l'Université du Québec à Chicoutimi signent des textes où, en effet, la référence à Lacan est explicite, consentie avec aisance et en toute bonne grâce. Par ailleurs, un article de Catherine Mavrikakis n'avoue son ancrage psychanalytique que dans une allusion de dernière minute, en finale de sa conclusion, comme s'il fallait bien en venir là, mais sans trop le dire nommément. Comme si quelque réticence de censure jouait encore et refoulait l'expression claire et nette de la filiation...

Sans trop vouloir insister sur cette timidité à indiquer souvent son lieu de résidence psychanalytique, il reste qu'il faut bien noter certaines manifestations critiques très significatives. C'est ainsi que dans cet espace restreint où s'exerce la lecture psychanalytique du texte, il arrive tout à coup, et paradoxalement, qu'éclate la pertinence, voire la nécessité, de laisser s'épanouir librement cette démarche d'analyse. On assiste alors subitement à une levée des interdits et on se retrouve, presque abasourdi, en pleine activité psychanalytique. Sans toujours pour autant annoncer en liminaire une orientation psychanalytique, certains numéros de revues regroupent des collaborateurs qui, pour la plupart, affirment soudain avec beaucoup d'éclats de voix leurs acquis psychanalytiques, permanents chez les uns — obsessifs et donc quelque part maladifs, diront les mauvaises langues —, de circonstances chez les autres, contaminés le temps d'un article, juste le temps qu'il faut pour écrire dans ce numéro-là... Quelle chance, en effet, quand *Études françaises*, par exemple, propose un dossier intitulé «Ça me fait penser» (22.1), où sont réunis des articles de philosophes, de psychanalystes et de littéraires sur quelques textes exemplaires qui ont mis en œuvre *l'association libre* dans l'écriture (Diderot, Rousseau, Joyce). Signent alors en toute liberté d'expression des habitués, des habituels de l'espace analytique: Ginette Michaud et Christie McDonald, toutes deux de l'Université de Montréal, et aussi François Péraldi et William Kinsley, le premier psychanalyste et tous deux professeurs à l'Université de Montréal.

Bien que moins directement appelées par le thème des numéros, mais y trouvant largement prétexte à des lectures psychanalytiques, des plumes psychocritiques se trouvent dans deux dossiers d'*Études littéraires*, l'un sur «la Question autobiographique» (17.2), l'autre sur «Dire l'hétérogène» (22.2). Dans le premier, plusieurs articles affichent leur incidence psychanalytique, dont deux nettement écrits sous cet éclairage, celui de Gabrielle Pascal de McGill et le mien. Dans le deuxième, on lit des textes de Ginette Michaud encore une fois, de Simon Harel dont j'ai déjà parlé, de Jean Bellemin-Noël, le père de la *textanalyse* à Paris VIII, de Chantal Théry de l'Université Laval, qui convoque Kristeva à la lecture de Marguerite Duras.

Il y a donc des thématiques qui n'arrivent pas à faire l'économie de la lecture psychanalytique et qui se voient inévitablement infiltrées de ce regard critique. En ce sens, c'est dans un numéro sur «l'Énonciation» que Gabrielle Frémont de Laval écrit un texte dans *Études littéraires* sur «L'Effet Duras», cette énonciation «nouvelle et singulière, [...] quelque part entre

angoisse et désir, entre dit et indicible [...]» (100). Et c'est dans
un dossier sur «Théâtre et théâtralité. Essais d'études sémiotiques» que Ross Chambers, dans un article en trois parties, dont
la dernière est psychanalytique, fait référence à la «*Verneinung*»
de Freud, avec Winnicott et Octave Mannoni en appoint, pour
éclairer l'aspect spéculaire du théâtre. Ici je me permets de
donner un exemple en dehors du corpus que j'ai choisi de retenir
pour mon analyse: de l'Université du Québec à Chicoutimi, la
revue *Protée*, revue de sémiotique, a été elle-même *surprise*, à
l'occasion d'un dossier sur le théâtre (17.1), par la visite
impromptue de la critique psychanalytique! Les articles du
numéro contiennent presque tous des ingrédients psychanalytiques
et deux sont effectivement écrits par des psychanalystes, celui de
Pierre Sullivan, membre de la société psychanalytique de Paris,
et celui de Jean Gillibert, psychanalyste et homme de théâtre à
Paris. Comme quoi même une revue très sérieuse comme *Protée*
n'est pas complètement à l'abri des élucubrations de la psychanalyse... Et puis, pour en terminer avec cet effet d'entraînement vers
la psychanalyse qu'ont certaines problématiques littéraires, je
signale, bien sûr, le cas de l'écriture féminine/féministe, dont la
critique finit presque toujours par rejoindre, à l'ombre du corps
et du sexe, les lieux problématiques de l'œdipe féminin. J'ai noté
plus haut un texte de Chantal Théry sur Duras, tout à fait
représentatif de cet état de fait, et c'est aussi ce qui soutient en
grande partie l'orientation critique de Gabrielle Frémont, et
peut-être aussi de Nicole Bourbonnais de l'Université d'Ottawa.
Mais le meilleur exemple, à ce titre, est sans doute celui donné
par la plume de Patricia Smart de l'Université Carleton, dans ses
articles mais surtout dans son livre *Écrire dans la maison du
père*.

Tout cela étant dit, la critique psychanalytique ne peut
oublier de compter au nombre de ses fidèles — peut-être un peu
moins fidèle maintenant, à ce qu'il dit... — André Vanasse de
l'Université du Québec à Montréal, pour ses textes dans *Voix et
images* et pour son livre, *le Père vaincu, la Méduse et les fils
castrés*, sur «l'échec du couple et les conséquences que cette
fracture entraîne dans le système familial» (126). Il faut nommer
aussi les articles du regretté Henri-Paul Jacques, autrefois de

l'UQAM, de même que son ouvrage, *Du rêve au texte*, préfacé par Jean Bellemin-Noël.

Comme on l'a sans doute remarqué, incidemment, beaucoup des textes reconnus ici comme psychanalytiques ou psychanalysants sont des textes de portée théorique, où la jonction avec l'œuvre littéraire n'est pas toujours évidente, où l'analyse ne débouche pas nécessairement sur une lecture suivie et efficace d'une production d'écriture. Il me semble que ce constat crée un problème. Et là, comme Lacan, j'ose ne m'autoriser que de moi-même pour dire combien il m'apparaîtrait dangereux, pour la reconnaissance encore à venir de la psychanalyse textuelle, pour sa crédibilité et sa validité, de se satisfaire de cette trop rare présence de véritables analyses du discours, au bénéfice bien aléatoire de démonstrations nébuleuses portées à faire *dériver* le texte, plus qu'à en comprendre la parole, au plus près des mécanismes de langage propres à dire l'inconscient. La psychanalyse textuelle doit être — comme toute avenue critique — une véritable *poétique*, faite de l'examen de cette oscillation métaphoro-métonymique dont participe toute énonciation, ici entendue au seuil de l'imaginaire.

## Ouvrages cités

Belle-Isle, Francine. «Autobiographie et analyse; là où le rêve prend corps.» *Études littéraires* 17.2 (automne 1984): 371-380.

Bellemin-Noël, Jean. «Le Racontage ou le récit de rien.» *Études littéraires* 22.2 (automne 1989): 87-97.

Bourbonnais, Nicole. «Gabrielle Roy: la représentation du corps féminin.» *Voix et images* 14.1 (automne 1988): 72-89.

Chambers, Ross. «Le Masque et le miroir. Vers une théorie relationnelle du théâtre.» *Études littéraires* 13.3 (décembre 1980): 397-412.

Cliche, Anne-Élaine. «Un romancier de carnaval.» *Études françaises* 23.3 (hiver 1988): 43-54.

——. «La Lutte avec l'ange. Le corps à corps avec le Nom dans la prose de Yolande Villemaire. De *La Vie en prose* à *La Constellation du Cygne*.» *Voix et images* 11.3 (printemps 1986): 440-453.

——. «Paradigme, palimpseste, pastiche, parodie dans *Maryse* de Francine Noël.» *Voix et images* 11.3 (printemps 1987): 430-438.

Frémont, Gabrielle. «L'Effet Duras.» *Études littéraires* 16.1 (avr.1983): 99-119.

Gillibert, Jean. «L'Image en majesté.» *Protée* 17.1 (hiver 1989): 13-21.

Harel, Simon. «Créativité et symptomatologie dans la correspondance d'Artaud avec Jacques Rivière.» *Études littéraires* 22.2 (automne 1989): 73-86.

Jacques, Henri-Paul. «Un probable souvenir-écran chez Anne Hébert.» *Voix et images* 7.3 (printemps 1982): 449-458.

——. «Parenthèse et exôthèse chez André Major.» *Voix et images* 10.3 (printemps 1985): 34-69.

——. *Du rêve au texte: pour une narratologie et une poétique psychanalytiques.* Montréal: Guérin, 1988.

Kinsley, William. «Sexe et association dans *Tristram Shandy* et *Gravity's Rainbow*.» *Études françaises* 22.1 (printemps 1986): 37-51.

Laplanche Jean et J.-B. Pontalis. *Vocabulaire de la psychanalyse*. Paris: PUF, 1967.

Leblanc, Julie. «Glissements déictiques et récit schizophrénique dans *Après la boue* de Gilbert La Roque.» *Voix et images* 15.3 (printemps 1990): 352-362.

Mavrikakis, Catherine. «Femmes de chambre: du lieu de la bonne dans *La Passion selon G.H.*» *Études françaises* 25.1 (été 1989): 29-37.

McDonald, Christie. «Résonances associatives. La pensée analogique selon Denis Diderot.» *Études littéraires* 22.1 (printemps 1986): 9-51.

Michaud, Ginette. «Monsieur Songe sans y penser dit que... Théorie et pratique de l'association libre dans quelques textes de Freud.» *Études françaises* 22.1 (printemps 1986): 95-130.

——. «Transfert et refoulement dans la théorie psychanalytique. À propos de la notion d'inconscient collectif.» *Études littéraires* 22.2 (aut. 1989): 53-71.

Pascal, Gabrielle. «Stendhal: la naissance d'*Henry Brulard* ou à la recherche du «moi» perdu.» *Études littéraires* 17.2 (automne 1984): 283-309.

Péraldi, François. «De l'association dite «libre» en psychanalyse. Une monstration.» *Études françaises* 22.1 (printemps 1986): 83-93.

——. «Les images de la Scène.» *Protée* 17.1 (hiver 1989).

Robillard, Monic. «*Pour un Malherbe* ou l'autobiographie nouée.» *Études françaises* 17.1-2 (avril 1981): 129-142.

——. «De l'Œuvre à l'œuvre. *Les Noces d'Hérodiade.*» *Études littéraires* 22.1 (été 1989): 45-62.

Smart, Patricia. «Prométhées au féminin: l'écriture d'une nouvelle génération de femmes.» *Voix et images* 12.1 (automne 1986): 145-150.

——. «Entre la maison, l'eau et le cosmos.» *Voix et images* 12.2 (hiver 1987): 334-337.

——. «Impasses ou issues? L'imaginaire masculin face à la femme.» *Voix et images* 12.3 (printemps 1987): 555-560.

——. *Écrire dans la maison du père: l'émergence du féminin dans la tradition littéraire du Québec.* Montréal: Québec/Amérique, 1989.

Sullivan, Pierre. «Les Ruines de l'image.» *Protée* 17.1 (hiver 1989): 7-12.

Théry, Chantal. «Marguerite Duras. À corps perdu. La vie au fil de l'écriture, entre androgynie et anorexie.» *Études littéraires* 22.2 (automne 1989): 123-136.

Vanasse, André. «Du Chemin Taché à la Vallée de Jonathan.» *Voix et images* 7.1 (automne 1981): 35-43.

——. «Méduse photographiée.» *Voix et images* 10.3 (printemps 1985): 22-33.

——. *Le Père vaincu, la Méduse et les fils castrés.* Montréal: XYZ Éditeur, 1990.

Vidal, Jean-Pierre. «L'Intimité allusive ou le simulacre biographie.» *Voix et images* 13.2 (hiver 1988): 258-69.

——. «Passacaille: l'essaimage de la lettre envolée.» *Études littéraires* 19.3 (hiver 1986-87): 99-118.

——. «Mais sans or soupirer que cette vive nue... Anamorphose intertextuelle et métastase référentielle d'un sonnet enchâssé.» *Études littéraires* 22.1 (été 1989): 91-105.

Whitfield, Agnès. «Psychanalyse et critique littéraire au Québec, 1960-1980.» *Revue d'histoire littéraire du Québec et du Canada français* 14 (été-automne 1987): 95-108.

# La Narratologie au Québec
## (1967-1987)
## Que sont nos modèles devenus?

### Pierre Hébert
#### Université de Sherbrooke

Les gens d'un certain âge savent quelle effervescence ont engendrée, à la fin des années soixante et au début des années soixante-dix, les «nouvelles méthodes» d'alors: structuralisme, poétique, narratologie. Cet emballement, qui s'est peut-être calmé, a cependant lancé une poussée irréversible, ainsi qu'en témoigne aujourd'hui le prolongement de ces approches, tout comme, d'ailleurs, leur contestation: revalorisation de l'histoire (littéraire) et du sujet, déconstruction, etc.

Dans le cadre de ce colloque, il m'a semblé opportun de faire le bilan de l'une de ces théories, la narratologie, telle qu'elle a été pratiquée au Québec, entre 1967 et 1987. Dans l'enthousiasme du projet initial, j'étais loin d'en mesurer, cependant, toutes les difficultés. La principale, en fait, était de définir la narratologie de manière opératoire en fonction de l'objectif de ma réflexion; la seconde, de déterminer les lieux de manifestation de la narratologie: revues? monographies? thèses? colloques?

## 1. Description du problème (objet et corpus)

Je ne me lancerai pas dans un long préliminaire pour définir la narratologie. Ce qui semble clair, c'est que ce domaine de la théorie littéraire a eu tendance à se scinder en deux directions. L'une favorise l'analyse de ce que Genette appelle la «thématique», c'est-à-dire l'analyse des contenus narratifs (Propp, Greimas, Bremond), et qu'il conviendrait davantage d'appeler la sémiotique narrative; l'autre, l'étude du discours narratif proprement dit, dans la mesure où le narratif n'existe que par la médiation du discours. Dans la succession de Genette, Mieke Bal définit ainsi cette seconde voie:

> La narratologie est la science qui cherche à formuler la théorie des relations entre texte narratif, récit et histoire. Elle ne s'occupera ni des textes narratifs, ni de l'histoire pris isolément.(5)

Il semble, de plus, exact de dire que la narratologie s'ouvre, depuis une dizaine d'années, à une saisie davantage sémiotisée du récit littéraire. Jean-Michel Adam représente bien cette tendance dans son «Que sais-je?» consacré au récit:

> En examinant la mémorisation et la compréhension, la «lisibilité», l'attente du lecteur-auditeur, aussi bien que les instructions données par l'énoncé lui-même, le présent essai déplace la narratologie dans le sens d'une étude des *stratégies discursives*.(4)[1]

Dans le cadre de cette réflexion, j'ai cependant eu tendance à conserver une position confinée à la narratologie restreinte, dans le sens où Adam parle «d'instructions données par l'énoncé lui-même», et, ainsi, aux théoriciens que j'ai déjà nommés (Genette, Bal), dans l'optique de l'analyse du discours narratif; mais il aurait été impensable de tourner complètement le dos à Propp, Bremond, etc. Tout en mettant l'accent, donc, sur la narratologie comme analyse du discours narratif, nous resterons sensibles à l'analyse narrative que, d'ailleurs, l'analyse discursive présuppose, du moins jusqu'à un certain point.

Quel corpus choisir pour cet état de l'étude narratologique? Là encore, les avenues étaient multiples. Programmes d'enseignement, thèses et mémoires, colloques, articles de revues, monographies: voilà toutes des sources qui auraient pu être mises à contribution. Mais, on s'en doute, le cadre d'un exposé comme

---

1. Le classement bibliographique donné à la fin du volume d'Adam est d'ailleurs symptomatique de cet état de fait: a) Narratologie et poétique (Propp, Bremond, Genette, Todorov, Hamon, etc.); b) Sémiotique (Greimas, principalement); c) Énonciation (Bakhtine, Kerbrat-Orecchioni); d) Linguistique textuelle (Adam, Charolles, etc.).

celui-ci oblige certaines restrictions. Voilà pourquoi j'ai décidé de m'en tenir aux revues de recherche, en l'occurrence *Études françaises*, *Études littéraires* et *Voix et images,* pour les fins de cette présentation. Il ne fait aucun doute que, par leur ouverture à diverses tendances, par leur rapport plus direct, plus immédiat avec les recherches en cours, enfin, par le fait qu'elles couvrent toutes trois la période visée (ou presque), ces revues sont aptes à donner l'heure juste en narratologie au Québec depuis que cette discipline est pratiquée.

## 2. Description et groupement des revues

Pour situer chacune des revues vis-à-vis de la narratologie, voyons d'abord combien d'articles s'inscrivent dans ce champ:

| | |
|---|---|
| *Études françaises*: | 7 articles |
| *Études littéraires*: | 15 articles |
| *Voix et images*: | 26 articles |

Mais cette distribution ne veut pas dire grand-chose en soi si elle n'est pas mise en rapport avec le nombre d'articles total de chaque revue. Ainsi, on constate la proportion suivante:

| | |
|---|---|
| *Études françaises*[2]: | 7 / 262 (2,8%) |
| *Études littéraires*: | 15 / 416 (3,6%) |
| *Voix et images*: | 26 / 251 (7,4%) |

De plus, la distribution diachronique des articles narratologiques n'est pas dénuée d'intérêt, comme l'indique le tableau I.

On ne manquera évidemment pas de noter l'importance des quelque dix années qui vont de 1975 à 1984, et un ralentissement de l'activité narratologique à partir de 1985.

Toutefois, ce qui s'avère beaucoup plus important que ces petites compilations, c'est le positionnement de chacune de ces revues vis-à-vis de la narratologie: offrent-elles de simples exercices d'application? un questionnement critique? une

---

2.   Dans le cas de cette revue, il a parfois été difficile d'établir une frontière nette entre les articles de recherche et les notes et documents.

réflexion épistémologique? comment se situent-elles par rapport à la discipline et à ses limites, voire ses contradicteurs? En fonction de ces questions, il nous faut diviser les revues en deux groupes: *Études françaises* et *Études littéraires* d'une part, et *Voix et images* d'autre part.

**Tableau I**

Distribution diachronique des articles narratologiques

| | 1967 | 70 | 71 | 72 | 73 | 74 | 75 | 76 | 77 | 78 | 79 | 80 | 81 | 82 | 83 | 84 | 85 | 86 | 87 | | |
|---|---|---|---|---|---|---|---|---|---|---|---|---|---|---|---|---|---|---|---|---|---|
| *EF*: | | | 1 | | | | 3 | | | | | 2 | 1 | | | | | | | = | 7 |
| *EL*: | 1 | | | 3 | 3 | | | 1 | 2 | 3 | | 1 | 1 | | | | | | | = | 15 |
| *VI*: | | | 1 | 2 | 2 | 2 | 2 | 3 | 2 | 2 | 3 | 2 | 2 | 1 | 1 | 1 | | | | = | 26 |
| Total: | 1 | | 2 | 5 | 5 | 2 | 5 | 4 | 4 | 5 | 3 | 5 | 4 | 1 | 1 | 1 | | | | = | 48 |

Cette distinction tient non seulement au fait que seule *Voix et images* porte sur un corpus exclusivement québécois, mais aussi, surtout, devrais-je dire, parce que *Études françaises* et *Études littéraires* offrent une réflexion critique et épistémologique importante, ce que ne fait aucunement *Voix et images*. Voyons d'abord le cas de ces deux premières revues.

## 3. *Études françaises* et *Études littéraires*

### 3.1. *Études françaises*

Bien qu'elle soit celle qui offre le moins d'études d'inspiration narratologique, *Études françaises* est la revue qui pose le plus un questionnement critique, épistémologique, en cette matière. Le parcours narratologique d'*Études françaises* se déroule en trois phases successives qu'on peut libeller ainsi: études d'application (1972), examen des limites et des frontières (1978-1983), questions épistémologiques et ouverture du champ

(1983- ).

Il n'y eut qu'une étude qu'il conviendrait d'appeler «étude d'application», en 1972, sur le décor romanesque, par François Ricard.[3] Toutefois, si cette application semble être un fait isolé, je tiens à signaler qu'*Études littéraires* tout aussi bien que *Voix et images* ont, elles aussi, établi leur premier contact avec la narratologie au moyen, justement, d'études d'application. Mais revenons à *Études françaises*.

S'il est un lieu où cette revue s'est distinguée de toutes les autres, c'est bien sur l'examen de ce qu'il conviendrait d'appeler ici les «frontières de la narratologie», entre 1978 et 1983. Ce questionnement critique est le fait, en particulier, d'un numéro entier consacré à la narratologie (14/1-2, 1978), et qui affiche clairement sa position en page 4 de la couverture:

> Ce numéro se voudrait le témoignage des questions posées actuellement au texte (littéraire ou pas: on tend à refuser le cloisonnement) et qui semblent significatives de la direction prise ces dernières années par la recherche narratologique. Sans jamais perdre de vue le contrat de lecture inscrit dans le texte, il s'agira d'interroger des points de risque du récit, zones privilégiées en ce qu'elles établissent les règles du jeu, mais jusqu'à tout récemment négligées tant elles paraissaient «aller de soi» [...]

Et ce numéro tient ses promesses! On notera en particulier les trois études signées par Jeanne Demers, Jean-Jacques Nattiez et Michel Laugaa qui interrogent, chacune à sa manière, les limites du narratif, poussé jusqu'au non narratif (J. Demers), jusqu'au jaillissement symbolique (J.-J. Nattiez), ou à la circularité auto-destructrice (M. Laugaa). Mais, de tous les articles parus dans les trois revues, c'est véritablement celui de Nattiez qui questionne avec le plus de lumières nouvelles la notion de récit. Quelle est la nature de ce questionnement?

S'opposant aux conceptions du récit affiliées à Propp, Bremond et Todorov, Nattiez propose une saisie du récit comme aventure, comme effet plus ou moins contrôlable. Le structura-

---

3. Toutes les références aux articles cités sont regroupées dans la bibliographie donnée en fin de texte. Les autres articles consultés, trop nombreux, ne figurent cependant pas dans cette bibliographie.

lisme et, de là, l'analyse narrative, sont vus comme une machine
propre à identifier une structure, à aplanir les contre-sens; mais,
dit Nattiez, le vrai récit est ailleurs, et «le contre-sens est une des
données constitutives d'un récit» (96). Dans sa réflexion sur les
rapports entre le récit musical et le récit littéraire, Nattiez ne peut
qu'arriver à cette conclusion: «La correspondance des arts ne doit
donc pas être recherchée dans les homologies textuelles, mais
dans les *processus* perceptifs et créatifs à l'œuvre dans la
confrontation et la comparaison de faits symboliques d'ordre
différent» (120). La conception totalisante, homogénéisante de la
narratologie se trouve ici dépassée par un point de vue qui
accueille tout à la fois l'irréductible d'ordre structurel et le
processus perceptif. Ce déplacement annonce sans doute l'importance qui sera accordée au lecteur dans la théorie narrative.
Quelques années plus tard, Françoise Gaillard abordera le récit
comme «modèle structurant» pour le discours de la monographie
médicale, point de vue qui n'est pas étranger à celui de Nattiez,
puisque le récit est perçu moins comme une structure que comme
un principe structurant. Se trouve en même temps remise en
question la dichotomie idéaliste histoire/discours, fortement
critiquée depuis quelques années.

Passons maintenant à la dernière phase, celle des questions
épistémologiques et de l'ouverture du champ (1983- ). Les deux
articles de cette période — et si on dépassait 1987, il faudrait
ajouter celui d'André Belleau — poussent le questionnement
encore plus loin. Martine Léonard propose ainsi un parcours du
déplacement du rapport entre le langage scientifique et le langage
littéraire en trois temps; Walter Moser analyse le structuralisme,
la sémiotique et la déconstruction comme effets de mode. Les
remarques qu'il fait au sujet de l'oblitération du sujet et du
contexte historique, dans le cas du structuralisme, valent tout
autant pour la narratologie; enfin, Belleau insiste sur la nécessité,
pour la narratologie, d'intégrer le «concept bakhtinien de
dialogisme» (9).

Comme on le voit, la part qu'*Études françaises* accorde à la
narratologie, si elle est quantitativement faible, est cependant
importante pour faire avancer ce domaine de la poétique. On
notera en particulier que la grande majorité des études fréquente
les frontières tant des genres que de la théorie elle-même. Sur le

plan des genres, les articles portent sur la «sornette» (Jeanne Demers), le récit musical (Jean-Jacques Nattiez), le récit de liste (Michel Laugaa), le discours médical (Françoise Gaillard); sur le plan des concepts théoriques, l'instance la plus étudiée est l'histoire, sans cesse poursuivie jusqu'aux limites du non-narratif ou de ses rapports ambigus avec le discours.

### 3.2. *Études littéraires*

Le cas de la revue *Études littéraires* est quelque peu différent: son positionnement vis-à-vis de la narratologie a eu tendance à favoriser deux aspects négligés par *Études françaises*, soit «l'ouverture discursive» et la liaison avec l'histoire littéraire.

En 1989, on pouvait lire dans *Poétique*:

> Le développement de la narratologie s'accompagne d'une prise de conscience de plus en plus vive de la nature discursive du récit, de sa constitution comme acte de parole, des conditions de son émission et de sa réception. (Mathieu-Colas 387)

Cette ouverture de la narratologie, certains collaborateurs d'*Études littéraires* l'avaient comprise bien avant. En effet, dès 1975 paraissaient deux articles témoignant de cette orientation discursive: une étude de Louis et Marie Francœur sur deux contes vus comme actes de langage narratifs, et où sont étudiés avec soin les signaux narratifs entre l'émetteur et le récepteur, et un essai de méthode de Mario Valdès qui tente de greffer une théorie de la lecture à la théorie narratologique. Dans cette voie qui prête une attention particulière à l'énonciation et aux actes de langage, il convient de signaler également l'article de Jeannette Laillou Savona sur le théâtre (1980).

Si plusieurs études parues dans cette revue peuvent être qualifiées d'applications critiques (Somville, Brodeur, Bouchard, Baby), une préoccupation pour l'inscription de l'histoire littéraire dans la narratologie se manifeste dès 1978 (Mignolo). Mais il faut bien sûr noter de manière toute spéciale le numéro consacré à la «Sémiotique textuelle et histoire littéraire du Québec» (1981) où, articulant un modèle système/norme/usage, se trouve tentée une des rares démarches relevant de l'histoire des formes littéraires.

Le cas d'*Études littéraires* est ainsi doublement intéressant. D'abord, il ouvre la narratologie très tôt non seulement à un questionnement critique, mais aussi à une saisie de la nature discursive de la communication littéraire; ensuite, il manifeste un intérêt pour l'histoire des formes littéraires qui ne se retrouve nulle part ailleurs.

## 4. *Voix et images*

Avec *Voix et images*, c'est une tout autre perspective qui est adoptée face à la narratologie. En effet, il ne s'y trouve pratiquement aucun article qui remette en question l'un ou l'autre aspect de la théorie du discours narratif: la majorité sont des applications, et l'orientation qui domine ici, je la qualifierais de sociocritique. Toutefois, étant donné que *Voix et images* est la seule revue consacrée exclusivement aux lettres québécoises, voyons de plus près comment la narratologie a été mise à contribution dans ce champ particulier. Les renseignements livrés ici ont été tirés de l'*Index-Thesaurus 1967-1987*.

Notons d'abord que, sur les 351 études parues dans la revue, la narratologie arrive quatrième comme approche:

|  |  |
|---|---|
| études thématiques: | 101 |
| études sociocritiques: | 43 |
| études d'histoire culturelle: | 36 |
| études narratologiques: | 26 |

Dans les 26 articles recourant à l'approche narratologique, les auteurs les plus cités[4] sont: Genette (14 occurrences), Barthes (6), Bremond, Todorov et Hamon (5), Benveniste (4), Propp et Ricardou (3), Weinrich et Bal (2). Sur le plan du corpus, le roman du XIX$^e$ siècle se voit consacrer 4 études narratologiques, celui du XX$^e$, 18 (dont 14 après 1960), et les autres genres, 2; deux articles ne portent sur aucun corpus particulier. Les auteurs les plus étudiés sont Aquin et Roy (3), Godbout et Hébert (2), Aubert de Gaspé fils, Tardivel, Langevin, Lacombe, Grignon, Y. Thériault, Renaud, Beaulieu, Ferron, Ringuet, G. Bessette, La Rocque et Ducharme (1).

---

4. Sans tenir compte des récurrences dans le même article.

C'est cependant la distribution diachronique de ces données qui est la plus intéressante, comme le montre le tableau II.

On notera, dans ce tableau:

1) la permanence de Genette, en même temps que la quasi-disparition de Barthes, Bremond et Todorov; et

2) une succession d'intérêt presque linéaire porté aux corpus: le roman du XIXe siècle entre 1972 et 1978, celui de 1900-1960 entre 1975 et 1979, et le roman depuis 1960 entre 1979 et 1987.

## Tableau II

*Voix et images*
Narratologues cités et corpus étudiés

| | 1967-71 | 72 | 73 | 74 | 75 | 76 | 77 | 78 | 79 | 80 | 81 | 82 | 83 | 84 | 85 | 86 | 87 |
|---|---|---|---|---|---|---|---|---|---|---|---|---|---|---|---|---|---|
| Genette: | | | | | * | | * | * | * | ** | | ** | ** | * | * | * | * |
| Barthes: | * | | | | | * | ** | * | | | | | | | | | * |
| Bremond: | * | | | | * | | * | ** | | | | | | | | | |
| Todorov: | * | | | | * | | | | * | | | | * | | * | | |
| Hamon: | | | | | * | * | * | | | | | | | | | * | * |
| Roman XIXe: | * | | | | * | * | * | | | | | | | | | | |
| Roman 1900-1960: | | | | | * | * | * | * | | | | | | | | | |
| Roman 1960-: | | | ** | | | | | * | ** | * | | *** | ** | * | | * | * |

Terminons ce parcours de *Voix et images* pour reprendre ce qui a été signalé au tout début: la préoccupation socio-critique. En effet, plusieurs études tentent de conjuguer la lecture narratologique et les préoccupations «sociales» (Andrès, Piette, Frot, Filteau, Bishop, entre autres). Aucune des deux revues que j'ai analysées précédemment n'avait une telle constellation d'orientation et, en cela, *Voix et images* se distingue clairement.

## 5. Conclusion

Pour conclure, j'espère tout d'abord qu'on ne me tiendra pas trop rigueur de m'être limité aux revues de recherche littéraire. Certes, une telle restriction était nécessaire, vu le cadre de cette étude. Mais soyons plus positifs, et disons que cette focalisation sur les revues présente en outre certains avantages. En effet, la revue est assurément le lieu le plus apte à rendre compte de mon propos, dans la mesure où elle présente avec un recul minimal l'état de la recherche, avec tous les effets de mode qui peuvent jouer. La monographie, le livre, la thèse sont suspects de ce point de vue, puisque leur temps d'élaboration et de publication les tire presque en dehors de la diachronie. Avec la revue, si je peux me permettre une métaphore narratologique, la distance entre le temps de narration et celui du narré est réduite au minimum. Dès lors, le statut de la revue dans la recherche semble particulièrement approprié à une investigation de ce genre.

Et quelles conclusions se dégagent de cette réflexion sur la narratologie? Je ne reviendrai pas sur le positionnement des trois revues vis-à-vis de cette théorie du discours narratif, que j'espère avoir établi assez clairement. Mais ce qu'il faut remarquer, en guise d'observation, c'est la pauvreté relative de la réflexion théorique en narratologie, de même que le peu d'intérêt pour la création de modèles d'analyse. Il n'est pas facile d'expliquer cette anémie, et il faut bien sûr éviter toute conjecture facile. On ne peut s'empêcher de constater, cependant, une sorte d'obsession du corpus, qu'il fallait légitimer au moment où la narratologie faisait ses belles heures, et analyser, interpréter ensuite. Cette obsession du corpus a-t-elle fait écran à la réflexion théorique? Explique-t-elle le fait que l'importation de méthodes satisfaisait les besoins de l'analyse?

J'entends, et avec raison, l'argument selon lequel cette carence tient au fait que justement, au Québec, nous n'avons pas de revue orientée vers la théorie. Cela est vrai, tout autant d'ailleurs que la proposition inverse: c'est parce que le besoin n'y était pas que nous n'avons pas eu de lieu théorique véritable. Tournons-nous du côté du Canada anglais où la question du corpus ne se pose pas, ou certainement pas dans les mêmes termes qu'au Québec: en revanche, les lieux de débat théoriques y existent, et je pense en particulier aux revues *Texte* et *Recherches sémiotiques*. Toute chose étant relative, il ne faut pas passer sous silence, cependant, les contributions récentes de la revue *Protée*, avec un numéro sur «le point de vue» et un autre numéro prévu sur la narratologie.

Certes, si l'on regarde autour de soi, l'obsession du corpus est présente, plus que jamais, se révélant à travers des projets sur l'histoire littéraire, l'édition littéraire, le dictionnaire des œuvres, les best-sellers, la paralittérature, les éditions critiques. Il y a de cela à peine vingt ans, la nécessité, l'urgence même de modèles de description se posait avec acuité. Que sont nos modèles devenus?

# Ouvrages cités

Adam, Jean-Michel. *Le Récit*. Paris: PUF («Que sais-je»), 1984.

Andrès, Bernard. «Le Trou dans *La Terre paternelle*.» *Voix et images* 2.3 (1977): 365-374.

——. «Tardivel et le roman chrétien de combat.» *Voix et images* 2.1 (1976): 99-109.

Baby, François. «Du littéraire au cinématographique.» *Études littéraires* 13.1 (avril 1980): 11-41.

Bal, Mieke. *Narratologie*. Paris: Klincksieck, 1977.

Belleau, André. «Du dialogisme bakhtinien à la narratologie.» *Études françaises* 23.3 (automne 1988): 9-17.

Bishop, Neil. «Distance, point de vue, voix et idéologie dans *Les Fous de Bassan* d'Anne Hébert.» *Voix et images* 9.2 (1984): 113-129.

Bouchard, Guy. «Qu'arrivera-t-il à notre héros?» *Études littéraires* 12.2 (août 1979): 143-183.

Brodeur, Jean-Paul. «Quelques remarques sur la théorie des récits.» *Études littéraires* 9.3 (décembre 1976): 525-553.

Demers, Jeanne. «De la sornette à *L'Amante anglaise*: le récit au degré zéro.» *Études françaises* 14.1-2 (avril 1978): 3-20.

*Études françaises* 14.1-2 (avril 1978). «Le Fil du récit.»

*Études littéraires* 14.1 (avril 1981). «Sémiotique textuelle et histoire littéraire au Québec.»

Filteau, Claude. «*Le Cassé* de Jacques Renaud: un certain parti pris sur le vernaculaire français québécois.» *Voix et images* 5.2 (1980): 271-289.

Francœur, Louis et Marie. «Deux contes nord-américains considérés comme actes de langages narratifs.» *Études littéraires* 8.1 (avril 1975): 57-80.

Frot, Jeannine. «*Charles Guérin*: des fonctions ou une fonction... .» *Voix et images* 4.2 (1978): 258-263.

Gaillard, Françoise. «Le Discours médical pris au piège du récit.» *Études françaises* 19.2 (automne 1983): 81-95.

Hébert, Pierre et Wilder, Bill. *Voix et images. Index-Thesaurus 1967-1987*.

Laillou Savona, Jeannette. «Narration et actes de parole dans le texte dramatique.» *Études littéraires* 13.3 (décembre 1980): 471-493.

Laugaa, Michel. «Le Récit de liste.» *Études françaises* 14.1-2 (avril 1978): 155-181.

Léonard, Martine. «De la science comme cliché, ou comment penser la littérature.» *Études françaises* 19.2 (automne 1983): 97-110.

Mathieu-Colas, Michel. «Récit et Vérité.» *Poétique* 80 (novembre 1980).

Mignolo, Walter. «La Poétique et les changements littéraires.» *Études littéraires* 8.2-3 (août/décembre 1975): 241-267.

Moser, Walter. «Mode — moderne — postmoderne.» *Études françaises* 20.2 (automne 1984): 29-48.

Nattiez, Jean-Jacques. «Récit musical et récit littéraire.» *Études françaises* 14.1-2 (avril 1978): 93-121.

Piette, Alain. «*Un homme et son péché*: l'innocente avarice ou le masque idéologique.» *Voix et images* 4.1 (1978): 107-128.

*Protée* 16.1/2 (hiver-printemps 1988-89). «Le Point de vue fait signe.»

*Protée* 19.1 (hiver 1991). «Narratologies: États des lieux.»

Ricard, François. «Le Décor romanesque.» *Études françaises* 8.4 (novembre 1972): 343-362.

Somville, Léon. «Alphonse Daudet, un essai d'analyse fonctionnelle.» *Études littéraires* 4.3 (décembre 1971): 275-295.

Valdès, Mario. «Le Texte narratif.» *Études littéraires* 8.2-3 (août/décembre 1975): 201-240.

# Grandeurs et misères
# de la sémiotique

Gilles Thérien
Université du Québec à Montréal

En septembre 1966 se tenait en France une réunion importante pour l'histoire de la critique littéraire. Déjà, 1966 était une
bonne cuvée: *les Mots et les Choses* de Foucault, *Critique et
vérité* de Barthes, *Sémantique structurale* de Greimas et *Figures*
de Genette auxquels il faut ajouter, bien sûr, le numéro 8 de
*Communications* consacré à l'analyse structurale des récits et dont
on sait la fortune encore aujourd'hui. Lévi-Strauss faisait paraître
ses *Mythologiques* alors que les *Éléments de sémiologie* de
Barthes étaient déjà connus. C'est donc dans ce contexte, un peu
«feu d'artifices», que se réunissent des critiques littéraires, en
général professeurs d'université, qui veulent en avoir le cœur net
sur les soubresauts causés par ces nouvelles factions d'une sorte
de critique «hors les murs». Parmi eux se trouvent, entre autres,
trois jeunes critiques, l'un, assistant de littérature, a 36 ans,
l'autre, chargé de cours, en a 24, et le dernier qui, à 34 ans, est
toujours instituteur. On aura peut-être reconnu Genette, Leenhardt
et Ricardou. Ils sont bien entourés. Nous sommes à Cerisy sous
la direction de Georges Poulet. C'est le décor des *Chemins
actuels de la critique*, publié l'année suivante chez Plon. Sont
absents Picard et Barthes mais aussi Foucault, Greimas et
quelques autres. Qu'on me permette ici de citer quelques brefs
passages de cette importante rencontre dont on pourrait dire
qu'elle préfigure la série indéfinie des bilans sur ce qui constitue
la nature essentielle de notre pain quotidien. Ces citations

volontairement hors contexte me permettront de poser ensuite un
certain nombre de questions autour de la sémiotique.

L'œuvre de Eco [*l'Œuvre ouverte*] a eu un très grand succès,
même en Italie. [C'est un Italien qui parle.] Tout ce que dit Eco
est très brillant, mais il n'y a aucune idée, je pense, qui soit
vraiment d'Eco. Pour la partie musicale, c'est une théorie exposée
d'une manière très claire, mais sans originalité. Ce qu'il dit de
Joyce, qui me semble remarquable, reprend l'idée de Valéry
(reprise par Barthes) du langage pluriel. J'ai beaucoup apprécié
tout ce qui concerne au contraire les remarques sur Joyce (je ne
suis pas angliciste). [Aldo Rossi] (Poulet 69)

Donc, quoique la démarche de Foucault soit extrêmement brillante
et stimulante, je ne vois pas la raison pour laquelle elle m'écarte-
rait d'une démarche phénoménologique. [Paul de Man] (98)

La question, puisque nous débouchons sur la querelle du structuralisme, est de savoir si les méthodes structuralistes, telles qu'elles
ont été élaborées par les linguistes et par Lévi-Strauss, sont
applicables à la littérature en tant qu'elle est l'œuvre de quelqu'un.
Je laissais entendre qu'elle pourrait être applicable à une para-litté-
rature mais cela est autre chose. [Jean Rousset] (117)

Barthes part de la forme et procède à son analyse dans l'esprit du
structuralisme; mais comme il s'agit d'un langage significatif,
Barthes ne peut manquer d'effleurer la *cosa mentale* dans ses
rapports avec la structure. La voie suivie par Starobinski est
inverse et, peut-on dire, complémentaire: il part de la *cosa mentale*
et analyse les Maximes dans une perspective psychologique,
psychanalytique, sociologique, pour déboucher sur leur structure.
[Boris de Schloezer] (163)

C'est un peu exaspérant d'entendre certaine nouvelle critique parler
comme s'il y avait unicité de l'objet littéraire. Cela me paraît un
manque de respect à l'égard du concret, des êtres et des choses.
[Gérald Antoine] (285)

Je m'étonne un peu que vous n'ayez pas cité, dans votre énuméra-
tion des travaux actuels, la *Sémantique structurale* de Greimas, qui
me paraît être l'approche la plus en pointe (dans votre ligne) d'une
organisation parfaitement rigoureuse des signifiés. [Jean-Pierre
Richard] (308)

Il est intéressant de noter que le débat entre l'ancienne et la nouvelle critique passe d'abord par Marx, Freud et Lacan avant de passer par les structuralistes. Toutes les questions sont posées, toutes les acrimonies sont étalées. Où en sommes-nous un quart de siècle plus tard dans le domaine que je connais le mieux, celui de la sémiotique et de son apport à la critique littéraire? Avant de tirer des conclusions au moins provisoires, je veux faire état ici d'un autre petit travail de recherche auquel je me suis adonné et qui n'est pas sans référence au précédent.

Je me suis servi de l'*Index-Thesaurus* de *Voix et Images* pour avoir une vue d'ensemble de l'usage fait de la sémiotique littéraire de 1967 à 1987. J'ai aussi parcouru quelques autres revues, *Études françaises*, *Études littéraires* et *Protée* pour voir dans quelle mesure la sémiotique s'était implantée dans le discours critique général au Québec. Mon travail n'a rien de rigoureux au plan statistique car l'ampleur des données exigerait en fait une véritable recherche qui serait un premier pas dans la constitution d'une histoire de la sémiotique au Québec.

Avant d'établir l'apport de la sémiotique, il faut d'abord exercer une sorte de contrôle sur l'usage du vocabulaire. Ainsi, Pierre Hébert et Bill Winder, dans le guide d'utilisation de l'*Index-Thesaurus* de *Voix et images*, définissent la catégorie «approche» de la façon suivante: «Ce champ indique la ou les approches méthodologiques dominantes de l'entrée» (8) mais ils ajoutent à la catégorie suivante, «Auteurs critiques cités»: «Dans le champ précédent, la classification des articles relève dans une certaine mesure d'appréciations subjectives. Ce champ-ci, en donnant la liste des auteurs critiques cités, offre au lecteur des données objectives sur l'approche de l'article» (9). De fait, en parcourant l'*Index-Thesaurus*, j'en suis venu à une liste nouvelle et assez intéressante de ce que j'appellerai, dans le sens le plus large possible, la sémiotique littéraire au Québec. Mais cela n'a été possible qu'en regroupant diverses approches définies par l'*Index* et en éliminant de chacune les articles qui, de toute évidence, ne convenaient pas à cette appellation. J'ai donc regroupé sous l'étiquette «sémiotique littéraire» les approches définies comme sémiologique, sémiotique, sémio-narrative, sociosémiotique, structuraliste, pragmatique, narratologique, linguistique et «intertextualité». Ces regroupements ont été faits à partir de caractéristiques les plus objectives possible: les auteurs cités, la nature de l'étude, l'auteur de l'étude. On comprend mal la distinction faite dans l'*Index* entre narratologie et sémiotique narrative comme si l'une s'occupait de signes et l'autre pas, ou mieux comme s'il fallait renvoyer les pères fondateurs dos à dos. C'est aussi un peu le cas du structuralisme. Par exemple, dans *Chemins actuels de la critique*, le mot «sémiologie» n'apparaît que deux ou trois fois alors que «structuralisme» vient qualifier toutes les entreprises de la nouvelle critique qui ne sont pas uniquement psychanalytiques. La psychocritique, de même que la sociologie de la littérature, semble accepter volontiers cette étiquette. L'intertextualité a été rapatriée chaque fois que le texte s'organisait autour d'autres textes et que les références étaient soit Genette, soit Kristeva. Les erreurs ne doivent pas être très nombreuses puisque nous retrouvons alors un noyau de chercheurs qui, à un moment ou à un autre, ont fait dans le domaine large de la sémiotique littéraire ou encore qui y sont toujours. Faute d'index-thesaurus, il m'a été impossible de faire les mêmes constatations dans les autres revues, mais j'en ai tiré des informations générales intéressantes.

En dehors de toute allégeance précise, la sémiotique s'implante assez lentement au Québec. En 1974, dans *Études françaises*, on retrouve un article de Jean-Jacques Nattiez sur la question. Auparavant, la sémiotique n'existe qu'à titre de références de bas de page sans qu'il n'y ait nulle part une quelconque efficacité visible de ces notes dans le texte. Par exemple, dans le premier numéro d'*Études françaises* en 1965, un article sur le conte ne comporte aucune trace des travaux structuralistes dans le domaine, et ils sont déjà importants, qu'on songe seulement à Lévi-Strauss par exemple. Au milieu des années 70, le même auteur aura intégré Propp, Lévi-Strauss, Bremond... Il faut dire que la revue gardera pendant une bonne dizaine d'années une distance assez grande vis-à-vis de ces nouvelles modes dont on parle volontiers comme des choses qui se font ailleurs mais qui ne peuvent pas concerner les vrais littéraires. À l'époque, *Études françaises* publie des poèmes, des textes littéraires et oscille encore entre la revue universitaire et la revue culturelle. Un phénomène analogue se retrouve dans *Études littéraires* qui attendra 1975 pour s'adonner à la sémiotique littéraire. Toutefois, l'orientation «histoire littéraire» et «sociologie de la littérature» est déjà bien en place dans la revue. Au hasard des numéros thématiques, les deux revues laisseront une place assez grande à la réflexion sémiotique mais sans jamais lui accorder un quelconque privilège. La situation est tout à fait différente à *Protée*. À ses débuts, cette revue est divisée en secteurs consacrés à différentes disciplines des sciences humaines. Ce n'est que vers 1982 que la revue deviendra une revue des arts et des lettres et ce n'est qu'en 1985 qu'elle indiquera, par voie éditoriale, le privilège qu'elle entend accorder à la sémiotique. En un sens, nous nous retrouvons devant deux continuités, celle de *Protée* qui s'engage carrément dans l'exploration sémiotique et qui est, au Québec, la seule revue de sémiotique discursive et visuelle tout autant préoccupée par la théorie que par la pratique et *Voix et images* qui, malgré un interdit persistant contre la réflexion théorique, devient un lieu naturel d'application de la sémiotique littéraire. Le premier article date de 1972 et il est signé conjointement par deux étudiants. On compte entre 1972 et 1987, 67 études qui ont à voir directement avec la sémiotique littéraire. Le tableau de la fréquence de parution est intéressant:

| | | | |
|---|---|---|---|
| 1972:1 | 1976:6 | 1980:5 | 1984:6 |
| 1973:2 | 1977:5 | 1981:9 | 1985:1 |
| 1974:1 | 1978:6 | 1982:7 | 1986:2 |
| 1975:5 | 1979:5 | 1983:4 | 1987:2 |

Depuis 1987, peu d'articles affichent leurs couleurs théoriques; on pourrait en compter deux ou trois, dont un dans la dernière livraison de la revue. Cet étalement du rythme de publication dans une revue qui n'a jamais eu d'autre objectif majeur que celui de l'étude du corpus québécois est intéressant parce qu'il met en valeur une statistique en forme de plateau: trois ans au départ pour se permettre d'utiliser des méthodes nouvelles, dix ans d'usage régulier, puis retour à une fréquence basse et, cela, au-delà même de 1987. Que faut-il comprendre? Il s'agit peut-être d'une mode... Elle commence lentement, s'établit avec une certaine vigueur puis disparaît. Il y a probablement un peu de cela mais, lorsqu'on y regarde de plus près, on s'aperçoit au contraire que les auteurs qui se réclament de la sémiotique littéraire sont constants dans leurs pratiques. On pourrait, au même titre, se demander si la baisse des publications se réclamant de la sémiotique n'est pas l'effet d'une politique éditoriale. Cet argument ne semble pas pouvoir être retenu puisque les thématiques, les dossiers de la revue, sont toujours axés généralement sur des auteurs québécois et qu'il n'y a, à ce niveau, rien qui concerne les approches de façon spécifique.

Je ferai donc une première hypothèse. La fréquence de parution est le reflet de la maîtrise que les différents chercheurs se donnent en sémiotique littéraire. J'en veux pour preuve le choix de l'application sur des poèmes et sur des œuvres en prose, contes, récits et romans, répétant ainsi les expériences conduites plus tôt en France. On peut aussi penser, et la liste des auteurs va dans ce sens, que les méthodes de la sémiotique littéraire sont de plus en plus intégrées et ont de moins en moins besoin de se signaler comme méthode. Elles cherchent plutôt à se mettre au service des œuvres étudiées. Si l'on pouvait compiler les données pour l'ensemble des revues québécoises de même que pour les publications de monographies et d'essais et raffiner encore plus nos observations, il serait possible d'invoquer ces diverses informations pour appuyer l'argument que je vais maintenant développer à titre d'hypothèse mais non à titre hypothétique.

Le débat de l'ancienne et de la nouvelle critique tel qu'on le retrouve au colloque de Cerisy, dans *Pourquoi la nouvelle critique* de Doubrovsky, dans les échanges Picard-Barthes, est un débat d'une extrême importance. Il sanctionne le passage de la littérature du domaine des beaux-arts à celui des sciences humaines. Si les discussions se font généralement entre professeurs de littérature, le signal a été donné ailleurs : Marx, Lénine, Lukacs, les formalistes russes, Freud et Lacan, Mauss, Lévy-Bruhl, Dumézil et Lévi-Strauss, Bloch et Febvre, Heidegger, Merleau-Ponty, Sartre et Bachelard pour n'en citer que quelques-uns. La littérature devient partie prenante du débat des sciences humaines, elle apparaît comme un cas de figure de la linguistique. Ce qui est mis en cause, c'est la nature de l'objet et son mode de connaissance. La littérature devient un objet pour toutes les sciences humaines. En tant que discours, elle participe de plein pied à l'entreprise d'anthropologie culturelle de la société

moderne qui se développe à côté de celle des primitifs. Le
critique traditionnel qui a fait du partage spirituel avec les auteurs
et les époques le fondement de sa pratique se trouve subitement
mis en demeure de s'expliquer «scientifiquement» sur ses propres
postulats et, parallèlement, tout à côté de lui, se forme une
nouvelle classe de littéraires qui n'ont à la bouche que linguistique, psychanalyse, effets de classe et qui cherchent à établir des
méthodologies valables pour un ensemble important de textes. En
fait, l'ancienne critique est minée tant de l'intérieur par ses
propres habitudes que par les opposants qui montent à l'assaut.
Le même phénomène se produit au Québec avec un retard qui
oscille entre cinq et dix ans, selon les milieux, et avec beaucoup
moins de cohérence que celle qui a été mise en jeu en Europe,
cohérence qui tire sa force de tous les phénomènes intellectuels
qui accompagnent les deux grandes guerres et les alignements
idéologiques qui s'ensuivirent.

Il est temps de revenir à notre titre et de parler des grandeurs
de la sémiotique. Dans le transfert de la littérature au domaine
des sciences humaines, l'analyse structurale a d'abord pris le nom
de sémiologie, en hommage à Saussure. Elle s'est voulue le mode
d'intégration du discours littéraire critique. Il ne fallait plus
laisser parler son âme spontanément mais regarder comment les
textes sont faits, à quelles lois ils obéissent; en somme, quelle est
leur structure et dans quelle mesure une structure donnée en
répète une autre ou se trouve intégrée à un niveau supérieur dans
une structure plus large, celle du genre par exemple. Le rapport
intimiste à l'auteur est aussi remis en question puisqu'il est bien
impossible d'établir un rapport de cause à effet entre son
intentionnalité et le texte que le critique trouve devant lui. Cette
sémiologie qui cherche à s'établir au début des années 60 se
trouve soudainement dépassée par le projet greimassien d'une
sémiotique, c'est-à-dire d'une science raisonnée du langage. Le
projet greimassien démarre un peu plus tard mais restera à
l'avant-scène de la sémiotique littéraire jusqu'en 1986, date de la
parution du second dictionnaire de ce qui est devenu l'École de
Paris, titre qui s'est malheureusement présenté comme une forme
d'au revoir. Parallèlement, d'autres sémiotiques littéraires ont
existé, celle du Barthes de *S/Z*, celle de Todorov et de ceux qui
s'intéresseront de plus en plus aux grammaires du récit ou aux

grammaires textuelles, celle de Kristeva qui tentera de faire converger sémiotique, psychanalyse et marxisme et, enfin, la sémiotique de Genette, puisqu'il faut bien le reconnaître, la narratologie de Genette est un autre nom pour dire sémiotique littéraire. Dans *Nouveau discours du récit*, Genette s'étonne que la sémiotique n'ait pas revendiqué le terme de narratologie, comme s'il pouvait y avoir une raison à cela autre que celle du pouvoir (12), c'est-à-dire pour une étude qui se donne comme objet «le respect des mécanismes du texte» (8). À ces tentatives, il faut ajouter l'effort de Eco pour allier la tradition peircéenne de la sémiotique à la tradition saussurienne, tout particulièrement dans *Lector in fabula*. On pourrait continuer longtemps cet inventaire en passant par les études sur la lecture et le développement des perspectives sémio-cognitives. En somme, si l'on s'écarte des querelles de clocher, de sectes, de pouvoirs et de chaires, il demeure une chose très évidente: la littérature s'est engagée de façon irréversible dans la voie de développement des sciences humaines et a fait de l'analyse textuelle, de la description de son objet, le fait littéraire, un préalable à tout discours.

Misère de la sémiotique aussi quand elle a voulu, sous quelque label que ce soit, se substituer au fait littéraire, à sa matérialité plutôt que de réserver ses efforts du côté des diverses méthodologies. Misère de la sémiotique qui en est venue à des généralisations excessives comme «tout est récit», «la signification est dans la structure» ou encore s'est réfugiée dans la croyance qu'il n'existe qu'une seule sorte de discours dont elle a l'entière responsabilité et la totale maîtrise et, enfin, dans la magie des grilles, qu'elles soient rectangulaires, triangulaires, voire hexagonales. L'entreprise impérialiste de la sémiotique est révolue. Si c'était cela la mode, je dois avouer bien candidement que je suis le premier à me réjouir de sa disparition. La pratique sémiotique courante est habituellement moins tournée vers la matérialité du texte littéraire, mais nous assistons actuellement à des révisions importantes dans ce domaine.

On aura peut-être déjà compris la nature de mon argument en parlant depuis le début d'une sémiotique littéraire. D'une certaine façon, depuis un quart de siècle de fréquentation des sciences humaines, il y a une sémiotique qui est devenue comme la prose de Monsieur Jourdain. Tout le monde la pratique sans trop le savoir et sans trop y faire attention. C'est la sémiotique, bien modeste, qui se cantonne dans l'approche méthodologique, à l'attention portée à la structure des textes, aux mécanismes qui y sont en jeu, aux unités repérables, à la matérialité du texte, aux formations discursives identifiables, aux idéologies qui se sont cristallisées sous formes d'imaginaires, à la complexité du fait littéraire et à son essentielle singularité. La sémiotique fait maintenant partie de l'approche littéraire la plus normale et les littéraires que nous sommes n'ont plus besoin de signaler les emprunts théoriques, la liste des pères fondateurs ou les graphiques en forme de logo. Cela a été, j'espère, intégré.

Mais, et ce mais est important, il reste une difficulté énorme, une tâche supplémentaire à laquelle il faudra tous et toutes, tôt ou tard, songer. C'est que la sémiotique, comme méthodologie, doit franchir l'étape suivante et se transformer en épistémologie sémiotique. Il faudra bien s'en rendre compte — la crise des sciences humaines nous y pousse — les études littéraires ont besoin d'une épistémologie qui rende compte à la fois de la nature des faits littéraires et surtout des procédures que nous utilisons pour les saisir et les expliquer. Un roman, un poème, une pièce de théâtre, un film, ce sont des objets; un fait romanesque, un fait poétique sont des unités signifiantes. Ils sont de l'ordre du signe comme les notions que nous employons, narrateur, narrataire, récit, structure profonde et structure de surface, isotopie... Que nous soyons en histoire littéraire, en sociologie de la littérature, en psychanalyse ou en narratologie, nous ne faisons qu'organiser des systèmes de signes, des réseaux de signes que nous validons ensuite avec d'autres systèmes de signes. Nous utilisons des notions qu'il nous faut examiner avec la plus grande rigueur. Est-ce que la notion de «narrateur» est un concept opératoire ou une notion floue, quelle est son aire d'application, a-t-elle une extension maximale ou une application réduite... et les mêmes préoccupations devraient nous amener à regarder de plus près tout ce qui nous permet d'élucider l'ordre des faits littéraires. C'est dire qu'il y a encore beaucoup de travail à faire mais c'est dire aussi que nous devons accepter un changement de perspective. La sémiotique littéraire ou mieux la sémiotique du littéraire doit se développer comme une précritique des discours littéraires. Elle doit nous permettre d'aménager notre environnement épistémologique de façon à pouvoir, et de mieux en mieux, rendre compte de textes difficiles, complexes et, quand je dis «rendre compte», je ne pense pas à la signification d'un tel texte mais plutôt à l'angle sous lequel il se présente à moi et aussi au discours que je tiendrai à son endroit. C'est là, me semble-t-il, que se forment et que durent, un certain temps, les signes.

Je ne peux conclure sans mettre en question les conséquences de l'abandon de cette nouvelle tâche sémiotique. Et, en lisant les textes de critique au Québec comme ailleurs, je suis frappé par le retour en force de ce qui s'appelle l'explication de texte, bien évidemment plus cultivée, plus complexe et largement plus «moitrinaire» qu'il y a un quart de siècle mais qui n'en révèle pas moins chez certains ou une nostalgie ou un désir ferme de retour au domaine des Belles-Lettres. Comme nous avons toujours un petit décalage horaire avec la France, je propose que nous refassions le bilan dans cinq ou dix ans, avec le même sujet, pour voir où nous en serons dans nos pratiques et dans nos réflexions. Sommes-nous seulement victimes de l'effet d'un pendule qui se bornerait à changer périodiquement la donne de nos formations discursives, victimes à la fois de Foucault (l'autre) et de Eco, ou sommes-nous, au contraire, par un mouvement concentrique qui s'élargit constamment, en train de pouvoir mieux refléter la complexité et la singularité des faits littéraires, capables de rigueur parce que voués à la nuance?

# Ouvrages cités

Doubrovsky, Serge. *Pourquoi la nouvelle critique*. Paris: Mercure de France, 1966.

Genette, Gérard. *Nouveau discours du récit*. Paris: Seuil, 1983.

Poulet, Georges [dir.]. *Les Chemins actuels de la critique*. Paris: Plon, 1967.

Thérien, Gilles. «Sémiotique et études littéraires.» *RS/SI* 10.1-2-3: 9-26. *Voix et images*.

# La critique-femme
## Esquisse d'un parcours

### Louise Dupré
#### Université du Québec à Montréal

Critique féministe ou critique au féminin? Laquelle de ces deux formules employer pour qualifier les études portant sur les œuvres de femmes? De fait, on retrouve souvent ces deux expressions comme synonymes chez les théoriciennes et les critiques, mais il n'en reste pas moins qu'il serait important de les définir plus précisément, car elles recouvrent des champs qui ne sont pas identiques. C'est ce que je me propose de tenter ici.

Il faudrait d'abord rappeler qu'il y a eu, au Québec, trois courants féministes: le *féminisme radical*, posant le régime patriarcal comme base à l'oppression des femmes (c'est le féminisme de Nicole Brossard ou de Louky Bersianik), le *féminisme marxiste*, qui s'appuyait sur la division des classes sociales (on pense ici à Madeleine Gagnon durant les années 1970) et un féminisme qu'on a qualifié de *réformateur*, parce qu'il visait moins à modifier le régime en place qu'à favoriser l'accès des femmes à l'égalité. Ce dernier courant, on le rencontre habituellement dans la littérature populaire: pensons par exemple aux téléromans de Lise Payette.

Tout comme les œuvres littéraires, la critique s'est aussi approchée de ces trois courants. Si une revue comme *Chroniques* a privilégié, pour des raisons évidentes, une approche inspirée du féminisme marxiste, *Spirale*, pour sa part, a endossé une pensée plus près du féminisme radical. Quant à la critique inspirée d'un féminisme réformateur, on la rencontre dans les grands médias:

on soulignera dans les œuvres les stéréotypes nuisant à l'émancipation de la femme, sans chercher à mettre l'accent sur le système plus vaste auquel ces modèles sont rattachés. Bref, la critique féministe présente plusieurs points de vue différents, plusieurs angles de vision, ce qu'on a tendance à oblitérer.

La problématique se complique avec l'introduction de ce qu'on a appelé la *critique au féminin*, critique qui prend appui sur les recherches féministes mais pour les décentrer. Le principe est le suivant: si l'écriture s'inscrit dans un courant social donné, elle échappe pourtant d'une certaine façon à la détermination. Toujours dans et en dehors de l'idéologie pour reprendre Henri Meschonnic, l'œuvre littéraire est un tissu de paradoxes entre l'Histoire collective et l'histoire individuelle dont de larges pans appartiennent au domaine de l'inconscient. La sociocritique et la psychanalyse nous ont appris que le sujet de l'écriture n'est pas le reflet d'une réalité sociale ni d'un vouloir-dire: tout en déjouant la réalité, il l'anticipe, la transforme. De même, faut-il le rappeler, il est un sujet scindé, en proie à la contradiction, qui se structure dans la mouvance de son geste. Or, la préoccupation première de la critique féministe ne serait pas de mettre en mots ce mouvement soumis à la tension, mais de montrer comment l'écriture actuelle des femmes et de certains hommes a échappé aux schèmes millénaires pour introduire dans la culture un nouvel imaginaire générateur de formes nouvelles.

On aura compris que la distance entre critique féministe et critique au féminin n'est pas infranchissable. L'idéal serait que, dans la pratique même, les deux postures en viennent à se rejoindre et à se nourrir. C'est le cas de certaines études parues récemment, par exemple celle de Patricia Smart, *Écrire dans la maison du père*, qui a su combiner les deux approches. La critique féministe prend appui sur la théorie, alors que la critique au féminin travaille en se basant davantage sur les œuvres. On se souviendra de cette scène dans le roman *Si par une nuit d'hiver un voyageur* d'Italo Calvino: l'écrivain reçoit une jeune femme qui veut étudier son œuvre. Il lui précise en ces termes comment il conçoit la critique: «J'attends des lecteurs qu'ils lisent dans mes livres quelque chose que je ne savais pas; mais je ne peux l'attendre que de ceux qui attendent de lire quelque chose qu'eux, à leur tour, ne savaient pas» (197-198).

Je retiendrai cette phrase pour mon propos: de la critique féministe à la critique au féminin, il y a un changement de perspective. Cette dernière lit en essayant de ne pas préjuger de ce qu'elle va trouver. Plutôt que d'essayer de voir en quoi telle œuvre correspond à une écriture féministe, de comparer ce qu'elle a en commun avec d'autres œuvres, il s'agit de mettre l'accent sur ce qui l'en différencie, sur ce qu'elle apporte de neuf.

Voilà ce qui correspond à l'idée que je me fais de la critique des années 1990. Car la critique féministe, si importante soit-elle pour renouveler la lecture des textes de femmes, nécessite d'être complétée par un autre point de vue qui puisse la faire avancer. Et la critique au féminin se veut une lecture qui fasse de chaque œuvre le lieu d'un processus d'engendrement de la *semiosis* ayant ses propres règles. Le texte littéraire ne doit pas être pensé comme l'illustration d'une théorie préalable, mais bien comme une dynamique soumise aux jeux et aux enjeux de ses divers éléments. Car il n'est pas qu'un dire: il est avant tout un faire, selon la terminologie d'Austin.

Lire aujourd'hui, c'est capter cette part de l'œuvre qui, se jouant davantage dans la signifiance que dans la signification, nous déconcerte, ouvre en nous le côté imprévisible du fantasme. Les œuvres de femmes ne peuvent pas se réduire à une lecture féministe, sauf à en perdre ce qui fait justement la littérarité: leurs ambiguïtés, leurs zones de chocs, leurs taches d'ombre. Or, certains textes de femmes ont été trop tirés vers une lecture idéologique en négligeant le fait qu'il s'agit d'un travail littéraire. C'est à mon avis ce qui est arrivé à l'œuvre de Louky Bersianik qu'il faudrait redécouvrir.

Lire aujourd'hui, c'est apprendre à avancer dans des zones difficiles d'accès. En ce sens, la critique au féminin peut nous éclairer sur les processus textuels; elle peut aussi, dans un deuxième temps, permettre à la théorie féministe de se renouveler, puisque le texte est en interaction avec le milieu culturel. Si la critique accepte de se tenir à une certaine distance de la théorie, elle en devient l'instrument d'exploration. Travail d'orpailleur qui vaut pour toute critique puisque la fiction sait intuitivement ce que la théorie mettra du temps à comprendre.

Au moment où, au Québec, la pensée sociale a du mal à se renouveler et, par conséquent, la pensée féministe également, la critique au féminin pourra faire avancer les connaissances non seulement sur les liens entre la femme et l'écriture, mais sur la psyché féminine de même que sur la théorie plus proprement féministe. On me répondra que le projet est ambitieux. C'est pourtant un défi que les critiques peuvent relever.

Des exemples: comment comprendre actuellement, dans les textes de femmes, ce retour à une parole amoureuse adressée aux hommes après la recherche d'identité qui a prévalu durant la décennie 1970? La première réaction serait d'accuser l'écriture de devenir nombriliste en se demandant avec nostalgie où sont passés les grands idéaux, l'investissement militant des années antérieures. Là où certains, certaines ont parlé de régression, comment ne pas voir cet univers sous-jacent qui a été laissé de côté par les questions collectives, comme si les femmes pouvaient refouler des dimensions capitales de la vie: l'affection, la tendresse, l'amour.

On a tort de penser que les écrivaines des dernières années (citons Hélène Dorion, Louise Warren, Danielle Fournier, René-Berthe Drapeau, Élise Turcotte) ont laissé derrière elles les acquis de la génération précédente. J'affirmerai plutôt qu'elles les requestionnent. Ce qu'elles nous donnent à lire, c'est l'approfondissement d'un espace personnel qui, s'appuyant sur une subjectivité qu'elles tentent de circonscrire, se pense maintenant dans son rapport à l'autre. Non sans risques, non sans heurts, ce que nous donnent à voir les textes. Et pourvu qu'on accepte de *lire*, ce nouvel espace nous permet de faire avancer les recherches sur l'économie libidinale de la femme. On se rend compte que la distinction entre le désir et l'amour, capitale dans la psychologie masculine (pensons ici à la théorie lacanienne), est subvertie dans les textes de femmes parce qu'elle ne semble pas correspondre à leur univers. Mais encore: insistons sur le fait que, malgré des points communs, chacune a cependant un univers qui lui est propre.

Si les textes au féminin nous apprennent quelque chose, c'est bien cela: la différence des univers, la non-neutralité de l'imaginaire, la sexualisation même de la théorie. «Parler n'est jamais neutre», selon la formule de Luce Irigaray. Phrase qui semble en apparence ne plus faire problème, mais qui nous demande de revoir constamment ce que nous avons si bien appris sur l'être humain comme modèle universel.

Or l'universalité est un leurre. Et l'intérêt suscité depuis peu par le travail d'auteurs québécois provenant d'autres cultures le fait bien ressortir. Mais cette dimension, la critique au féminin l'avait déjà mise en relief: s'appuyant sur la linguistique de l'énonciation et la pragmatique, la critique au féminin a refusé de considérer le texte comme un système clos, indépendant du contexte. À cet égard, rappelons l'intervention de Gail Scott dans le dossier sur les femmes et la critique présenté dans *Spirale* en septembre 1980:

> Des conditions «normales» n'existent pas pour que les femmes écrivent. L'on ne peut donc poser la question de la critique féministe sans se demander «dans quelles conditions?» Tout comme pour l'écriture «au féminin», la critique du même nom nous ramène vite à la vie quotidienne.(8)[1]

Après la vague structuraliste, une telle affirmation laisse entrevoir le tour d'écrou qu'a subi la critique. En reliant la textualité à la chaîne émetteur-récepteur, on a dû repenser les liens entre l'auteure comme personne sociale et la scripteure comme sujet d'énonciation, de sorte que la critique s'est mise à regarder autrement des textes qu'on rattachait à des conditions d'énonciation particulières, venant de la réalité des femmes. Rappelons qu'à partir de cette nouvelle posture, des genres mineurs jusque-là considérés comme traditionnellement féminins ont été plus largement diffusés: l'engouement actuel au Québec pour le journal, l'autobiographie, la correspondance ne me paraît pas étranger à cet état de fait. De concert avec la critique, des écrivaines ont témoigné du rapport entre l'existentiel et le scripturaire. Ainsi, dans une entrevue qu'elle m'accordait pour *la Vie en rose*, Madeleine Gagnon avouait que le poème, comme forme brève, lui convenait bien quand ses enfants étaient jeunes, parce qu'il lui était impossible d'entreprendre un projet d'envergure (55). Un aveu comme celui-là n'est pas sans conséquences pour la critique.

---

1. Notons l'ambiguïté de l'appellation «critique féministe», qui est suivie par l'expression «critique du même nom» renvoyant à «écriture «au féminin», preuve d'une indécision à adopter une dénomination plutôt qu'une autre.

Tout cela, on n'en doute pas, a contribué à démystifier l'écriture, à en faire un travail s'exerçant dans le quotidien, à même le langage considéré comme un matériau, soumis à une activité qu'on a comparée aux travaux manuels traditionnellement féminins: le tissage, le brodage, la couture. Disons-le autrement: la critique au féminin a modifié les critères de littérarité en insistant sur le lien entre le processus de production textuel et le social. Elle a refusé de relier les formes de l'écriture féminine à une quelconque nature. Elle a souligné plutôt les rapports qu'ont les femmes avec le symbolique d'une part et, d'autre part, avec l'histoire. Ce que Suzanne Lamy énonce ainsi dans *Quand je lis je m'invente*:

> De corps parlant, il n'y a pas. Sans doute rien de très prégnant n'est-il dit qui n'ait racine dans le corps de l'homme ou de la femme. Mais ce n'est que du voyage au bout de sa nuit, de la traversée dans le présent du monde et de sa langue que peut émerger ce qui a nom d'écriture (12).

Dans *Écrire dans la maison du père*, Patricia Smart cite à son tour, en la traduisant, la sémioticienne américaine Teresa de Lauretis qui veut situer les productions de femmes dans une «pratique politique, théorique et auto-analytique par laquelle les relations du sujet dans la réalité sociale peuvent s'articuler à neuf à partir de l'expérience historique» (25-26). C'est bien de cela qu'il s'agit: la volonté des femmes d'imposer leur propre angle de vision qui vienne remettre en cause les *a priori* aussi bien de l'écriture que de la critique.

Dès lors, les genres de la critique ne pouvaient que se transformer et on a vu apparaître des textes hybrides extrêmement déroutants pour la critique traditionnelle. Insistance par exemple sur le *je* de l'énonciation, alors qu'il est de bon ton pour le critique de se faire oublier derrière une pseudo-objectivité, appropriation des formes de la fiction. Ainsi Suzanne Lamy propose-t-elle un dialogue comme texte critique figurant dans le catalogue d'une exposition (45-59). Dans le dossier paru sur France Théoret dans *Voix et images*, Claire Lejeune publie une lettre et Anne-Marie Alonzo, dans *la Vie en rose* et *Trois*, a présenté plusieurs textes critiques qu'on pourrait qualifier de dérives à partir des œuvres plutôt que de véritables analyses.

Tout comme on a décloisonné les genres dans l'écriture de fiction, on a fait de même dans la critique: certains textes critiques deviennent d'ailleurs de véritables fictions où l'accent est beaucoup moins mis sur le texte analysé que sur le rapport entre deux sujets. Cela est particulièrement visible actuellement dans la revue *Tessera*.

L'écriture au féminin a opéré un détournement de la modernité québécoise en s'investissant dans ce que l'on pourrait appeler la postmodernité, au sens où l'entend Guy Scarpetta. J'ajouterais ici que la critique au féminin a suivi un parcours semblable puisqu'elle aussi navigue dans l'impureté, dans le mélange des codes discursifs, dans une vision à la fois diachronique et synchronique, dans le rationnel et l'émotif comme dans un éclectisme théorique alliant différentes approches: la linguistique et la sémiotique, la sociocritique et la psychanalyse.

Car la critique au féminin est un domaine de carrefour et, c'est là un autre trait de la postmodernité, elle ne tente pas de respecter des modèles préétablis, mais bien d'inventer sa propre méthode à partir de ses objets d'analyse. Il aurait été bien étonnant en effet qu'après avoir voulu se débarrasser de modèles dans lesquels elles se sentaient exclues, les femmes aient voulu reproduire ces modèles sans les subvertir. L'apport des femmes à la critique s'est voulu plus du côté de la production que de l'application.

Lecture et écriture. Ce qui n'enlève pas pourtant le besoin de rigueur, même si chaque courant génère ses excès. On se souviendra de *L'Écriture-femme* de Béatrice Didier où l'auteure se plaint du fait que certaines étudiantes lui soumettent des travaux peu consistants et mal construits en invoquant la féminité de leur discours (8). C'est aussi le cas pour celles qui travaillent dans des programmes d'études féministes et qui doivent sans cesse démontrer qu'une recherche créatrice de ses propres modèles ne signifie par relâchement, mais bien volonté d'une nouvelle cohérence, d'une rigueur neuve. Et c'est ce que laisse présager la critique des années 1990. À la fois inventive et exigeante, portant un regard interrogateur non seulement sur les textes mais aussi sur elle-même, un regard au troisième degré qui fait la critique de sa propre activité critique.

Cette entreprise a pour caractéristique, répétons-le, d'exami-

ner l'énoncé à la lumière de l'énonciation, de rétablir le processus
entre qui parle et ce qui est dit. La critique au féminin suit un
processus semblable à celui qu'entreprennent les écrivaines
québécoises qui, dans leurs textes de fiction, remettent constamment en cause, à partir des assises du langage, la pertinence de
leur discours.

On comprendra que, dans la fiction comme dans la critique,
l'accent mis sur l'énonciation interroge la notion de sujet de
l'écriture. Ces questions qui avaient été écartées du discours
critique dans la modernité (on se souviendra que Barthes avait
déjà proclamé la mort de l'auteur), ces questions donc, la notion
d'intentionnalité par exemple, le lien entre le textuel et le
biographique, et d'autres encore qui en découlent, le rapport entre
conscient et inconscient, entre éthique et esthétique, se posent
présentement avec acuité dans le champ du discours critique.
Interrogations qu'on rencontre d'ailleurs dans le champ de la
génétique textuelle et des théories de la création.

La critique au féminin se bute à des problématiques que les
écrivaines abordent dans le cadre d'une réflexion sur leur travail.
On ne peut négliger le fait que plusieurs auteures tentent de
porter un regard critique sur leur pratique, de mettre leur travail
en relation avec celui d'autres auteurs et même d'esquisser une
théorie de la création littéraire. Pensons au Québec à Nicole
Brossard, Madeleine Gagnon, France Théoret, Gail Scott, Louky
Bersianik, Louise Cotnoir.

Cette attitude n'est pas nouvelle: depuis la fin du XIXe siècle
en effet, les réflexions d'auteurs se sont multipliées. Seulement,
en tentant de passer d'objets du discours masculin à sujets de leur
propre discours, les femmes issues du courant féministe veulent
écrire avec le moins d'innocence possible. Elles sentent le besoin
de penser leur propre pratique de la façon la plus consciente
possible en établissant le rapport entre philosophie, sciences
sociales, psychanalyse et écriture.

La critique est obligée aujourd'hui de revoir ses concepts.
C'est plus que jamais en lisant de travers, parfois à côté, que
nous pouvons nous pencher sur les textes de femmes, en insistant
sur la précarité de nos certitudes et sur l'esprit de doute inhérent
à toute démarche critique. Chose certaine, l'écriture des femmes
nous montre bien que la critique ne saurait se penser sans son

objet. Elle n'est pas le dehors du texte et ne peut se concevoir dans une distance susceptible de perdre la textualité. Plusieurs femmes critiques ont d'ailleurs voulu pratiquer ces dernières années une lecture *avec* plutôt que *sur* le texte. Il nous reste à penser cet *avec* non comme une symbiose correspondant à un mimétisme, mais comme un mouvement entre dedans et dehors qui sans cesse fait retour sur son propre procès.

# Ouvrages cités

Austin, J.L. *Quand dire c'est faire*. Paris: Seuil, 1970.

Calvino, Italo. *Si par une nuit d'hiver un voyageur*. Paris: Seuil, 1981.

De Lauretis, Teresa. *Alice Doesn't: Feminism, Semiotics, Cinema*. Bloomington: Indiana University Press, 1982.

Didier, Béatrice. *L'Écriture-femme*. Paris: P.U.F. («Écritures»), 1981.

Dupré, Louise. «De la chair à la langue.» *La Vie en rose* 11 (mai 1983): 54-55.

Irigaray, Luce. *Parler n'est jamais neutre*. Paris: Minuit («Critique»), 1985.

Lamy, Suzanne. *Quand je lis je m'invente*. Montréal: L'Hexagone, 1984.

Lejeune, Claire. «Faire arriver ce qui n'existe pas encore.» *Voix et images* 40 (automne 1988): 50-56. Dans le dossier sur «France Théoret, narratrice de la subjectivité.»

Meschonnic, Henri. *Pour la poétique 1*. Paris: Seuil, 1970.

Scarpetta, Guy. *L'Impureté*. Paris: Grasset («Figures»), 1985.

Scott, Gail. «À l'ombre, les jeunes filles.» *Spirale* 11 (septembre 1980): 8-9. Dans le dossier sur «Les Femmes et la critique.»

Smart, Patricia. *Écrire dans la maison du père*. Montréal: Québec/Amérique, 1988.

# Index
## des noms de personnes

# Table des matières

## 3. Questions de réception...

## 4. Bilans théoriques...

Achevé d'imprimer
en avril 1992 sur les presses
des Ateliers Graphiques Marc Veilleux Inc.
Cap-Saint-Ignace, Qué.